KB232470

온전한 믿음의 사람은

# 온전한 믿음의 사람은

원호식 지음

솔라피데출판사

# 온전한 믿음의 사람은

초판 1쇄 인쇄 : 2012년 10월 25일
초판 1쇄 발행 : 2012년 11월 15일

저자 : 원호식
발행인 : 이원우 / 발행처 : 솔라피데출판사
주소 : (413-756)경기도 파주시 문발동 535-13 파주출판문화정보산업단지
전화 : (031)992-8692 / 팩스 : (031)992-8700
Email : vsbook@hanmail.net
등록번호 : 제10-1452호
공급처 : 미스바출판유통
전화 : (031)992-8691 / 팩스 : (031)955-4433

Copyright ⓒ 20122 SolaFideBooks
Printed in Korea
값 12,000 원
ISBN 978-89-5750-053-8  03230

“영혼 없는 몸이 죽은 것 같이

행함이 없는 믿음은 죽은 것이니라”

야고보서 2:26

# 차례

# 서문
## "야고보서 강해를 펴내면서"

놀라운 하나님의 은혜를 감사합니다. 성자 하나님 예수 그리스도의 대속의 죽으심으로 인하여 믿음으로 죄사함 받고 의롭다 함을 얻어 하나님의 자녀가 된 축복은 참으로 놀랍고 놀라운 하나님의 은혜임을 고백합니다.  하늘에 계신 하나님 보좌 앞에서 주 예수 그리스도의 대속의 공로를 노래하는 천군 천사들의 찬양이 온 세상에 널리 퍼지기를 빕니다.

"7 그 어린 양이 나아와서 보좌에 앉으신 이의 오른손에서 두루마리를 취하시니라 8 그 두루마리를 취하시매 네 생물과 이십사 장로들이 그 어린 양 앞에 엎드려 각각 거문고와 향이 가득한 금 대접을 가졌으니 이 향은 성도의 기도들이라 9 그들이 새 노래를 불러 이르되 두루마리를 가지시고 그 인봉을 떼기에 합당하시도다 일찍이 죽임을 당하사 각 족속과 방언과 백성과 나라 가운데에서 사람들을 피로 사서 하나님께 드리시고 10 그들로 우리 하나님 앞에서 나라와 제사장들을 삼으셨으니 그들이 땅에서 왕 노릇 하리로다 하더라"(계 5:7-10)

"11 내가 또 보고 들으매 보좌와 생물들과 장로들을 둘러 선 많은 천사의 음성이 있으니 그 수가 만만이요 천천이라 12 큰 음성으로 이르되 죽임을 당하신 어린 양은 능력과 부와 지혜와 힘과 존귀와 영광과 찬송을 받으시기에 합당하도다 하더라" (계 5:11-12)

주님께서 그의 흘리신 피로 우리 인간들을 사셔서 하나님 앞에서 왕국과 제사장을 삼으셨습니다. 그 결과로 우리 성도들은 장차 오는 주님의 나라에서 주님과 함께 왕노릇을 하게 되어있습니다. 이 얼마나 놀라운 사실입니까?

　이런 연고로 구원받은 성도는 시편 1편의 말씀처럼 죄인과 악한 자와 오만한 자의 길에서 떠나 하나님의 말씀을 주야로 묵상하면서 주님께 합당한 삶을 살아야 하는 천국 백성입니다. 오직 하나님의 나라와 그 의를 구하며 사는 것이 성도의 도리임을 주님께서 가르쳐 주셨습니다.

　그런데 저 자신을 돌아 볼 때 구원을 일찍이 받고도 하나님의 말씀을 주야로 묵상하지 않고 오히려 세상의 일들을 추구하는데 분주한 나머지 불신자처럼 죄 가운데서 살았던 것을 기억합니다. 구원받은 후에 25여 년 간을 이렇게 살았습니다. 그러나 이 말씀이 살아서 역사함으로 저를 오랜 세월동안 지켜 주셨습니다.

"28 내가 그들에게 영생을 주노니 영원히 멸망하지 아니할 것이요 또 그들을 내 손에서 빼앗을 자가 없느니라 29 그들을 주신 내 아버지는 만물보다 크시매 아무도 아버지 손에서 빼앗을 수 없느니라"(요 10:28-29)

　오래 참으시며 기다리시던 주님께서 제가 40살쯤 되던 해에 성령님을 통해서 저의 무지하고 미련하고 우둔함을 깨우쳐 주시고, 하나님의 구원의 은혜를 깊이 깨닫게 해 주셨습니다. 이때에 하나님 아버지와 성자 하나님 주 예수 그리스도의 신실하심과 인자하심 그리고 은혜로우심을 감사하며 찬양했습니다. 이 은혜에 감격하여 부족하지만 주님 앞에 무릎을 꿇었을 때 주님께서 저를 받아 주시고 일꾼으로 삼아주셨습니다. 이때부터 하나님께서 공급하시는 영력과 지혜로 주님의 교회를 섬겼으며 또 복음 전파자로서 중국에 가서 지하 교회 성도들을 위해 일했습니다.

　중국에 있는 동안 지하교회 성도들과 함께 예배를 드리곤 했는데 그러던 중에 그들에게 말씀 전하는 기회를 갖게 되었습니다. 저는 여러 날 동안 기도하면서 그들과 함께 공부할 말씀을 야고보서와 골로새서로 정했습니다.

　그렇게 야고보서를 함께 공부하면서 야고보서야말로 구원받은 성도라면 누구든지 자세히 배워 신앙 인격의 성숙을 이루는 데 반드시 필요한 말씀이라는 확신을 갖게 되었습니다.

그 이유는 신약의 다른 책들에 비하여 야고보서가 참된 믿음을 소유한 성도의 실제 생활 규범에 대해서 구체적으로 자세히 가르치고 있기 때문입니다. 하여 많은 분들이 본서를 가리켜 참된 믿음을 가진 성도의 신앙생활 교범 또는 지침서라고 칭하기도 합니다. 그래서인지 본서를 읽으면 유별나게 명령형 문장이 많은 것을 발견합니다. 성도가 마땅히 보여주어야 하는 행위와 태도와 언어를 구체적으로 가르치고 있기 때문에 자연히 명령형 문장이 많은 것으로 이해합니다. 본서가 모두 108절인데 명령형 문장이 무려 54개에 달하고 있습니다. 어림잡아 두 절에 한 절은 명령문인 셈입니다.

명령문의 내용을 보면 성숙한 신앙인의 생활지침을 알려주는 것을 비롯하여 믿음으로 사는 삶이 어떤 것인지를 가르치는 것으로 되어있습니다. 문체 또한 간결하고 단도직입적이어서 강하게 도전을 받습니다. 대표적인 예를 들어 보면 다음과 같습니다.

"여러 가지 시험을 당하거든 온전히 기쁘게 여기라"(1:2), "인내를 온전히 이루라"(1:4), "오직 믿음으로 구하라"(1:6) "듣기는 속히 하고 말하기는 더디 하며 성내기도 더디 하라"(1:19), "말씀을 행하는 자가 되고 듣기만 하여 자신을 속이는 자가 되지 말라"(1:22), "내 형제들아… 사람을 차별하여 대하지 말라"(2:1), "내 형제들아… 선생이 많이 되지 말라"(3:1), "지혜와 총명이 있는 자가 누구냐 그는… 그 행함을 보일지니라"(3:13), "진리를 거슬러 거짓말하지 말라"(3:14), "너희는 하나님께 복종할지어다", "마귀를 대적하라"(4:7), "하나님을 가까이하라"(4:8), "주 앞에서 낮추라"(4:10), "형제들아 서로 비방하지 말라"(4:11), "주께서 강림하시기까지 길이 참으라"(5:7), "형제들아 서로 원망하지 말라"(5:9), "고난당하는 자… 그는 기도하라"(5:13), "너희 죄를 서로 고백하며", "서로 기도하라"(5:16)

이와 같이 귀한 말씀을 정리하여 강해서를 출판하도록 허락하신 하나님께 감사드립니다. 물론 하나님께서 모든 것을 주관하셨지만 과정에는 저와 함께 동역하신 형제자매님들의 끊임없는 기도와 도움이 있었습니다.

　본서가 성도들의 실제 신앙생활과 신앙 인격 성숙에 많은 도움이 되기를 기원합니다. 아울러 오직 하나님의 영광을 위해 사는 성숙한 신앙인의 삶을 영위하기를 주님의 이름으로 간절히 기도합니다. 이 작은 책을 통해 구원의 하나님과 우리 주 예수 그리스도께서 모든 영광과 존귀와 찬송을 받으시기를 기원합니다. 끝으로 이 책이 출판되기까지 수고하시고 도와주신 동역자님들에 대해서 책 마지막 부분에서 인사를 드리도록 하겠습니다.

하나님의 은혜 안에 살면서
은혜로 일하는 복음의 빚진 일꾼
원 호 식

## 1. 야고보서의 저자와 수신자

본문 1장 1절에서 밝히고 있는 바와 같이 본서를 기록한 사람은 야고보입니다. 신약 전체를 살펴보면 야고보라는 이름을 가진 사람들이 모두 4명입니다. 1. 세베데의 아들이며 사도 요한의 형인 야고보(막 1:19), 2. 알패오의 아들 야고보(막 1:19), 3. 가룟 유다가 아닌 유다의 아버지 야고보(눅 6:16), 4. 예수님의 육신의 어머니와 남편 요셉 사이에서 출생한 야고보(행 15:13, 갈 2:19)입니다.

이 네 사람에 관해서 신약에 기록된 것을 종합해 보면 사도 요한의 형 야고보와 예수님의 육신의 동생인 야고보 중에 한 명이 본서의 저자라는 결론에 도달합니다. 그런데 사도 야고보가 일찍 순교 당한 사실(행전 12장)과 본서의 기록 연대나 사도행전의 내용을 종합하여 고려할 때, 사도 야고보가 본서의 저자가 될 수 있는 가능성은 대단히 적습니다.

뿐만 아니라 본서 서두에서 야고보 자신을 소개할 때 간단히 "하나님과 주 예수 그리스도의 종 야고보"라고 기술한 것은 초대 예루살렘 교회와 당시의 교계에 이미 널리 알려진 인물인 것을 의미하는 것으로 이해되고 있습니다. 즉, 이 분은 다른 분이 아닌 예수님의 육신의 동생으로 예루살렘 교회의 기둥 같은 지도자였던 야고보 장로입니다. 따라서 이 분이 본서의 저자라고 보는 것이 합당하다고 하겠습니다. 또 본서의 내용을 볼 때에도 유대 그리스도인의 배경을 가진 사람이 저자인 것이 확실함으로 결국 야고보 장로가 본서의 저자로 보는 견해가 지배적입니다. 특히 헬라 원어를 근거로 사도행전 15장에 기록된 야고보 장로가 공회를 주도하는 중에 한 말씀과 또 교회들에게 보낸 편지의 내용과 본서인 야고보서의 말씀을 비교할 때 여러 부분에서 동일한 어휘들이 사용된 것을 많은 학자들이 지적하고 있습니다. 이 사실을 들어 결국 예수님의 육신의 동생인 야고보 장로가 야고보서를 기록한 것으로 이해하고 있습니다.

참고로 동일한 어휘가 사용된 실례를 잠시 살펴보겠습니다. 대표적인 예로 본서 1장 1절과 사도행전 15장 23절에 쓰인 희랍어 "문안하노라" 라는 단어는 신약 전체를 통해 로마 천부장이 사도행전 23장 26절에 같은 단어를 쓴 것을 제외하고는 오직 위의 두 곳에서 만 쓰이고 있습니다. 그밖에도 두 곳에 똑같이 쓰인 낱말들을 보면 본서 1장 16절, 19절, 2장 5절에 쓰인 "사랑하는" 이라는 낱말이 사도행전 15장 25절에서도 같이 쓰이고 있습니다. 또 본서 1장 21절과 사도행전 15장 24절에 "영혼" 이라는 같은 낱말이 각각 쓰이고 있습니다(단 한글 번역에는 사도행전 15장 24절에서 "마음" 이라고 했습니다). 또 본서 5장 19-20절과 사도행전 15장 19절에서 똑같이 사용된 "돌아서게 하다, 또는 돌아오는 자" 라는 낱말을 예로 들 수 있습니다.

이상에서 동일한 단어들이 두 곳, 즉 사도행전 15장과 본서 중에 사용된 것을 살펴보았습니다. 이 사실이, 곧 예수님의 육신의 동생인 야고보가 본서의 저자임을 입증하는 것이라고 볼 수 있습니다. 이 입장은 초대교회 때부터 대부분의 성경학자들이 동의하고 인정하는 견해입니다.

그러나 근래에 와서 성경에 대해 비판적인 일부 학자들이 여러 가지 이유를 들어 야고보 장로가 본서의 저자가 아니라는 입장을 제시하고 있습니다. 즉, 야고보서의 헬라어가 갈릴리에서 자라난 야고보 장로의 글이라고 볼 수 없다고 하여 이를 부인하는 자들이 있습니다. 또 야고보 장로가 예수 그리스도와의 육신적인 관계를 밝히지 않은 것, 그리고 예수 그리스도의 지상 사역 때의 일들에 대한 언급이 일체 없다는 이유를 들어 야고보 장로의 저자설을 반박하는 비판적인 학자들이 있습니다. 그러나 야고보 장로가 생활하던 당시의 사회적 조건을 잘 아는 학자들은 야고보를 비롯하여 많은 유대인들이 유창한 헬라어를 구사할 수 있었다고 이해하고 있습니다. 또 예수님과의 관계를 밝히지 않은 것은 야고보 장로가 서두에 언급한 것과 같이 자기는 예수 그리스도의 종이라는 것을 강조하고 또 그렇게 알려지기를 원하여 육신적인 관계를 기술하지 않은 것으로 이해하고 있습니다. 결론적으로 당시의 사회적 조건과 야고보 장로의 신앙적인 입장을 고려할 때, 이들 일부 비판학자들의 의견은 자기들의 자기중심적이고 주관적인 견해에 불과하다고 볼 수 있습니다.

수신자는 본서 서두에 기록된 "흩어져 있는 열두 지파"라는 문구가 뜻하는 대로 초대교회 때에 중동 지역에 흩어진 유대 그리스도인들이라고 이해하는 것이 일반적인 견해입니다. 당시에 유대 그리스도인들이 중동 지역에 흩어진 배경은 사도행전 7장과 8장 그리고 12장에 기록된 유대 그리스도인들을 향한 유대교 지도자들과 극단주의자들의 박해와 핍박 때문으로 이해합니다. 이것이 일반적인 이유이며 배경이지만 야고보서의 수신자들의 형편을 좀 더 자세히 살펴보면 이들은 가난한 신자들이고, 신앙적으로 아직 미숙한 상태에 있는 신자들이고, 부자들에게 착취당하고 억울한 일을 당하는 사람들이었습니다. 그리고 당시에는 세상의 영향을 받아 부한 사람과 가난한 사람에 대한 차별이 비교적 심한 시기였고 이들은 그러한 상황 속에서 사는 사람들이라고 하겠습니다. 이와 같이 고향을 등진 유대 그리스도인들을 향해서 야고보 장로는 그들이 고난 중에도 인내하며 성숙한 신앙인이 될 것을 간절히 원하여 예수 그리스도의 이름으로 명령하고 권면하는 글을 쓴 것이라고 봅니다.

## 2. 야고보서의 기록 연대 및 배경(기록 목적)

야고보서의 기록 시기를 논할 때, 많은 학자들이 다음과 같은 요소 내지는 당시의 상황을 고려하고 있음을 봅니다.

첫째, 사도행전 15장에 언급된 예루살렘 교회를 중심으로 한 종교 회의의 시기와 본서와의 관계

둘째, 예루살렘성의 완전 파괴의 시기와 본서와의 관계

셋째, 안디옥 교회를 중심한 이방인을 위한 초기 선교 사역과 본서와의 관계

넷째, 초대교회 발전 과정에 있었던 교회 조직과 본서와의 관계

다섯째, 신약의 다른 책과 본서와의 관계

여섯째, 야고보 장로가 순교 당한 시기

이상의 항목에 따라 본서의 기록 시기를 살펴보면 첫째, 우선 본서에서 사도행전 15장에 기록된 종교 회의에 대한 언급이 없는 것으로 볼 때 본서는 종교 회의가 있었던 주후 49년 이전에 기록된 것으로 볼 수 있습니다. 둘째, 로마군에 의한 예루살렘성의 완파(주후 70년)에 대해서도 언급이 없으므로 본서의 기록이 훨씬 앞선 것이 분명합니다. 셋째, 바울을 중심으로 한 일차 전도 및 선교 사역과 관계된 내용이 언급되어 있지 않은 것으로 볼 때 본서의 기록이 바울의 일차 선교 여행(주후 48년과 49년) 전에 기록된 것으로 이해합니다. 넷째, 초대교회의 조직을 살펴 볼 때 본서에는 "선생"과 "장로"만 언급되어 있고 목사나 집사에 대한 언급이 없습니다. 동시에 성도의 모임을 "회당" 또는 "교회"라고 부르고 있습니다. 이와 같은 사실들은 아직도 유대 그리스도인 중심의 기독교를 본서의 내용으로 한 것임을 말해 주고 있습니다. 따라서 본서의 기록이 주후 49년 이전이라고 할 수 있습니다. 다섯째, 신약의 다른 책들의 내용과 본서의 내용을 비교할 때 야고보서의 내용 중 분명한 교리적인 가르침이 없는 것과 다른 책들의 내용과 중첩되는 것이 거의 없는 것을 볼 때 본서가 가장 최초에 기록된 것으로 볼 수 있습니다. 끝으로 야고보 장로의 순교에 대한 1세기 유대인 역사학자 요세프스의 기록에 의하면 야고보 장로가 주후 62년에 순교 당한 것으로 되어있습니다. 이상의 내용들을 종합하면 대체로 주후 44년부터 48년 사이에 본서가 기록된 것으로 보는 입장이 지배적입니다.

본서를 기록한 배경에 관해서는 앞에서 수신자를 논할 때 언급한 내용을 참고할 수 있습니다. 즉, 당시의 유대 그리스도인들은 유대교의 지도자들과 극단주의자들에 의한 정치적, 종교적 핍박과 탄압으로 인해 본토를 떠나 중동 지역에 흩어져서 온갖 고난과 고통을 당하고 있었습니다. 이에 야고보 장로는 이러한 곤란에 처했던 유대 그리스도인들을 격려하고 위로하고 동시에 그들의 신앙 성숙을 권장하기 위해서 본서를 기록한 것으로 이해합니다.

본서를 기록한 곳은 야고보 장로가 예루살렘교회의 지도자로서 사역한 사실을 근거로 예루살렘에서 기록한 것으로 많은 학자들이 의견을 모으고 있습니다.

### 3. 야고보서의 주제

야고보 장로는 본서를 통해 신자들이 소유하고 있는 믿음이 살아있는 참된 믿음인지 아니면 죽은 거짓 믿음인지를 시험대 위에 놓고 검토하여 밝히는데 초점을 두고 있습니다. 이렇게 함으로써 신자로 하여금 온전하고 부족함이 없는 참 믿음의 소유자가 될 것을 강조하여 가르치고 있는 말씀입니다.

다른 말로 표현하면 온전하고 부족함이 없는 참된 믿음을 소유한 사람의 실제 생활이 어떠한 것인지를 구체적으로 자세히 설명함으로써 각자의 믿음을 점검하여 확인할 수 있는 척도 또는 기준을 가르치고 있습니다. 본서 각 부분에서 가르치고 강조하는 내용을 살펴보면 본서의 주제가 더욱 분명하게 드러납니다.

시련 또는 여러 가지 어려운 일을 당할 때, 살아있는 참된 믿음을 가진 신자는 결코 실망하거나 낙심하지 않습니다. 그것은 하나님의 절대 선하심을 믿고 또 구원의 은혜를 알고 하늘에 대한 소망이 확실하기 때문입니다. 그러므로 시련 중에 오히려 크게 기뻐한다고 본서는 가르치고 있습니다. 그 이유는 시련을 통하여 참 믿음은 연단되고 인내를 배우기 때문이라고 합니다. 이와 같이 인내를 배우고 인내를 통해 믿음이 자라면 결국 온전하고 부족함이 없는 믿음의 사람이 된다는 것을 말씀하고 있습니다(약 1:1-18).

하나님의 말씀과의 관계에서는 말씀을 듣거나 배우면 이를 반드시 순종하고 실천하는 사람이 살아있는 참된 믿음을 가진 신자라고 가르치고 있습니다. 또 살아있는 참된 믿음을 가진 신자는 혀를 조심하고 불쌍한 자를 돌보는 삶을 산다고 가르치고 있습니다(약 1:19-27).

교회 공동체 안에서 생활할 때 사람을 차별하지 않는 것이 살아있고 참된 믿음을 가진 신자의 삶이라고 가르칩니다. 그 이유는 성경의 하나님은 공의로우시고 공평하시며 사람의 외모를 따라 차별하시는 분이 아니시기 때문입니다(약 2:1-13).

중요한 내용 중 하나는 구원에 이르는 참된 믿음을 가진 신자의 증거는 그의 믿음과 실제 행위, 즉 신행이 일치하는 것이라고 강조하고 있는 것입니다. 다시 말하면 믿음과 행위가 일치 하지 않을 때 그 사람의 믿음은 죽은 믿음이고, 거짓 믿음이고, 결국 구원에 이르지 못하는 믿음이라고 강조하고 있습니다(약 1: 14-26).

참된 믿음의 소유자는 교회 공동체의 화목과 유익을 위하여 언어를 절제하는 신자라는 것을 가르치고 있습니다. 아울러서 참된 믿음의 소유자는 세상의 지혜가 아닌 하나님께서 주시는 지혜를 활용하여 공동체의 유익을 도모하는 신자라고 가르치고 있습니다(3:1-18).

세상과의 관계에서는 세상을 사랑하거나 세상과 벗이 되고자 하는 자는 살아있는 참된 믿음을 가진 신자가 아니라고 가르치고 있습니다. 참된 믿음의 사람은 겸손히 하나님께 복종하고 형제를 사랑하는 사람이라고 밝히고 있습니다. 삶의 계획을 세울 때 항상 하나님의 뜻을 고려하는 신자가 바로 살아있는 참된 믿음을 가진 사람이라고 강조하고 있습니다(약 4:1-13).

야고보 장로는 살아있는 참된 믿음을 가진 신자는 세상에서 환난과 핍박을 당할 때, 주님의 재림을 바라보고 인내하며 살아야 된다는 것을 강조하고 있습니다. 그리고 이어서 기도로써 고난을 이기며 살 것을 가르치고 있습니다(약 5:1-20).

이상에서 밝힌 것과 같이 본서는 처음부터 끝까지 살아있는 참된 믿음, 즉 구원에 이르는 믿음을 가진 신자의 실제 생활의 특징들을 열거하고 있습니다. 그리고 이를 근거로 신자 각 사람이 자기의 믿음을 검토하여 참된 믿음과 거짓 믿음을 가려내고, 나아가 살아있는 참된 믿음을 가진 신자가 될 것을 친절하게 권하고 있습니다.

### 4. 야고보서의 특징

다른 서신과 비교할 때, 야고보서는 특정 교회나 개인을 수신자로 하지 않은 것과 끝맺는 인사가 없는 것이 서신 형식으로 볼 때에 독특한 점이라고 할 수 있습니다.

신약의 다른 책들, 특히 바울 서신과 비교할 때 야고보서는 기독교의 교리에 관


· 온전한 믿음의 사람은 ·

한 가르침이 거의 없는 점도 특이합니다. 반면, 신자의 실제 생활 원칙 및 도리에 대해서는 구체적으로 자세히 가르치고 있습니다. 따라서 본서를 어떤 사람들은 참된 믿음을 가진 신자의 신앙생활 교범이라고 칭하기도 합니다.

교리에 관한 가르침을 굳이 언급한다면 세 가지를 열거할 수 있습니다. 첫째, 하나님의 속성과 그리스도의 하나님 되심에 관한 가르침입니다(1:13, 17-18, 2:1, 5). 둘째, 죄에 대한 가르침입니다(1:14-15, 2:9-12, 4:4 17). 셋째, 종말(말세)에 관계된 가르침입니다(5:7-9).

야고보서를 읽으면 주님께서 베푸신 산상 설교의 내용과 유사한 부분이 많이 있습니다. 신약의 어떤 서신서보다도 예수님의 가르침을 참고했거나 인용한 예가 많은 책이 야고보서입니다. 대체로 본서의 22군데의 내용이 마태복음 5장부터 7장까지에 기록된 예수님의 설교와 비슷한 것을 지적할 수 있습니다. 내용이 서로 비슷하거나 같은 성경 구절들을 열거하면 다음과 같습니다.


1. 약 1:2 / 마 5:10-12  2. 약 1:4 / 마 5:48  3. 약 1:5 / 마 7:7-24  4. 약 1:9 / 마 5:35  5. 약 1:12 / 마 7:14  6. 약 1:20 / 마 5:22  7. 약 1:22 / 마 7:21-28  8. 약 2:5 / 마 5:3  9. 약 2:10 / 마 5:19  10. 약 2:13 / 마 5:7  11. 약 2:13 / 마 6:14-5  12. 약 2:14-16 / 마 7:21-23  13. 약 3:6 / 마 5:22  14. 약 3:10-12 / 마 7:15-20  15. 약 3:17-18 / 마 5:9  16. 약 4:4 / 마 6:24  17. 약 4:10 / 마 5:3-5  18. 약 4:11-12 / 마 7:1-2  19. 약 5:2-3 / 마 6:19-20  20. 약 5:10 / 마 5:11-12  21. 약 5:11 / 마 5:10  22. 약 5:12 / 마 5:33-37


이상과 같이 예수님의 말씀을 많이 인용 내지는 언급하고 있는 반면, 실제로 예수 그리스도에 관하여는 오직 세 번만 언급하고 있습니다(1:1, 2:1, 5:7-8). 그리고 그 내용은 예수 그리스도를 하나님과 동등하신 분으로 소개하고 있으며, 동시에 재림의 주로 가르치고 있습니다. 특히 2장 1절에서는 "영광의 주 곧 우리 주 예수 그리스도" 라고 칭함으로써 주님의 위대하심과 하나님 되심을 분명하게 밝히고 있습니다.

야고보서의 내용 중에는 대체로 21권에 해당하는 구약의 책들 중에서 참고하거나 또는 언급한 말씀들을 찾아 볼 수 있습니다(참고: 창세기에서 신명기까지의 모세 오경, 여호수아서, 열왕기상, 시편, 잠언, 전도서, 이사야서, 예레미야서, 에스겔서, 다니엘서 그리고 12권의 소선지서 중 7책 등의 말씀들을 참고한 내용임). 구약의 인물 중에서 아브라함, 라합, 욥, 엘리야 그리고 구약의 가르침 중에서 특별히 율법과 십계명의 내용을 참고 내지는 언급한 것을 볼 수 있습니다.

문체를 보면 선지자들의 글을 연상시키는 직설적이면서 강한 표현을 사용하여 깨우치고 권면하는 내용을 야고보서에서 발견할 수 있습니다(예: 1:6, 2:2, 2:3, 2:20, 2:22, 2:24, 4:2, 4:7, 5:1, 5:4). 지혜의 문서에서 볼 수 있는 문체와 말씀도 곳곳에 발견할 수 있습니다(예: 1:5, 1:8, 1:13, 1:19, 1:27, 2:6, 3:2, 3:5-6, 3:10, 3:13, 3:17, 5:4).

본서의 또 하나의 특징은 명령형 문장이 많은 것입니다. 총 108절로 된 본문 중에서 명령형 문장이 54개나 됩니다. 즉, 2절 중 1절은 명령문이라는 사실입니다. 이와 같은 문체를 사용하고 있는 것은 본서가 참된 신자의 실제 생활 중에 마땅히 행해야 하는 일들을 가르치고 있기 때문이라고 할 수 있습니다.

야고보 장로는 진리를 가르칠 때 자연 현상을 예로 들어 알기 쉽게 설명하는 경우가 비교적 많은 편입니다. 이와 같은 문장 기법은 유대 땅에 실제로 거주하고 산 사람들에게서 흔히 볼 수 있는 것으로 야고보 장로의 생활 배경에서 온 것으로 이해합니다. 자연 현상을 언급한 구절들을 열거하면 다음과 같습니다.

1:6 바다 물결, 1:6 바람에 밀려 요동하는, 1:10 풀의 꽃, 1:11 해가 돋고 뜨거운 바람이 불어, 1:11 풀을 말리우면, 1:17 위로부터 빛들, 1:17 회전하는 그림자, 1:18 첫 열매, 3:3 말을 순종케 하려고, 3:4 배를 보라…광풍에 밀려가는, 3:5 어떻게 작은 불이, 3:6 불, 3:7 여러 종류의 짐승과 새며, 3:8 죽이는 독, 3:11 단 물과 쓴 물, 3:12 어찌 무화과나무가 감람 열매를, 3:18 화평으로 심어 의의 열매를, 4:14 안개, 5:2 너희 옷은 좀 먹었으며, 5:3 너희 금과 은은 녹이 슬었으며, 5:4 너희 밭에 추수한 일꾼, 5:4 추수꾼의 우는 소리가, 5:5 도살의 날에 너희 마음을 살지게 하였도다, 5:7 농부가 땅에서 나는 귀한 열매를 바라고, 5:7 이른 비와 늦은 비를, 5:14 기름을 바르며, 5:17 땅에 비가 오지 않기를, 5:17 땅에 비가 아니오고, 5:18 하늘이 비를 주고, 5:18 땅이 열매를 내었느니라


· 온전한 믿음의 사람은 ·

## 5. "믿음, 행위, 구원"의 관계에 대한 오해와 바로잡기

종교개혁의 주역을 담당한 마르틴 루터는 야고보서를 가리켜 구원의 복음에 관한 가르침이 없다고 하면서 다른 서신과 비교할 때 지푸라기 서신에 불과하다고 혹평을 한 바 있습니다(1522년판 독일어 신약 서론). 이로 인하여 실제로 교회사를 통해 많은 사람들이 본서를 중요하게 생각하지 않은 것으로 이해됩니다. 마르틴 루터가 위와 같이 혹평을 한 근거는 대체로 본서 2장 14절부터 26절의 내용, 특히 24절의 "사람이 행함으로 의롭다 하심을 받고 믿음으로만은 아니니라" 라는 말씀이 자기가 귀중히 여기고 종교개혁의 근간이 되는 "오직 믿음으로 의롭다 하심을 얻는다"(롬 3:28)는 복음의 진리와 반대되는 것으로 이해한 때문입니다. 뿐만 아니라 종교개혁 당시 "사람이 행함으로 의롭다 하심을 받는다" 라는 말씀을 근거로 로마가톨릭이 행위를 통한 구원을 주장하고 가르치고 있었기 때문에 루터는 더욱 강경하게 위에 밝힌 야고보서의 말씀에 민감하게 반응하여 야고보서 전체를 폄론한 것으로 이해합니다.

이상과 같은 배경으로 인해 구원의 교리를 논할 때, 사도 바울의 가르침과 야고보 장로의 가르침이 서로 다르다고 보는 사람들이 있습니다. 로마서 3장 28절의 "그러므로 사람이 의롭다 하심을 얻는 것은 율법의 행위에 있지 않고 믿음으로 되는 줄 우리가 인정하노라"(롬 3:28) 라는 말씀과 야고보서 2장 24절의 "이로 보건대 사람이 행함으로 의롭다 하심을 받고 믿음으로만은 아니니라" 라는 말씀이 서로 모순되는 가르침으로 이해하고 있습니다.

그러나 많은 성경학자들이 이 문제를 자세히 검토하고 연구하여 서로 다른 것이 모순된 것이 아니고 오히려 믿음으로 구원에 이르는 복음의 진리의 말씀에 담긴 내용의 다른 부분을 각기 강조하여 서로 보완하고 있는 것이라고 설명하고 있습니다. 우선 사도 바울의 경우는 단순한 행위를 말한 것이 아니라 "율법의 행위" 라고 분명히 밝혔습니다. 이렇게 "율법의 행위" 라고 분명하게 밝혀 말한 것은 당시 유대교의 영향으로 인해 "율법을 지켜야 의롭다 함을 얻는다 또는 구원을 받는다" 라는 가르침이 있었기 때문입니다. 즉, 이와 같은 가르침이 결국 "오직 믿음으

**21**

로 의롭다 함을 얻는다” 라는 복음의 진리의 온전함과 순수함을 해치고 있었으므로 이를 특별히 강조하여 밝혀서 가르친 것으로 이해합니다. 그리고 로마서의 흐름이나 문맥을 볼 때 바울이 가르친 “오직 믿음으로 의롭다 함을 얻는다” 라는 말씀은 예수 그리스도를 믿을 때에 하나님 앞에서 의롭다 하는 판정을 받는 칭의의 구원을 뜻하고 있을 뿐입니다. 이와 관련하여 고려한다면 빌립보서 2장 12절과 13절에서 가르치고 있는 “구원을 이루라”고 하신 말씀은 이미 구원받은 신자들의 생활 중의 구원, 즉 성화의 구원을 의미하는 것을 기억할 필요가 있습니다.

따라서 사도 바울의 경우처럼 오직 믿음으로 의롭다 함을 얻는다고 하는 것은 믿는 신자들이 생활을 통해 사람들과 세상으로부터 의롭다고 인정받는 것을 뜻하는 것이 아니라 처음 믿을 때 하나님 앞에서 의롭다고 인정받는 것을 가르치고 있습니다. 앞에서 잠시 살펴 본대로 빌립보서 2장 12절과 13절의 구원은 성도의 생활 중에 사람들 앞에서 의롭다 함을 인정받는 구원을 뜻하고 있습니다.

이제 야고보 장로의 입장을 살펴보겠습니다. 야고보서의 수신자의 배경과 야고보서 본문의 문맥을 근거로 볼 때, 야고보 장로는 이미 믿음으로 하나님 앞에서 의롭다 함을 얻어 구원받은 신자들을 대상으로 말씀한 것이라고 많은 학자들이 동의하고 있습니다. 따라서 야고보 장로가 2장 24절에서 “사람이 행함으로 의롭다 하심을 받고” 라고 한 것은 이미 하나님 앞에서 의롭다 함을 얻은 신자가 신자다운 생활을 할 때 사람들 앞에서 의로움을 인정받는다는 것을 가르치고 있습니다. 여기서 한 가지 더 밝힐 것은 야고보 장로가 말하는 행함의 내용은 율법의 행위가 아니고 사랑으로 행하는 선행을 뜻합니다. 동시에 이와 같이 사람들 앞에서 선행을 통해 의로움을 인정받는 것은, 곧 하나님께서 이미 의롭다라고 하신 것이 참된 말씀임을 증거 한다는 뜻입니다.

위의 말씀과 함께 2장 21절부터 23절까지의 말씀에 언급된 아브라함의 경우를 자세히 살펴보겠습니다. 아브라함은 그의 생애 초기에 믿음으로 하나님 앞에서 의롭다 함을 얻었습니다(창 15:6). 이렇게 의롭다 함을 얻은 후에 오랜 세월이 흘렀습니다. 이렇게 세월이 흐르는 동안 아브라함의 믿음이 성숙해졌고, 그 결과 창세기 22장에서 아브라함은 하나님의 말씀을 절대 순종하여 이삭을 제물로 바치고자


· 온전한 믿음의 사람은 ·

했던 것을 알 수 있습니다. 이와 같은 역사적 배경을 근거로 야고보 장로는 2장 21절에서 "아브라함이 그 아들 이삭을 제단에 바칠 때에 행함으로 의롭다 하심을 받았다"라고 했고 이어서 22절에서 "믿음이 그의 행함과 함께 일하고 행함으로 믿음이 온전케 되었다"라고 했습니다. 또 23절에서는 "아브라함이 하나님을 믿으니 이것을 의로 여기셨다는 말씀이 이루어졌고 그는 하나님의 벗이라 칭함을 받았다"라고 했습니다. 이상의 말씀을 근거로 24절에서 "사람이 행함으로 의롭다 하심을 받고"라고 했습니다.

이상의 말씀들을 종합하면 24절에서 가르치고 있는 말씀은 분명히 이미 믿음으로 구원받은(의롭다 함을 얻은) 아브라함이 그의 생활, 즉 하나님의 말씀에 절대 순종하는 생활을 통해 하나님의 벗이라고 칭함 받을 정도까지 그의 의로움이 세상에, 즉 하나님과 사람들 앞에 알려진 것을 가리키고 있는 것입니다.

이를 정리하면 사도 바울의 오직 믿음으로 의롭다 함을 얻는다는 것은 구원받을 때의 사건을 가리키고 있고, 야고보 장로가 행함으로 의롭다 함을 받는다는 것은 이미 믿음으로 구원받은 성도가 행위를 통해 그의 성도로서의 의로운 삶을 세상에 보여 주어 인정받는 것을 가리키고 있는 말씀이라고 하겠습니다. 따라서 사도 바울은 구원의 기초가 되는 의롭다 함을 얻는 것이 바로 믿음으로 되는 것이라고 한 것에 대하여, 야고보 장로는 이미 구원받은 성도가 믿음의 결과로 하나님과 사람들 앞에서 의롭다 함을 인정받는 것은 그의 실제 생활에 나타난 행위라는 것을 강조하고 있는 것입니다.

요약하면 사도 바울은 구원의 기초가 되는 것, 즉 하나님 앞에서 의롭다고 인정받는 길은 오직 믿음뿐이라는 것을 가르치고 있습니다. 반면 야고보 장로는 믿음으로 이미 구원 받은 성도가 세상에서 의롭다고 인정받는 길은 오직 믿음의 결과로 나타난 선한 행위뿐이라는 것을 가르치고 있습니다.

# 6. 야고보서 분해 및 개요

야고보서 내용을 중심으로 아래와 같이 세 개의 대단원으로 나누어 정리할 수 있으며, 세 개의 대단원의 내용은 다시 12개의 장으로 나누어집니다. 따라서 본서는 아래 열거된 각 장 별로 서술된 내용에 따라 강해가 진행되고 있습니다.

1부 온전하고 부족함이 없는 믿음의 사람이 되라(1:1-27)

1장 시련과 인내(1:1-12)

1. 인사(1:1)
   1) 저자(야고보)
   2) 수신자
   3) 문안

2. 온전하고 부족함이 없는 믿음의 사람이 되는 비결(1:2-4)
   1) 시련(시험)을 당할 때 온전히 기뻐한다(1:2)
   2) 시련(시험)을 통해 인내를 배우고 인내를 통해
      온전한 믿음의 사람이 된다(1:3-4)

3. 하나님의 지혜(1:5-8)
   1) 하나님을 믿고 구하는 자에게 지혜와 믹공 좋은 것을 수신다(1:5)
   2) 일체 의심 없이 오직 믿음으로 구한다(1:6 상)
   3) 의심하는 자는 받지 못한다(1:6 하-8)

4. 장래의 소망(1:9-11)
   1) 빈곤한 신자가 누리는 장래의 영광(1:9)


· 온전한 믿음의 사람은 ·

# 온전하고 부족함이 없는 믿음의 사람이 되라

# 1장
## 시련과 인내(1:1-12)

"1 하나님과 주 예수 그리스도의 종 야고보는 흩어져 있는 열두 지파에게 문안하노라 2 내 형제들아 너희가 여러 가지 시험을 당하거든 온전히 기쁘게 여기라 3 이는 너희 믿음의 시련이 인내를 만들어 내는 줄 너희가 앎이라 4 인내를 온전히 이루라 이는 너희로 온전하고 구비하여 조금도 부족함이 없게 하려 함이라 5 너희 중에 누구든지 지혜가 부족하거든 모든 사람에게 후히 주시고 꾸짖지 아니하시는 하나님께 구하라 그리하면 주시리라 6 오직 믿음으로 구하고 조금도 의심하지 말라 의심하는 자는 마치 바람에 밀려 요동하는 바다 물결 같으니 7 이런 사람은 무엇이든지 주께 얻기를 생각하지 말라 8 두 마음을 품어 모든 일에 정함이 없는 자로다 9 낮은 형제는 자기의 높음을 자랑하고 10 부한 자는 자기의 낮아짐을 자랑할지니 이는 그가 풀의 꽃과 같이 지나감이라 11 해가 돋고 뜨거운 바람이 불어 풀을 말리면 꽃이 떨어져 그 모양의 아름다움이 없어지나니 부한 자도 그 행하는 일에 이와 같이 쇠잔하리라 12 시험을 참는 자는 복이 있나니 이는 시련을 견디어 낸 자가 주께서 자기를 사랑하는 자들에게 약속하신 생명의 면류관을 얻을 것이기 때문이라"

## 본문 강론

### 1. 인사(1:1)

"1 하나님과 주 예수 그리스도의 종 야고보는 흩어져 있는 열두 지파에게 문안하
노라"

#### 1) 저자(야고보)

본문에서 밝히고 있는 바와 같이 본서를 기록한 저자는 야고보입니다. 이 야고
보는 앞의 서론 부분에서 설명한 것과 같이 신약에 언급된 네 명의 야고보 중 예수
님의 육신의 어머니인 마리아와 남편 요셉 사이에서 출생한 야고보(행 15:13, 갈
2:19) 장로입니다. 따라서 야고보 장로가 저자라고 볼 때 꼭 설명해야 하는 부분이
있습니다. 그것은 예수님 생존 시에는 예수님을 믿지도 않고 또 예수님의 하시는
일을 비웃기까지 했던(참고 요 7:3-5, 마 13:55, 막 6:3) 야고보가 어떻게 예수 그리
스도의 종, 즉 노예라고 부르는 신앙의 사람이 되었는가 하는 것입니다. 신약시대
당시의 노예는 일반 종과 달리 자기의 독립적인 신분이 없는 사람이며 노예 시장
에서 매매되는 주인의 소유물에 불과한 존재였습니다.

이처럼 인간이면서도 인간의 대우를 받지 못한 계층이 노예인데 야고보는 자기
를 가리켜 그리스도의 노예라고 했습니다. 즉, 그리스도의 소유물이요 그리스도
에게 완전히 매인 종이라고 했습니다. 주 예수 그리스도께서 생존해 계실 때에는
비웃고 조소하던 동생이 이렇게 변화된 것입니다. 이것은 엄청난 변화입니다. 어
떻게 이렇게 큰 변화가 불과 몇 년 사이에 그의 삶 속에서 일어났는가 하는 것은 깊
이 생각해 볼 문제입니다.

이와 같은 의문에 대한 해답은 주님께서 부활하신 후에 야고보에게 나타나 보
이셨고 이 경험이 곧 야고보를 열렬한 그리스도인으로 변화시켰다는 사실에서 찾
을 수 있습니다. 지금 말씀 드린 내용은 고린도전서 15장 7-8절에 기록된 사도 바울
의 증거(그 후에 야고보에게 보이셨으며 그 후에 모든 사도에게와 맨 나중에 만삭


· 온전한 믿음의 사람은 ·

되지 못하여 난 자 같은 내게도 보이셨느니라)에 잘 나타나 있습니다. 아울러 사도행전 1장 14절의 말씀이 증거하는 것과 같이 예수님의 승천 후에 사도들과 함께 다락방에 모여 기도에 힘쓴 사실에서도 알 수 있습니다. 뿐만 아니라 사도행전 15장과 갈라디아서 2장 9절의 말씀을 근거로 보면 야고보가 예루살렘교회의 주요 인물로서 당시에 예루살렘 공회를 주도한 지도자임을 알 수 있습니다. 이와 같은 성경의 증거는, 곧 야고보가 완전히 변하여 예수 그리스도의 종으로 주님을 섬긴 일꾼이 된 것을 말해주고 있습니다.

여기서 우리는 두 가지를 생각해 볼 수 있습니다. 첫째는 육신적으로 말하면 완전한 형제는 아니지만 같은 어머니에게서 출생하여 같은 집에서 형제로 자라난 야고보가 예수님을 주라고 부르면서 자기는 그 주님의 노예라고 칭한 야고보 장로의 모습입니다. 즉, 육신적으로 형님으로 알았던 예수님을 주 예수 그리스도라고 부르면서 그분을 하나님과 동등한 분으로 완전히 믿고, 자기는 그분의 노예라고 하는 야고보 장로의 믿음은 놀라운 변화의 결과라고 할 수 있습니다. 부활하신 주님을 만난 사람의 변화와 믿음이라고 할 수 있습니다.

실제로 사도 바울도 이와 같이 변화된 사람입니다. 빌레몬서를 읽으면 이방인을 개로 취급하던 바리새인 중에 바리새인이었던 바울이 이방인, 그것도 노예였던 오네시모를 두고 "갇힌 중에서 낳은 아들 오네시모"(몬 10) 라고 불렀으며 또 "신실하고 사랑을 받는 형제 오네시모"(골 4:9) 라고 부른 사실은 당시의 사회 구조나 관습을 생각할 때 상상도 못할 일입니다.

그러나 예수 그리스도를 만나서 그리스도 안에서 새로운 피조물이 된 바울은 모든 인간관계를 예수 그리스도를 중심으로 새롭게 이해하고 살았습니다(고후 5:15-17). 참 놀라운 일입니다. 이 말씀을 공부하는 여러 성도님들, 저와 함께 야고보 장로나 사도 바울과 같이 예수 그리스도 안에 있는 믿음의 식구들을 향해 형제요, 자매라고 부르면서 이와 같은 관계를 실제 생활 속에서 실천하도록 노력해야 할 줄로 압니다.

둘째는 예수님께서 부활하신 후에 야고보에게 나타나 보이셨다는 사실입니다. 이 사실은 단적으로 예수님의 사랑을 가르치는 말씀이라고 하겠습니다. 야고보를 사랑하셔서 구원하시기 위해 그에게 보이신 주님은 지금도 여러 가지 방법과 모양으로 사람들에게 다가오셔서 마음의 문을 두드리고 계신다는 사실을 우리는 잘 알고 있습니다. 혹 이 글을 읽으시는 분 중에 아직도 예수 그리스도를 영접하지 않으신 분이 있으면 주님께서 당신을 사랑하셔서 당신의 마음의 문을 두드리시며 기다리신다는 사실을 분명히 깨닫고 주님을 영접하시기 바랍니다. 혹 이미 그리스도를 믿어 성도가 되신 분들은 아래와 같이 자문해 보시기 바랍니다. 나는 예수 그리스도를 믿어 새로운 피조물이 된 이후에 주님을 나의 주, 나의 하나님으로 모시고 그분의 종이요, 노예라고 고백하며 살고 있는가 하는 것입니다. 우리 성도들은 누구를 막론하고 "내가 그리스도와 함께 십자가에 못 박혔나니 그런즉 이제는 내가 사는 것이 아니요 오직 내 안에 그리스도께서 사시는 것이라"(갈 2:20 상)고 고백하면서 그리스도의 종처럼 살아야 할 줄로 믿습니다. 주님께서 야고보 장로에게 베푸신 구원의 은혜가 우리 모두에게 넘치기를 간절히 바랍니다. 성도들은 그리스도를 본받아 우리의 친척의 구원을 위해 힘과 정성을 쏟아 노력하는 삶을 살아야만 하겠습니다.


### 2) 수신자

1절의 후반부를 읽으면 야고보 장로가 주 예수 그리스도의 종으로서 "흩어져 있는 열두 지파에게" 문안한다고 인사하고 있습니다. 이 말씀은 본서의 수신인이 당시 중동 지역에 흩어져 있는 유대인들인 것을 뜻하고 있지만, 실제로는 그리스도를 믿는 유대인들을 가리키고 있습니다. 이렇게 이해하는 이유는 이스라엘 민족의 역사와 사도 시대에 있었던 일들에 근거하고 있습니다.

첫째, 본문의 "열두 지파"가 유대인들, 즉 이스라엘 민족 전체를 의미하게 된 경위를 우선 살펴보겠습니다. 이스라엘 민족의 조상인 아브라함이 이삭을 낳은 후에 이삭은 그의 아들 야곱을 낳았습니다. 그 후에 하나님께서 야곱의 이름을 이스라엘이라고 고쳐 주시고(창 32:27-28, 35:9-13) 그의 열두 아들들을 이스라엘 민족의 열두 지파의 선조로 삼으셨습니다. 이때부터 이스라엘 민족을 이스라엘의 열두 지파라고 부르게 되었습니다.


· 온전한 믿음의 사람은 ·

“이들은 이스라엘의 열두 지파라 이와 같이 그들의 아버지가 그들에게 말하고 그들에게 축복하였으니 곧 그들 각 사람의 분량대로 축복하였더라”(창 49:28)

이와 같이 이스라엘 민족이 12지파로 구성되었고 하나님께서 가나안 땅(지금의 이스라엘 나라, 또는 옛날 유대 나라)을 그들에게 주실 때에도 지파별로 땅을 분할하고 분배하신 것을 여호수아서를 통해 알 수 있습니다(참고: 여호수아 13장-19장). 이때부터 이스라엘 사람들은 각 지파에 속하여 생활하게 되었습니다. 그래서 사도 바울도 다음과 같이 증거 한 것을 읽을 수 있습니다.

“6 이제도 여기 서서 심문 받는 것은 하나님이 우리 조상에게 약속하신 것을 바라는 까닭이니 7 이 약속은 우리 열두 지파가 밤낮으로 간절히 하나님을 받들어 섬김으로 얻기를 바라는 바인데 아그립바 왕이여 이 소망으로 말미암아 내가 유대인들에게 고소를 당하는 것이니이다”(행 26:6-7)

또 예수님께서도 훗날 재림하셔서 이스라엘 민족을 심판하실 때를 두고 사도들에게 이렇게 말씀하셨습니다.

“예수께서 이르시되 내가 진실로 너희에게 이르노니 세상이 새롭게 되어 인자가 자기 영광의 보좌에 앉을 때에 나를 따르는 너희도 열두 보좌에 앉아 이스라엘 열두 지파를 심판하리라”(마 19:28, 참고: 계 21:12-14절의 열두 지파의 이름과 열두 사도의 이름 참조)

둘째, 본문에 기록된 “흩어져 있는(diaspora)” 라는 문구의 뜻을 살펴보겠습니다. 그 뜻은 중동 지역을 비롯하여 세계 여러 곳에 흩어져 살고 있는 유대인들을 가리킬 때 사용되는 문구인데 그 유래는 다음과 같습니다. 유대인들이 중동 지역을 비롯하여 세계의 여러 나라에 흩어져 살게 된 것은 멀리는 주전 600년경에 바벨론(현재 이라크 지역) 나라에 포로로 잡혀간 그때부터 시작되었습니다. 유대인들이 흩어진 것은 단순한 민족이나 부족 이동이 아닙니다. 그들이 섬기는 유일하신 여호와 하나님, 즉 우리가 믿고 있는 하나님께서 이스라엘 백성의 죄를 심판하신 결과로 일어난 역사적인 사건입니다. 즉, 이스라엘 백성들이 자기들을 구원해 주시고 자기들을 사랑하시고 지켜주신 하나님 여호와를 배반하고 다른 신을 섬겼기 때문에 하나님께서 전에 미리 예고하시고 가르쳐 주시고 또 약속하신 대로 그들에게 벌을 내리셨습니다. 그 벌이 이스라엘 민족을 세계 여러 나라에 흩으신 것입니다. 이스라엘 역사 초기에 이스라엘 백성이 하나님을 배반 할 경우를 두고 다음과 같이 선포하셨습니다.

"내가 너희를 여러 민족 중에 흩을 것이요 내가 칼을 빼어 너희를 따르게 하리니 너희의 땅이 황무하며 너희의 성읍이 황폐하리라"(레 26:33)

또 그들을 미래에 회복시키실 것도 말씀하셨습니다.

"이방들이여 너희는 여호와의 말씀을 듣고 먼 섬에 전파하여 이르기를 이스라엘을 흩으신 자가 그를 모으시고 목자가 그 양 떼에게 행함 같이 그를 지키시리로다"(렘 31:10)

이상의 말씀은 유대인들의 바벨론 포로 생활과 또 훗날에 있을 일들을 두고 예언하신 내용입니다. 이와 같은 하나님의 말씀이 그대로 역사 속에서 성취되어 결국 유대인들이 세계 곳곳에 흩어져 살게 되었습니다.

그러나 본문에서 "흩어져 있는 열두 지파" 라고 밝힌 본서의 수신인은 과거에 흩어져서 곳곳에서 살고 있는 유대인들을 뜻하는 것은 아닙니다. 본문에 쓰인 "흩어져 있는 열두 지파"는 교회 초기인 사도 시대에 흩어진 유대 그리스도인들을 가리킵니다. 이와 같이 교회 초기에 유대 그리스도인들이 각 지역으로 흩어진 것은 당시 유대교를 고수하는 유대인들의 박해와 핍박 때문이었습니다. 이렇게 흩어진 유대 그리스도인들은 피난민과 다름없는 삶을 살게 된 것입니다. 이들이 본문에서 언급하고 있는 "흩어져있는 열두 지파들"입니다. 이와 같이 흩어진 직접적인 계기는 대체로 사도행전 8장과 11장에 기록된 스데반의 순교와 또 야고보 사도의 순교 때문이라고 할 수 있습니다. 이 사실에 대해 성경은 다음과 같이 증거하고 있습니다.

"1 사울은 그가 죽임 당함을 마땅히 여기더라 그 날에 예루살렘에 있는 교회에 큰 박해가 있어 사도 외에는 다 유대와 사마리아 모든 땅으로 흩어지니라 2 경건한 사람들이 스데반을 장사하고 위하여 크게 울더라 3 사울이 교회를 잔멸할새 각 집에 들어가 남녀를 끌어다가 옥에 넘기니라 4 그 흩어진 사람들이 두루 다니며 복음의 말씀을 전할새 5 빌립이 사마리아 성에 내려가 그리스도를 백성에게 전파


· 온전한 믿음의 사람은 ·

하니"(행 8:1-5)

"19 그 때에 스데반의 일로 일어난 환난으로 말미암아 흩어진 자들이 베니게와 구브로와 안디옥까지 이르러 유대인에게만 말씀을 전하는데 20 그 중에 구브로와 구레네 몇 사람이 안디옥에 이르러 헬라인에게도 말하여 주 예수를 전파하니 21 주의 손이 그들과 함께 하시매 수많은 사람들이 믿고 주께 돌아오더라"(행 11:19-21)

스데반의 순교와 유대인들의 핍박으로 인해 흩어지기 시작한 유대인 그리스도인들은 그 후 사도행전 12장에 기록된 헤롯의 박해로 야고보 사도의 순교를 목격하면서 더욱 외지로 흩어진 것을 알 수 있습니다.

이와 같이 흩어진 유대 그리스도인들의 생활은 말할 수 없이 비참하고 어려웠습니다. 고향과 삶의 보금자리를 잃어버린 나머지 다시 돌아갈 기약도 없이 이곳저곳을 방황하며 살아가야 하는 그들의 고충은 6·25 사변 때 피난살이했던 분들은 다소 이해할 수 있을 것으로 봅니다. 야고보서의 내용을 보면 이렇게 흩어져 사는 유대 그리스도인들은 이방인들은 물론, 동족인 유대인들에게까지 소외당하고, 미움 받고, 배척당할 뿐만 아니라 온갖 박해와 궁핍과 재난으로 인해 고통과 슬픔과 절망 속에 빠져있는 것을 알 수 있습니다. 동시에 그리스도인이면서도 하나님의 말씀을 믿고 순종하는 생활을 제대로 하지 못하는 어려움과 교회 안에서 성도간의 갈등, 질투, 분쟁, 세상의 세력과 유혹으로 인한 많은 문제들을 안고 씨름하고 있었습니다. 야고보서의 내용은 바로 이들 유대 그리스도인들을 향해 그들 자신들의 믿음을 점검하면서 굳건하고 온전한 믿음을 갖고 성숙한 신앙 인격의 소유자가 될 것을 가르치고 있다고 하겠습니다.

야고보서를 반복하여 읽으면서 묵상하노라면 야고보서에 기록된 신앙생활의 문제는 사실상 현재의 우리가 성도로서 교회 안에서 또 사회에서 살아가는 중에 직면하고 경험하는 문제들과 별로 다를 바 없다는 사실을 깨닫게 됩니다. 따라서 우리가 마음의 문을 열고 본서를 통해 하나님께서 주시는 가르침과 책망과 삶의 도리를 잘 배워야 하겠습니다. 그리고 배운 것을 기억하고 현재의 생활 현장에서 믿음으로 인내하면서 살아갈 때 우리는 하나님께서 기뻐하시는 성숙하고 온전한 믿음의 사람이 될 줄로 믿습니다.

**39**

3) 문안

본문 1절 마지막에 "문안하노라" 라는 말로 야고보 장로는 인사를 하고 있습니다. 이 문구의 원어의 뜻은 "기뻐하라, 즐거워하라"는 것입니다. 그러나 일반적으로 상대방의 평안을 원하는 서신 서두에 쓰이는 문구로도 이해합니다. 다른 서신서에는 없는 이 문구를 야고보 장로가 서두에 사용한 것에 대해 굳이 야고보 장로의 의도를 생각해 본다면 2절에 나오는 "기쁘게 여기라"는 내용을 소개하기 위해서 "기뻐하라, 즐거워하라" 라는 뜻을 가진 낱말을 문안 인사로 사용한 것으로 추측할 수 있습니다 이렇게 문안 인사를 한 후에 2절부터 그들에게 필요한 삶의 도리를 가르치고 있습니다.

## 2. 온전하고 부족함이 없는 믿음의 사람이 되는 비결(1:2-4)

"2 내 형제들아 너희가 여러 가지 시험을 당하거든 온전히 기쁘게 여기라 3 이는 너희 믿음의 시련이 인내를 만들어 내는 줄 너희가 앎이라 4 인내를 온전히 이루라 이는 너희로 온전하고 구비하여 조금도 부족함이 없게 하려 함이라"

2절에서 4절까지의 내용을 요약하면 2절에서는 시험 당할 때 온전히 기뻐할 것을 명하고 있습니다. 3절에서 4절은 시련을 통해 인내를 배우고, 인내를 통해 온전한 믿음의 사람이 된다는 것을 가르치고 있습니다. 2절에서 4절의 말씀을 다시 정리해 보겠습니다.

첫째, 성도는 시험, 즉 여러 가지 어려움을 만날 때 기뻐하라고 하십니다. 둘째, 시험은 곧 믿음의 시련인데 이 시련을 통해 인내가 이루어신나고 말씀하십니다. 셋째, 인내를 온전히 이룰 때 온전하고 구비하여 조금도 부족함이 없는 믿음의 성도가 된다고 그 비결을 가르치고 있습니다. 이상의 가르침을 음미할 때 인간의 생각으로는 이해가 안 되는 점이 있음을 많은 분들이 동감할 것입니다. 도대체 어려운 일을 당할 때 어느 누가 온전히 기뻐할 수 있겠습니까? 어려운 일을 당하면 고통스럽고, 괴롭고, 짜증이 나고, 마음이 상하고 불평불만으로 가득 차는 것이 일반

40

적인 경우인데 본문의 말씀은 온전히 기뻐하라고 합니다. 이것이 믿는 자들의 삶이고 하나님께서 원하시는 성도의 모습입니다. 받아들이기 힘들지만 하나님께서 주신 말씀입니다. 이제 마음의 문을 열고 이 말씀이 정말 옳은가 또 어떻게 이해함이 옳은지 알아보는 마음으로 본문을 살펴보도록 하겠습니다. 이제 함께 공부할 때 성령님께서 우리의 마음을 밝혀주시고 인도하셔서 바로 이해하게 하심으로 하나님의 인자하심을 깨닫고 찬송하고 경배하는 기회가 되기를 바랍니다.

흩어져서 환난과 핍박으로 고난 받는 성도들을 향해 "평안을 비노라"는 말 대신에 "기뻐하라"는 뜻이 담긴 특이한 낱말로 문안하고 있습니다. 이어서 야고보 장로는 그들을 "내 형제들아" 라고 부르면서 2절의 말씀을 시작하고 있습니다.

### 1) 시련(시험)을 당할 때 온전히 기뻐한다(1:2)

2절에서 온전한 믿음의 사람은 시련을 당할 때 온전히 기뻐하라고 명령하고 있습니다. 우리말 성경에는 "내 형제들아"가 2절 첫머리에 나오지만 원래 원어를 보면 "내 형제들아"는 중간에 있습니다. 원어의 순을 따라 2절을 다시 적어보면 다음과 같습니다. "온전히 기쁘게 여기라 내 형제들아 너희가 여러 가지 시험을 만나거든"으로 되어 있습니다. 좀 어색하지만 뜻은 분명합니다. 이와 같이 "온전히 기쁘게 여기라"를 문장 첫 머리에 기록한 것에 대해서는 일반적으로 이 문구를 강조하기 위한 것으로 이해합니다. 이 사실을 마음에 간직하고 우리말 성경의 본문대로 뜻을 살펴보도록 하겠습니다.

수신자들을 향해 "내 형제들아" 라고 부르면서 말씀을 시작하고 있습니다. 여기에 쓰인 "내 형제들아" 라는 호칭은 본서를 통해 15회 정도 사용되고 있습니다(참고: 1:2,16,19, 2:1,5,14, 3:1,10,12, 4:11, 5:7,9,10,12,14). 이 표현은 단순한 호칭으로 사용하였다고 보기보다는 핍박과 박해로 인해 고난 중에 사는 성도들에 대한 야고보 장로의 특별한 사랑과 관심을 담은 호칭이라고 이해합니다. 이 "내 형제들아" 라는 문구는 사랑으로 넘치고 있습니다. 실제로 야고보 장로는 곳곳에서 이 사랑으로 차있는 호칭을 사용하고 있는데 어떤 때는 "내 사랑하는 형제들아" 라고 부름으로써 그들을 향한 간절한 사랑의 마음을 전하고 있기도 합니다.

**41**

기왕에 "형제" 라는 호칭 이야기가 나왔으니 잠시 그 뜻을 좀 더 생각해 봅시다. 우리는 세상에서 누구를 형제요 자매라고 부릅니까? 같은 부모 밑에서 태어나고 자라난 사람들 사이에 불리는 호칭입니다. 이렇게 생각할 때 우리가 기억할 것은 영적으로 성도들은 모두 하나님의 자녀임으로 서로 형제자매라고 부릅니다. 우리는 모두 우리의 죄를 담당하시고 십자가에서 죽으신 그리스도의 보혈의 공로로 구원받아 하나님의 자녀가 되었습니다. 구원받은 성도에 대해서 성경은 "우리는 그리스도 안에서 그의 은혜의 풍성함을 따라 그의 피로 말미암아 속량 곧 죄 사함을 받았느니라"(엡 1:7) 라고 가르치고 있습니다.

베드로전서 1장에서도 "18 너희가 알거니와 너희 조상이 물려 준 헛된 행실에서 대속함을 받은 것은 은이나 금 같이 없어질 것으로 된 것이 아니요 19 오직 흠 없고 점 없는 어린 양 같은 그리스도의 보배로운 피로 된 것이니라"(벧전 1:18-19) 라고 밝히고 있습니다.

예수를 믿는 우리가 하나님의 자녀된 것을 성경은 다음과 같이 증거하고 있습니다. "12 영접하는 자 곧 그 이름을 믿는 자들에게는 하나님의 자녀가 되는 권세를 주셨으니 13 이는 혈통으로나 육정으로나 사람의 뜻으로 나지 아니하고 오직 하나님께로부터 난 자들이니라"(요 1:12-13)

그러므로 우리는 온 우주를 창조하시고 주권으로 다스리시는 만군의 주 여호와 하나님의 자녀이며 따라서 높고 위대하신 하나님을 아버지라고 부르며 섬기고 있습니다. 이와 같이 신비스럽고 놀라운 하나님의 섭리와 구원의 계획과 성취로 인해 예수 믿는 사람들은 모두 하나님의 자녀들이 되었습니다. 따라서 우리는 서로 간에 형제자매가 된 것입니다. 참으로 놀라운 일입니다. 여러분이 혹 경험해 보았는지 모르겠습니다. 이런 계기가 되어 진히 일시노 못하는 사람과 만나서 서로 대화를 나누다가 상대방이 예수 믿는 사람이라는 사실을 알았을 때 그 자리에서 형제요, 자매라고 부르면서 격의 없는 친근감을 나눈 적이 있었을 것입니다. 저는 제가 살고 있는 곳에서 상점들이 많이 있는 주차장에 가서 사람들에게 전도지를 돌리곤 합니다. 전도지를 돌리다 보면 어떤 사람은 반갑게 저를 대하면서 자기도 믿는 사람이라고 하고는 "우리는 형제지요!" 라고 하면서 손을 내밀어 악수를 청하



· 온전한 믿음의 사람은 ·

고, 간단하지만 서로 격려하면서 하나님을 향한 감사와 찬양의 대화를 나누는 때가 종종 있습니다. 이럴 때에는 상대방이 흑인이건, 백인이건, 멕시코 사람이건, 인도 사람이건 전혀 관계없이, 하나도 어색하지 않게 서로 형제나 자매로서 대화를 나눌 수 있었습니다. 이럴 때 저는 하나님께 감사했습니다.

이제 여러분도 주위에 있는 믿는 성도들을 향해 "형제여, 자매여!" 라고 부르면서 하나님의 사랑을 함께 나누시기를 바랍니다. 우리가 부르는 찬송 220장에도 "사랑하는 주님 예수 같은 주로 섬기나니 한 피 받아 한 몸 이룬 형제여 친구들이여" 라고 성도간의 관계를 찬양으로 가르치고 있지 않습니까?

그래서 야고보 장로도 수신자들을 향해 "내 형제들아" 라는 정과 사랑이 담긴 호칭을 사용하였다고 봅니다. 특히 본서의 내용이 수신자들의 마음에 부담을 주고 그들의 잘못된 믿음을 깨우치는 말씀들로 야고보 장로는 그들을 포용하며 이해하는 마음을 전달하기 위해 부드럽고 정이 넘치는 호칭을 사용한 것으로 이해합니다. 이렇게 수신자들에 대한 사랑을 표현한 후에 그는 "여러 가지 시험을 만나거든 온전히 기쁘게 여기라"고 명령조로 부탁하고 있습니다.

본 절에 쓰인 "여러 가지 시험" 이라는 문구의 "여러 가지" 라는 낱말은 모든 또는 있을 수 있는 모든 방법이나 종류를 뜻합니다. 그리고 "시험"이라는 낱말은 "사물의 특성, 질의 양호도와 진위를 알아보기 위해서 시험해 본다, 감정해 본다" 라는 뜻을 가지고 있습니다. 이것이 기본적인 뜻이긴 하지만 동시에 이 "시험" 이라는 낱말이 사람으로 하여금 죄를 짓게 하는 "유혹" 이라는 뜻도 있습니다. 예를 들어 앞으로 배우겠지만 13절에 "사람이 시험을 받을 때" 라는 문구의 "시험"은 유혹의 뜻을 갖고 있습니다. 성도가 고난이나 어려움을 당할 때, 믿음으로 하나님을 향해 도움을 청하면서 인내할 경우 이것은 "시험" 또는 "시련"이라고 할 수 있습니다. 반대로 어려움에 빠졌을 때, 하나님을 원망하는 죄를 짓게 되면 같은 사건이 곧 죄를 짓게 하는 유혹이 된다는 말씀입니다. "유혹" 의 뜻으로 쓰이는 경우에 대해서는 후에 13절을 배울 때 더 자세히 살펴보기로 하고 여기서는 믿음을 지키면서 고통이나 고난을 참고 나아가는 뜻의 "시험" 에 대해서 좀더 살펴보겠습니다.

본문에 쓰인 "여러 가지 시험" 이란 문구는 일반적으로 세상에 살고 있는 사람

**43**

들이 모두 당하는 어려움, 슬픔, 고통, 질병, 빈곤을 비롯하여 특별히 그리스도인
이기 때문에 당하는 온갖 고난, 환난, 핍박, 박해 등 모두를 포함하고 있습니다. 성
도의 경우를 들어 다시 말씀 드리면 여러 가지 시험이란 예수 믿는 것 때문에 성도
가 경험하는 각종 고난, 환난, 수난, 고통, 슬픔 등 안정되고 즐거운 생활 조건을 파
괴하는 모든 사건들을 뜻합니다. 하나님께서는 성도의 믿음을 알아보고, 또 튼튼
하게 하시기 위해서 때때로 성도에게 시련을 허용하시는 경우가 있는데 본 절의
말씀이 이 경우에 해당되는 것으로 이해할 수 있습니다.

기본적으로 우리 삶의 현장에서 겪는 모든 시련과 시험은 성도로 하여금 자신
의 믿음의 상태를 살펴보고 점검하도록 합니다. 또 이와 같은 시련과 시험을 통과
하는 동안에 각자의 믿음이 다듬어지고 자라서 온전하고 성숙한 믿음의 사람으로
변합니다. 이것이 믿음의 시련을 통해 인내를 배우고, 인내를 통해 이루어지는 신
앙 인격의 성장과 성숙이라고 하겠습니다.

그러므로 이 시련이나 시험에 직면하여 고난이나 고통을 당할 때 성도의 자세
와 태도에 따라 현재 경험하고 있는 시련이나 시험이 유혹(13절의 말씀)으로 바뀌
어 신앙의 퇴보를 가져 올 수도 있습니다. 반면 같은 시련이나 시험이 연단의 과정
이 되어 온전하고 성숙한 신앙 인격을 이룰 수도 있습니다.

"만나거든" 이란 문구는 어려움에 "빠지거든, 봉착하거든" 이라는 뜻을 가지고
있습니다. 그래서 성경 곳곳에서 우리 성도들은 환난과 고난과 핍박을 받는다고
말씀하고 있습니다.

"이것을 너희에게 이르는 것은 너희로 내 안에서 평안을 누리게 하려 함이라 세
상에서는 너희가 환난을 당하나 담대하라 내가 세상을 이기었노라" (요 16:33)

"21 복음을 그 성에서 전하여 많은 사람을 제자로 삼고 루스드라와 이고니온과
안디옥으로 돌아가서 22 제자들의 마음을 굳게 하여 이 믿음에 머물러 있으라 권
하고 또 우리가 하나님의 나라에 들어가려면 많은 환난을 겪어야 할 것이라 하고"
(행 14:21-22)

"6 그러므로 너희가 이제 여러 가지 시험으로 말미암아 잠깐 근심하게 되지 않
을 수 없으나 오히려 크게 기뻐하는도다 7 너희 믿음의 확실함은 불로 연단하여도


· 온전한 믿음의 사람은 ·

없어질 금보다 더 귀하여 예수 그리스도께서 나타나실 때에 칭찬과 영광과 존귀를 얻게 할 것이니라"(벧전 1:6-7)

이어서 본문은 시험을 만나거든 "온전히 기쁘게 여기라"고 말씀하십니다. "온전히 기쁘게 여기라"고 한 문구는 두 부분으로 나누어집니다. 즉, "온전히 기쁘게"라는 말과 "여기라"는 말입니다. "온전히 기쁘게" 라는 문구는 "100% 순수한 기쁨, 완전한 기쁨, 기쁨으로, 완전히 차 있는 상태, 또는 조금도 다른 생각이 없고 오직 기쁨으로 꽉 차있는 상태"를 뜻합니다. "여기라"는 낱말은 명령형 동사로서 "따져보고 그렇다고 하라" 또는 "자세히 살펴보고 완전히 받아들이라"는 강한 뜻의 동사이며 명령입니다. 따라서 "온전히 기쁘게 여기라"는 말씀은 강한 명령으로 모든 것을 기쁨으로 받아들이라, 또는 한 번의 예외를 두지 말고 전부를 기쁨으로 받아들이고 살도록 하라는 말씀입니다.

이렇게 여러 가지 시련, 또는 시험을 당할 때 온전히 기쁘게 받아들이며 살라고 강하게 명령하신 이유가 있습니다. 그것은 동족의 핍박으로 인해 중동지역에 흩어져 살고 있는 유대인 그리스도인들의 생활이 빈곤과 핍박과 박해와 주위 사람들의 배척으로 인해 살아가기 극히 어려운 지경에 처해 있었기 때문입니다. 그리고 이와 같은 생활 조건을 믿음으로 이기는 성숙한 믿음의 사람들이 되는 것을 원하여 하나님께서 이렇게 말씀하셨습니다.

그런데 실제로 인류 역사를 돌이켜 볼 때 다소간의 차이는 있지만 모든 시대를 망라하여 그리스도인들은 항상 세상의 박해와 핍박 그리고 배척으로 인해 온갖 고난과 빈곤과 고통을 당하며 살아 온 것을 우리는 잘 알고 있습니다. 세상에 사는 동안 그리스도인은 이와 같이 박해와 배척을 받을 수밖에 없는 것을 이미 주님께서 제자들에게 밝히 가르쳐 주셨습니다.

"18 세상이 너희를 미워하면 너희보다 먼저 나를 미워한 줄을 알라 19 너희가 세상에 속하였으면 세상이 자기의 것을 사랑할 것이나 너희는 세상에 속한 자가 아니요 도리어 내가 너희를 세상에서 택하였기 때문에 세상이 너희를 미워하느니라 20 내가 너희에게 종이 주인보다 더 크지 못하다 한 말을 기억하라 사람들이 나를 박해하였은즉 너희도 박해할 것이요 내 말을 지켰은즉 너희 말도 지킬 것이라

21 그러나 사람들이 내 이름으로 말미암아 이 모든 일을 너희에게 하리니 이는 나를 보내신 이를 알지 못함이라"(요15:18-21)

그 외에도 성경 다른 곳에서 주님께서 같은 내용의 말씀을 일러 주시면서 고난과 핍박 중에도 즐거워하라고 당부하셨습니다.

"10 의를 위하여 박해를 받은 자는 복이 있나니 천국이 그들의 것임이라 11 나로 말미암아 너희를 욕하고 박해하고 거짓으로 너희를 거슬러 모든 악한 말을 할 때에는 너희에게 복이 있나니 12 기뻐하고 즐거워하라 하늘에서 너희의 상이 큼이라 너희 전에 있던 선지자들도 이같이 박해하였느니라"(마 5:10-12)

이상의 말씀들을 믿음으로 받아 순종할 때에 성도들은 여러 가지 시험을 이기고 온전히 기뻐할 수 있습니다. 이것이 살아있는 온전하고 부족함이 없는 믿음입니다. 또 성경 다른 곳에서는 다음과 같이 가르치고 있습니다.

"12 사랑하는 자들아 너희를 연단하려고 오는 불 시험을 이상한 일 당하는 것 같이 이상히 여기지 말고 13 오히려 너희가 그리스도의 고난에 참여하는 것으로 즐거워하라 이는 그의 영광을 나타내실 때에 너희로 즐거워하고 기뻐하게 하려 함이라 14 너희가 그리스도의 이름으로 치욕을 당하면 복 있는 자로다 영광의 영 곧 하나님의 영이 너희 위에 계심이라"(벧전 4:12-14)

"5 또 아들들에게 권하는 것 같이 너희에게 권면하신 말씀도 잊었도다 일렀으되 내 아들아 주의 징계하심을 경히 여기지 말며 그에게 꾸지람을 받을 때에 낙심하지 말라 6 주께서 그 사랑하시는 자를 징계하시고 그가 받아들이시는 아들마다 채찍질하심이라 하였으니 7 너희가 참음은 징계를 받기 위함이라 하나님이 아들과 같이 너희를 대우하시나니 어찌 아버지가 징계하지 않는 아들이 있으리요 8 징계는 다 받는 것이거늘 너희에게 없으면 사생자요 친아들이 아니니라"(히 12:5-8)

위의 말씀과 같이 성도들은 당하는 고난과 시련 뒤에 오는 장래에 누리게 되는 영광을 바라보면서 즐거워하고 기뻐해야 합니다. 뿐만 아니라 하나님께로부터 꾸지람을 받는다 해도 그 꾸지람에 담긴 하나님의 사랑을 깊이 깨닫고 성도들은 온전히 기뻐하고 하나님께 감사하는 삶을 살아야 합니다. 이와 같은 삶이 곧 온전하고 성숙한 믿음을 소유한 성도의 참모습입니다. 실제로 이와 같이 성숙한 믿음을



· 온전한 믿음의 사람은 ·

우리는 하박국 선지자의 고백에서 찾아 볼 수 있습니다.

"17 비록 무화과나무가 무성하지 못하며 포도나무에 열매가 없으며 감람나무에 소출이 없으며 밭에 먹을 것이 없으며 우리에 양이 없으며 외양간에 소가 없을지라도 18 나는 여호와로 말미암아 즐거워하며 나의 구원의 하나님으로 말미암아 기뻐하리로다 19 주 여호와는 나의 힘이시라 나의 발을 사슴과 같게 하사 나를 나의 높은 곳으로 다니게 하시리로다 이 노래는 지휘하는 사람을 위하여 내 수금에 맞춘 것이니라"(합 3:17-19)

이 노래, 이 찬송이 우리의 고백이 되어 항상 감사하며 기뻐하는 삶을 사시는 성도들이 되기를 기원합니다. 이렇게 살 때 우리는 본문을 통해 가르치시고 있는 것과 같이 하나님께서 원하시는 성숙하고 온전한 믿음을 소유한 성도가 될 수 있습니다. 자상하신 하나님께서는 "여러 가지 시험을 만나거든 온전히 기쁘게 여기라"고 명령하신 것으로 그치지 않으시고 이와 같이 살 수 있는 이유를 3절에서 가르치고 있습니다. 그리고 4절에서는 온전하고 부족함이 없는 믿음의 사람이 되는 비결을 가르치고 있습니다.


**2) 시련(시험)을 통해 인내를 배우고 인내를 통해 온전한 믿음의 사람이 된다(1:3-4)**

"3 이는 너희 믿음의 시련이 인내를 만들어 내는 줄 너희가 앎이라 4 인내를 온전히 이루라 이는 너희로 온전하고 구비하여 조금도 부족함이 없게 하려 함이라"

여러 가지 시험을 만나거든 온전히 기쁘게 여기라고 하신 후에 바로 이어서 그 이유는 시험은 곧 믿음의 시련인데, 이 시련은 성도에게 인내를 이루도록 하는 한 과정이기 때문에 기뻐해야 한다는 말씀입니다. 즉, 여러 가지 시험과 시련을 당할 때 온전히 기뻐해야 하는 이유는 3절의 말씀대로 믿음의 시련이 인내를 만들어 내기 때문이라고 가르치고 있습니다. 그리고 4절은 인내를 온전히 이룰 때 비로소 성도는 온전하고 부족함이 없는 성숙한 믿음의 인격을 갖추게 된다는 것을 밝히고 있습니다.

이제 3절의 내용부터 자세히 공부하겠습니다. 본 절 서두에 쓰인 "이는"이라는 문구는 위에 말씀하신 것에 대한 근거 또는 그 이유를 설명하기 위해서 사용한 연결구입니다. 그리고 계속하여 "너희의 믿음의 시련이 인내를 만들어 내는 줄 너희가 앎이라"고 이유를 밝히고 있습니다. 즉, 우리가 온갖 시련과 시험을 당할 때 온전히 기뻐해야 하는 이유는 믿음의 시련을 통하여 인내가 생기고 인내를 배우기 때문입니다. 이것이 바로 첫째 이유입니다.

그런데 본 절에서 주의할 것은 본 절의 맨 마지막 문구, 즉 "너희가 앎이라"고 하신 말씀의 중요성입니다. 여기서 "너희가 앎이라"고 하신 것은 단순히 머리로 알고 있는 것을 말씀하시는 것이 아니고 경험을 통해서 터득한 살아있는 이해 또는 지식을 뜻합니다. 즉, "인내는 믿음의 시련을 통해서 배우고 또 완전해 진다는 사실을 당신들은 이미 과거의 역사를 통해서 또 개인적인 경험을 통해서 경험하고 배워 잘 알고 있는 바입니다." 라는 뜻입니다.

좀 더 설명하면 수신자인 유대 그리스도인들은 이미 이스라엘의 역사와 구약의 가르침에 대해 해박한 지식을 갖고 있으며 구약의 가르침을 실제로 실천하면서 살아온 사람들이기도 합니다. 그들은 아브라함의 생애, 욥의 생애, 요셉의 생애, 모세의 생애, 이스라엘 백성들의 광야 40년간의 생활, 기생 라합의 생애, 룻의 생애, 다윗 왕의 생애, 엘리야의 생애, 다니엘의 생애와 함께 여러 많은 선지자들(5:10)의 생애 등 많은 믿음의 선조들의 삶과 그들의 인내를 잘 알고 있습니다(히 11장 참조). 또 자신들의 개인 생활 속에서도 이와 비슷한 경험들을 통해 믿음의 시련을 통과하면서 인내가 생기고 또 완전한 상태에 이른다는 것을 잘 알고 있는 분도 많을 것으로 이해됩니다. 그래서 야고보 장로는 "믿음의 시련이 인내를 만들어 내는 줄 너희가 앎이라"고 말씀하셨습니다.

이제 우리의 확실한 이해를 위해서 "믿음의 시련"이란 구체적으로 무엇이며, 또 인내란 무엇을 의미하는 지를 좀 더 자세히 살펴보겠습니다.

"시련"이라는 낱말은 "사물의 진위를 가리기 위해서 감정한다, 또는 진위를 가려 증명한다." 라는 뜻을 갖고 있습니다. 따라서 믿음의 시련이란 우리가 소유하고 있는 믿음이 참 믿음인지 거짓 믿음인지 또는 살아 있는 믿음인지 아니면 죽은 믿음인지를 주위 사람들이 알 수 있도록 확실하게 보여 줄 수 있는 과정 또는 기회를 뜻합니다. 이 말씀과 앞의 2절의 말씀을 연결하면 결국 여러 가지 시험을 만나거나


· 온전한 믿음의 사람은 ·

당할 때 성도가 어떤 반응을 하느냐가, 곧 그의 믿음이 산 믿음인지 죽은 믿음인지 또는 참 믿음인지 아니면 거짓 믿음인지를 보여주는 기회이며 증거가 된다는 말씀입니다. 따라서 여러 가지 시험을 만날 때 하나님께서 명하신 대로 온전히 기뻐하면서 하나님께 감사하는 성도는 참 믿음, 즉 산 믿음을 가진 성도라는 뜻입니다.

본 절 후반부에서 "믿음의 시련이 인내를 만들어 내는 줄 너희가 앎이라"고 말씀하고 있습니다. 흔히 인내하면 참는 것을 생각하게 됩니다. 그러나 여기에 쓰인 "인내"라는 낱말은 단순히 참는 것을 뜻하는 것이 아니고 오히려 무거운 짐을 지고 끝까지 버티고 견디는 것을 뜻합니다. 또는 짓누르는 무겁고 견디기 어려운 조건(상황)을 힘을 다해 버티면서 자기를 짓누르고 억압하는 일들을 오히려 자기의 믿음을 키워 굳건한 믿음을 소유한 성도로 자라게 하는 좋은 기회로 바꾸는 노력이라고 하겠습니다. 다른 말로 설명하면 견디기 어렵고 고통스러운 일을 당할 때 모든 것을 하나님께 온전히 맡기고 하나님의 선하신 처분을 기다리는 가운데 앞으로 계속 전진하는 것을 인내라고 합니다. 그리고 이때에 하나님 앞에 더욱 가까이 나아가 하나님만 의지하고 흔들리지 않는 믿음으로 하나님의 말씀을 묵묵히 순종하면서 살아가는 것이 곧 인내라고 할 수 있습니다.

여러 가지 시련 또는 시험을 당할 때 우선 하나님의 절대 선하심과 인자하심과 은혜로우심을 온전히 믿어야 합니다. 그리고 흔들림이 없이 꾸준하게 하나님의 말씀을 순종하여 기뻐하며 감사하는 삶을 살아 갈 때 그 어떤 고통이나 악조건도 이겨낼 수 있는 능력, 곧 인내를 소유하게 된다는 말씀입니다. 하나님께서는 성도들이 이와 같은 인내를 배우고 터득하여 믿음으로 승리하는 삶을 사는 것을 보시기를 원하십니다. 그래서 곳곳에서 인내의 중요성을 가르치고 있습니다.

"6 그러므로 너희가 이제 여러 가지 시험으로 말미암아 잠깐 근심하게 되지 않을 수 없으나 오히려 크게 기뻐하는도다 7 너희 믿음의 확실함은 불로 연단하여도 없어질 금보다 더 귀하여 예수 그리스도께서 나타나실 때에 칭찬과 영광과 존귀를 얻게 할 것이니"(벧전 1:6-7)

"3 다만 이뿐 아니라 우리가 환난 중에도 즐거워하나니 이는 환난은 인내를, 4 인내는 연단을(연단된 인격), 연단은 소망을 이루는 줄 앎이로다"(롬 5:3-4)

49

“우리가 잠시 받는 환난의 경한 것이 지극히 크고 영원한 영광의 중한 것을 우리에게 이루게 함이니”(고후 4:17)

“34 너희가 갇힌 자를 동정하고 너희 소유를 빼앗기는 것도 기쁘게 당한 것은 더 낫고 영구한 소유가 있는 줄 앎이라 35 그러므로 너희 담대함을 버리지 말라 이것이 큰 상을 얻게 하느니라 36 너희에게 인내가 필요함은 너희가 하나님의 뜻을 행한 후에 약속하신 것을 받기 위함이라”(히 10:34-36)

“무엇이든지 전에 기록된 바는 우리의 교훈을 위하여 기록된 것이니 우리로 하여금 인내로 또는 성경의 위로로 소망을 가지게 함이니라”(롬 15:4)

“7 여러 계시를 받은 것이 지극히 크므로 너무 자만하지 않게 하시려고 내 육체에 가시 곧 사탄의 사자를 주셨으니 이는 나를 쳐서 너무 자만하지 않게 하려 하심이라 8 이것이 내게서 떠나가게 하기 위하여 내가 세 번 주께 간구하였더니 9 나에게 이르시기를 내 은혜가 네게 족하도다 이는 내 능력이 약한 데서 온전하여짐이라 하신지라 그러므로 도리어 크게 기뻐함으로 나의 여러 약한 것들에 대하여 자랑하리니 이는 그리스도의 능력이 내게 머물게 하려 함이라 10 그러므로 내가 그리스도를 위하여 약한 것들과 능욕과 궁핍과 박해와 곤고를 기뻐하노니 이는 내가 약한 그 때에 강함이라”(고후 12:7-10)

“그러나 내가 가는 길을 그가 아시나니 그가 나를 단련하신 후에는 내가 순금 같이 되어 나오리라”(욥 23:10)

이상에서 본 바와 같이 유대 그리스도인의 경우 믿음의 시련이 인내를 만들어 내는 것을 이미 구약에 기록된 믿음의 선배들의 삶과 또 자신들 개개인의 삶을 통해 잘 알고 있는 바가 아니냐고 말씀하신 것입니다. 그리고 이것이 바로 성도가 여러 가지 시험을 당할 때 기뻐해야 하는 이유라고 밝히고 있습니다. 이어서 4절에서는 인내를 온전히 이루라고 명하시면서 인내를 온전히 이룰 때 성도는 온전하고 구비하여 조금도 부족함이 없는 성숙한 믿음의 소유자가 된다고 가르치고 있습니다. “인내를 온전히 이루라 이는 너희로 온전하고 구비하여 조금도 부족함이 없게 하려 함이라” 믿음의 시련을 통해 인내를 배우고 인내를 온전히 이룰 때 하나님께서 원하시는 온전하고 부족함이 없는 성숙한 믿음의 사람이 될 수 있기 때문에 성


· 온전한 믿음의 사람은 ·

도는 여러 가지 시험을 당할 때 기뻐해야 한다고 말씀하시고 있습니다.

4절 말씀을 좀 더 자세히 살펴보겠습니다. 본 절에서 "인내를 온전히 이루라"는 문구는 명령문입니다. 이 명령의 내용은, 곧 인내 할 수 있는 데까지 인내하여 더 이상 인내할 수 없는 지경에 이를 때까지 인내하며 살라는 말씀입니다. 이 명령을 순종하는 것이 어려운 것을 하나님께서는 잘 알고 계십니다. 그래서 다음의 말씀을 주셨습니다.

"1 이러므로 우리에게 구름 같이 둘러싼 허다한 증인들이 있으니 모든 무거운 것과 얽매이기 쉬운 죄를 벗어 버리고 인내로써 우리 앞에 당한 경주를 하며 2 믿음의 주요 또 온전하게 하시는 이인 예수를 바라보자 그는 그 앞에 있는 기쁨을 위하여 십자가를 참으사 부끄러움을 개의치 아니하시더니 하나님 보좌 우편에 앉으셨느니라 3 너희가 피곤하여 낙심하지 않기 위하여 죄인들이 이같이 자기에게 거역한 일을 참으신 이를 생각하라 4 너희가 죄와 싸우되 아직 피흘리기까지는 대항하지 아니하고"(히 12:1-4)

뿐만 아니라 우리가 명령을 순종하여 힘써 인내를 이루어 갈 때 하나님께서도 친히 우리를 도와주십니다.

"모든 은혜의 하나님 곧 그리스도 안에서 너희를 부르사 자기의 영원한 영광에 들어가게 하신 이가 잠깐 고난을 당한 너희를 친히 온전하게 하시며 굳건하게 하시며 강하게 하시며 터를 견고하게 하시리라"(벧전 5:10)

이상의 말씀들을 마음에 두고 계속하여 4절의 가르침을 한 부분 한 부분 공부하여 그 뜻을 바르게 이해하도록 하겠습니다. 4절 말씀 중에 "온전하고" 라는 낱말은 죄가 없고 흠이 없는 완전하고 온전한 상태를 의미하는 것이 아닙니다. 우리가 천국에 갈 때까지는 흠이 없는 완전하고 온전한 신앙 인격을 이룰 수 없습니다. 따라서 이 구절의 뜻은 성도가 세상에 사는 동안 성취할 수 있는 최상의 영적 성숙 상태를 가리키고 있습니다. 즉, 하나님을 온전히 의지하고 그분의 말씀을 절대 순종하는 살아 있는 믿음의 경지에 도달한 상태를 의미하고 있습니다. 다른 말로 하면 신앙 인격이 하나님의 성품을 본받아 성숙한 성도가 되는 상태입니다.

이어서 기록된 "구비하여" 라는 낱말은 모든 부분 부분이 다 고르게 완전한 상

51

태에 도달한 것으로 전체적으로 균형이 완전하게 잡힌 상태를 가리킵니다. 이 낱말과 앞의 "온전하고"를 연결하여 이해하면 이렇게 설명할 수 있습니다. 살아 있는 믿음으로 인내를 온전히 이룰 때 성도의 신앙 인격이 성숙하고 원만한 상태에 이르는데 이 성숙하고 원만한 상태가 실제 생활의 모든 면에서 고르게 나타나야 한다는 말씀입니다. 그리고 계속하여 "온전하고 구비하여 조금도 부족함이 없게 하려 함이라"고 덧붙여 설명하고 있습니다. 여기서 "조금도 부족함이 없게 한다"라는 말씀은 취약한 부분이 없이 모든 면에서 성숙한 믿음의 인격을 갖춘 상태, 즉 그리스도를 완전히 닮은 신앙 인격을 뜻한다고 하겠습니다.

지금까지 설명 드린 말씀을 종합하면 하나님께서는 우리 성도들이 믿음의 시련을 통해 인내를 배우고, 그 인내를 끝까지 이루기를 원하시는 것입니다. 그리고 이와 같이 인내를 끝까지 이루어감으로 성도들이 성숙하고 굳건하고 흔들리지 않는 믿음의 사람이 되어 온전하고 원만한 신앙 인격의 소유자가 되는 것을 원하십니다. 그리고 나아가서 온전하고 구비하여 조금도 부족함이 없는 믿음의 사람으로 생활 속에서 그리스도의 향기를 발하고 하나님의 온전하심을 증거하는 성도들이 되는 것을 원하신다는 내용이 되겠습니다. 따라서 "그러므로 하늘에 계신 너희 아버지의 온전하심과 같이 너희도 온전하라"(마 5:48)고 하신 말씀이 우리의 삶 속에서 실현되는 것을 뜻합니다. 이 말씀과 같이 부족함이 없는 온전한 믿음의 사람을 찾는다면 노아를 꼽을 수 있습니다. "이것이 노아의 족보니라 노아는 의인이요 당대에 완전한 자라 그는 하나님과 동행하였으며"(창 6:9) 라고 성경은 가르치고 있습니다. 그래서 하나님께서는 앞으로 내리실 홍수 심판을 대비하여 노아에게 방주를 지으라고 지시하셨습니다. 이때에 노아는 하나님의 말씀을 절대 믿고 순종했습니다. 120년에 걸쳐 방주를 지을 때 그는 사람들이 조소와 놀림을 받았지만 조금도 흔들리지 않고 오직 믿음으로 순종하여 방주를 지었습니다. 이 결과로 그는 하나님께서 내리신 홍수 심판으로부터 그의 가족과 함께 동물들을 구원한 믿음의 사람이 되었습니다. 이 사실을 성경은 다음과 같이 증거하고 있습니다.

"믿음으로 노아는 아직 보이지 않는 일에 경고하심을 받아 경외함으로 방주를 준비하여 그 집을 구원하였으니 이로 말미암아 세상을 정죄하고 믿음을 따르는

의의 상속자가 되었느니라"(히 11:7)

지금까지의 말씀을 통해서 온전하고 부족함이 없는 믿음의 사람이 되는 비결을 자세히 가르치신 후에 추가해서 5절에서 8절까지의 말씀을 통해 혹 지혜가 필요한 자들은 모든 것을 후히 주시고 꾸짖지 아니하시는 하나님께 구하라고 친절하게 말씀하고 있습니다. 이제 한 구절 한 구절 살펴보겠습니다.

## 3. 하나님의 지혜(1:5-8)

"5 너희 중에 누구든지 지혜가 부족하거든 모든 사람에게 후히 주시고 꾸짖지 아니하시는 하나님께 구하라 그리하면 주시리라 6 오직 믿음으로 구하고 조금도 의심하지 말라 의심하는 자는 마치 바람에 밀려 요동하는 바다 물결 같으니 7 이런 사람은 무엇이든지 주께 얻기를 생각하지 말라 8 두 마음을 품어 모든 일에 정함이 없는 자로다"

그리스도인이 성숙한 믿음의 삶을 사는 것은 얼마나 좋습니까? 그러나 현실에서는 그렇지 못한 그리스도인이 많은 것을 알고 야고보 장로는 5절부터 8절까지의 말씀을 주셨습니다. 5절은 지혜가 필요할 경우 믿고 구하면 하나님께서는 주시는 분이심을 가르치고 있습니다. 6절부터 8절의 말씀은 의심 없이 믿음으로 구할 때 받지만 의심하는 자는 받지 못한다는 것을 가르치고 있습니다.

### 1) 하나님은 믿고 구하는 자에게 지혜와 각종 좋은 것을 주신다(1:5)

"너희 중에 누구든지 지혜가 부족하거든 모든 사람에게 후히 주시고 꾸짖지 아니하시는 하나님께 구하라 그리하면 주시리라" 에서 언급하고 있는 "지혜"는 첫째, 세상이 가르치는 지혜, 즉 철학이나 도덕에서 말하는 세상을 살아가는데 필요한 지혜가 아닙니다. 여기서 가르치는 지혜는 하나님께서 주시는 신령한 지혜입니다. 따라서 이 지혜는 하나님의 말씀을 기초로 현재 처해 있는 상황과 조건을 정확하게 이해하고 판단하여 믿음을 지키면서 살아가는데 필요한 지적, 의지적 능

53

력이라고 할 수 있습니다. 또는 현재 직면하고 있는 시련이나 시험의 의미를 하나님의 말씀을 기초로 정확하게 이해함으로써 믿음을 굳게 지키며 살 수 있는 근거가 되는 이해와 지식이라고 할 수 있습니다. 구체적으로 예를 들면, 시련, 고난, 고통, 환난, 실패 등 각종 시험을 당할 때 이 시험을 우선 믿음을 튼튼하게 하고 강하게 하는 하나님께서 주신 모처럼의 기회로 받아들입니다. 그리고 이 기회를 통해 오히려 온전하고 성숙한 믿음의 소유자가 되도록 힘씁니다. 이어서 하나님의 영광을 높이 드러내며 살려고 애쓸 때 필요한 이해, 지식, 분별력, 자세 및 결단 등 모든 것을 포함한 것을 신령한 지혜라고 할 수 있습니다.

이런 지혜의 특징을 본서 3장 17절에서 이렇게 설명하고 있습니다. "오직 위로부터 난 지혜는 첫째 성결하고 다음에 화평하고 관용하고 양순하며 긍휼과 선한 열매가 가득하고 편견과 거짓이 없나니" 이와 같은 지혜를 구하는 자에게 하나님께서 주신다는 말씀입니다. 이 사실을 잠언에서도 분명하게 가르치고 있습니다.

"2 네 귀를 지혜에 기울이며 네 마음을 명철에 두며 3 지식을 불러 구하며 명철을 얻으려고 소리를 높이며 4 은을 구하는 것 같이 그것을 구하며 감추어진 보배를 찾는 것 같이 그것을 찾으면 5 여호와 경외하기를 깨달으며 하나님을 알게 되리니 6 대저 여호와는 지혜를 주시며 지식과 명철을 그 입에서 내심이며 7 그는 정직한 자를 위하여 완전한 지혜를 예비하시며 행실이 온전한 자에게 방패가 되시나니 8 대저 그는 정의의 길을 보호하시며 그의 성도들의 길을 보전하려 하심이니라" (잠 2:2-8)

뿐만 아니라 성경 곳곳에서 우리의 기도에 응답하시는 하나님이심을 가르치고 있습니다.

"21 사랑하는 자들아 만일 우리 마음이 우리를 책망할 것이 없으면 하나님 앞에서 담대함을 얻고 22 무엇이든지 구하는 바를 그에게서 받나니 이는 우리가 그의 계명을 지키고 그 앞에서 기뻐하시는 것을 행함이라" (요일 3:21-22)

"14 그를 향하여 우리가 가진 바 담대함이 이것이니 그의 뜻대로 무엇을 구하면 들으심이라 15 우리가 무엇이든지 구하는 바를 들으시는 줄을 안즉 우리가 그에게 구한 그것을 얻은 줄을 또한 아느니라" (요일 5:14-15)


· 온전한 믿음의 사람은 ·

"너희가 내 안에 거하고 내 말이 너희 안에 거하면 무엇이든지 원하는 대로 구하라 그리하면 이루리라"(요 15:7)

이렇게 우리에게 후히 주시고 꾸짖지 아니하시는 하나님께 구하면 주신다고 말씀하신 후에 우리가 구할 때 반드시 갖추어야 하는 마음의 자세를 다음 절에서 가르치고 있습니다.


### 2) 일체 의심 없이 오직 믿음으로 구한다(1:6 상)

6절 상반절에 "오직 믿음으로 구하고 조금도 의심하지 말라…" 이 말씀 중에서 "오직 믿음으로 구하라" 라는 문구는 하나님의 사랑과 신실하심과 돌보심(권념하심), 하나님의 전능하심과 선하심 그리고 그분의 인자하심에 대해 절대적인 믿음을 갖고 구하라는 말씀입니다. 그리고 "의심하지 말라"고 하셨습니다. 의심하지 말라는 문구의 뜻은 생각이 갈리지 않고 완전히 한 가지에 집중된 상태, 이미 굳은 결단을 내린 상태, 도덕적으로 갈등이 전혀 없는 마음, 그리고 하나님을 향해 의혹이 전혀 없는 상태를 뜻합니다. 또 순수하고 정결한 마음으로 오직 하나님을 향한 믿음과 사랑으로 꽉 차있는 상태입니다. 이런 마음으로 구하라고 하셨습니다.

예수님께서 세상에 계시면서 능력을 행하실 때 믿음과 의심에 대해서 여러 번 말씀하셨습니다. 몇 군데만 찾아보겠습니다. 먼저 우리가 잘 아는 베드로의 이야기를 봅시다.

"25 밤 사경에 예수께서 바다 위로 걸어서 제자들에게 오시니 26 제자들이 그가 바다 위로 걸어오심을 보고 놀라 유령이라 하며 무서워하여 소리 지르거늘 27 예수께서 즉시 이르시되 안심하라 나니 두려워하지 말라 28 베드로가 대답하여 이르되 주여 만일 주님이시거든 나를 명하사 물 위로 오라 하소서 하니 29 오라 하시니 베드로가 배에서 내려 물 위로 걸어서 예수께로 가되 30 바람을 보고 무서워 빠져 가는지라 소리 질러 이르되 주여 나를 구원하소서 하니 31 예수께서 즉시 손을 내밀어 그를 붙잡으시며 이르시되 믿음이 작은 자여 왜 의심하였느냐 하시고 32 배에 함께 오르매 바람이 그치는지라"(마 14:25-32)

이 말씀 중 특히 30절의 "바람을 보고 무서워 빠져 가는지라" 라는 말씀이 베드

55

로의 의심을 잘 설명하고 있습니다. 다른 곳에서는 다음과 같이 가르치셨습니다.

"18 이른 아침에 성으로 들어오실 때에 시장하신지라 19 길 가에서 한 무화과나무를 보시고 그리로 가사 잎사귀 밖에 아무 것도 찾지 못하시고 나무에게 이르시되 이제부터 영원토록 네가 열매를 맺지 못하리라 하시니 무화과나무가 곧 마른지라 20 제자들이 보고 이상히 여겨 이르되 무화과나무가 어찌하여 곧 말랐나이까 21 예수께서 대답하여 이르시되 내가 진실로 너희에게 이르노니 만일 너희가 믿음이 있고 의심하지 아니하면 이 무화과나무에게 된 이런 일만 할 뿐 아니라 이 산더러 들려 바다에 던져지라 하여도 될 것이요 22 너희가 기도할 때에 무엇이든지 믿고 구하는 것은 다 받으리라 하시니라"(마 21:18-22)

이와 같이 의심하지 말라고 강조하신 후에 의심하는 자가 어떤 사람인지를 그리고 의심하는 자는 왜 하나님께 구한 것을 받지 못하는지를 6절 하반절부터 8절 말씀에서 설명해 주고 있습니다.


### 3) 의심하는 자는 받지 못한다(1:6 하-8))

"6…의심하는 자는 마치 바람에 밀려 요동하는 바다 물결 같으니 7 이런 사람은 무엇이든지 주께 얻기를 생각하지 말라 8 두 마음을 품어 모든 일에 정함이 없는 자로다"에서 의심하는 자를 바람에 밀려 요동하는 바다 물결에 비유하고 있습니다. 이런 경우는 하나님께 간절한 기도로 지혜를 구한 후에 잠잠히 기다리지 않고 주위를 돌아보면서 이 생각 저 생각에 밀려 어찌할 바를 모르는 사람이라고 할 수 있습니다. 다른 말로 하면 기도할 때 한 순간에는 믿었다가 다음 순간에는 믿지 못하는 사람이라고 할 수 있습니다.

이런 사람을 가리켜 8절에서는 "두 마음을 품어 모든 일에 정함이 없는 자" 라고 밝히고 있습니다. 여기에 "두 마음을 품어" 라는 말씀은 세상과 하나님을 똑같이 사랑하고 따르며 섬기고자 하는 마음의 상태를 가리킵니다.

"한 사람이 두 주인을 섬기지 못할 것이니 혹 이를 미워하고 저를 사랑하거나 혹 이를 중히 여기고 저를 경히 여김이라 너희가 하나님과 재물을 겸하여 섬기지 못하느니라"(마 6:24)


· 온전한 믿음의 사람은 ·

"15 이 세상이나 세상에 있는 것들을 사랑하지 말라 누구든지 세상을 사랑하면 아버지의 사랑이 그 안에 있지 아니하니 16 이는 세상에 있는 모든 것이 육신의 정욕과 안목의 정욕과 이생의 자랑이니 다 아버지께로부터 온 것이 아니요 세상으로부터 온 것이라 17 이 세상도, 그 정욕도 지나가되 오직 하나님의 뜻을 행하는 자는 영원히 거하느니라"(요일 2:15-17)

이와 같이 성도가 마땅히 가져야 할 믿음의 태도와 상태를 분명하게 가르쳐 주셨음에도 불구하고 하나님과 세상 사이에서 방황하는 일부의 성도들이 있음을 우리는 봅니다.

온전하고 부족함이 없는 참 믿음은 오직 하나님의 약속과 하나님의 말씀이 가르치는 성경의 사건과 경험을 기초로 한 확고한 믿음입니다. 이 믿음은 또한 하나님의 은혜이기도 합니다(참고: 엡 2:8). "믿음은 들음에서 나며 들음은 그리스도의 말씀으로 말미암았느니라"(롬 10:17) 옳습니다. 하나님의 말씀을 배우고 듣고 묵상하면서 순종하며 살 때 우리는 믿음으로 모든 시험과 시련 중에 인내할 수 있는 지혜를 소유하게 되며 또 인내를 끝까지 이룸으로 온전하고 부족함이 없는 성숙한 신앙 인격에 도달하게 됩니다.

이상에서 우리는 지혜가 필요할 때 의심하지 않고 믿고 구하면 하나님께서 주신다는 것을 배웠습니다. 다음의 말씀은 온전한 믿음의 사람이 반드시 소유해야 하는 장래의 소망과 영광에 대한 올바른 이해와 견해에 대해서 가르치고 있습니다. 특히 빈곤한 성도와 부한 자가 알아야 하는 올바른 신앙적인 인생관을 말씀하고 있습니다.


## 4. 장래의 소망(1:9-11)


"9 낮은 형제는 자기의 높음을 자랑하고 10 부한 자는 자기의 낮아짐을 자랑할지니 이는 그가 풀의 꽃과 같이 지나감이라 11 해가 돋고 뜨거운 바람이 불어 풀을 말리면 꽃이 떨어져 그 모양의 아름다움이 없어지나니 부한 자도 그 행하는 일에 이와 같이 쇠잔하리라"

9절 말씀은 빈곤한 성도가 누리는 장래의 영광을 가르치고 있으며 10절과 11절 말씀은 부한 자가 반드시 명심해야 하는 세상 영화의 허무함과 장래의 소망의 필요성을 가르치고 있습니다.

### 1) 빈곤한 신자가 누리는 장래의 영광(1:9)

9절에 기록된 "낮은 형제는 자기의 높음을 자랑하고"는 고린도후서 4장 17절과 18절, 로마서 8장 17절과 18절, 베드로전서 1장 6절과 7절의 말씀에 비추어 이해하면 그 뜻을 분명하게 알 수 있습니다. 즉, 부족함이 없는 온전한 믿음을 가진 성도는 비록 이 세상에서 가난하고 무식하여 무시당하며 살더라도 훗날 천국에서 누릴 영광을 바라보면 기뻐하며 자랑스럽게 살 수 있다는 말씀입니다.

"17 우리가 잠시 받는 환난의 경한 것이 지극히 크고 영원한 영광의 중한 것을 우리에게 이루게 함이니 18 우리가 주목하는 것은 보이는 것이 아니요 보이지 않는 것이니 보이는 것은 잠깐이요 보이지 않는 것은 영원함이라"(고후 4:17-18)

"17 자녀이면 또한 상속자 곧 하나님의 상속자요 그리스도와 함께 한 상속자니 우리가 그와 함께 영광을 받기 위하여 고난도 함께 받아야 할 것이니라 18 생각하건대 현재의 고난은 장차 우리에게 나타날 영광과 비교할 수 없도다"(롬 8:17-18)

"6 그러므로 너희가 이제 여러 가지 시험으로 말미암아 잠깐 근심하게 되지 않을 수 없으나 오히려 크게 기뻐하는도다 7 너희 믿음의 확실함은 불로 연단하여도 없어질 금보다 더 귀하여 예수 그리스도께서 나타나실 때에 칭찬과 영광과 존귀를 얻게 할 것이니라"(벧전 1:6-7)

야고보 장로가 형제라고 부르고 있는 가난한 믿음의 식구들에게 권합니다. 위의 말씀을 마음속에 깊이 간직하시기 바랍니다. 비록 세상에서는 가난하게 살지만 장래에 누릴 하늘나라의 영광을 소망 중에 바라보면서 하나님의 자녀된 것을 자랑스럽게, 기쁘게 생각하면서 열심히 주님을 섬기며 사시기를 바랍니다.

### 2) 부한 자의 세상 영화의 허무함(1:10-11)

"10 부한 자는 자기의 낮아짐을 자랑할지니 이는 그가 풀의 꽃과 같이 지나감이

라 11 해가 돋고 뜨거운 바람이 불어 풀을 말리면 꽃이 떨어져 그 모양의 아름다움
이 없어지나니 부한 자도 그 행하는 일에 이와 같이 쇠잔하리라”

이 말씀은 재물을 많이 갖고 있는 것이 겉으로 보기에는 화려하고 부러워할 만
한 것 같지만 그런 상태가 오래가지 못하고 꽃이 시드는 것같이 사라지고 별 볼 일
없는 것으로 된다는 것을 일깨워 주고 있습니다. 부의 이런 면을 인식하고 죽은 것
같은 믿음이 다시 살아나 성숙한 믿음의 사람이 되기를 바라면서 하신 말씀이라
고 이해합니다.

여기서 잠깐 참고로 밝히고 싶은 것이 있습니다. 그것은 10절 첫 부분에 “부한
자” 라고 기록되어 있는데 야고보 장로가 가난한 자를 뜻할 때에는 “형제” 라는 단
어를 썼는데 부한 자를 가리킬 때에는 “형제” 라고 하지 않았는지 확실히는 알 수
없지만, 짐작으로는 부한 자의 경우 그의 생활이 형제라고 부를 만큼의 신앙의 모
습을 보이지 않은 때문이 아닌가라고 생각해 볼 수 있습니다. 한편, 가난한 자의
낮은 자존감을 배려한 표현으로 생각해 볼 수도 있습니다. 이와 같이 이해하면서
본문을 계속 살펴보겠습니다.

고난과 실패 중에 부한 자가 잃어버린 믿음을 다시 찾고 장래의 소망을 다시 찾
는 것이 참 믿음을 가진 사람이 소유해야 하는 삶의 지혜임을 가르치고 있습니다.
본문의 내용은 여기에 그치는 것이 아닙니다. 더 나아가 이 세상의 모든 것은 어떤
것이든(부귀, 영화, 권세 등) 모두가 결국은 풀의 꽃과 같이 일시적이며 없어지는
것들임을 가르치고 있습니다. 이와 대조적으로 하나님 나라에 쌓아 놓은 보화는
영원히 남는 것이라는 성경의 진리를 강조하고 있습니다.

그런데 이런 말씀을 다 알면서도 이에 대한 믿음을 잃어버리고 살다가 실패나
재난이나 고통 등 어려움을 겪으면서 그 믿음을 회복하고 이로 인하여 기뻐하게
되는 부자의 경우가 본문의 가르침입니다. 이와 같은 말씀은 주님께서도 이미 가
르쳐 주셨습니다.

“19 너희를 위하여 보물을 땅에 쌓아 두지 말라 거기는 좀과 동록이 해하며 도
둑이 구멍을 뚫고 도둑질하느니라 20 오직 너희를 위하여 보물을 하늘에 쌓아 두
라 거기는 좀이나 동록이 해하지 못하며 도둑이 구멍을 뚫지도 못하고 도둑질도

59

못하느니라 21 네 보물 있는 그 곳에는 네 마음도 있느니라"(마 6:19-21)

하나님은 성도들이 참 믿음 위에 서서 장래에 누릴 영광의 소망을 갖고 사는 온전하고 성숙한 믿음의 사람이 되는 것을 원하십니다. 그래서 앞에서 말씀하신 것과 같이 성도가 가져야 하는 올바른 인생관을 우리에게 가르쳐 주셨습니다. 위의 교훈과 가르침을 근거로 아래 12절에서는 결론으로 온전한 믿음의 사람이 시험을 참을 때 누리는 축복을 구체적으로 설명하여 가르치고 있습니다.

## 5. 시련 중 인내를 이룰 때 누리는 축복: 생명의 면류관(1:12)

"12 시험을 참는 자는 복이 있나니 이는 시련을 견디어 낸 자가 주께서 자기를 사랑하는 자들에게 약속하신 생명의 면류관을 얻을 것이기 때문이라"

본 절의 "시험을 참는 자는 복이 있다"고 하신 말씀의 뜻을 알아보겠습니다. "시험을 참는 자"는 곧 시련, 환난, 고통, 고난, 재난, 실패 등 견디기 힘든 어려운 경우를 당할 때 우선 하나님을 향해 원망하거나 반항하거나 불평하는 등의 죄를 짓지 않습니다. 뿐만 아니라 절대 선하시고 신실하신 하나님의 구원을 확신하고 굳게 믿음을 지키는 자를 뜻합니다. 그리고 이어서 "이것에 옳다 인정하심을 받은 후에" 라는 문구는 시험과 시련을 만날 때 죄를 범하지 않고 오히려 하나님께 감사하며 기쁨과 인내로 승리의 삶을 사는 것으로 부족함이 없는 온전한 믿음을 가진 성도라는 것이 확인된 것을 뜻합니다.

이런 사람은 또 하나님을 사랑하는 자라고 하셨습니다. 즉, 하나님을 사랑하는 자는 하나님(하나님의 선하심, 의로우심, 사랑, 인자하심, 신실하심, 자비로우심과 은혜로우심)을 절대 확신하고 하나님의 말씀에 절대 순종하며 사는 성도를 뜻합니다. 이와 같이 하나님의 구원과 도움에 대한 확신을 갖고 오직 기쁨과 감사로 모든 시련을 인내하며 사는 온전한 참 믿음의 성도에게 하나님께서 축복하신다는 말씀입니다. 그리고 이 축복이 주님께서 예비하신 생명의 면류관이라고 말씀하셨습니다.

"너는 장차 받을 고난을 두려워하지 말라 볼지어다 마귀가 장차 너희 가운데에서 몇 사람을 옥에 던져 시험을 받게 하리니 너희가 십 일 동안 환난을 받으리라 네가 죽도록 충성하라 그리하면 내가 생명의 관을 네게 주리라"(계 2:10)

"15 너희가 나를 사랑하면 나의 계명을 지키리라…21 나의 계명을 지키는 자라야 나를 사랑하는 자니 나를 사랑하는 자는 내 아버지께 사랑을 받을 것이요 나도 그를 사랑하여 그에게 나를 나타내리라"(요 14:15, 21)

"5 나는 포도나무요 너희는 가지라 그가 내 안에, 내가 그 안에 거하면 사람이 열매를 많이 맺나니 나를 떠나서는 너희가 아무 것도 할 수 없음이라 6 사람이 내 안에 거하지 아니하면 가지처럼 밖에 버려져 마르나니 사람들이 그것을 모아다가 불에 던져 사르느니라 7 너희가 내 안에 거하고 내 말이 너희 안에 거하면 무엇이든지 원하는 대로 구하라 그리하면 이루리라"(요 15:5-7)

지금까지 우리는 여러 가지 시험(시련, 고난, 어려움)을 당할 때 온전히 기뻐하면서 인내하여 온전하고 부족함이 없는 믿음의 사람이 되는 것이 하나님께서 원하시는 성도의 삶이며 모습이라는 것을 배웠습니다. 하나님께서 원하시는 온전한 믿음의 사람이 되는데 필요한 비결과 지혜, 그리고 장래의 소망에 대해서도 자세히 분명하게 가르쳐 주셨습니다.

또 이와 같이 온전하고 부족함이 없는 믿음의 사람으로 살아갈 때 누리는 하나님의 축복을 분명하게 말씀해 주셨습니다. 이상의 교훈을 기억하면서 우리의 삶을 돌아보아 온전하고 구비하여 조금도 부족함이 없는 믿음의 사람이 되시기를 기원합니다. 아울러 저와 함께 이 말씀을 공부하시는 분 중에 한 분이라도 아직 예수님을 구주로 영접하지 않으신 분이 있다면 이 기회에 꼭 예수님을 구주로 믿고 하나님의 자녀가 되시기를 바랍니다. 그리고 하나님의 자녀로서 이 세상에 사는 동안 하나님께서 베푸시는 신령한 은혜와 축복을 풍성하게 누리시기 바랍니다.

# 2장
# 유혹과 믿음의 승리(1:13-18)

"13 사람이 시험을 받을 때에 내가 하나님께 시험을 받는다 하지 말지니 하나님은 악에게 시험을 받지도 아니하시고 친히 아무도 시험하지 아니하시느니라 14 오직 각 사람이 시험을 받는 것은 자기 욕심에 끌려 미혹됨이니 15 욕심이 잉태한즉 죄를 낳고 죄가 장성한즉 사망을 낳느니라 16 내 사랑하는 형제들아 속지 말라 17 온갖 좋은 은사와 온전한 선물이 다 위로부터 빛들의 아버지께로부터 내려오나니 그는 변함도 없으시고 회전하는 그림자도 없으시니라 18 그가 그 피조물 중에 우리로 한 첫 열매가 되게 하시려고 자기의 뜻을 따라 진리의 말씀으로 우리를 낳으셨느니라"

## 본문 강론

13절부터 18절에 기록된 말씀은 절대 선하신 하나님을 온전히 믿는 신자는 세상의 유혹으로 인해 죄를 짓지 않고, 믿음으로 승리하는 삶을 산다는 것을 가르치고 있습니다.

### 1. 절대 선하시고 거룩하신 하나님을 향한 자세(1:13-15)

"13 사람이 시험을 받을 때에 내가 하나님께 시험을 받는다 하지 말지니 하나님은 악에게 시험을 받지도 아니하시고 친히 아무도 시험하지 아니하시느니라 14 오직 각 사람이 시험을 받는 것은 자기 욕심에 끌려 미혹됨이니 15 욕심이 잉태한즉 죄를 낳고 죄가 장성한즉 사망을 낳느니라"

13절 말씀은 하나님은 절대 유혹을 받지 않으시고 또 유혹하시지도 않으시는 거룩한 분이심을 가르치고 있습니다. 그리고 14절과 15절 말씀은 성도가 받는 유혹(또는 시험)의 원인은 각 사람의 욕심 때문이고 욕심을 잉태하면 죄를 짓게 되고 죄가 장성하면, 곧 사망임을 가르치고 있습니다.

#### 1) 하나님은 절대 유혹을 받지 않으시고 또 유혹하시지도 않으신다(1:13)

"사람이 시험을 받을 때에 내가 하나님께 시험을 받는다 하지 말지니 하나님은 악에게 시험을 받지도 아니하시고 친히 아무도 시험하지 아니하시느니라"

이 말씀을 자세히 공부하기 전에 본문에 나오는 "시험"이라는 낱말과 2절의 "시험"이라는 낱말은 똑같은 낱말이지만 각각 다른 의미를 갖고 있다는 사실을 이해할 필요가 있습니다. 이미 배운 대로 2절의 "시험"은 "시련" 또는 "어려움"을 뜻한 반면, 본 절의 "시험"은 "유혹" 또는 "미혹"을 뜻하고 있습니다.

같은 낱말인데 전혀 반대되는 뜻으로 이해되는 이유는 다음과 같습니다. 하나님의 선하심과 은혜로우심 그리고 인자하심과 사랑을 전적으로 믿고 모든 것을

64

하나님께 맡기고 사는 것이 온전한 믿음을 가진 성도의 삶입니다. 이러한 성도는 어떤 고난이나 고통도 모두 하나님께 더욱 가까이 나아가게 하는 하나의 연단이나 시련으로 받아들입니다.

반대로 하나님에 대한 온전한 믿음을 갖지 못한 성도도 있습니다. 이러한 성도는 고난이나 고통을 당하면 하나님에 대한 자신의 믿음 상태를 점검하기에 앞서 고난과 고통의 책임을 하나님께 돌리며 하나님께서 자기를 시험하신다고 오히려 원망하고 불평함으로 죄를 짓습니다. 그러므로 고난과 고통이 성도의 믿음의 정도에 따라 믿음을 강하게 만드는 시련 또는 연단으로 받아들여지기도 하지만 반대로 같은 고난이나 고통이 그 책임을 하나님께 돌리고 하나님을 향해 원망하는 죄를 범하게 하는 유혹 또는 미혹의 원인이 되기도 합니다. 이와 같은 이해를 마음에 간직하고 13절을 읽으며 교훈을 받도록 하겠습니다.

13절 첫머리에 "사람이 시험을 받을 때에 내가 하나님께 시험을 받는다 하지 말지니" 라고 엄히 명하시고 있습니다. 우리가 세상을 사는 동안에 여러 가지 괴로운 일에 직면하면 마치 하나님께서 자기를 시험하는 것으로 잘못 이해하고 "하나님, 왜 내가 이런 고통을 당해야 하나요?" 하면서 하나님께 원망하고 불만을 쏟아 놓기 쉽습니다. 즉, "왜 내가 이런 일을 당해야 하나요?" 하면서 하나님을 원망하는 것을 본 절에서는 "내가 하나님께 시험을 받는다." 라는 표현으로 설명하고 있습니다. 이런 생각과 마음을 갖는 것은 잘못된 것이고 결국 하나님께 죄를 짓는 것입니다. 그러므로 일체 "하지 말라"고 명하신 것입니다.

실제로 우리의 삶을 돌아 볼 때 우리에게 어려운 일이나 고통이 닥칠 때 나도 모르게 머리를 스치고 지나가거나 마음에 떠오르는 것은 '왜 나한테 이런 일이 또는 이런 고통이…' 하는 생각들입니다. 이와 같이 어려움이나 고통을 당할 때 우리는 나 자신을 돌아보면서 하나님의 도우심을 청하기에 앞서 하나님을 원망하려는 유혹에 빠지기가 대단히 쉽습니다. 잘못의 책임 또는 어려움의 책임을 하나님께 전가하려는 사람의 심리나 마음은 인류의 시조 아담과 하와가 사탄의 유혹에 빠져 하나님 앞에 죄를 지은 그때부터 시작된 것을 알 수 있습니다.

하나님께서 아담에게 그리고 하와에게 죄 지은 것을 문책하셨을 때 아담은 하와 때문이라고 하면서 하와를 주신 하나님을 간접적으로 원망했습니다. 또 하와는 뱀에게 꼬임 받았다고 하면서 간접적으로 하나님께 책임을 돌린 사실을 우리는 알고 있습니다(참고 창 3:1-13). 그래서 13절 본문의 말씀을 우리에게 주신 것으로 이해합니다.

이어서 13절 후반부에서는 그런 태도와 자세가 잘못된 이유를 분명하게 설명하고 있습니다. 하나님을 원망하는 것이 잘못된 이유는 분명합니다. 즉, "하나님은 악에게 시험을 받지도 아니하시고 친히 아무도 시험하지 아니하시는 분"이기 때문입니다.

여기에 기록된 "하나님은 악에게 시험을 받지도 아니하시고"라는 문구 중에 "시험을 받지도 아니하시고"라는 말씀은 하나님은 시험을 받으실 수 없는 분이라는 강한 표현입니다. 다른 말로 하면 하나님은 근본적으로 그분의 절대 거룩하고, 의롭고, 선하신 성품으로 인하여 어떤 모양과 방법으로도 결코 시험을 받으실 수 없는 절대자임을 밝혀서 가르치는 말씀입니다. 이 단어는 신약을 통틀어 이곳에만 쓰인 단어로서 야고보 장로가 하나님의 절대 선하심과 거룩하심과 의로우심을 강조하기 위해서 특별히 사용한 어휘로 이해합니다. 실제로 성경에 기록된 하나님의 속성을 자세히 연구하면 이 말씀을 바로 이해할 수 있습니다. 이 사실은 다음의 성경 말씀에도 잘 나타나 있습니다.

"주께서는 눈이 정결하시므로 악을 차마 보지 못하시며 패역을 차마 보지 못하시거늘 어찌하여 거짓된 자들을 방관하시며 악인이 자기보다 의로운 사람을 삼키는데도 잠잠하시나이까"(합 1:13)

"15 오직 너희를 부르신 거룩한 이처럼 너희도 모든 행실에 거룩한 자가 되라 16 기록되었으되 내가 거룩하니 너희도 거룩할지어다 하셨느니라"(벧전 1:15-16)

옳습니다. 하나님은 거룩하시고 절대 선하시고 의로우신 분이시므로 그 어떤 것에 의해서 시험을 받으실 수 없는 분입니다. 시험하는 존재가 하나님께 접근도 할 수 없는 것입니다.

그리고 이어서 "친히 아무도 시험하지 아니하시는 분"이 하나님이신 것을 밝히고 있습니다. 실제로 인류 역사의 기록에 나타난 시험하고 시험 받는 것에 대해서 살펴보면 뱀을 동원한 마귀가 하와를 시험한 것이 인류 역사상 최초의 시험입니다. 마귀는 본래 악하고 거짓스러워 사람으로 하여금 죄를 짓도록 유혹하고 시험합니다. 그러나 하나님께서는 아무도 시험하지 않으시는 분입니다.

창세기 22장에 기록된 사건, 즉 아브라함을 시험하시기 위해 아브라함에게 이삭을 제물로 바치라고 분부하신 것을 지적하여 하나님께서 아브라함을 시험하셨다고 이해하는 사람들이 있습니다. 그러나 22장 전체를 자세히 읽으면 이 시험의 참 뜻을 바로 이해할 수 있습니다. 시험을 통해 하나님께서 아브라함으로 하여금 불순종의 죄를 짓도록 하신 것이 아닙니다. 오히려 하나님을 향한 아브라함의 믿음과 사랑을 알아보시고 그에게 더욱 큰 은혜를 베푸시기 위해서 연단의 방법으로 시험하신 것을 알 수 있습니다. 따라서 아브라함을 시험하신 것은 2절부터 4절에서 배운 것과 같이 아브라함의 믿음과 하나님을 향한 사랑을 온전케 하시기 위한 믿음의 시련으로서의 시험인 것을 알 수 있습니다. 그 근거는 창세기 22장 12절에 기록된 "사자가 이르시되 그 아이에게 네 손을 대지 말라 그에게 아무 일도 하지 말라 네가 네 아들 네 독자까지도 내게 아끼지 아니하였으니 내가 이제야 네가 하나님을 경외하는 줄을 아노라"고 하신 말씀에서 찾아 볼 수 있습니다.

이와 같은 믿음의 연단 또는 시련으로서의 시험도 신자가 감당할 수 없는 시련은 허락하지 않으시는 분이 바로 우리의 하늘 아버지 하나님이신 것을 확실히 알아야 합니다.

"사람이 감당할 시험 밖에는 너희가 당한 것이 없나니 오직 하나님은 미쁘사 너희가 감당하지 못할 시험 당함을 허락하지 아니하시고 시험 당할 즈음에 또한 피할 길을 내사 너희로 능히 감당하게 하시느니라"(고전 10:13)

이제까지 배운 것을 근거로 우리는 하나님은 시험을 받지 않으시고 또 받으실 수 없는 절대 선하시고 거룩하신 분이신 것을 확신하고 살아야 하겠습니다. 동시에 하나님은 아무도 시험하시지 않는 분임을 마음 속 깊이 새기고 또 새겨서 하나님의 선하심에 대한 확고한 믿음을 가져야 합니다. 이런 확고한 믿음을 가지고 살면 어려운 일을 당하거나 유혹을 당할 때, 그 원인을 하나님께 돌리는 죄를 짓지 않는 온전한 믿음의 사람이 됩니다.

**67**

야고보 장로가 13절의 말씀으로 수신자인 유대인 성도들과 오늘을 사는 하나님의 백성인 성도들을 향해 하나님을 원망하는 죄를 범하지 못하도록 경고해주었습니다. 그리고 이어서 14절과 15절에서 성도들이 당하는 유혹으로서의 시험의 원인이 성도 개개인의 욕심에 있다는 사실을 분명하게 가르치고 있습니다. 성도 개개인의 욕심을 시발점으로 욕심과 죄와 죽음의 관계를 일목요연하게 설명해 주고 있습니다. 즉, 욕심이 자라면 죄를 짓고 죄의 결과는 죽음인 것을 오해의 여지없이 올바로 이해할 수 있도록 설명하고 있습니다.

### 2) 유혹의 원인은 각 사람의 욕심 때문이고 그 결과는 죄와 사망이다(1:14-15)

"14 오직 각 사람이 시험을 받는 것은 자기 욕심에 끌려 미혹됨이니 15 욕심이 잉태한즉 죄를 낳고 죄가 장성한즉 사망을 낳느니라"

14절에서 성도 각 사람이 시험, 곧 유혹에 빠지는 것은 각자의 욕심 때문이라고 밝히고 있습니다. 여기에 쓰인 "욕심"이라는 낱말은 타락한 인간 본성에 속하는 것으로 자기의 육체를 즐겁게 하고 만족시키려는 욕구 또는 어떤 대상을 향한 강한 욕망, 욕구를 뜻하기도 합니다. 예를 들면, 로마서 7장 7절에 언급된 탐심이나 베드로후서 1장 4절에 언급된 정욕이 바로 욕심입니다. 이 정욕과 욕심에 대해서 사도 바울은 다음과 같이 언급한 바 있습니다.

"9 부하려 하는 자들은 시험과 올무와 여러 가지 어리석고 해로운 욕심에 떨어지나니 곧 사람으로 파멸과 멸망에 빠지게 하는 것이라 10 돈을 사랑함이 일만 악의 뿌리가 되나니 이것을 탐내는 자들은 미혹을 받아 믿음에서 떠나 많은 근심으로써 자기를 찔렀도다" (딤전 6:9-10)

이상의 말씀처럼 성도 각 사람이 각종 욕망과 정욕과 욕심 때문에 유혹에 빠져 죄를 짓게 되는데 그 과정을 "욕심에 끌려 미혹됨이니"라고 본 절에서 설명하고 있습니다. 여기에 사용된 "끌려"와 "미혹"은 사냥하는 사람들과 어부들이 흔히 사용하는 어휘에서 유래하고 있습니다. "끌려"라는 낱말은 안전한 곳에서 쉬고 있던 짐승이 욕심 때문에 미끼의 좋은 냄새나 먹음직스러움에 끌려 결국에는 올무에 빠지게 되는 경우에 사용하고 있습니다. 이와 마찬가지로 사람이 어떤 상황이


· 온전한 믿음의 사람은 ·

나 조건에 직면할 때에 자기의 욕심에 끌려 부정이나 불법의 방법, 즉 하나님의 말씀과 뜻에서 벗어난 방법으로 욕심을 충족시키려고 할 때 결국 죄에 빠지게 된다는 것을 설명하고 있습니다.

그리고 "미혹"이라는 단어는 낚시로 고기 잡는 관습에서 유래된 것으로 이해하고 있습니다. 즉, 사람이 고기를 잡기 위해서 낚시에 미끼를 끼워 고기가 낚시를 보지 못한 상태에서 눈앞에 있는 그 미끼의 냄새, 또는 먹음직스러움에 속아 미끼를 먹으려다가 낚시에 걸려 잡히는 것을 설명하는 단어입니다. 이와 마찬가지로 사람이 어떤 일을 당할 때 자기의 욕심에 이끌리고 또 욕심 때문에 판단력이 흐려진 결과 실제 일의 부당함이나 법에 어긋나는 것은 보지 못하고 눈앞에 보이는 이익이나 좋은 것같이 보이는 것에 속아서 결국 죄를 짓게 된다는 것을 설명하고 있습니다.

14절의 말씀을 다시 요약하면 사람이 어떤 좋은 일이나 목적을 이루려고 할 때에 자기의 욕심에 끌려서 수단과 방법을 가리지 않고 오직 목적을 이루면 된다는 잘못된 생각에 빠질 수 있습니다. 이런 생각에 빠지면 결국 하나님의 말씀과 뜻에 일치하는 방법을 떠나 불의한 방법으로 목적을 달성하는 죄를 짓게 된다는 말씀입니다. 이상과 같이 14절에서 자신의 욕심 때문에 시험, 즉 유혹에 빠져서 죄를 짓게 된다는 것을 설명한 후에 15절에서는 욕심과 죄와 사망과의 관계를 밝히고 있습니다.

15절에 "욕심이 잉태한즉 죄를 낳고 죄가 장성한즉 사망을 낳느니라" 이 말씀에서 우리가 분명하게 이해하고 마음에 간직해야 하는 교훈은 다음과 같습니다. 첫째, "욕심이 잉태한즉 죄를 낳는다"고 했습니다. 이 말씀은 죄가 단순한 자연 발생적인 행위가 아니라 어떤 일의 계속적인 과정의 결과라는 사실입니다. 즉, 어떤 기회가 주어졌을 때에 자신의 욕심을 절제하지 못하고 그 욕심에 사로 잡혀 생각과 판단력이 흐려지고 눈이 어두워져서 죄를 짓는 것을 뜻합니다. 이것은 마치 물고기가 미끼에 끌려 낚시가 그 속에 있는 것을 모르고 속아서 미끼가 달려있는 낚시를 무는 것처럼 성도 자신도 욕심 때문에 속아 넘어가서 죄에 빠진다는 말씀입니다.

**69**

그리고 이런 과정, 즉 욕심 때문에 판단력이 흐려져서 속아 넘어가는 과정을 "잉태" 라는 단어를 써서 설명하고 있습니다. "잉태" 라는 단어는 우리가 잘 알고 있는 바와 같이 산모의 자궁에 태아가 자라나는 과정을 통틀어 뜻하고 있습니다. 따라서 본문에서 "죄가 잉태한즉" 이라는 문구는 위에서 언급한 것과 같이 어떤 대상에 대한 욕심이 우리 속에 자리 잡고 앉아서 우리의 생각과 마음을 지배할 때, 그 욕심은 우리의 분별력과 의지를 매우 약화시키고, 결국은 탐욕이 커져서 행동으로 나타나 죄를 짓게 된다는 말씀입니다. 그러므로 주님께서 이렇게 말씀하셨습니다.

"27 또 간음하지 말라 하였다는 것을 너희가 들었으나 28 나는 너희에게 이르노니 음욕을 품고 여자를 보는 자마다 마음에 이미 간음하였느니라"(마 5:27-28)

이 말씀에서 우리가 분명히 주의할 것은 "음욕을 품는 자" 라는 문구입니다. 단순히 여자를 보는 것이 죄가 아니라 음욕을 품는 자가 간음죄를 범한 자라고 말씀하고 있는 것입니다. 둘째, "죄가 장성한즉 사망을 낳느니라"고 죄의 결과는 사망임을 가르치고 있습니다. 이 말씀의 뜻은 욕심으로 인해 유혹을 받아 죄를 지었을 경우, 그 죄를 하나님 앞에서 회개하지 않았을 때 그 죄가 계속 자라서 결국 사망에 이르게 된다는 뜻입니다. 여기서 "사망" 이란 육체의 죽음을 뜻한다고 보는 것이 본문의 문맥으로 볼 때 타당한 결론이라고 봅니다. 사도행전 5장에 기록된 아나니아와 삽비라의 경우와 고린도전서 11장 30절의 잠자는 자의 경우가 그 예라고 할 수 있습니다.

이상의 말씀을 통해 야고보 장로가 하나님은 절대 시험을 받지도 않으시고 또 아무도 시험하지 않으시는 분이신 것을 가르쳐 주었습니다. 그리고 이어서 성도가 고난이나 환난으로 인해 죄를 짓는 것은 자신의 욕심 때문이며 죄의 결과는 사망이라는 것을 배웠습니다.

## 2. 절대 선하신 구원의 하나님을 향한 믿음(1:16-18)

"16 내 사랑하는 형제들아 속지 말라 17 온갖 좋은 은사와 온전한 선물이 다 위로


· 온전한 믿음의 사람은 ·

부터 빛들의 아버지께로부터 내려오나니 그는 변함도 없으시고 회전하는 그림자도 없으시니라 18 그가 그 피조물 중에 우리로 한 첫 열매가 되게 하시려고 자기의 뜻을 따라 진리의 말씀으로 우리를 낳으셨느니라"

16절은 시험 당할 때에 성도들이 죄를 짓게 되는 원인이 되는 두 가지 무지나 오해를 지적하는 경고입니다. 그리고 17절과 18절에서는 하나님께서는 절대 선하신 분이시고 또 주권적으로 구원을 베푸시는 분이심을 가르치고 있습니다.

### 1) 속임 당함에 대한 경고(1:16)
"내 사랑하는 형제들아 속지 말라"

하나님의 절대 선하심과 아울러 하나님께서 우리의 구원의 주님이 되심을 말씀하시기에 앞서 16절에서 야고보 장로는 성도들에게 속지 말라는 경고를 하고 있습니다. 야고보 장로는 "사랑하는 형제들아" 라는 사랑 어린 호칭을 사용하여 성도들을 부른 후에 "속지 말라"고 엄하게 경계와 경고를 발하고 있습니다. 이 경고 속에 담긴 것은 한편으로는 13절의 말씀을 바로 이해함으로써 신자가 시험을 당할 때 하나님을 원망하는 죄를 짓는 무지나 오해에 빠지지 말라는 뜻입니다. 다른 한편으로는 14절의 교훈과 경계의 말씀과 같이 각자의 욕심이 죄를 낳고 죄가 자라면 육신의 사망에 이른다는 성경적인 원칙을 무시하거나 잘못 알고 죄를 가볍게 생각하는 어리석음과 미련함에 빠지지 말라는 뜻이기도 합니다.

이와 같이 경고를 발한 후에 계속하여 17절과 18절에서는 모든 좋은 것을 주시는 하나님의 절대 선하심을 강조하여 가르치고 있습니다. 그리고 이어서 선하심의 증거로 하나님의 선하신 뜻을 따라 우리 인생들에게 주권적으로 구원을 주시는 분이 곧 하나님이심을 가르치고 있습니다.

### 2) 하나님은 절대 선하시고 주권적으로 구원을 베푸시는 분이시다(1:17-18)
"온갖 좋은 은사와 온전한 선물이 다 위로부터 빛들의 아버지께로부터 내려오나니 그는 변함도 없으시고 회전하는 그림자도 없으시니라"

17절에서 성도들에게 온갖 좋고 온전한 최고의 선물과 은사를 주시는 분이 하나님이심을 강조하면서 그분은 절대 변하지 않으시는 선하신 하나님이시라고 가르치고 있습니다. 본 절 첫머리에 쓰인 "온갖 좋은 은사와 온전한 선물"이라는 문구를 헬라어 성경의 말씀을 근거로 바로 잡아 보면 다음과 같습니다. "주시는 온갖 좋은 선물과 온갖 온전한 은사"라고 번역하여 이해할 수 있습니다.

이렇게 표현한 것은 좋은 것을 우리에게 내려 주시기를 기뻐하시는 분이 바로 하나님이심을 분명하고 확실하게 가르치기 위한 것입니다. 그리고 "온갖 좋은 은사와 온전한 선물"이라는 문구는 하나님께서 주시는 모든 은사, 곧 선물은 하나도 빼놓지 않고 모두 완벽하고, 충분하고, 온전하고 또 유익한 것임을 강조하는 말씀입니다.

이와 같이 하나님께서 주시는 모든 것은 온전하고 충분하고 완벽하고 유익한 것임을 강조한 후에 17절 후반부에서는 이와 같이 온갖 좋은 선물을 주시는 분인 하나님의 정체가 무엇인지를 설명하고 있습니다.

첫째, 하나님을 "빛들의 아버지"라고 하셨습니다. 이 "빛들의 아버지"라는 문구는 유대인들의 표현으로 하나님께서 모든 빛의 창조주이심을 강조하여 하나님을 높이 부르는 칭호로 사용한 것에서 유래합니다. 본문에서는 단순히 우주에 있는 해와 달과 별들만을 뜻하는 것이 아니라 나아가서 모든 영적인 빛까지도 포함하여 모든 빛의 창조주시며 근원이신 분이 하나님이신 것을 강조하여 "빛들의 아버지"라고 했습니다. 둘째, 하나님은 "변함도 없으시고 회전하는 그림자도 없으시니라"고 말씀하셨습니다. 이 말씀은, 곧 우주 만물은 모두 변하고, 해와 달 그리고 별의 경우는 움직이기 때문에 빛의 강도도 다르고 그림자도 있지만 모든 빛의 근원이신 하나님은 변함이 없으시고 회전하는 그림자도 없이 항상 온전하신 모든 빛의 근원이신 것을 가르치는 말씀입니다. 참고로 빛들의 아버지이신 하나님과 반대되는 마귀에 대해서 잠시 살펴보겠습니다. 사탄, 곧 대적 마귀는 "거짓의 아버지"(요 8:44), "흑암의 권세"(골 1:13), "공중의 권세 잡은 자"(엡 2:2)라고 했으며, 마귀의 세력을 "어둠의 세상 주관자들과 하늘에 있는 악의 영들을 상대함이라"(엡 6:12)라고 했습니다.


· 온전한 믿음의 사람은 ·

위의 17절에서 본 바와 같이 온갖 온전하고 좋은 것을 충분히 넘치게 주시는 분이 절대 선하시고 변함이 없으신 하나님이심을 배웠습니다. 그리고 이와 같은 하나님께서 우리 인생들에게 구원, 즉 우주 간에 가장 높으시고 위대하신 하나님의 자녀가 되는 특권과 축복을 최고 최상의 선물로 주신 사실을 18절에서 설명하고 있습니다. "너희는 그 은혜에 의하여 믿음으로 말미암아 구원을 받았으니 이것은 너희에게서 난 것이 아니요 하나님의 선물이라"(엡 2:8) 이 진리의 말씀을 마음에 새기면서 18절을 배워봅시다.

"그가 그 피조물 중에 우리로 한 첫 열매가 되게 하시려고 자기의 뜻을 따라 진리의 말씀으로 우리를 낳으셨느니라"

18절 말씀을 본래 원어에서 강조한 내용을 살리기 위해서 원어에 가깝게 문구의 순서를 바꾸어 보겠습니다. "그가(하나님께서) 자기의 뜻을 좇아 진리의 말씀으로 우리를 낳으셨으니 이는 우리로 하여금 그 조물 중에 한 첫 열매가 되게 하려 하심이라" 이렇게 본 절을 정리한 후에 우리는 몇 가지를 관찰하고 그 내용을 묵상함으로 교훈을 받을 수 있습니다.

첫째, 하나님께서 우리에게 구원을 주신 것은 그분의 뜻에 따라서 이루어진 것임을 볼 수 있습니다. 여기에 기록된 하나님의 뜻이라는 문구 속에는 하나님께서 주권적으로 모든 것을 살피신 후에 의지를 발동하여 결단을 내리시고 뜻을 정하여 행하셨다는 의미가 포함되어 있습니다. 이와 같이 높고 귀한 하나님의 뜻에 관해 성경은 다음과 같이 증거하고 있습니다.

"3 찬송하리로다 하나님 곧 우리 주 예수 그리스도의 아버지께서 그리스도 안에서 하늘에 속한 모든 신령한 복을 우리에게 주시되 4 곧 창세 전에 그리스도 안에서 우리를 택하사 우리로 사랑 안에서 그 앞에 거룩하고 흠이 없게 하시려고 5 그 기쁘신 뜻대로 우리를 예정하사 예수 그리스도로 말미암아 자기의 아들들이 되게 하셨으니 6 이는 그가 사랑하시는 자 안에서 우리에게 거저 주시는 바 그의 은혜의 영광을 찬송하게 하려는 것이라"(엡 1:3-6)

"37 아버지께서 내게 주시는 자는 다 내게로 올 것이요 내게 오는 자는 내가 결코 내쫓지 아니하리라 38 내가 하늘에서 내려온 것은 내 뜻을 행하려 함이 아니요

**73**

나를 보내신 이의 뜻을 행하려 함이니라 39 나를 보내신 이의 뜻은 내게 주신 자 중에 내가 하나도 잃어버리지 아니하고 마지막 날에 다시 살리는 이것이니라 40 내 아버지의 뜻은 아들을 보고 믿는 자마다 영생을 얻는 이것이니 마지막 날에 내가 이를 다시 살리리라 하시니라"(요 6:37-40)

"4 그리스도께서 하나님 곧 우리 아버지의 뜻을 따라 이 악한 세대에서 우리를 건지시려고 우리 죄를 대속하기 위하여 자기 몸을 주셨으니 5 영광이 그에게 세세토록 있을지어다 아멘"(갈 1:4-5)

"하나님은 모든 사람이 구원을 받으며 진리를 아는 데에 이르기를 원하시느니라"(딤전 2:4)

"9 그 후에 말씀하시기를 보시옵소서 내가 하나님의 뜻을 행하러 왔나이다 하셨으니 그 첫째 것을 폐하심은 둘째 것을 세우려 하심이라 10 이 뜻을 따라 예수 그리스도의 몸을 단번에 드리심으로 말미암아 우리가 거룩함을 얻었노라"(히 10:9-10)

둘째, 본문은 계속하여 "진리의 말씀으로 우리를 낳으셨으니" 라고 가르치고 있습니다. 여기의 "진리의 말씀" 은 하나님의 말씀을 뜻합니다. 따라서 하나님께서 우리를 구원하실 때에 하나님의 말씀, 곧 진리의 말씀으로 구원하신다는 뜻입니다. 그러므로 성경은 이와 같이 증거하고 있습니다.

"그러므로 믿음은 들음에서 나며 들음은 그리스도의 말씀으로 말미암았느니라"(롬 10:17)

"내가 복음을 부끄러워하지 아니하노니 이 복음은 모든 믿는 자에게 구원을 주시는 하나님의 능력이 됨이라 먼저는 유대인에게요 그리고 헬라인에게로다"(롬 1:16)

"그들을 진리로 거룩하게 하옵소서 아버지의 말씀은 진리니이다"(요 17:17)

"그 안에서 너희도 진리의 말씀 곧 너희의 구원의 복음을 듣고 그 안에서 또한 믿어 약속의 성령으로 인치심을 받았으니"(엡 1:13)

"너희를 위하여 하늘에 쌓아 둔 소망으로 말미암음이니 곧 너희가 전에 복음 진리의 말씀을 들은 것이라"(골 1:5)

"너는 진리의 말씀을 옳게 분별하며 부끄러울 것이 없는 일꾼으로 인정된 자로

**74**

자신을 하나님 앞에 드리기를 힘쓰라"(딤후 2:15)

"이러므로 우리가 하나님께 끊임없이 감사함은 너희가 우리에게 들은 바 하나님의 말씀을 받을 때에 사람의 말로 받지 아니하고 하나님의 말씀으로 받음이니 진실로 그러하도다 이 말씀이 또한 너희 믿는 자 가운데에서 역사하느니라"(살전 2:13)

본 성경구절(18절) 말씀에서 한 가지 더 살펴볼 것은 "낳으셨다" 라는 문구입니다. 이 문구는 하나님께서 진리의 말씀으로 우리를 구원하신 사실을 "낳으셨다" 라고 표현한 것입니다. 이렇게 표현한 것은 우리의 구원이 새 사람으로 태어나는 것을 뜻하기 때문입니다. 그래서 예수님께서 니고데모를 향해 이렇게 말씀하셨습니다.

"3 예수께서 대답하여 이르시되 진실로 진실로 네게 이르노니 사람이 거듭나지 아니하면 하나님의 나라를 볼 수 없느니라 4 니고데모가 이르되 사람이 늙으면 어떻게 날 수 있사옵나이까 두 번째 모태에 들어갔다가 날 수 있사옵나이까 5 예수께서 대답하시되 진실로 진실로 네게 이르노니 사람이 물과 성령으로 나지 아니하면 하나님의 나라에 들어갈 수 없느니라 6 육으로 난 것은 육이요 영으로 난 것은 영이니 7 내가 네게 거듭나야 하겠다 하는 말을 놀랍게 여기지 말라 8 바람이 임의로 불매 네가 그 소리는 들어도 어디서 와서 어디로 가는지 알지 못하나니 성령으로 난 사람도 다 그러하니라"(요 3:3-8)

우리의 거듭나는 것을 가리켜 또 다음과 같이 말씀하셨습니다.

"12 영접하는 자 곧 그 이름을 믿는 자들에게는 하나님의 자녀가 되는 권세를 주셨으니 13 이는 혈통으로나 육정으로나 사람의 뜻으로 나지 아니하고 오직 하나님께로부터 난 자들이니라"(요 1:12-13)

또 사도 베드로와 요한도 우리의 구원을 가리켜 다음과 같이 말씀했습니다.

"너희가 거듭난 것은 썩어질 씨로 된 것이 아니요 썩지 아니할 씨로 된 것이니 살아 있고 항상 있는 하나님의 말씀으로 되었느니라"(벧전 1:23)

"하나님께로부터 난 자마다 죄를 짓지 아니하나니 이는 하나님의 씨가 그의 속에 거함이요 그도 범죄하지 못하는 것은 하나님께로부터 났음이라"(요일 3:9)

75

셋째, 진리의 말씀으로 우리를 구원하신 이유 또는 목적을 다음과 같이 설명하고 있습니다. 즉, "우리로 하여금 그 조물 중에 한 첫 열매가 되게 하려 하심이라" 여기에 사용된 낱말 "첫 열매"에 대해서 그 뜻과 유래를 살펴보도록 하겠습니다. "첫 열매"란 구약 출애굽기 23장 19절, 레위기 23장 9절부터 14절, 신명기 26장 1절부터 19절에 기록된 하나님께서 정하신 규례로서 밀과 보리 추수 때에 가장 좋은 처음 익은 열매를 하나님께 바치는 것입니다.

첫 추수에 가장 좋은 첫 열매를 드리는 것은 두 가지 의미를 가지고 있습니다. 첫 번째 의미는 하나님에 대한 사랑과 감사의 표시이며, 두 번째 의미는 첫 열매는 본 추수 때에 풍성한 추수가 이루어 질 것을 확신케 하는 것으로 이해하고 그때에 원하는 대로 풍성한 추수가 되도록 축복해 주실 것을 믿고 바라는 마음으로 드리는 예물입니다.

이와 같은 배경을 근거로 본 절의 뜻을 이해하면 다음과 같습니다. 즉, 하나님께서 예수 그리스도의 대속의 공로를 기초로 인류를 구원하시는 것을 추수에 비유하여 말씀하신 것입니다. 그러므로 이 말씀은, 곧 야고보서의 수신인인 유대 그리스도인들을 하나님의 구원의 역사의 첫 열매로 삼으셨다는 뜻입니다. 동시에 이 말씀은 모든 믿는 성도들이 우주 구원의 첫 열매라는 뜻도 포함하고 있습니다(롬 8:23). 실제로 복음을 전하여 인류를 구원하는 것을 두고 주님께서도 추수하는 것에 비유하여 말씀하셨습니다.

"35 너희는 넉 달이 지나야 추수할 때가 이르겠다 하지 아니하느냐 그러나 나는 너희에게 이르노니 너희 눈을 들어 밭을 보라 희어져 추수하게 되었도다 36 거두는 자가 이미 삯도 받고 영생에 이르는 열매를 모으나니 이는 뿌리는 자와 거두는 자가 함께 즐거워하게 하려 함이라 37 그런즉 한 사람이 심고 다른 사람이 거둔다 하는 말이 옳도다"(요 4:35-37).

이 내용은 주님께서 사마리아 여인을 비롯하여 사마리아성의 주민들에게 복음을 전하여 주님을 구주로 영접하여 믿게 하신 후에 제자들에게 친히 하신 말씀입니다. 또한 이 말씀이 훗날 사도행전 8장에서 사도 빌립을 비롯하여 사도 베드로가 사마리아에 가서 큰 복음의 역사를 이룬 것에도 연관되는 것을 우리는 알 수가

76

있습니다. 또 사도 바울도 복음 사역을 씨 뿌리고 물 주는 것에 비유하여 말씀했습니다.

"5 그런즉 아볼로는 무엇이며 바울은 무엇이냐 그들은 주께서 각각 주신 대로 너희로 하여금 믿게 한 사역자들이니라 6 나는 심었고 아볼로는 물을 주었으되 오직 하나님께서 자라나게 하셨나니 7 그런즉 심는 이나 물 주는 이는 아무 것도 아니로되 오직 자라게 하시는 이는 하나님뿐이니라"(고전 3:5-7)

그리고 바울은 실제로 복음을 믿어 구원받은 사람을 가리켜 "첫 열매"라고 말씀하신 바도 있습니다.

"15 형제들아 스데바나의 집은 곧 아가야의 첫 열매요 또 성도 섬기기로 작정한 줄을 너희가 아는지라 내가 너희를 권하노니 16 이같은 사람들과 또 함께 일하며 수고하는 모든 사람에게 순종하라"(고전 16:15-16)

따라서 유대 그리스도인들을 첫 열매로 삼으셨다는 말씀에 담겨진 의미는 하나님께서 유대인의 구원을 시발점으로 하여 계속해서 온 인류를 구원하실 것을 가르치는 말씀이라고 할 수 있습니다.

실제로 예수 그리스도의 구원의 복음이 예루살렘에서 시작하여 유대와 사마리아를 거쳐 땅 끝까지 계속 전파되고 있습니다. 이와 같은 복음 전파로 인해 수많은 사람들이 믿고 구원받아 하나님의 자녀가 되는 것을 볼 때 인생들을 구원하시기를 기뻐하시고 원하시는 하나님의 뜻이 계속하여 이루어지고 있음을 자랑스럽게 증거 할 수 있습니다.

진실로 하나님은 은혜로우시며, 자비로우시며, 선하시며, 신실하신 그리고 인자와 사랑이 무궁하신 구원과 생명의 주로서 온 우주 간에 있는 만물들의 경배와 찬송을 받으시기에 지극히 합당하신 분이십니다. 참고로 인류의 구원과 모든 피조물과의 관계를 가르치신 말씀을 묵상해 보겠습니다.

"19 피조물이 고대하는 바는 하나님의 아들들이 나타나는 것이니 20 피조물이 허무한 데 굴복하는 것은 자기 뜻이 아니요 오직 굴복하게 하시는 이로 말미암음이라 21 그 바라는 것은 피조물도 썩어짐의 종 노릇 한 데서 해방되어 하나님의 자녀들의 영광의 자유에 이르는 것이니라 22 피조물이 다 이제까지 함께 탄식하며

**77**

함께 고통을 겪고 있는 것을 우리가 아느니라 23 그뿐 아니라 또한 우리 곧 성령의 처음 익은 열매를 받은 우리까지도 속으로 탄식하여 양자 될 것 곧 우리 몸의 속량을 기다리느니라"(롬 8:19-23)

믿고 구원받은 성도를 첫 열매로 삼으셨다는 말씀의 뜻은 지금도 계속되고 있는 온 인류의 구원과 관계될 뿐만 아니라 우주적으로 볼 때 주님께서 재림하셔서 인류의 타락으로 인해 저주 아래 있는 온 세상과 그 안에 있는 만물을 새롭게 하시는 것 까지도 포함한 것임을 위의 말씀에서 알 수가 있습니다. 한 가지 더 참고로 생각하고 싶은 것이 있습니다. 그리스도인들의 구원과 부활에 대해서 설명할 때 사도 바울은 그리스도를 첫 열매라고 가르치고 있습니다.

"20 그러나 이제 그리스도께서 죽은 자 가운데서 다시 살아나사 잠자는 자들의 첫 열매가 되셨도다 21 사망이 한 사람으로 말미암았으니 죽은 자의 부활도 한 사람으로 말미암는도다 22 아담 안에서 모든 사람이 죽은 것 같이 그리스도 안에서 모든 사람이 삶을 얻으리라 23 그러나 각각 자기 차례대로 되리니 먼저는 첫 열매인 그리스도요 다음에는 그가 강림하실 때에 그리스도에게 속한 자요 24 그 후에는 마지막이니 그가 모든 통치와 모든 권세와 능력을 멸하시고 나라를 아버지 하나님께 바칠 때라"(고전 15:20-24)

따라서 18절의 말씀이 가르치는 것은 참으로 놀랍고 기이한 하나님의 구원의 섭리와 계획인 것을 알 수 있으며 이는 우리 믿는 자들이 큰 축복을 받은 특별한 존재라는 것을 가르치고 있습니다. 13절부터 18절까지의 가르침을 마음속에 깊이 간직하고, 어떤 역경과 시험이 오더라도 우리의 구원이 되시며 절대 선하신 하나님을 원망하는 죄를 범하는 일이 없기를 바랍니다. 시련이나 고난을 당하면 먼저 나 자신의 욕심의 결과로 인한 어려움이 아닌지를 돌아보고 하나님 앞에 회개하는 삶을 살도록 합시다. 그리고 절대 거룩하시고 온갖 좋은 것을 우리에게 주시는 선하신 하나님을 의지하고, 그분의 선하신 뜻을 따라 말씀으로 우리를 구원하신 하나님께 나아가 찬양과 감사로 예배하는 온전한 믿음의 성도들이 되도록 합시다.

하나님께서는 그분의 능력의 말씀, 진리의 말씀으로 우리를 구원하셔서 첫 열매가 되게 하셨습니다. 우리를 첫 열매로 삼으신 하나님의 놀랍고 기이한 뜻을 받



· 온전한 믿음의 사람은 ·

들어 우리를 구원하신 하나님께서 거룩하신 것과 같이 우리도 거룩함을 이루어
하나님께 영광 돌리는 삶을 살기를 간절히 바랍니다.

# 3장
# 말씀의 순종과 사랑을 베푸는 삶(1:19-27)

"19 내 사랑하는 형제들아 너희가 알지니 사람마다 듣기는 속히 하고 말하기는 더디 하며 성내기도 더디 하라 20 사람이 성내는 것이 하나님의 의를 이루지 못함이라 21 그러므로 모든 더러운 것과 넘치는 악을 내버리고 너희 영혼을 능히 구원할 바 마음에 심어진 말씀을 온유함으로 받으라 22 너희는 말씀을 행하는 자가 되고 듣기만 하여 자신을 속이는 자가 되지 말라 23 누구든지 말씀을 듣고 행하지 아니하면 그는 거울로 자기의 생긴 얼굴을 보는 사람과 같아서 24 제 자신을 보고 가서 그 모습이 어떠했는지를 곧 잊어버리거니와 25 자유롭게 하는 온전한 율법을 들여다보고 있는 자는 듣고 잊어버리는 자가 아니요 실천하는 자니 이 사람은 그 행하는 일에 복을 받으리라 26 누구든지 스스로 경건하다 생각하며 자기 혀를 재갈 물리지 아니하고 자기 마음을 속이면 이 사람의 경건은 헛것이라 27 하나님 아버지 앞에서 정결하고 더러움이 없는 경건은 곧 고아와 과부를 그 환난중에 돌보고 또 자기를 지켜 세속에 물들지 아니하는 그것이니라"

### 본문 강론

이제 계속되는 19절부터 27절까지의 말씀에서는 온전한 믿음의 사람은 하나님의 말씀에 절대 순종하며 나아가 선과 사랑을 베푸는 삶을 사는 자라는 것을 배우게 됩니다.

### 1. 순종해야 하는 세 가지 분부(1:19-20)

"19 내 사랑하는 형제들아 너희가 알지니 사람마다 듣기는 속히 하고 말하기는 더디 하며 성내기도 더디 하라 20 사람이 성내는 것이 하나님의 의를 이루지 못함이라"

19절과 20절 말씀은 온전한 믿음의 사람이 꼭 순종해야 하는 세 가지 하나님의 명령과 함께 세 번째 명령에 대한 이유를 특별히 기록하고 있습니다. 첫째, 듣는 것을 속히 하라고 했습니다. 둘째, 말하는 것을 더디 하라는 명령입니다. 세 번째는 성내는 것을 더디 하라는 명령입니다. 그리고 20절에서는 성내는 것을 더디 해야 하는 이유를 설명하고 있습니다.

### 1) 듣기는 속히 하고, 말하는 것과 성내는 것은 더디하라(1: 19-20)

"19 내 사랑하는 형제들아 너희가 알지니 사람마다 듣기는 속히 하고 말하기는 더디 하며 성내기도 더디 하라 20 사람이 성내는 것이 하나님의 의를 이루지 못함이라"

보는 바와 같이 "너희가 알지니"가 19절 중간에 있습니다. 그러나 헬라어 성경에는 이 문구가 19절 제일 앞에 기록되어 있습니다. 19절 말씀을 "너희가 알지니"로 시작한 것은 이 문구가 지니는 중요성 때문입니다. '너희가 알지니' 라는 문구의 뜻을 살펴보면 그 중요성을 이해할 수 있습니다.

우선 "알지니" 라는 낱말이 반 명령형으로서 성도들의 주의를 환기시키기 위해서 문장 서두에 기록한 것으로 이해합니다. 그리고 "너희가 알지니" 라는 문구의



· 온전한 믿음의 사람은 ·

문장내의 위치(첫머리에 기록된 것)와 전후 문맥을 두고 볼 때 18절 말씀과 19절 이하에 언급된 내용을 연결시켜 주는 중요한 일을 하고 있습니다. 따라서 "너희가 알지니"라는 문구는 한편으로는 18절에서 언급된 내용, 즉 하나님께서 말씀으로 성도들을 새 사람으로 태어나게 하셨고, 또 만물중의 첫 열매가 되게 하셨다는 말씀의 능력을 이미 배워 알고 있는 것을 상기시키는 말씀입니다.

다른 한편으로는 하나님의 말씀의 능력으로 거듭난 성도는 그 말씀을 듣고 순종할 때 믿음이 자라고 성숙한 믿음의 사람이 되는 것을 당연히 알고 있어야 한다는 것을 암시하며 강조하는 말씀으로 이해합니다. 다시 말씀 드리면 구원받은 성도는 계속 말씀을 듣고 배우면서 그 말씀을 순종할 때 믿음이 자라고 온전한 믿음의 사람이 되는 것을 뜻합니다. 성경은 곳곳에서 이 사실을 가르치고 있습니다.

"1 그러므로 모든 악독과 모든 기만과 외식과 시기와 모든 비방하는 말을 버리고 2 갓난 아기들 같이 순전하고 신령한 젖을 사모하라 이는 그로 말미암아 너희로 구원에 이르도록 자라게 하려 함이라"(벧전 2:1-2)

"16 모든 성경은 하나님의 감동으로 된 것으로 교훈과 책망과 바르게 함과 의로 교육하기에 유익하니 17 이는 하나님의 사람으로 온전하게 하며 모든 선한 일을 행할 능력을 갖추게 하려 함이라"(딤후 3:16-17)

위에서 본 바와 같이 야고보 장로는 성도의 구원의 기초가 되는 말씀의 능력과 성도의 신앙 성장을 위한 말씀의 역사에 대해 신자들의 관심과 주의를 환기시키고 있습니다. 그리고 "내 사랑하는 형제들아"라고 친절하게 부르면서 성도들이 말씀을 듣고 반드시 순종해야 하는 세 가지 신앙 행위를 19절 하반절에서 다음과 같이 가르치고 있습니다. "사람마다 듣기는 속히 하고 말하기는 더디 하며 성내기도 더디 하라" 이 세 가지 명령은 실제로 서로 연결된 하나로 묶어진 말씀입니다. 단지 설명을 위해서 한 명령씩 따로 살펴보겠습니다.

첫 번째 분부가 "사람마다 듣기는 속히 하라"는 명령입니다. 여기서 듣는 것을 속히 하라는 말은 말을 듣는 사람이 자기 생각이나 선입견을 완전히 버리고 마음의 문을 열고 듣고 있는 말의 내용이나 뜻을 정확히, 자세히 알아듣도록 하라는 말씀입니다. 뿐만 아니라 들으면서 마땅히 배울 것을 배우기 위해 주의를 기울이고

83

정신을 집중한 태도와 자세를 갖고 들으라는 명령입니다. 이와 같은 태도와 자세는 다음의 말씀에서 그 예를 찾을 수 있습니다.

"내가 주께 범죄하지 아니하려 하여 주의 말씀을 내 마음에 두었나이다" (시 119:11)

이 명령은 성도의 생활중에 사람들과의 대화에 적용되는 말씀이기도 합니다. 그러나 그보다는 전후 문맥으로 볼 때 하나님의 말씀을 받을 때를 두고 명하신 말씀이라고 이해합니다. 하나님의 말씀을 받을 때라는 말은 성도 개인이 하나님의 말씀을 묵상할 때를 비롯해서 성경을 가르치는 자가 전하는 하나님의 말씀을 받을 때를 뜻하고 있습니다. 이와 같은 태도와 자세로 말씀을 받지 않을 때 성도들에게 유익함이 없는 것을 다음의 말씀에서 볼 수 있습니다.

"멜기세덱에 관하여는 우리가 할 말이 많으나 너희가 듣는 것이 둔하므로 설명하기 어려우니라" (히 5:11)

이 명령, 즉 "듣기는 속히 하라"고 하신 이유는 단순하고 확실하게 그리고 정확히 바로 듣는 것에 그치는 것이 아니라 들은 후에 그 말씀을 통해 배운 것을 순종하여 성도의 삶이 변화되는 것을 원하시기 때문입니다(참고: 1:21-25, 딤후 3:16-17). 말씀을 듣는다는 것은 듣는데 그치는 것이 아니고 듣고 행함으로 성도가 변화되는 것이 하나님께서 우리에게 말씀을 주신 목적이기 때문입니다. 주님께서도 이와 비슷한 교훈을 주셨습니다.

"24 그러므로 누구든지 나의 이 말을 듣고 행하는 자는 그 집을 반석 위에 지은 지혜로운 사람 같으리니 25 비가 내리고 창수가 나고 바람이 불어 그 집에 부딪치되 무너지지 아니하나니 이는 주추를 반석 위에 놓은 까닭이요 26 나의 이 말을 듣고 행하지 아니하는 자는 그 집을 모래 위에 지은 어리석은 사람 같으리니 27 비가 내리고 창수가 나고 바람이 불어 그 집에 부딪치매 무너져 그 무너짐이 심하니라" (마 7:24-27)

"나더러 주여 주여 하는 자마다 천국에 다 들어갈 것이 아니요 다만 하늘에 계신 내 아버지의 뜻대로 행하는 자라야 들어가리라" (마 7:21)

듣는 것에 대해서도 경계의 말씀을 주셨습니다.



· 온전한 믿음의 사람은 ·

"귀 있는 자는 들으라 하시니라"(마 13:9)

"또 이르시되 너희가 무엇을 듣는가 스스로 삼가라 너희의 헤아리는 그 헤아림으로 너희가 헤아림을 받을 것이며 더 받으리니"(막 4:24)

"그러므로 너희가 어떻게 들을까 스스로 삼가라 누구든지 있는 자는 받겠고 없는 자는 그 있는 줄로 아는 것까지도 빼앗기리라 하시니라"(눅 8:18)

두 번째 분부는 "말하기는 더디 하며" 입니다. 여기서 말할 때라는 뜻은 두 가지로 이해됩니다. 첫째는 들었거나 배운 내용에 대한 반응을 말로 표현할 때 더디 하라는 뜻입니다. 둘째는 자신이 하나님의 말씀을 연구하고 공부해서 다른 성도들을 가르칠 때에 더디 하라는 뜻입니다.

그리고 "더디 하라"고 한 말씀도 첫 번째 분부와 같이 말하는 속도를 뜻하는 것이 아니라 말할 때의 태도와 자세를 뜻하고 있습니다. 따라서 "더디 하라"고 하는 수식어는 말하기 전에 자기가 말하고자 하는 내용을 충분히 검토하고 연구하여 참과 거짓, 옳고 그른 것, 덕이 되는지, 유익한 것인지를 자세히 살펴본 후에 말씀을 가르치거나 상대방의 말에 응답하라는 뜻입니다. 이 말씀은 후에 배우게 되지만 3장에서 언급하고 있는 가르치는 선생의 특성과 관계된 것이기도 합니다.

이와 같은 태도와 자세로 말씀을 전하거나 상대방의 가르침에 응답하는 것이 중요한 이유는 성도가 하나님의 말씀으로 거룩하게 되고 또 온전한 믿음의 사람이 되기 때문입니다. 그러므로 하나님께서는 특히 말씀을 전하거나 증거 하는 자의 책임이 중요한 것에 대해 말씀하신 바 있습니다.

"인자야 내가 너를 이스라엘 족속의 파수꾼으로 세웠으니 너는 내 입의 말을 듣고 나를 대신하여 그들을 깨우치라"(겔 3:17)

"6 그러나 칼이 임함을 파수꾼이 보고도 나팔을 불지 아니하여 백성에게 경고하지 아니하므로 그 중의 한 사람이 그 임하는 칼에 제거 당하면 그는 자기 죄악으로 말미암아 제거되려니와 그 죄는 내가 파수꾼의 손에서 찾으리라 7 인자야 내가 너를 이스라엘 족속의 파수꾼으로 삼음이 이와 같으니라 그런즉 너는 내 입의 말을 듣고 나를 대신하여 그들에게 경고할지어다"(겔 33:6-7)

이와 같이 말씀 전하는 자의 책임이 중함으로 교회 일을 세울 때 주의 할 것도 말씀하셨습니다.

"새로 입교한 자도 말지니 교만하여져서 마귀를 정죄하는 그 정죄에 빠질까 함이요"(딤전 3:6)

"아무에게나 경솔히 안수하지 말고 다른 사람의 죄에 간섭하지 말며 네 자신을 지켜 정결하게 하라"(딤전 5:22)

동시에 "말하기는 더디하라"고 하신 명령은 일반적인 대인관계에도 적용되는 말씀입니다. 일반 대인관계에서도 말을 하기 전에 할 말의 내용을 미리 신중하게 고려해보고 말하라는 뜻입니다. 이렇게 해야 하는 이유는 말을 통해 우리의 마음 속에 있는 것이 밖으로 표현되기 때문입니다. 따라서 주님께서 하신 말씀을 기억할 필요가 있습니다.

"16 예수께서 이르시되 너희도 아직까지 깨달음이 없느냐 17 입으로 들어가는 모든 것은 배로 들어가서 뒤로 내버려지는 줄 알지 못하느냐 18 입에서 나오는 것들은 마음에서 나오나니 이것이야말로 사람을 더럽게 하느니라 19 마음에서 나오는 것은 악한 생각과 살인과 간음과 음란과 도둑질과 거짓 증언과 비방이니 20 이런 것들이 사람을 더럽게 하는 것이요 씻지 않은 손으로 먹는 것은 사람을 더럽게 하지 못하느니라"(마 15:16-20)

이상의 가르침을 기억하고 말씀을 전하는 사람과 또는 전하는 말씀을 듣고 반응하는 사람 그리고 대화를 나누는 사람 모두가 아래의 말씀들을 참고로 하면 더디 하라는 명령을 순종함에 도움이 될 줄로 믿습니다.

"너희 말을 항상 은혜 가운데서 소금으로 맛을 냄과 같이 하라 그리하면 각 사람에게 마땅히 대답할 것을 알리라"(골 4:6)

"만일 누가 말하려면 하나님의 말씀을 하는 것 같이 하고 누가 봉사하려면 하나님이 공급하시는 힘으로 하는 것 같이 하라 이는 범사에 예수 그리스도로 말미암아 하나님이 영광을 받으시게 하려 함이니 그에게 영광과 권능이 세세에 무궁하도록 있느니라 아멘"(벧전 4:11)

"사람은 그 입의 대답으로 말미암아 기쁨을 얻나니 때에 맞는 말이 얼마나 아름다운고"(잠 15:23)


· 온전한 믿음의 사람은 ·

"경우에 합당한 말은 아로새긴 은 쟁반에 금 사과니라"(잠 25:11)

"말이 많으면 허물을 면하기 어려우나 그 입술을 제어하는 자는 지혜가 있느니라"(잠 10:19)

"말을 아끼는 자는 지식이 있고 성품이 냉철한 자는 명철하니라"(잠 17:27)

"지혜자들의 말씀들은 찌르는 채찍들 같고 회중의 스승들의 말씀들은 잘 박힌 못 같으니 다 한 목자가 주신 바이니라"(전 12:11)

"너는 진리의 말씀을 옳게 분별하며 부끄러울 것이 없는 일꾼으로 인정된 자로 자신을 하나님 앞에 드리기를 힘쓰라"(딤후 2:15)

세 번째 분부는 "성내기도 더디하라" 입니다. 여기에 나오는 "성내다" 라는 낱말은 단순하고 일시적으로 감정이 상하거나 기분 나쁜 상태를 뜻하는 것이 아닙니다. 이 단어는 마음속에 오랜 시간 품고 있는 강하고 지속적인 원망, 불만, 또는 거부감을 뜻합니다. 흔히 논쟁 중에 마음에 상처를 입고 분노를 품게 되는 경우를 예로 들 수 있습니다. 그러나 본문의 문맥으로 볼 때 여기에 쓰인 "성내다"는 하나님의 말씀을 전해들을 때 들은 말씀에 대해서 갖게 되는 거부감이나 반감, 부정적인 감정을 뜻합니다. 가르치는 자가 하나님의 말씀을 가르칠 때 그 내용이 자기 생각과 다르고 전혀 받아드릴 수 없다고 생각될 때 흔히 이 부정적인 감정 때문에 화를 발하거나 논쟁을 벌이기 쉽습니다. 이런 일은 절대 피해야 한다는 말씀입니다. 즉, 부정적인 감정이 솟아오르더라도 그것을 즉시 표현할 것이 아니라 시간을 두고 생각하면서 과연 내가 갖고 있는 이 반감이나 불만 또는 논쟁의 내용이 합당한 것인지를 살피고 자제하면서 반응을 하라는 말씀입니다.

그리고 20절에서는 "성내기를 더디하라"고 명령하신 이유를 다음과 같이 밝히고 있습니다. "사람의 성내는 것이 하나님의 의를 이루지 못함이니라" 이 말씀은 성도가 하나님과 그분의 말씀에 대해 불만, 원망, 또는 거부감을 가질 경우 그는 결코 하나님께서 원하시는 바 의롭고 선한 성도가 될 수 없다는 뜻입니다. 그리고 본 절에서 언급하고 있는 하나님의 의는 신자의 삶 속에 나타나는 하나님께서 원하시는 의를 뜻합니다. 바꾸어 말하면 다음의 말씀과 같습니다.

"15 오직 너희를 부르신 거룩한 이처럼 너희도 모든 행실에 거룩한 자가 되라

16 기록되었으되 내가 거룩하니 너희도 거룩할지어다 하셨느니라"(벧전 1:15-16)

지혜의 말씀에서도 이와 같은 내용을 배울 수 있습니다.

"노하기를 더디하는 자는 용사보다 낫고 자기의 마음을 다스리는 자는 성을 빼앗는 자보다 나으니라"(잠 16:32)

"노하기를 속히 하는 자는 어리석은 일을 행하고 악한 계교를 꾀하는 자는 미움을 받느니라"(잠 14:17)

20절 말씀대로 사람의 성내는 것이 하나님의 의를 이루지 못한다는 교훈의 생생한 실례를 민수기 20장에 기록된 모세의 성낸 일과 하나님의 진노의 사건에서 볼 수 있습니다.

"7 여호와께서 모세에게 말씀하여 이르시되 8 지팡이를 가지고 네 형 아론과 함께 회중을 모으고 그들의 목전에서 너희는 반석에게 명령하여 물을 내라 하라 네가 그 반석이 물을 내게 하여 회중과 그들의 짐승에게 마시게 할지니라 9 모세가 그 명령대로 여호와 앞에서 지팡이를 잡으니라 10 모세와 아론이 회중을 그 반석 앞에 모으고 모세가 그들에게 이르되 반역한 너희여 들으라 우리가 너희를 위하여 이 반석에서 물을 내랴 하고 11 모세가 그의 손을 들어 그의 지팡이로 반석을 두 번 치니 물이 많이 솟아나오므로 회중과 그들의 짐승이 마시니라 12 여호와께서 모세와 아론에게 이르시되 너희가 나를 믿지 아니하고 이스라엘 자손의 목전에서 내 거룩함을 나타내지 아니한 고로 너희는 이 회중을 내가 그들에게 준 땅으로 인도하여 들이지 못하리라 하시니라"(민 20:7-12)


## 2. 말씀으로 새롭게 되는 삶(1:21-25)


"21 그러므로 모든 더러운 것과 넘치는 악을 내버리고 너희 영혼을 능히 구원할 바 마음에 심어진 말씀을 온유함으로 받으라 22 너희는 말씀을 행하는 자가 되고 듣기만 하여 자신을 속이는 자가 되지 말라 23 누구든지 말씀을 듣고 행하지 아니하면 그는 거울로 자기의 생긴 얼굴을 보는 사람과 같아서 24 제 자신을 보고 가서 그 모습이 어떠했는지를 곧 잊어버리거니와 25 자유롭게 하는 온전한 율법을 들여다보


· 온전한 믿음의 사람은 ·

고 있는 자는 듣고 잊어버리는 자가 아니요 실천하는 자니 이 사람은 그 행하는 일
에 복을 받으리라"

21절부터 25절에서는 새로운 피조물로 태어난 성도는 믿기 전의 자신에게 있었
던 모든 더러운 것과 악한 것들을 내어버리고 하나님께서 우리에게 주시는 말씀
을 겸손히 받아 그 말씀대로 실행하는 것이 온전한 믿음의 사람의 삶이라는 것을
가르치고 있습니다.

보는 바와 같이 21절이 "그러므로" 라는 문구로 시작하고 있습니다. 이 문구는
21절의 내용과 20절의 내용의 관계를 설명해 주고 있습니다. 즉, 사람의 성내는 것
이 하나님의 의를 이루지 못하기 때문에 결국 성내는 것이 잘못이라는 사실을 20
절에서 배웠습니다. 이 교훈을 근거로 21절에서는 그런 잘못을 반복하지 않도록
하기 위해서 "그러므로 모든 더러운 것과 넘치는 악을 내버리고" 라고 명령하고
있습니다. 이 말씀에서 알 수 있는 것은 인간의 모든 더러운 것, 악한 것들로 인해
노를 발하게 된다는 사실입니다.

그러므로 성도는 먼저 21절의 말씀대로 인간의 "모든 더러운 것과 넘치는 악"
을 버려야 성내는 것을 더디 할 수 있습니다. 그 후에 비로소 하나님의 의를 이룰
수 있다는 말씀입니다. 그러나 여기에 부족한 한 가지가 더 있습니다. 그것은 하나
님의 말씀입니다. 그래서 본문은 옛 것을 버리고 겸손히 하나님의 말씀을 받으라
고 말씀하시고 있습니다.

성도들이 버려야 하는 것이 모든 더러운 것과 넘치는 악한 것이라고 했습니다.
여기에 "모든 더러운 것" 이라는 문구의 뜻은 가지각색의 모든 더러운 것을 가리키
고 있습니다. 그리고 "더러운 것" 이라는 낱말은 도덕적으로 추하고 불순한 것을
뜻합니다. 불순하다는 말은 한편으로는 우리의 귀 속에 있는 더러운 귀지를 뜻하
기도 합니다. 이 사실을 들어 어떤 분은 인간 속에 있는 도덕적으로 추하고 불순한
것들은 영적인 귀를 어둡게 하는 역할을 한다고 설명하기도 합니다. 다른 말로 하
면 성도가 자신의 속에 만일 가지각색의 도덕적으로 추하고 불순한 것을 가지고
있다면 하나님의 말씀을 제대로 받아들이지 못한다는 말씀입니다.

**89**

다음으로 "넘치는 악"을 내어버리라고 했습니다. 여기에 "넘치는"이라는 낱말은 "지나치게 많은, 감당하기 어려울 정도로 많다." 라는 뜻을 가지고 있습니다. 그리고 "악"이라는 낱말은 도덕적으로 악하고 타락하고 부패한 것, 그리고 악한 욕망 또는 악한 의지를 뜻하고 있습니다. 실제로 성경 곳곳에서 성도들을 향하여 옛 사람을 벗어 버리라고 가르치고 있습니다.

"12 밤이 깊고 낮이 가까웠으니 그러므로 우리가 어둠의 일을 벗고 빛의 갑옷을 입자 13 낮에와 같이 단정히 행하고 방탕하거나 술 취하지 말며 음란하거나 호색하지 말며 다투거나 시기하지 말고 14 오직 주 예수 그리스도로 옷 입고 정욕을 위하여 육신의 일을 도모하지 말라"(롬 13:12-14)

"19 그들이 감각 없는 자가 되어 자신을 방탕에 방임하여 모든 더러운 것을 욕심으로 행하되 20 오직 너희는 그리스도를 그같이 배우지 아니하였느니라 21 진리가 예수 안에 있는 것 같이 너희가 참으로 그에게서 듣고 또한 그 안에서 가르침을 받았을진대 22 너희는 유혹의 욕심을 따라 썩어져 가는 구습을 따르는 옛 사람을 벗어 버리고 23 오직 너희의 심령이 새롭게 되어 24 하나님을 따라 의와 진리의 거룩함으로 지으심을 받은 새 사람을 입으라"(엡 4:19-24)

"8 이제는 너희가 이 모든 것을 벗어 버리라 곧 분함과 노여움과 악의와 비방과 너희 입의 부끄러운 말이라 9 너희가 서로 거짓말을 하지 말라 옛 사람과 그 행위를 벗어 버리고 10 새 사람을 입었으니 이는 자기를 창조하신 이의 형상을 따라 지식에까지 새롭게 하심을 입은 자니라"(골 3:8-10)

"1 그러므로 모든 악독과 모든 기만과 외식과 시기와 모든 비방하는 말을 버리고 2 갓난 아기들 같이 순전하고 신령한 젖을 사모하라 이는 그로 말미암아 너희로 구원에 이르도록 자라게 하려 함이라"(벧전 2:1-2)

"만일 우리가 우리 죄를 자백하면 그는 미쁘시고 의로우사 우리 죄를 사하시며 우리를 모든 불의에서 깨끗하게 하실 것이요"(요일 1:9)

이와 같이 모든 도덕적으로 추하고 불순한 것과 감당하기 어려울 정도로 많은 도덕적으로 악하고 타락하고 부패한 것 그리고 악한 욕망과 의지를 제거하라고 말씀하신 것이고, 이어서 하나님의 말씀을 온유함으로 받으라고 하셨습니다.


· 온전한 믿음의 사람은 ·

본 절에서 하나님의 말씀을 "너희 영혼을 능히 구원할 바 마음에 심어진 말씀"
이라고 설명하고 있습니다. 이 말씀에서 "능히 너희 영혼을 구원할 바" 라는 수식어
로 하나님의 말씀을 설명하고 있는데, 이 문구는 일반적으로 이해하고 있는 의롭
다 함을 얻는 구원, 거룩한 성도로 변화되는 구원, 그리고 마지막으로 영화롭게 되
는 구원 모두를 뜻하고 있습니다. 그리고 이와 같은 삼 단계의 구원은 모두 하나님
의 말씀의 능력으로 이루어진다는 것을 기억할 필요가 있습니다.

"그들을 진리로 거룩하게 하옵소서 아버지의 말씀은 진리니이다"(요 17:17)

동시에 문맥으로 볼 때 본 절의 구원은 두 번째 단계의 구원, 즉 성화의 구원으
로 이해함이 옳습니다. 이미 복음을 믿어 하나님 앞에서 의롭다 함을 얻은 성도가
계속 하나님의 말씀을 배우고 순종함으로 죄의 영향과 사탄의 미혹에서 벗어나
진리와 의로 새로운 신앙 인격을 이루어 가는 성화의 과정을 의미합니다. 성화의
과정은 우리가 주님의 부르심을 받고 이 세상을 떠날 때까지 계속 이루어가야 하
는 구원임을 명심하도록 합시다.

"12 그러므로 나의 사랑하는 자들아 너희가 나 있을 때뿐 아니라 더욱 지금 나
없을 때에도 항상 복종하여 두렵고 떨림으로 너희 구원을 이루라 13 너희 안에서
행하시는 이는 하나님이시니 자기의 기쁘신 뜻을 위하여 너희에게 소원을 두고
행하게 하시나니"(빌 2:12-13)

"마음에 심어진 말씀" 에서 "심어진" 이라는 낱말은 두 가지 뜻을 갖고 있습니다.
첫째는 원래부터 땅에 이미 심겨진 씨앗을 가리키며, 둘째는 원래 땅에 없던 씨인
데 누군가가 옮겨 심은 씨앗을 가리킵니다. 본문의 문맥으로 볼 때 두 번째의 의미
가 맞습니다. 그 이유는 하나님의 말씀이 인간에게 본래 주어진 것이 아니고 복음
전파와 말씀의 가르침을 통해 각자의 마음속에 심어졌고 자리 잡게 된 때문입니
다. 그러므로 "마음에 심어진 말씀" 이라는 문구는 예수 믿고 구원받은 성도가 복
음을 통해 말씀을 받고 믿은 후에 계속하여 말씀 강론이나 선포를 통해 배워 마음
에 자리 잡고 있는 하나님의 말씀을 뜻합니다.

"15 또 어려서부터 성경을 알았나니 성경은 능히 너로 하여금 그리스도 예수 안
에 있는 믿음으로 말미암아 구원에 이르는 지혜가 있게 하느니라 16 모든 성경은

91

하나님의 감동으로 된 것으로 교훈과 책망과 바르게 함과 의로 교육하기에 유익하니 17 이는 하나님의 사람으로 온전하게 하며 모든 선한 일을 행할 능력을 갖추게 하려 함이라"(딤후 3:15-17)

"12 하나님의 말씀은 살아 있고 활력이 있어 좌우에 날선 어떤 검보다도 예리하여 혼과 영과 및 관절과 골수를 찔러 쪼개기까지 하며 또 마음의 생각과 뜻을 판단하나니 13 지으신 것이 하나도 그 앞에 나타나지 않음이 없고 우리의 결산을 받으실 이의 눈 앞에 만물이 벌거벗은 것 같이 드러나느니라"(히 4:12-13)

"온유함으로 받으라"고 하신 말씀은 20절에서 언급한 말씀에 대한 반감이나 거부감으로 인해 성내는 것과는 정 반대되는 마음과 자세를 뜻합니다. 따라서 말씀을 "온유함으로 받으라"고 하신 것은 거부감이나 의심이나 반대하거나 변론하려는 마음이 없이 오직 믿음과 기쁨으로 받아 그 말씀을 귀하게 간직하고 보존할 것을 명하신 것입니다. 그리고 여기에 쓰인 "받으라"의 동사는 시급한 상태를 뜻하는 명령형으로 소홀히 해서는 안 되고 마땅히 주의를 기울여 받으라는 뜻입니다. 이와 같이 온유함으로 말씀을 받는 것의 중요성을 아래의 말씀도 가르치고 있습니다.

"이러므로 우리가 하나님께 끊임없이 감사함은 너희가 우리에게 들은 바 하나님의 말씀을 받을 때에 사람의 말로 받지 아니하고 하나님의 말씀으로 받음이니 진실로 그러하도다 이 말씀이 또한 너희 믿는 자 가운데에서 역사하느니라"(살전 2:13)

"그들과 같이 우리도 복음 전함을 받은 자이나 들은 바 그 말씀이 그들에게 유익하지 못한 것은 듣는 자가 믿음과 결부시키지 아니함이라"(히 4:2)

위에서 가르치고 있는 것과 같이 온유함으로 말씀을 받으면 하나님께서 성령님을 통해 우리를 가르치시고 깨우쳐주심으로 우리를 바로 잡아 주십니다.

"온유한 자를 정의로 지도하심이여 온유한 자에게 그의 도를 가르치시리로다"(시 25:9)

"1 여호와께서 이와 같이 말씀하시되 하늘은 나의 보좌요 땅은 나의 발판이니 너희가 나를 위하여 무슨 집을 지으랴 내가 안식할 처소가 어디랴 2 나 여호와가


· 온전한 믿음의 사람은 ·

말하노라 내 손이 이 모든 것을 지었으므로 그들이 생겼느니라 무릇 마음이 가난하고 심령에 통회하며 내 말을 듣고 떠는 자 그 사람은 내가 돌보려니와 3 소를 잡아 드리는 것은 살인함과 다름이 없이 하고 어린 양으로 제사드리는 것은 개의 목을 꺾음과 다름이 없이 하며 드리는 예물은 돼지의 피와 다름이 없이 하고 분향하는 것은 우상을 찬송함과 다름이 없이 행하는 그들은 자기의 길을 택하며 그들의 마음은 가증한 것을 기뻐한즉 4 나 또한 유혹을 그들에게 택하여 주며 그들이 무서워하는 것을 그들에게 임하게 하리니 이는 내가 불러도 대답하는 자가 없으며 내가 말하여도 그들이 듣지 않고 오직 나의 목전에서 악을 행하며 내가 기뻐하지 아니하는 것을 택하였음이라 하시니라"(사 66:1-4)

21절의 말씀을 통해 성도는 새로운 피조물답게 옛 사람의 온갖 더러운 것과 넘치는 악을 다 버리고 마음을 가다듬고 우리를 온전케 하시는 하나님의 말씀을 온유하고 겸손하게 받아 마음에 간직하고 살아야 한다는 것을 배웠습니다.

22절부터 25절까지의 말씀에서는 21절에서 배운 바 대로 온유하고 겸손하게 받아 마음에 간직한 하나님의 말씀을 철저하게 순종하고 실행하는 것이 온전한 믿음의 사람의 삶이라는 생활 원칙을 배우게 됩니다.

"22 너희는 말씀을 행하는 자가 되고 듣기만 하여 자신을 속이는 자가 되지 말라 23 누구든지 말씀을 듣고 행하지 아니하면 그는 거울로 자기의 생긴 얼굴을 보는 사람과 같아서 24 제 자신을 보고 가서 그 모습이 어떠했는지를 곧 잊어버리거니와 25 자유롭게 하는 온전한 율법을 들여다보고 있는 자는 듣고 잊어버리는 자가 아니요 실천하는 자니 이 사람은 그 행하는 일에 복을 받으리라"(약 1:22-25)

우리말 성경에는 없지만 헬라어 성경에는 22절 앞부분에 "그러나" 또는 "그리고" 라고 번역할 수 있는 낱말이 있습니다. 따라서 22절 이하의 가르침은 21절의 말씀에 계속되는 것으로 보는 것이 합당합니다. 그러므로 받은 말씀을 마음에 간직하는 것을 시발점으로 해서 그 말씀을 순종하여 생활 속에서 적극적으로 실천하는 것이 온전한 믿음의 사람의 삶인 것을 밝히고 있습니다.

"너희는 말씀을 행하는 자가 되고" 라는 문구는 성도의 삶 전체가 계속적으로 하나님의 말씀을 순종하여 실천하라는 뜻입니다. 여기서 삶 전체라는 말은 마음

93

과 뜻과 정성을 다해 또는 모든 지식과 감정과 의지를 총동원하여 하나님의 말씀을 계속적으로 실천하라는 말씀입니다. 이 명령은 앞에서 인용한 바 있는 빌립보서 2장 12절과 13절의 말씀이 잘 설명하고 있습니다. 주님께서도 비슷한 말씀을 하셨습니다.

"21 나더러 주여 주여 하는 자마다 다 천국에 들어갈 것이 아니요 다만 하늘에 계신 내 아버지의 뜻대로 행하는 자라야 들어가리라 22 그 날에 많은 사람이 나더러 이르되 주여 주여 우리가 주의 이름으로 선지자 노릇 하며 주의 이름으로 귀신을 쫓아 내며 주의 이름으로 많은 권능을 행하지 아니하였나이까 하리니 23 그 때에 내가 그들에게 밝히 말하되 내가 너희를 도무지 알지 못하니 불법을 행하는 자들아 내게서 떠나가라 하리라"(마 7:21-23)

들고 배운 하나님의 말씀을 실천할 것을 명하셨습니다. 그리고 이어서 듣기만 하고 실천하지 않는 사람은 자신을 속이는 자라고 하시면서 그런 사람이 되지 말라고 하셨습니다. "듣기만 하여 자신을 속이는 자가 되지 말라" 여기에 쓰인 "속이는 자" 라는 말씀은 잘못된 논리나 거짓된 논리에 빠져서 자신을 속이는 것을 뜻합니다. 이 말을 우리의 신앙생활에 적용하면 믿는다고 자처하는 사람이 말씀을 듣는 것이 신앙생활의 전부인 것으로 이해하여 영적 오산을 초래한 것을 뜻합니다. 예를 들면, 말씀을 듣고 배우는 것이 신앙생활의 첫 걸음인데 잘못 생각해서 그것이 신앙생활의 전부인 것으로 오해하여 여기에 그치면 이는 곧 자신을 속이는 것이라는 말씀입니다.

구체적으로 자신을 속이는 내용을 본문의 문맥을 중심으로 예를 들면, 성도의 경건 생활에 대한 잘못된 이해와 견해 때문에 첫째 교회에 출석하여 예배에 참석하는 것, 둘째 설교를 잘 듣는 것, 셋째 찬송을 열심히 부르는 것, 넷째 기타 교회의 각종 행사에 최소한 참여하는 것이 성도의 경건생활이고 성도의 본분의 전부라고 생각하는 것입니다. 이렇게 생활하는 성도는, 곧 자신을 속이는 성도라고 할 수 있습니다. 일반적으로 이와 같이 신앙생활을 하는 사람을 보고 우리는 참 신앙이 좋다라고 평하기도 합니다.

그러므로 이와 같이 단순한 종교 행사에 참석하는 것, 또는 단순한 종교생활을



· 온전한 믿음의 사람은 ·

하는 것으로 만족하고 거기에 머무르는 성도는 자기를 속이는 것입니다. 뿐만 아니라 다른 사람도 속이는 것입니다. 하나님 앞에서는 종교생활이 중요한 것이 아니라 하나님의 말씀을 온전히 순종하여 실행하는 것이 중요한 것입니다. 그러므로 하나님의 말씀을 생활 속에서 온전히 실천하는 성도가 되지 않을 때는 자기도 속이고 다른 사람도 속이는 자가 될 뿐입니다.

우리 자신을 이 말씀에 비추어 진지하게 검토해 보고 잘못된 것은 회개하고 하나님의 말씀을 순종하는 온전한 믿음의 성도가 되도록 합시다. 22절의 말씀이 중요하므로 이 가르침을 좀 더 분명히 하기 위해서 다음의 23절과 24절의 말씀을 하고 있습니다. 23절과 24절에서는 하나님의 말씀을 듣기만 하고 행하지 않는 사람이 어떤 사람인지를 거울을 보는 사람의 행위에 비유하여 설명하고 있습니다. "23 누구든지 말씀을 듣고 행하지 아니하면 그는 거울로 자기의 생긴 얼굴을 보는 사람과 같아서 24 제 자신을 보고 가서 그 모습이 어떠했는지를 곧 잊어버리는" 사람이라고 했습니다.

우리는 23절 첫머리에 기록된 "누구든지 말씀을 듣고 행하지 아니하면"이라는 문구를 주의할 필요가 있습니다. 그 이유는 23절과 24절의 말씀이 하나님의 말씀을 듣기만 하고 행하지 않는 사람이 어떤 사람인지를 분명하게 설명함으로써 우리를 향해 경고의 말씀을 주고 있기 때문입니다.

하나님의 말씀을 듣기만 하고 행하지 않는 자를 가리켜 "거울로 자기의 생긴 얼굴을 보는 사람과 같아서 제 자신을 보고 가서 그 모습이 어떠했는지를 곧 잊어버리는" 사람이라고 했습니다. 즉, 자기 자신이 어떻게 생겼는지 어떤 모습인지 알기 위해서 거울을 보는 사람이라고 했습니다. 여기서 "자기의 생긴 얼굴"이라는 문구는 자신의 본래 타고난 얼굴의 생김새를 뜻하고 있으며, 동시에 현재 자기가 알고 있는 자신의 얼굴을 뜻하는 것으로 이해할 수 있습니다.

어느 경우이든 한 가지 분명한 것은 현재 자기 자신의 육신의 얼굴 생김새를 거울 속에서 보고 있다는 뜻입니다. 또 여기에 쓰인 "보는"이라는 동사는 그 의미가 자세히 주의하여 관찰한다는 뜻입니다. 따라서 자기의 얼굴의 생김새를 자세히 주의하여 관찰하며 살펴본다는 말씀입니다. 문제는 그 다음 구절에서 설명하고

**95**

있는 것과 같이 보기는 자세히 주의하여 보았는데 "제 자신을 보고 가서 그 모습이 어떠했는지를 곧 잊어버리는" 사람이라는데 있습니다. 자세히 주의 깊게 관찰하여 보았는데 어떤 이유 때문에 보고 가서는 곧 잊어버리게 되었다는 것입니다.

그 이유를 본 절에서 찾는다면 "보고 가서" 라는 문구의 뜻을 바로 이해하는데 있습니다. 여기서 "보고 가서" 라는 문구를 풀어서 설명하면 다음과 같습니다. 자세히 주의하여 보기는 보았는데 어떤 이유에서 그 거울 앞을 떠나 다른 곳으로 가는데 마음이 전부 쏠려서 거울에서 본 것은 그의 생각에서 사라진 것입니다.

그러므로 바로 전에 본 것은 이미 머리에서 사라졌고 다른 일에 집착함으로 자기가 본 자신의 모습이 어떠했는지를 즉시 잊어버린 사람이라는 뜻입니다. 즉, 거울을 볼 때는 자세히 잘 보았는데 보자마자 그만 마음과 정신이 전혀 다른 곳에 쏠려 방금 본 거울 속의 자기 얼굴의 생김새는 까맣게 잊은 상태라는 뜻입니다. 이 말씀이 우리에게 주는 교훈은 이것입니다. 성경공부를 할 때나, 설교를 들을 때나, 개인적으로 묵상할 때에 그 당시에는 주의하여 관심 있게 듣고 배웁니다. 그러나 그 듣고 배운 말씀을 마음에 간직하고 순종하여 실천하는데 열심을 쏟지 않으면 결국 듣고 배운 것을 모두 잊어버리고 마는 불행한 성도가 된다는 가르침입니다.

하나님의 말씀을 듣거나 배울 때는 주의하여 잘 배우는데 그만 그 마음이 딴 데 있으므로 배운 말씀대로 살지 않는 성도의 잘못된 삶을 깨우쳐 주는 말씀입니다. 지금 저와 함께 이 글을 통하여 하나님의 말씀을 배우고 있는데 문제는 여러분이 배우는 이 말씀을 실제 생활 속에서 실행할 마음과 결심을 가지고 있는지 스스로 점검해 보는 것이 중요합니다. 지금 배우는 말씀을 마음속 깊이 간직하고 이를 실생활 속에서 실천함으로 온전한 믿음의 사람이 되기를 기원합니다.

이상에서 살펴본 하나님의 말씀을 듣고 배운 것을 그대로 생활 속에서 실천하지 않는 신자는 결국 자기 자신을 속이는 자입니다. 따라서 그와 같은 신자가 되어서는 안 된다는 경고의 말씀을 22절에서 배웠습니다. 그리고 배웠거나 들은 하나님의 말씀을 순종하여 실천하지 않는 사람은 결국 하나님의 말씀의 가르침을 잊어버린 불행한 상태에 빠지게 된다는 경고의 말씀을 23절과 24절의 말씀을 통해 배웠습니다.



· 온전한 믿음의 사람은 ·

이와는 대조적으로 25절 말씀은 이미 들었거나 배운 하나님의 말씀을 순종하여 실천하는 성도의 특성과 그가 누리는 하나님의 축복을 말씀하고 있습니다. "25 자유롭게 하는 온전한 율법을 들여다보고 있는 자는 듣고 잊어버리는 자가 아니요 실천하는 자니 이 사람은 그 행하는 일에 복을 받으리라" 하나님의 말씀을 듣고 실행하지 않는 사람을 두고 교훈하실 때에는 23절과 24절에서처럼 하나님의 말씀을 거울에 비유하여 거울을 보는 사람이라고 말씀하셨습니다. 그러나 말씀을 듣고 순종하여 실행하는 성도를 말씀하실 때에는 대조적으로 "자유롭게 하는 온전한 율법(또는 자유하게 하는 법)을 들여다보고 있는 자" 라고 직접적으로 하나님의 율법을 가리켜 교훈하고 있습니다. 이렇게 직접적으로 율법을 가리켜 말씀하신 것은 우리에게 하나님의 말씀 그대로를 받아 순종하고 실행하는 삶의 중요성을 확실하게 또 강력하게 교훈하기 위한 것으로 이해합니다.

본 절에서는 하나님의 말씀을 "자유롭게 하는 법" 이며 또 "온전한 율법" 이라는 두 가지의 의미를 포함한 문구를 사용하였습니다. 하나님의 말씀을 "자유롭게 하는 법" 이라고 한 것은 성도의 첫 번째 구원(의롭다함을 얻는 구원)도, 두 번째 구원 (거룩한 삶을 사는 구원)도 모두 하나님의 말씀의 역사이고 능력이라는 뜻입니다.

다시 말하면 우리의 첫 번째 구원, 즉 우리의 죄를 용서받고 죄의 삯인 사망(멸망)에서 구원(자유함) 얻은 것이 하나님의 말씀으로 되었다는 뜻입니다. 그리고 동시에 성도가 세상에 사는 동안 죄의 영향과 마귀의 권세에서 벗어나 하나님의 자녀로 거룩한 삶(성화의 삶)을 살 수 있는 자유함을 얻는 근거가 하나님의 말씀이라는 뜻입니다. 그러므로 주님께서 다음과 같이 말씀하셨습니다.

"31 그러므로 예수께서 자기를 믿은 유대인들에게 이르시되 너희가 내 말에 거하면 참으로 내 제자가 되고 32 진리를 알지니 진리가 너희를 자유롭게 하리라… 36 그러므로 아들이 너희를 자유롭게 하면 너희가 참으로 자유로우리라"(요 8:31-32, 36)

사도 바울도 다음과 같이 말씀하였습니다.

"1 그러므로 이제 그리스도 예수 안에 있는 자에게는 결코 정죄함이 없나니 2 이는 그리스도 예수 안에 있는 생명의 성령의 법이 죄와 사망의 법에서 너를 해방

97

하였음이라"(롬 8:1-2)

그리고 "온전한 율법"이라는 문구는 다음의 말씀이 설명하고 있습니다.

"7 여호와의 율법은 완전하여 영혼을 소성시키며 여호와의 증거는 확실하여 우둔한 자를 지혜롭게 하며 8 여호와의 교훈은 정직하여 마음을 기쁘게 하고 여호와의 계명은 순결하여 눈을 밝게 하시도다 9 여호와를 경외하는 도는 정결하여 영원까지 이르고 여호와의 법도 진실하여 다 의로우니"(시 19:7-9)

우리가 이미 앞에서 인용한 바 있는 디모데후서 3장 16절과 17절, 히브리서 4장 12절과 13절 말씀이 하나님의 말씀의 온전함을 가르치고 있습니다.

"온전한 율법"의 또 다른 의미는 주님께서 가르치신 다음의 말씀에서 찾을 수 있습니다.

"35 그 중의 한 율법사가 예수를 시험하여 묻되 36 선생님 율법 중에서 어느 계명이 크니이까 37 예수께서 이르시되 네 마음을 다하고 목숨을 다하고 뜻을 다하여 주 너의 하나님을 사랑하라 하셨으니 38 이것이 크고 첫째 되는 계명이요 39 둘째도 그와 같으니 네 이웃을 네 자신 같이 사랑하라 하셨으니 40 이 두 계명이 온 율법과 선지자의 강령이니라"(마 22:35-40)

주님께서 하신 이 말씀이 온전한 율법을 뜻하기도 합니다(참고: 약 2:8). 끝으로 "온전한 율법"은 신구약 성경 모두를 뜻하고 있습니다.

본 절은 계속하여 "온전한 율법을 들여다보고 있는 자"라고 하신 후에 "들여다보고 있는 자"가 어떠한 사람인지를 설명하고 있습니다. 우선 여기서 "들여다보고 있는"이라는 단어의 뜻을 살펴보겠습니다. 우리말 성경에는 "들여다 보고 있는"이라고 되어 있지만 헬라어 성경의 뜻을 살리면 "들여다보고 그리고 그 말씀에 남아 있는"이라고 번역하는 것이 보다 정확하다고 하겠습니다.

다시 풀어서 적으면 온전한 율법을 들여다 볼 뿐만 아니라 그 말씀에 남아있는 상태(그 말씀을 묵상하며 그 말씀을 따라서 실행하고자 하는 상태)를 가르치고 있습니다. "들여다본다"라는 단어는 자세히 구석구석을 살피면서 주의를 기울여 얼굴을 가까이 갖다 대고 과연 지금 보고 있는 것이 정확하게 바로 보는 것인지를 알아보면서 열심히 본다는 뜻입니다. 예를 들면, 베드로가 주님께서 부활하신 새벽

98

에 무덤에 가서 구푸려 들여다보면서 세마포가 있는 것을 살펴보았다고 할 때 같은 단어를 사용한 것을 이야기 할 수 있습니다. 이와 같은 내용을 종합하여 알기 쉽게 말씀 드리면 하나님의 말씀을 읽을 때나 들을 때 성령님의 감동하시고 가르치시고 인도하심에 따라 그 받은 말씀을 실천해야 하겠다는 마음을 갖게 되는 상태라고 할 수 있습니다.

이와 같이 하나님의 말씀을 "들여다보고 있는 사람", 즉 하나님의 말씀을 마음과 정신을 가다듬고 주의하여 자세히 읽거나 들으면서 그 말씀을 어떻게 삶에 적용할 것인지를 생각하는 사람은 "잊어버리는 자가 아니요 실행하는 자" 라고 하시고 "이 사람이 그 행하는 일에 복을 받는다" 라고 말씀하십니다. 성도가 하나님의 말씀을 위에서 가르친 대로 자세히 알아보면서 배우고 듣고 그 말씀을 묵상하면 성령님께서 그 말씀을 통해 우리의 잘못을 깨우치시고 바로잡아 주십니다. 그리고 우리에게 지혜를 주셔서 배운 바 하나님의 말씀을 실제 생활 속에서 실행하고 실천하도록 권고하시고 인도하신다는 말씀입니다.

성령님께서 말씀을 통해 신령한 지혜와 총명에 하나님의 뜻을 아는 것으로 채우게 하시고, 주님께 합당히 행하여 범사에 기쁘시게 하고 모든 선한 일에 열매를 맺게 하시며 하나님을 아는 것에 자라게 하시고 또 그 영광의 힘을 좇아 모든 능력으로 능하게 하시며 기쁨으로 모든 견딤과 오래 참음에 이르게 하시고 우리를 자녀로 삼아주신 하나님 아버지께 감사하는 생활을 하도록 도와주신다는 말씀입니다(골 1:9-12). 이런 삶을 살 때 "이 사람은 그 행하는 일에 복을 받는다"고 말씀하셨습니다. 옳습니다.

"이 율법책을 네 입에서 떠나지 말게 하며 주야로 그것을 묵상하여 그 안에 기록된 대로 다 지켜 행하라 그리하면 네 길이 평탄하게 될 것이며 네가 형통하리라"(수 1:8)

지금까지 배운 말씀이 우리의 삶이 되어 하나님의 축복을 누리시기를 바랍니다. 마지막으로 26절과 27절에서는 올바른 경건의 삶이 어떤 것인지를 구체적으로 가르치면서 온전한 믿음의 사람은 이와 같은 올바른 경건의 삶을 살아야 할 것을 권고하고 있습니다.

## 99

## 3. 참된 경건(1:26-27)

"26 누구든지 스스로 경건하다 생각하며 자기 혀를 재갈 물리지 아니하고 자기 마음을 속이면 이 사람의 경건은 헛것이라 27 하나님 아버지 앞에서 정결하고 더러움이 없는 경건은 곧 고아와 과부를 그 환난중에 돌보고 또 자기를 지켜 세속에 물들지 아니하는 그것이니라"

### 1) 혀를 절제한다(1:26)

26절에서 올바른 경건의 삶의 첫째 특성을 설명하고 있는데 이를 설명함에 있어서 부정적인 방법으로 진정한 경건의 삶이 될 수 없는 행위를 부각시켜 가르치고 있습니다. 즉, "누구든지 스스로 경건하다 생각하며 자기 혀를 재갈 물리지 아니하고 자기 마음을 속이면 이 사람의 경건은 헛것이라"고 말씀하고 있습니다. 본 절의 "경건"이라는 낱말의 뜻을 살펴보면 헬라어의 두 가지 다른 낱말을 우리말로는 "경건"이라고 번역한 것을 발견합니다.

첫째 낱말은 "유세베이아"라는 헬라어인데 이 단어는 경건 또는 거룩함으로 번역되며 성도들이 하나님을 경외하며 거룩하신 하나님을 진정으로 섬기는 마음과 행위를 기술할 때 쓰이고 있습니다(참조: 행 3:12, 딤전 2:2, 딤후 3:12). 둘째 낱말은 "드레이스코스"라는 헬라어인데 이 단어는 단순히 종교 또는 숭배라고 번역되는 낱말로서 일반적으로 외적인 종교 의식 및 예식, 외적인 예배 행위와 절차를 뜻하고 있습니다(참조: 행 26:5, 골 2:18).

본 절에서 "경건"으로 번역된 헬라어는 "드레이스코스"라는 단어입니다. 그러나 본 절의 전체적인 문맥에 비추어 이해하면 의식적이고 외적인 종교 행위를 뜻하기 보다는 오히려 실제 하나님을 경외하는 마음으로 이웃들에게 사랑을 베풀고 자비를 베풀면서 거룩함을 추구하는 삶을 뜻하는 "경건"으로 이해하는 것이 합당합니다.

따라서 본 절은 경건한 신자라고 스스로 생각하는 사람이 "자신의 혀를 재갈 먹이지 않으면서" 자신은 경건한 삶을 산다고 계속 생각하고 산다면 이 사람은 결국


· 온전한 믿음의 사람은 ·

“자기 자신을 속이는 사람”이라고 밝히고 있습니다. 그리고 “이 사람의 경건은 헛 것”이라고 단호하게 지적하고 있습니다.

본 절의 “혀를 재갈 먹이다” 라는 문구는 우리가 이미 19절에서 배운 바 “말은 더디 하고” 라는 말씀과 같은 뜻입니다. 우리의 입으로 나오는 말은 결국 마음에 있는 것이 표현되는 것임을 우리는 잘 압니다. 이미 앞에서 살펴본 대로 주님께서 도 마태복음 12장과 15장에서 언어 행위의 절제를 경고하신 바 있습니다.

위의 말씀에서 우리가 꼭 기억할 것이 있습니다. 그것은 말의 절제 또는 말을 조 심하는 길은 우리의 마음이 변화되어야 한다는 말씀입니다. 마음이 변해 새로워 지지 않는 한, 우리가 하는 말도 구원받기 전 옛 사람 때의 말을 그대로 하게 된다 는 뜻입니다.

본 절에 나오는 “자기 마음을 속인다”의 “속인다” 라는 낱말은 22절의 “속이는 자” 라는 단어와 다른 의미를 가진 단어로서 이 낱말은 잘못된 것을 옳은 것으로 오해한 후 그것을 근거로 자기 마음을 설득하여 그것이 옳다고 믿게 함으로 속인 다는 뜻입니다. 즉, 자기가 말을 절제 하지 못함으로 진정한 의미의 경건한 사람이 아닌데 이런 이유, 저런 이유를 붙여서 자기는 경건한 사람이라고 생각하고 자신 에게 그 생각이 옳은 것이라고 설득하여 믿게 함으로 속인다는 뜻입니다. 자기 자 신의 잘못된 생각과 논리에 빠져서 진실된 것을 보지 못하는 인간의 모습을 잘 설 명하고 있습니다. 그리고 이러한 경건은 “헛것이라”고 했습니다. 이 “헛것” 이라는 낱말은 무용하고 빈 것이고 무가치한 것을 뜻합니다. 고린도전서 3장 12-15절에 언 급된 금, 은, 보석이 아닌, 풀이나 짚이나 나무로 신앙생활의 업적을 쌓은 사람이 라고 할 수 있으며, 그 결과는 주님의 재림 때에 해를 받고 부끄러움을 당하게 되 는 경우라고 하겠습니다.

다음의 27절 말씀을 살펴 보기 전에 참고로 말의 절제와 관계된 통계를 하나 살 펴보겠습니다. 어떤 통계에 의하면 보통 사람이 하루에 입으로 한마디 한마디 말 하는 단어의 총수가 약 18,000 단어라고 합니다. 이 단어들을 모으면 약 54쪽이나 되는 책에 담을 수 있는 단어의 수라고 합니다. 이 사실을 고려할 때 우리가 참으로 말을 조심해야 하겠다는 생각을 하게 됩니다.

**101**

## 2) 사람을 차별하지 않고 불쌍한 자를 돌본다(1:27)

27절의 말씀에서는 26절의 말씀과 대조적으로 적극적인 뜻에서 참된 경건의 삶이 어떤 것인지를 설명하여 가르치고 있습니다. "27 하나님 아버지 앞에서 정결하고 더러움이 없는 경건은 곧 고아와 과부를 그 환난중에 돌보고 또 자기를 지켜 세속에 물들지 아니하는 그것이니라" 앞의 26절에서 우리는 아무리 우리가 경건한 삶을 산다고 해도 말을 절제하지 않으면 그 경건한 삶은 모두 헛것이고 가치 없고 무용한 것임을 배웠습니다. 즉, 말을 절제하지 않을 경우 우리는 신자로서 결코 경건한 삶을 살 수 없다는 말씀입니다.

27절을 보면 진실되고 올바른 경건한 삶을 설명할 때 "하나님 아버지 앞에서"라는 문구와 "정결하고 더러움이 없는 경건"이라는 문구를 사용하여 설명하고 있습니다. 여기에 쓰인 "하나님 아버지 앞에서"라는 문구가 주는 교훈은 우리의 신앙생활의 기준은 그 어떤 종교 단체나 조직이 만든 규례나 신조나 교훈이 될 수 없고 오직 살아있는 하나님의 말씀과 그분의 계명이기 때문에 이를 강조하여 말씀한 것입니다. 우리는 사람들 앞에서는 경건하고 거룩한 신자처럼 생활을 할 수 있습니다. 그러나 하나님 아버지 앞에서는 속일 수가 없습니다.

하나님께서는 우리의 중심을 보시고 우리의 삶 전체를 완전히 아시기 때문입니다. 그래서 참된 경건의 삶을 말씀하실 때 "하나님 아버지 앞에서"의 경건한 삶을 말씀하고 있습니다.

"7 외식하는 자들아 이사야가 너희에 관하여 잘 예언하였도다 일렀으되 8 이 백성이 입술로는 나를 공경하되 마음은 내게서 멀도다 9 사람의 계명으로 교훈을 삼아 가르치니 나를 헛되이 경배하는도다 하였느니라 하시고"(마 15:7-9)

"9 만물보다 거짓되고 심히 부패한 것은 마음이라 누가 능히 이를 알리요 마는 10 나 여호와는 심장을 살피며 폐부를 시험하고 각각 그의 행위와 그의 행실대로 보응하나니 11 불의로 치부하는 자는 자고새가 낳지 아니한 알을 품음 같아서 그의 중년에 그것이 떠나겠고 마침내 어리석은 자가 되리라"(렘 17:9-11)

"1 여호와여 주께서 나를 살펴 보셨으므로 나를 아시나이다 2 주께서 내가 앉고 일어섬을 아시고 멀리서도 나의 생각을 밝히 아시오며 3 나의 모든 길과 내가 눕는 것을 살펴 보셨으므로 나의 모든 행위를 익히 아시오니 4 여호와여 내 혀의 말을 알지 못하시는 것이 하나도 없으시니이다 5 주께서 나의 앞뒤를 둘러싸시고 내게 안수하셨나이다 6 이 지식이 내게 너무 기이하니 높아서 내가 능히 미치지 못하나이다"(시 139:1-6)

그리고 경건을 가리켜 "정결하고 더러움이 없는 경건" 이라고 기술하고 있습니다. 여기에 쓰인 "정결"과 "더러움이 없는" 이라는 두 낱말은 같은 뜻의 낱말인데 두 단어가 각각 강조하는 면이 다를 뿐입니다. 즉, "정결" 이라는 단어는 깨끗함을 강조하고 "더러움이 없는" 이라는 단어는 오염되지 않은 상태를 강조하는 것으로 이해합니다.

따라서 정결하고 더러움이 없는 경건은 가장 순수하고 진실하고 흠이 없는 신앙인의 경건과 거룩함을 뜻하고 있습니다. 27절의 말씀을 계속 읽으면 이러한 순수하고 진실되고 흠이 없는 믿음의 경건과 거룩함을 소유한 온전한 믿음의 사람은 두 가지 특성을 나타내고 있습니다.

첫째, "고아와 과부를 그 환난중에 돌보는" 믿음의 사람입니다. 성경을 보면 고아와 과부처럼 무력하고 불쌍한 사람들을 하나님께서는 친히 그들의 보호자가 되셔서 돌보신다고 했습니다.

"22 너는 과부나 고아를 해롭게 하지 말라 23 네가 만일 그들을 해롭게 하므로 그들이 내게 부르짖으면 내가 반드시 그 부르짖음을 들으리라 24 나의 노가 맹렬하므로 내가 칼로 너희를 죽이리니 너희의 아내는 과부가 되고 너희 자녀는 고아가 되리라"(출 22:22-24)

"28 매 삼 년 끝에 그 해 소산의 십분의 일을 다 내어 네 성읍에 저축하여 29 너희 중에 분깃이나 기업이 없는 레위인과 네 성중에 거류하는 객과 및 고아와 과부들이 와서 먹고 배부르게 하라 그리하면 네 하나님 여호와께서 네 손으로 하는 범사에 네게 복을 주시리라"(신 14:28-29)

"5 그의 거룩한 처소에 계신 하나님은 고아의 아버지시며 과부의 재판장이시라 6 하나님이 고독한 자들은 가족과 함께 살게 하시며 갇힌 자들은 이끌어 내사 형통하게 하시느니라 오직 거역하는 자들의 거처는 메마른 땅이로다"(시 68:5-6)

"5 너희가 만일 길과 행위를 참으로 바르게 하여 이웃들 사이에 정의를 행하며 6 이방인과 고아와 과부를 압제하지 아니하며 무죄한 자의 피를 이 곳에서 흘리지 아니하며 다른 신들 뒤를 따라 화를 자초하지 아니하면 7 내가 너희를 이 곳에 살게 하리니 곧 너희 조상에게 영원무궁토록 준 땅에니라"(렘 7:5-7)

"참 과부인 과부를 존대하라"(딤전 5:3)

그리고 사도행전 6장 1절부터 6절의 말씀은 교회가 과부들을 보살피는 일을 한 것을 보여주고 있습니다.

이상의 말씀이 가르치는 것은 하나님께서 고아와 과부를 불쌍히 여기시고 친히 보호자와 같이 돌보시는 것처럼 성도가 고아와 과부를 그 환난 중에 돌보는 것이 곧 하나님 앞에서 정결하고 더러움이 없는 경건이라는 말씀입니다. 여기서 "환난 중에"라고 한 것은 악한 사람들이 괴롭히는 것과 또 가족을 잃은 슬픔과 외로움 그리고 무력하고 의지할 데 없어서 형편이 어려운 상태를 뜻합니다. 또 "돌보고"라는 문구는 도와주고 격려하고 힘이 되어 주는 것을 뜻합니다(참고: 요일 2:10-11, 3:10-11, 14, 16, 4:7-12).

둘째, 정결하고 더러움이 없는 경건의 삶을 사는 온전한 믿음의 사람이 보여주는 특성은 "자기를 지켜 세속에 물들지 아니하는 그것이니라"고 말씀하고 있습니다. "세속에 물들지 아니하는"이라는 문구 중 "세속"은 아담 이후에 타락한 인간 세상을 가리키고 있습니다. 타락한 인간 세상에 대해서 주님께서 다음과 같이 말씀하셨습니다.

"세상이 너희를 미워하지 아니하되 나를 미워하나니 이는 내가 세상의 일들을 악하다고 증언함이라"(요 7:7)

"23 예수께서 이르시되 너희는 아래에서 났고 나는 위에서 났으며 너희는 이 세상에 속하였고 나는 이 세상에 속하지 아니하였느니라 24 그러므로 내가 너희에게 말하기를 너희가 너희 죄 가운데서 죽으리라 하였노라 너희가 만일 내가 그인 줄 믿지 아니하면 너희 죄 가운데서 죽으리라"(요 8:23-24)

사도 요한도 세상에 대해서 다음과 같이 증거하고 있습니다.

"15 이 세상이나 세상에 있는 것들을 사랑하지 말라 누구든지 세상을 사랑하면


· 온전한 믿음의 사람은 ·

아버지의 사랑이 그 안에 있지 아니하니 16 이는 세상에 있는 모든 것이 육신의 정욕과 안목의 정욕과 이생의 자랑이니 다 아버지께로부터 온 것이 아니요 세상으로부터 온 것이라 17 이 세상도, 그 정욕도 지나가되 오직 하나님의 뜻을 행하는 자는 영원히 거하느니라"(요일 2:15-17)

사도 베드로도 다음과 같이 우리를 향해 교훈하고 있습니다.

"13 그러므로 너희 마음의 허리를 동이고 근신하여 예수 그리스도께서 나타나실 때에 너희에게 가져다 주실 은혜를 온전히 바랄지어다 14 너희가 순종하는 자식처럼 전에 알지 못할 때에 따르던 너희 사욕을 본받지 말고 15 오직 너희를 부르신 거룩한 이처럼 너희도 모든 행실에 거룩한 자가 되라"(벧전 1:13-15)

따라서 "세속에 물들지 아니하는"이라는 문구는 타락한 세상의 영향을 받지 않고 하나님의 말씀을 순종하여 도덕적으로, 영적으로 순결하고 거룩한 삶을 유지하는 것을 뜻합니다. 성경 곳곳에서 세속에 물들지 아니한 삶을 권고할 뿐 아니라 엄하게 명하고 있습니다.

"우리 주 예수 그리스도께서 나타나실 때까지 흠도 없고 책망 받을 것도 없이 이 명령을 지키라"(딤전 6:14)

"또한 너는 청년의 정욕을 피하고 주를 깨끗한 마음으로 부르는 자들과 함께 의와 믿음과 사랑과 화평을 따르라"(딤후 2:22)

"15 오직 너희를 부르신 거룩한 이처럼 너희도 모든 행실에 거룩한 자가 되라 16 기록되었으되 내가 거룩하니 너희도 거룩할지어다 하셨느니라 17 외모로 보시지 않고 각 사람의 행위대로 심판하시는 이를 너희가 아버지라 부른즉 너희가 나그네로 있을 때를 두려움으로 지내라"(벧전 1:15-17)

"11 이 모든 것이 이렇게 풀어지리니 너희가 어떠한 사람이 되어야 마땅하냐 거룩한 행실과 경건함으로 12 하나님의 날이 임하기를 바라보고 간절히 사모하라 그 날에 하늘이 불에 타서 풀어지고 물질이 뜨거운 불에 녹아지려니와 13 우리는 그의 약속대로 의가 있는 곳인 새 하늘과 새 땅을 바라보도다 14 그러므로 사랑하는 자들아 너희가 이것을 바라보나니 주 앞에서 점도 없고 흠도 없이 평강 가운데서 나타나기를 힘쓰라"(벧후 3:11-14)

**105**

이상에서 우리는 온전한 믿음의 사람이 실천해야 하는 올바른 경건의 삶이 어떤 것인지를 자세히 배웠습니다. 26절에서는 언어를 절제하지 않는 삶은 결코 올바른 경건의 삶이 아니며 오히려 그러한 경건은 쓸데없고, 거짓스러운 것이고, 자기와 남을 속이는 경건이라는 것을 배웠습니다. 이와 대조적으로 27절에서는 하나님 앞에서 순수하고 흠이 없는 경건은 밖으로는 주위 사람들 특히 하나님께서 불쌍히 여기시는 고아와 과부에게 사랑과 선을 베푸는 삶이고 자기 자신을 향해서는 세상의 영향을 받지 않고 오히려 하나님의 말씀에 순종하여 의와 진리와 거룩함을 추구하는 삶인 것을 배웠습니다.

야고보서 제1부인 1장 1절로 27절까지의 말씀을 통해 배운 바 온전하고 부족함이 없는 믿음의 사람이 마땅히 갖추어야 하는 신앙 인격의 특성을 다시 정리해 보겠습니다. 믿음의 시련을 하나님을 의지하여 인내로, 기쁨으로 이길 때 온전한 믿음의 사람이 됩니다. 다른 표현을 쓰면 온전한 믿음의 사람은 온갖 시련과 역경 속에서도 기쁨으로 인내하며 하나님만 의지하고 사는 사람입니다(1:1-4). 지혜가 필요할 때에는 의심 없이 오직 믿음으로 하나님께 구하여 지혜를 얻는 것이 온전한 믿음의 삶입니다(1:5-8). 훗날의 영광을 바라보면서 시련을 인내로 이기는 삶이 온전한 믿음의 사람의 삶입니다(1:9-12).

온전한 믿음의 사람은 시험과 유혹당하는 것이 전적으로 자기 자신의 욕심 때문이라는 사실을 분명히 알고 어떤 경우에도 하나님을 원망하거나 하나님을 향해 불평하지 않고, 오히려 하나님의 절대 선하심과 하나님께서 구원의 주가 되심을 믿고 하나님의 은혜를 찬양하며 사는 성도입니다(1:13-18). 온전한 믿음의 사람은 하나님의 말씀에 마음의 문을 열고 기쁨으로 받아 실제 생활 속에서 말을 조심하며, 성내는 것을 절제하며, 옛 사람의 추한 것과 악한 것을 버리고 불쌍한 사람들에게 사랑과 선을 베풀고, 세상의 영향을 배제하며 자신의 의로움과 진실됨과 거룩함을 굳게 지켜나가는 성도입니다(1:19-29).

이상의 말씀이 우리 안에서 살아 역사함으로 교훈과 책망과 바르게 함과 의로 교육함을 받아 하나님의 사람으로 온전케 되어 모든 선한 일을 행하기에 부족함이 없는 성도가 되기를 바랍니다. 아울러서 또 권하고 싶은 말씀은 아직도 구원받

지 못한 분이 있으면 이 기회에 꼭 예수님을 구주로 영접하여 구원받으시고 천국
의 소망을 가지고 기쁨과 평안을 누리면서 살기를 간절히 바랍니다.

# 온전한 믿음의 사람과
# 신앙 공동체 내의 모범적인 삶

# 4장
# 사람 차별의 죄(2:1-13)

"1 내 형제들아 영광의 주 곧 우리 주 예수 그리스도에 대한 믿음을 너희가 가졌으니 사람을 차별하여 대하지 말라 2 만일 너희 회당에 금 가락지를 끼고 아름다운 옷을 입은 사람이 들어오고 또 남루한 옷을 입은 가난한 사람이 들어올 때에 3 너희가 아름다운 옷을 입은 자를 눈여겨 보고 말하되 여기 좋은 자리에 앉으소서 하고 또 가난한 자에게 말하되 너는 거기 서 있든지 내 발등상 아래에 앉으라 하면 4 너희끼리 서로 차별하며 악한 생각으로 판단하는 자가 되는 것이 아니냐 5 내 사랑하는 형제들아 들을지어다 하나님이 세상에서 가난한 자를 택하사 믿음에 부요하게 하시고 또 자기를 사랑하는 자들에게 약속하신 나라를 상속으로 받게 하지 아니하셨느냐 6 너희는 도리어 가난한 자를 업신여겼도다 부자는 너희를 억압하며 법정으로 끌고 가지 아니하느냐 7 그들은 너희에게 대하여 일컫는 바 그 아름다운 이름을 비방하지 아니하느냐 8 너희가 만일 성경에 기록된 대로 네 이웃 사랑하기를 네 몸과 같이 하라 하신 최고의 법을 지키면 잘하는 것이거니와 9 만일 너희가 사람을 차별하여 대하면 죄를 짓는 것이니 율법이 너희를 범법자로 정죄하리라 10 누구든지 온 율법을 지키다가 그 하나를 범하면 모두 법한 자가 되나니 11 간음하지 말라 하신 이가 또한 살인하지 말라 하셨은즉 네가 비록 간음하지 아니하여도 살인하면 율법을 범한 자가 되느니라 12 너희는 자유의 율법대로 심판 받을 자처럼 말도 하고 행하기도 하라 13 긍휼을 행하지 아니하는 자에게는 긍휼 없는 심판이 있으리라 긍휼은 심판을 이기고 자랑하느니라"

## 본문 강론

1장에서 우리는 성도 개인이 온전하고 부족함이 없는 믿음의 사람이 갖추어야하는 신앙 인격의 특성과 행위를 배웠습니다. 이어서 이제 배우게 되는 2장과 3장에서는 교회 공동체 안에서 온전하고 부족함이 없는 믿음의 사람이 갖추어야 하는 신앙 인격의 특성들을 배우게 됩니다.

### 1. 사람 차별에 대한 경고(2:1)

"내 형제들아 영광의 주 곧 우리 주 예수 그리스도에 대한 믿음을 너희가 가졌으니 사람을 차별하여 대하지 말라"

1절의 말씀을 바로 이해하기 위해서 헬라어 성경의 본문에 가깝게 다시 풀어서 적어 보면 본 절에서 강조되는 내용을 보다 확실히 알 수 있습니다. "내 형제들아 사람을 외모로 취하면서(차별하면서) 우리 주 예수 영광의 하나님이신 그리스도를 믿지 말라" 또는 "내 형제들아 사람을 차별 대우하면서 우리 주 예수 영광의 그리스도를 믿는 믿음을 갖지 말아라" 보는 바와 같이 사람 차별하는 것, 또는 사람을 외모로 취하는 것을 문장의 앞부분에 기록했습니다. 이것은 곧 사람을 차별하거나 또는 외모로 취하는 것을 엄하게 금한다는 것을 강조한 것입니다. 그 이유는 이와 같은 행위나 태도가 교회 공동체 생활에 악영향을 미치기 때문입니다. 다시 말씀 드리면 교회 공동체 생활 중 사람을 차별하는 것이 악한 것이고 죄가 될 뿐 아니라 공동체 생활을 파괴하는 행위라는 것을 밝혀 경고하고 있습니다.

이와 같이 교회 공동체 생활에 있어서 사람 차별이 악한 죄가 되는 것을 중요하게 가르치는 이유는 두 가지로 이해합니다. 첫째, 교회가 그리스도의 몸 된 신앙 공동체라는 점입니다. 교회는 기관이나 조직이 아니고 살아있는 유기체입니다(참고 고전 12:12-27). 둘째, 성경 전체를 통해 강조되는 하나님의 속성 중 하나인 하나님의 공평하심 때문입니다. 하나님께서 사람을 차별하지 않으시며 절대 공평하신 분이신 것을 신구약 성경 곳곳에서 강조하여 가르치고 있습니다.

"17 너희의 하나님 여호와는 신 가운데 신이시며 주 가운데 주시요 크고 능하시며 두려우신 하나님이시라 사람을 외모로 보지 아니하시며 뇌물을 받지 아니하시고 18 고아와 과부를 위하여 정의를 행하시며 나그네를 사랑하여 그에게 떡과 옷을 주시나니 19 너희는 나그네를 사랑하라 전에 너희도 애굽 땅에서 나그네 되었음이니라"(신 10:17-19)

"13 너는 네 이웃을 억압하지 말며 착취하지 말며 품꾼의 삯을 아침까지 밤새도록 네게 두지 말며 14 너는 귀먹은 자를 저주하지 말며 맹인 앞에 장애물을 놓지 말고 네 하나님을 경외하라 나는 여호와이니라 15 너희는 재판할 때에 불의를 행하지 말며 가난한 자의 편을 들지 말며 세력 있는 자라고 두둔하지 말고 공의로 사람을 재판할지며 16 너는 네 백성 중에 돌아다니며 사람을 비방하지 말며 네 이웃의 피를 흘려 이익을 도모하지 말라 나는 여호와이니라"(레 19:13-16)

"6 재판관들에게 이르되 너희가 재판하는 것이 사람을 위하여 할 것인지 여호와를 위하여 할 것인지를 잘 살피라 너희가 재판할 때에 여호와께서 너희와 함께 하심이니라 7 그런즉 너희는 여호와를 두려워하는 마음으로 삼가 행하라 우리의 하나님 여호와께서는 불의함도 없으시고 치우침도 없으시고 뇌물을 받는 일도 없으시니라 하니라"(대하 19:6-7)

"34 베드로가 입을 열어 말하되 내가 참으로 하나님은 사람의 외모를 보지 아니하시고 35 각 나라 중 하나님을 경외하며 의를 행하는 사람은 다 받으시는 줄 깨달았도다"(행 10:34-35)

"9 악을 행하는 각 사람의 영에는 환난과 곤고가 있으리니 먼저는 유대인에게요 그리고 헬라인에게며 10 선을 행하는 각 사람에게는 영광과 존귀와 평강이 있으리니 먼저는 유대인에게요 그리고 헬라인에게라 11 이는 하나님께서 외모로 사람을 취하지 아니하심이라"(롬 2:9-11)

"22 종들아 모든 일에 육신의 상전들에게 순종하되 사람을 기쁘게 하는 자와 같이 눈가림만 하지 말고 오직 주를 두려워하여 성실한 마음으로 하라 23 무슨 일을 하든지 마음을 다하여 주께 하듯 하고 사람에게 하듯 하지 말라 24 이는 기업의 상

113

을 주게 받을 줄 아나니 너희는 주 그리스도를 섬기느니라 25 불의를 행하는 자는 불의의 보응을 받으리니 주는 사람을 외모로 취하심이 없느니라"(골 3:22-25)

"외모로 보시지 않고 각 사람의 행위대로 심판하시는 이를 너희가 아버지라 부른즉 너희가 나그네로 있을 때를 두려움으로 지내라"(벧전 1:17)

"15 이에 바리새인들이 가서 어떻게 하면 예수를 말의 올무에 걸리게 할까 상의하고 16 자기 제자들을 헤롯 당원들과 함께 예수께 보내어 말하되 선생님이여 우리가 아노니 당신은 참되시고 진리로 하나님의 도를 가르치시며 아무도 꺼리는 일이 없으시니 이는 사람을 외모로 보지 아니하심이니이다"(마 22:15-16)

이상에서 본 바와 같이 하나님은 사람의 외모를 보시지 않는 절대 공평하신 분이십니다. 그러므로 하나님께서는 그분의 백성 된 성도들을 향하여 교회 공동체 생활 중에 절대 사람을 외모를 따라 차별하지 말라고 엄하게 명하시고 있습니다. 우리 성도들은 모두 그리스도 안에서 새로운 피조물로 거듭난 형제이며 자매임을 성경은 가르치고 있습니다.

"26 너희가 다 믿음으로 말미암아 그리스도 예수 안에서 하나님의 아들이 되었으니 27 누구든지 그리스도와 합하기 위하여 세례를 받은 자는 그리스도로 옷 입었느니라 28 너희는 유대인이나 헬라인이나 종이나 자유인이나 남자나 여자나 다 그리스도 예수 안에서 하나이니라"(갈 3:26-28)

이와 같이 우리의 정체가 확실함에도 불구하고 실제로 지역 교회 공동체에 속하여 생활하다 보면 성도들 간에 사람을 차별하는 예를 흔히 보기도 하고 체험하기도 하는 것이 현실입니다. 그러므로 하나님께서 야고보 장로를 통해 본문의 말씀과 같이 사람 차별을 엄하게 금하셨습니다.

이 사실을 마음에 새기고 본 절의 가르침을 하나하나 살펴보도록 하겠습니다. 야고보 장로가 "내 형제들아"라는 호칭을 사용하여 수신자들을 부른 후에 "내 형제들아 영광의 주 곧 우리 주 예수 그리스도에 대한 믿음을 너희가 가졌으니 사람을 차별하여 대하지 말라"고 엄하게 금하고 있습니다. 우리 말 성경을 읽으면 사람을 차별하지 말라고 금하는 것으로 이해가 됩니다마는, 원어의 뜻을 그대로 살리면 앞에서 풀어서 다시 기록한 것과 같이 사람을 차별하는 마음과 태도를 갖고 예


· 온전한 믿음의 사람은 ·

수 그리스도를 믿는 믿음을 갖지 말라는 뜻입니다. 이 말씀을 풀어서 설명하면 다음과 같습니다. 사람을 차별하는 태도나 마음을 갖고 있는 상태로 예수 그리스도를 믿는 것은 있을 수 없는 일이므로 예수 그리스도를 참으로 믿는다면 사람을 차별하는 태도나 마음을 완전히 버리도록 하라는 말씀입니다.

이 구절에서 "사람을 차별한다" 라는 문구는 사실상 한 낱말로서 "얼굴을 받아 준다" 또는 "얼굴을 들어 준다" 라는 뜻을 가진 명사입니다. 이 말씀은 대체로 재판관이 판결을 내리는 과정에서 판결의 대상이 되는 사람의 얼굴 또는 외모를 보고 호의를 베풀어 그에게 유리한 판결을 내림으로써 외모를 근거로 사람을 차별하여 대우하는 것을 두고 사용하는 낱말입니다. 따라서 본 절에서 가르치고 있는 "사람을 차별한다" 라는 말은 특정한 사람을 높이는 것, 특히 외모, 재산, 배경에 따라 사람을 높이고 특별히 대우하는 것을 뜻합니다. 이와 같은 일은 하나님의 자녀들의 모임이나 주님의 몸된 교회 안에서는 있을 수 없는 일입니다.

사람을 차별하여 대우하는 마음이나 자세를 갖고 예수 그리스도를 믿는 것은 오히려 예수 그리스도를 모독하는 행위라고 할 수 있습니다. 그 이유는 본문에서 예수 그리스도를 가리켜 "영광의 주 예수 그리스도"라고 했기 때문입니다. 여기에 기록된 "영광" 은 하나님의 영광을 뜻합니다. 즉, 영광의 하나님이신 그리스도를 믿는 믿음을 가리키고 있습니다. 절대 공평하신 하나님이신 예수 그리스도를 믿고 따른다고 하면서 사람을 차별하는 것은, 곧 주 예수 영광의 그리스도를 오히려 불순종하는 것이고, 정면으로 예수 그리스도의 영광과 권세에 도전하는 행위라고 할 수 있기 때문입니다.

본 절에서 예수 그리스도를 가리켜 "영광의 주 예수 그리스도" 라고 한 것을 다시 설명하면 그리스도께서 영광의 하나님(또는 하나님의 영광)을 우리에게 보여 주셨을 뿐만 아니라 성부 하나님과 함께 영광 중에 계신 분이기 때문입니다.

"말씀이 육신이 되어 우리 가운데 거하시매 우리가 그의 영광을 보니 아버지의 독생자의 영광이요 은혜와 진리가 충만하더라"(요 1:14)

"아버지여 창세 전에 내가 아버지와 함께 가졌던 영화로써 지금도 아버지와 함께 나를 영화롭게 하옵소서"(요 17:5)

115

"1 옛적에 선지자들을 통하여 여러 부분과 여러 모양으로 우리 조상들에게 말씀하신 하나님이 2 이 모든 날 마지막에는 아들을 통하여 우리에게 말씀하셨으니 이 아들을 만유의 상속자로 세우시고 또 그로 말미암아 모든 세계를 지으셨느니라 3 이는 하나님의 영광의 광채시요 그 본체의 형상이시라 그의 능력의 말씀으로 만물을 붙드시며 죄를 정결하게 하는 일을 하시고 높은 곳에 계신 지극히 크신 이의 우편에 앉으셨느니라"(히 1:1-3)

"5 또 충성된 증인으로 죽은 자들 가운데에서 먼저 나시고 땅의 임금들의 머리가 되신 예수 그리스도로 말미암아 은혜와 평강이 너희에게 있기를 원하노라 우리를 사랑하사 그의 피로 우리 죄에서 우리를 해방하시고 6 그의 아버지 하나님을 위하여 우리를 나라와 제사장으로 삼으신 그에게 영광과 능력이 세세토록 있기를 원하노라 아멘"(계 1:5-6)

본 절에서 "그리스도에 대한 믿음을 너희가 가졌으니" 라는 문구에 나오는 "믿음"은 유다서 3절에 기록된 단번에 주신 믿음의 도와 같은 의미로서 성도가 예수를 믿을 때 하나님의 은혜로 단번에 구원을 얻은 그 믿음을 뜻합니다. 그러므로 "그리스도에 대한 믿음을 너희가 가졌으니" 라는 말씀은 그리스도를 믿음으로 이미 구원을 받은 성도가 되었으니라는 말씀입니다. 우리는 예수 그리스도를 구원의 주로 믿고 받아들임으로써 구원을 얻은 성도가 되었습니다. 그러므로 이제 부터는 사람을 외모에 따라 차별하지 말고 상대방의 빈부귀천, 유 무식에 관계하지 말고 모든 성도들을 공평하게 대하고 고르게 사랑을 나누라는 말씀입니다.

예수 그리스도를 구주로 믿어 구원받은 우리는 이 말씀을 마음속 깊이 간직하고 주님의 몸된 교회의 지체로서 서로 격의 없이 대하고 대우하는 삶을 살아야 할 줄 압니다. 이 가르침을 기준으로 현재 우리가 섬기는 교회 안에서 일어나는 여러 가지 일들을 냉정하게 살펴보아야 하겠습니다.

예를 들면, 어떤 사람들을 장로나 집사로 뽑고 세우는지 알아볼 필요가 있습니다. 참으로 그 성도의 신앙 인격을 근거로 장로나 집사를 세우는지, 아니면 어떤 다른 기준인 부나, 학식, 권세, 또는 사회적 지위를 보고 세우지는 않는지 자성해 보고 고칠 것은 고치도록 해야 할 것입니다.



· 온전한 믿음의 사람은 ·

이와 같이 교회 안에서는 사람을 그 배경이나 사회적 위치나 빈부의 정도에 따라 차별해서는 안 된다는 원칙을 첫 부분에서 말씀하셨습니다. 그리고 이어서 2절부터 13절에서는 사람을 차별하는 죄의 구체적인 예를 들어 성도 차별의 죄를 책망하고 정죄하고 나아가서 하나님 말씀에 대한 절대 순종의 원칙을 가르치고 있습니다.

## 2. 사람 차별의 죄와 하나님의 말씀 순종에 대한 교훈(2:2-13)

"2 만일 너희 회당에 금 가락지를 끼고 아름다운 옷을 입은 사람이 들어오고 또 남루한 옷을 입은 가난한 사람이 들어올 때에 3 너희가 아름다운 옷을 입은 자를 눈여겨 보고 말하되 여기 좋은 자리에 앉으소서 하고 또 가난한 자에게 말하되 너는 거기 서 있든지 내 발등상 아래에 앉으라 하면 4 너희끼리 서로 차별하며 악한 생각으로 판단하는 자가 되는 것이 아니냐 5 내 사랑하는 형제들아 들을지어다 하나님이 세상에서 가난한 자를 택하사 믿음에 부요하게 하시고 또 자기를 사랑하는 자들에게 약속하신 나라를 상속으로 받게 하지 아니하셨느냐 6 너희는 도리어 가난한 자를 업신여겼도다 부자는 너희를 억압하며 법정으로 끌고 가지 아니하느냐 7 그들은 너희에게 대하여 일컫는 바 그 아름다운 이름을 비방하지 아니하느냐 8 너희가 만일 성경에 기록된 대로 네 이웃 사랑하기를 네 몸과 같이 하라 하신 최고의 법을 지키면 잘하는 것이거니와 9 만일 너희가 사람을 차별하여 대하면 죄를 짓는 것이니 율법이 너희를 범법자로 정죄하리라 10 누구든지 온 율법을 지키다가 그 하나를 범하면 모두 범한 자가 되나니 11 간음하지 말라 하신 이가 또한 살인하지 말라 하셨은즉 네가 비록 간음하지 아니하여도 살인하면 율법을 범한 자가 되느니라 12 너희는 자유의 율법대로 심판 받을 자처럼 말도 하고 행하기도 하라 13 긍휼을 행하지 아니하는 자에게는 긍휼 없는 심판이 있으리라 긍휼은 심판을 이기고 자랑하느니라"

2절부터 4절까지의 말씀은 사람 차별의 죄를 있을 수 있는 가상적인 실례를 들어 구체적으로 교훈하고 있습니다.

## 1) 사람 차별하는 죄의 구체적인 예(2:2-4)

"2 만일 너희 회당에 금 가락지를 끼고 아름다운 옷을 입은 사람이 들어오고 또 남루한 옷을 입은 가난한 사람이 들어올 때에 3 너희가 아름다운 옷을 입은 자를 눈여겨 보고 말하되 여기 좋은 자리에 앉으소서 하고 또 가난한 자에게 말하되 너는 거기 서 있든지 내 발등상 아래에 앉으라 하면 4 너희끼리 서로 차별하며 악한 생각으로 판단하는 자가 되는 것이 아니냐"

2절 본문에 언급된 "회당"이라는 용어는 교회의 유대교적인 표현입니다. 본서의 수신인이 예수 믿는 유대인들이므로 그들의 관습에 따라서 이렇게 표현한 것으로 이해합니다. 동시에 아직 기독교가 완전히 정착되지 않은 때로 회당이라는 명칭과 교회라는 명칭을 같이 사용한 것으로 이해합니다. 따라서 여기 회당은 성도들이 모여 하나님께 예배하는 예배당을 뜻합니다. 당시 회당으로 불리는 예배당 안에는 의자들이 있어 앉기도 하고 또 맨 바닥에 앉기도 한 상태에서 함께 예배 드렸던 것으로 이해합니다. 그래서 본문을 보면 안내자가 어떤 사람은 의자에 앉히고 어떤 사람은 맨 바닥이나 발등상 옆에 앉도록 하는 장면을 소개하고 있습니다.

본문에 기록된 "금가락지를 끼고 아름다운 옷 입은"이란 문구는 당시 사회 관습에 따라 상류층에 속한 부유한 자들이 자기들의 신분을 드러내고 자랑하는 방편으로 금가락지를 끼고 다녔습니다. 또 의복도 화려하고 빛나는 값진 옷감으로 만든 옷을 입고 다니는 것이 일반적인 사회 관례였습니다. 본문은 이와 같이 부유한 사람이 예배당에 오면서 자신의 부유함을 자랑하기 위해서 화려한 차림으로 온 것을 가리키고 있습니다.

"남루한 옷"이란 때가 끼고 누추한 옷, 냄새 나는 옷을 뜻합니다. 가난한 사람이 노동에 시달리고 또 거할 곳도 마땅치 않아서 같은 옷을 계속 입고 다녀 때가 끼고 더럽고 냄새가 나는 옷차림으로 예배당에 온 것으로 이해합니다. 금가락지를 끼고 좋은 옷을 입은 사람이 들어 올 때의 광경을 "너희가 아름다운 옷을 입은 자를 눈여겨 보고"라고 안내자의 태도를 설명하고 있습니다. 여기에 "눈여겨 보고"라는 낱말은 단순히 영접한 것을 뜻하는 것이 아니라 그 사람에게 특별히 관심을 쏟



· 온전한 믿음의 사람은

으며 호의적인 태도와 존경하는 자세를 가지고 영접하고 안내했다는 뜻입니다. 그리고 이어서 "여기 좋은 자리에 앉으소서" 라고 특별 호의를 베풀면서 권하는 것을 볼 수 있습니다. 그런가 하면 대조적으로 "남루한 옷을 입은 가난한 사람" 이 예배당에 들어오는 것을 본 안내자는 "거기 서 있든지 내 발등상 아래에 앉으라" 고 거리감을 두고 더러운 옷을 입은 가난한 사람에게 간단히 명령한 것으로 되어 있습니다.

위에 기술한 두 사람이 예배당에 온 경위에 대해서는 야고보 장로는 설명하지 않고 있습니다. 오직 위에 기술한 대조가 되는 두 사람이 예배당에 들어 올 때 안내자 교인이 그들을 각각 다르게 영접하고 안내한 것을 밝힘으로써 성도들의 사람 차별의 실례를 구체적으로 제시하고 있습니다. 그리고 4절에서는 위에서 실례를 들어 보여준 안내자의 차별 행위가 곧 "너희끼리 서로 차별하며 악한 생각으로 판단하는 자가 되는 것이 아니냐" 라고 반문하는 문체를 사용하여 강하고 엄하게 책망하고 있습니다. 본 절에서 사람 차별하는 것을 "너희끼리 서로 차별하는" 것이라고 했고 이것은 "악한 생각으로 판단하는 것" 이라고 했습니다. "서로 차별한다" 라는 문구를 다시 설명하면 이런 이야기입니다. 금가락지를 끼고 화려한 옷을 입은 사람에게는 특별히 친절과 호의를 베푸는 반면에 더러운 옷을 입은 가난한 사람의 경우는 제대로 예의도 갖추지 않고 마지못해 안내하는 두 가지 뚜렷하게 다른 행위로 사람을 갈라놓고 있다는 말씀입니다.

그리고 "악한 생각으로 판단한다" 라는 문구에 쓰인 "악한" 이라는 낱말은 상대방을 해치고 상처를 입히고자 하는 사악한 의도를 포함한 악한 생각이라는 뜻입니다. 따라서 4절의 말씀은 이미 구체적인 예를 들어 보여준 바와 같이 사람의 외모나 배경, 빈부의 상태, 유 무식의 정도에 따라 사람을 구분하고 차별하여 대우하는 것은 그리스도의 몸된 교회 안에서는 절대 용납되어서는 안 되는 악한 생각으로 사람을 판단하는 행위라는 것을 밝히고 있습니다.

주님의 몸된 공동체인 교회 안에서 생활할 때 영광의 주 예수 그리스도를 같은 주로 믿고 모시고 사는 성도들 사이에서는 일체의 사람 구분과 차별, 특히 부한 자와 가난한 자를 갈라서 차별 대우를 해서는 안 된다는 것을 엄히 명하였습니다. 그리고 실례를 들어 사람을 차별하는 행위는 악한 마음으로 사람을 판단하는 것이며, 동시에 공평하신 하나님 앞에서 죄가 된다는 것을 1절에서 4절까지의 말씀을 통해 가르쳐 주었습니다.

5절부터 11절은 사람 차별의 죄를 책망하고 정죄하고 있습니다. 5절부터 11절까지의 말씀을 세분하면 우선 교회 안에서 사람을 구분하고 차별하는 것은 하나님의 공평하심에 위배되는 행위라는 사실을 가르치고(5절), 다음으로 부유한 자들의 악함과 패역함을 들어 부한 자를 특별 대우하는 행위의 부당함을 설명하고(6-7절), 사람 차별은, 곧 하나님의 법을 어기는 행위라고 밝힘으로써(8-11절) 교회 안에서 사람을 빈부, 귀천, 유 무식에 따라 구분하고 차별하는 행위를 책망하며 정죄하고 있습니다.


### 2) 사람 차별의 죄를 책망하고 정죄하다(2:5-7)

"5 내 사랑하는 형제들아 들을지어다 하나님이 세상에서 가난한 자를 택하사 믿음에 부요하게 하시고 또 자기를 사랑하는 자들에게 약속하신 나라를 상속으로 받게 하지 아니하셨느냐"

야고보 장로는 수신자들을 향해 이번에는 "내 사랑하는 형제들아 들을 지어다"라고 사랑과 관심을 담은 호칭을 써서 우선 성도들의 주위를 환기시키고 있습니다. 그리고 하나님께서 그분의 선하심과 공평하심을 근거로 행하신 놀라운 일을 예로 들어 설명하면서 반문의 형식으로 성도들의 사람 차별 행위를 책망하고 있습니다.

본문에 기록된 "세상에서 가난한 자"라고 표현된 대상은 실제로 경제적으로 빈곤한 성도를 뜻합니다. 빈부귀천에 따라 성도 간에도 서로 구분하고 차별하는 교회와 성도들을 향해 하나님은 오히려 경제적으로 "가난한 사람들을 특별히 택하여 믿음에 부요하게 하시는 분이신 것"을 강조하여 가르치고 있습니다. 옳습니다. 하나님께서는 오히려 가난한 자들, 천한 자들을 친히 돌보시고 높이시는 분이십니다.

"8 나라면 하나님을 찾겠고 내 일을 하나님께 의탁하리라 9 하나님은 헤아릴 수

**120**

없이 큰 일을 행하시며 기이한 일을 셀 수 없이 행하시나니 10 비를 땅에 내리시고 물을 밭에 보내시며 11 낮은 자를 높이 드시고 애곡하는 자를 일으키사 구원에 이르게 하시느니라 12 하나님은 교활한 자의 계교를 꺾으사 그들의 손이 성공하지 못하게 하시며 13 지혜로운 자가 자기의 계략에 빠지게 하시며 간교한 자의 계략을 무너뜨리시므로 14 그들은 낮에도 어두움을 만나고 대낮에도 더듬기를 밤과 같이 하느니 15 하나님은 가난한 자를 강한 자의 칼과 그 입에서, 또한 그들의 손에서 구출하여 주시나니 16 그러므로 가난한 자가 희망이 있고 악행이 스스로 입을 다무느니라"(욥 5:8-16)

"49 능하신 이가 큰 일을 내게 행하셨으니 그 이름이 거룩하시며 50 긍휼하심이 두려워하는 자에게 대대로 이르는도다 51 그의 팔로 힘을 보이사 마음의 생각이 교만한 자들을 흩으셨고 52 권세 있는 자를 그 위에서 내리치셨으며 비천한 자를 높이셨고 53 주리는 자를 좋은 것으로 배불리셨으며 부자는 빈 손으로 보내셨도다"(눅 1:49-53)

"18 주의 성령이 내게 임하셨으니 이는 가난한 자에게 복음을 전하게 하시려고 내게 기름을 부으시고 나를 보내사 포로 된 자에게 자유를, 눈 먼 자에게 다시 보게 함을 전파하며 눌린 자를 자유롭게 하고 19 주의 은혜의 해를 전파하게 하려 하심이라 하였더라"(눅 4:18-19)

하나님의 공평하심과 선하심 그리고 가난한 자, 비천한 자들을 높이시는 분이 하나님이심을 우리는 위의 성경 말씀뿐 아니라 곳곳에서 볼 수 있습니다.

본문은 "가난한 자를 택하사 믿음에 부요하게 하신다" 라고 말씀하고 있습니다. 여기서 "부요하게 하신다" 라는 뜻은 예수 믿고 구원 받은 성도들이 누리는 신령한 축복을 뜻합니다. 다음의 말씀에서 우리는 하나님께서 어떤 사람들을 구원하시고 믿음에 부요하게 하셨는지를 확실히 알 수 있습니다.

"26 형제들아 너희를 부르심을 보라 육체를 따라 지혜로운 자가 많지 아니하며 능한 자가 많지 아니하며 문벌 좋은 자가 많지 아니하도다 27 그러나 하나님께서 세상의 미련한 것들을 택하사 지혜 있는 자들을 부끄럽게 하려 하시고 세상의 약한 것들을 택하사 강한 것들을 부끄럽게 하려 하시며 28 하나님께서 세상의 천한 것들과 멸시 받는 것들과 없는 것들을 택하사 있는 것들을 폐하려 하시나니 29 이는 아무 육체도 하나님 앞에서 자랑하지 못하게 하려 하심이라"(고전 1:26-29)

믿음에 부요하게 하시는 신령한 축복에 대해서 에베소서 1장 4절부터 14절까지의 말씀을 통해 9가지를 열거하여 설명하고 있습니다. 1. 창세전에 그리스도 안에서 우리를 택하셨습니다(4절). 2. 그 기쁘신 뜻대로 우리를 예정하사 예수 그리스도로 말미암아 자기의 아들들이 되게 하셨습니다(5절). 3. 우리로 하나님의 은혜의 영광을 찬송하게 하셨습니다(6절). 4. 그리스도 예수 안에서 그의 은혜의 풍성함을 따라 그의 피로 말미암아 구속함을 받았습니다(7절 상). 5. 그리스도의 피 공로로 말미암아 죄 사함을 받았습니다(7절 하). 6. 그리스도께서 모든 지혜와 총명으로 우리에게 넘치게 하사 하나님의 뜻의 비밀을 우리에게 알려 주셨습니다(8-10절). 7. 하나님의 뜻을 따라 우리가 예정을 입어 그리스도 안에서 하늘나라의 상속자가 되었습니다(11-12절). 8. 구원의 복음을 듣고 믿어 약속의 성령으로 인치심을 받았습니다(13절). 9. 성령으로 말미암아 하늘나라의 상속자의 보증을 받았습니다(14절). 이 얼마나 큰 축복이며 부요함입니까!

이어서 본문은 가난한 사람을 향해 "하나님을 사랑하는 자들에게 약속하신 나라를 상속으로 받게 하셨다"고 했습니다. 즉, 빈곤한 자들을 믿음에 부요하게 하셨을 뿐만 아니라 "하나님을 사랑하는 자들에게 주는" 영광스러운 하나님 나라의 상속권을 가난한 자들에게도 주셨다고 했습니다. 이처럼 하늘나라의 유업을 받게 했다는 말씀은 성경 여러 곳에서 찾아볼 수 있습니다.

"3 우리 주 예수 그리스도의 아버지 하나님을 찬송하리로다 그의 많으신 긍휼대로 예수 그리스도를 죽은 자 가운데서 부활하게 하심으로 말미암아 우리를 거듭나게 하사 산 소망이 있게 하시며 4 썩지 않고 더럽지 않고 쇠하지 아니하는 유업을 잇게 하시나니 곧 너희를 위하여 하늘에 간직하신 것이라 5 너희는 말세에 나타내기로 예비하신 구원을 얻기 위하여 믿음으로 말미암아 하나님의 능력으로 보호하심을 받았느니라"(벧전 1:3-5)

또 다른 곳에서는 성도들이 누릴 영광을 다음과 같이 보여주고 있습니다.

"9 그들이 새 노래를 불러 이르되 두루마리를 가지시고 그 인봉을 떼기에 합당


· 온전한 믿음의 사람은 ·

하시도다 일찍이 죽임을 당하사 각 족속과 방언과 백성과 나라 가운데에서 사람들을 피로 사서 하나님께 드리시고 10 그들로 우리 하나님 앞에서 나라와 제사장들을 삼으셨으니 그들이 땅에서 왕 노릇 하리로다 하더라"(계 5:9-10)

야고보 장로는 위에서 살펴 본 바와 같이 5절의 말씀을 통해 하나님이 어떤 분이신지를 직설적으로 가르쳐 주었습니다. 즉, 하나님의 공평하심, 자비로우심, 선하심을 가르쳐 주었습니다. 또 하나님은 가난한 자와 천한 자들을 친히 돌보시고 구원하시고 믿음에 부요하게 하시는 분이신 것을 성도는 마땅히 알고 성도 간에 구분이나 차별을 하는 것은 잘못된 것임을 반문조로 책망하고 있습니다.

6절과 7절에서는 위의 말씀이 가르치고 있는 하나님의 공평하시고 선하심과는 대조적으로 부한 자들의 악함과 패역함을 밝혀 부한 자들을 특별 대우하는 것이, 곧 악하고 죄가 되는 것을 증거하고 있습니다. "6 너희는 도리어 가난한 자를 업신여겼도다 부자는 너희를 억압하며 법정으로 끌고 가지 아니하느냐 7 그들은 너희에게 대하여 일컫는 바 그 아름다운 이름을 비방하지 아니하느냐"

가난한 자는 도외시하는 반면에 부한 자에 대해서는 특별한 관심과 호의적인 태도로 대우하는 신자를 향해 하나님의 특별한 관심의 대상이 되는 "가난한 자를 업신여겼다"고 책망하면서 6절을 시작하고 있습니다. 그리고 이어서 부한 자들의 가난한 자들을 향한 악한 행위를 지적하여 신자들을 깨우치고 있습니다.

6절에 사용된 "업신여겼다" 라는 낱말은 본래 무시하고 배척했다는 뜻을 갖고 있습니다. 즉, 2절과 3절에 언급된 안내자가 보여준 태도와 언행은 가난한 자를 무시하고 배척하는 행위였다는 것을 밝히고 있습니다. 이와 같은 처사는, 곧 하나님에 대한 모독 행위임을 뜻합니다. 가난한 자와 궁핍한 자, 천대받는 사람들을 돌보시는 선하시고 공평하신 하나님을 믿는 신자가 가난한 자를 배척하거나 무시하면 이는, 곧 하나님의 선하심을 정면으로 거역하는 것입니다. 그러므로 이는 하나님에 대한 모독 행위인 것입니다.

"7 네 하나님 여호와께서 네게 주신 땅 어느 성읍에서든지 가난한 형제가 너와 함께 거주하거든 그 가난한 형제에게 네 마음을 완악하게 하지 말며 네 손을 움켜 쥐지 말고 8 반드시 네 손을 그에게 펴서 그에게 필요한 대로 쓸 것을 넉넉히 꾸어

**123**

주라 9 삼가 너는 마음에 악한 생각을 품지 말라 곧 이르기를 일곱째 해 면제년이 가까이 왔다 하고 네 궁핍한 형제를 악한 눈으로 바라보며 아무것도 주지 아니하면 그가 너를 여호와께 호소하리니 그것이 네게 죄가 되리라 10 너는 반드시 그에게 줄 것이요, 줄 때에는 아끼는 마음을 품지 말 것이니라 이로 말미암아 네 하나님 여호와께서 네가 하는 모든 일과 네 손이 닿는 모든 일에 네게 복을 주시리라" (신 15:7-10)

"11 모든 왕이 그의 앞에 부복하며 모든 민족이 다 그를 섬기리로다 12 그는 궁핍한 자가 부르짖을 때에 건지며 도움이 없는 가난한 자도 건지며 13 그는 가난한 자와 궁핍한 자를 불쌍히 여기며 궁핍한 자의 생명을 구원하며 14 그들의 생명을 압박과 강포에서 구원하리니 그들의 피가 그의 눈 앞에서 존귀히 여김을 받으리로다" (시 72:11-14)

앞에서 언급한 것과 같이 사람을 구분하고 차별하는 신자를 책망한 후에 이어서 6절 중간 이후부터 7절까지의 말씀에서 부한 자들의 악함을 지적하면서 그런 사람을 특별 대우하는 것은 하나님 앞에서 옳은 것이 아닐 뿐만 아니라 악한 행위임을 가르치고 있습니다. 부한 자를 가리켜 설명할 때 "부자는 너희를 억압하며 법정으로 끌고 가지 아니하느냐" 라고 했는데 헬라어 본문에 가깝게 번역하면 "부자는 너희를 억압 하고 그 부자가 너희를 법정으로 끌고 가지 아니하느냐" 로 읽는 것이 합당합니다. 이렇게 바로 잡고 본문을 자세히 읽으면 부자의 악함을 거듭 강조한 것을 깨닫게 됩니다.

앞에서 "부자는 너희를 억압하고" 라고 했는데 이를 좀 더 살펴보겠습니다. 여기서 "억압한다" 라는 낱말은 종교적으로 탄압하는 것을 뜻하는 것이 아니라 경제적으로, 사회적으로 부한 자들이 자기들의 이득을 위해 가난한 자들을 착취하고 학대하는 것을 뜻합니다. 이와 같은 압제 행위는 하나님의 심판의 대상이 되는 악한 것임을 우리는 구약의 말씀에서 읽을 수 있습니다.

"29 이 땅 백성은 포악하고 강탈을 일삼고 가난하고 궁핍한 자를 압제하고 나그네를 부당하게 학대하였으므로 30 이 땅을 위하여 성을 쌓으며 성 무너진 데를 막아 서서 나로 하여금 멸하지 못하게 할 사람을 내가 그 가운데에서 찾다가 찾지 못


· 온전한 믿음의 사람은 ·

하였으므로 31 내가 내 분노를 그들 위에 쏟으며 내 진노의 불로 멸하여 그들 행위대로 그들 머리에 보응하였느니라 주 여호와의 말씀이니라"(겔 22:29-31)

"1 사마리아의 산에 있는 바산의 암소들아 이 말을 들으라 너희는 힘 없는 자를 학대하며 가난한 자를 압제하며 가장에게 이르기를 술을 가져다가 우리로 마시게 하라 하는도다 2 주 여호와께서 자기의 거룩함을 두고 맹세하시되 때가 너희에게 이를지라 사람이 갈고리로 너희를 끌어 가며 낚시로 너희의 남은 자들도 그리하리라 3 너희가 성 무너진 데를 통하여 각기 앞으로 바로 나가서 하르몬에 던져지리라 여호와의 말씀이니라"(암 4:1-3)

그리고 이어서 "그 부자가 너희를 법정으로 끌고 가는 사람"이 아니냐고 반문 형식으로 강하게 말하고 있습니다. 여기에 언급된 "법정"은 두 가지의 뜻을 내포하고 있습니다. 유대인 사회의 종교 재판을 의미하기도 하고, 일반 사회의 법정을 뜻하기도 합니다. 본문의 문맥으로 볼 때 여기에서 언급한 법정은 일반 사회의 법정으로 이해됩니다.

가난한 자를 압제하는 부자가 그 가난한 사람을 법정으로 끌고 가는 이유를 잠시 생각해 볼 필요가 있습니다. 성경학자들의 견해를 따르면 부자가 가난한 사람을 압제하면서 법정에까지 끌고 가는 이유는 자기의 영향력을 발휘하여 가난한 자가 가지고 있는 것까지 모두 빼앗기 위한 것이라고 이해합니다. 이 얼마나 잔인하고 악한 행위입니까? 이런 부자를 특별 대우하는 것은 참으로 하나님 앞에서 크나큰 죄를 짓는 행위임을 우리는 분명하게 깨달아야 합니다. 위에서 우리는 가난한 사람을 학대하고 착취하고 그의 재산을 강탈하고 박탈하는 악한 부자의 모습을 배웠습니다.

7절에서 야고보 장로는 부자의 전혀 다른 악한 모습을 성도들에게 가르치고 있습니다. "그들은 너희에게 대하여 일컫는 바 그 아름다운 이름을 비방하지 아니하느냐"라고 부자의 악한 모습을 소개하고 있습니다. 7절 본문을 이해하기 쉽게 풀어 쓰면 다음과 같습니다. "부자는 성도들을 가리켜 그리스도의 사람이라고 부를 때 사용하는 구원의 주가 되시는 존귀하고 높으신 그리스도의 이름을 모독하고 멸시하는 자가 아니냐"라는 뜻입니다. 예수 믿고 구원받은 사람을 가리켜 그리스

**125**

도인이라고 합니다. 이 호칭은 다음의 말씀에서 유래하고 있습니다.

"19 그 때에 스데반의 일로 일어난 환난으로 말미암아 흩어진 자들이 베니게와 구브로와 안디옥까지 이르러 유대인에게만 말씀을 전하는데 20 그 중에 구브로와 구레네 몇 사람이 안디옥에 이르러 헬라인에게도 말하여 주 예수를 전파하니 21 주의 손이 그들과 함께 하시매 수많은 사람들이 믿고 주께 돌아오더라 22 예루살렘 교회가 이 사람들의 소문을 듣고 바나바를 안디옥까지 보내니 23 그가 이르러 하나님의 은혜를 보고 기뻐하여 모든 사람에게 굳건한 마음으로 주와 함께 머물러 있으라 권하니 24 바나바는 착한 사람이요 성령과 믿음이 충만한 사람이라 이에 큰 무리가 주께 더하여지더라 25 바나바가 사울을 찾으러 다소에 가서26 만나매 안디옥에 데리고 와서 둘이 교회에 일 년간 모여 있어 큰 무리를 가르쳤고 제자들이 안디옥에서 비로소 그리스도인이라 일컬음을 받게 되었더라"(행 11:19-26)

이와 같이 예수 믿고 구원받은 성도들을 그리스도인이라고 부르기 시작했는데 이 낱말은 그리스도에게 속한 사람이라는 뜻이며 그리스도란 이름은 아름답고 존귀한 이름입니다.

그런데 부자는 존귀하고 높은 이름인 그리스도를 모독하고 멸시하는 사람이 아니냐고 야고보 장로는 밝히고 있습니다. 인류를 구속하기 위해 십자가에 달려 죽으신 후에 사흘 만에 부활하시고 승천하신 예수 그리스도에 대하여 성경은 이렇게 증거하고 있습니다.

"9 이러므로 하나님이 그를 지극히 높여 모든 이름 위에 뛰어난 이름을 주사 10 하늘에 있는 자들과 땅에 있는 자들과 땅 아래에 있는 자들로 모든 무릎을 예수의 이름에 꿇게 하시고 11 모든 입으로 예수 그리스도를 주라 시인하여 하나님 아버지께 영광을 돌리게 하셨느니라"(빌 2:9-11)

이렇듯 존귀하고 아름다운 이름의 예수 그리스도를 모독하고 멸시하는 사람으로 부자를 묘사한 것을 보면 여기서 말한 부자는 불신자이며 예수교(기독교)에 대해서 적대감을 갖고 있는 사람임에 틀림없습니다.

지금까지 배운 것을 요약해 보겠습니다. 야고보 장로는 가난한 자와 천한 자를 돌보시고 구원하시며 믿음에 부요하게 하시는 자비롭고 공평하신 하나님을 성도들이 올바로 알아 교회 안에서 사람을 구분하거나 차별하는 일이 있어서는 안 된다는 것을 가르치고 있습니다(5절). 그리고 6절과 7절에서는 초점을 옮겨 부자들의 악함과 망령됨을 구체적으로 지적해 주었습니다. 첫째는 가난한 자를 착취하고 학대하는 자들이 부자라고 하였습니다. 둘째는 성도들의 구원의 주가 되시는 거룩하신 예수 그리스도의 이름을 모독하고 멸시하는 악하고 망령된 자들이 부자라고 지적하여 밝혀 주었습니다. 그러므로 교회 안에서는 가난한 자들을 무시하고 부자에게 호의를 베푸는 일이 있어서는 안 된다는 것을 가르쳐 주었습니다.

이제 살펴볼 8절부터 9절의 말씀에서는 교회 생활을 통해 사람을 구별하고 차별하는 것이 하나님의 법에 불순종하는 행위라는 사실을 가르치고 있습니다.

### 3) 하나님의 말씀에 대한 부분적인 순종은 불순종과 같다(2:8-11)

"8 너희가 만일 성경에 기록된 대로 네 이웃 사랑하기를 네 몸과 같이 하라 하신 최고의 법을 지키면 잘하는 것이거니와 9 만일 너희가 사람을 차별하여 대하면 죄를 짓는 것이니 율법이 너희를 범법자로 정죄하리라"

부자에 대해서 호의적인 태도로 대하는 신자들이 혹 말하기를 하나님께서 이웃을 네 몸과 같이 사랑하라고 하셨기 때문에 부자들에 대한 사랑을 호의적인 태도로 표현하는 것뿐이라고 할 수 있습니다. 그러나 사람을 구분하고 차별하여 대우하는 것과 사랑하는 것은 완전히 다른 행위입니다. 즉, 사람을 사랑하는 신자는 이유여하를 막론하고 어떠한 경우도 사람을 차별해서는 안 되는 것입니다. 그래서 야고보 장로는 8절과 9절 말씀을 통해 신자들의 차별 행위를 지적하여 하나님의 법을 범한 범죄자라고 정죄하고 있습니다.

이와 같이 말한 것은 9절에 기록된 "만일 너희가 사람을 차별하여 대하면"이라는 성경구절이 가정문이긴 하지만 헬라어 문법에 따라 이해하면 내용상으로는 "당신들이 실제로 사람을 외모로 취하는 자들"이라는 뜻이기 때문입니다. 그러므로 야고보 장로는 그것을 지적하여 그런 행위는 하나님 앞에서 죄를 짓는 것이며, 율법이 너희를 범죄자로 정한다고 단정적으로 말씀하고 이런 행위를 금하고 있습니다.

**127**

이 문장에서 "죄를 짓는 것"이라는 문구와 "너희를 범법자로 정죄한다"라는 각각 다른 문구를 사용하고 있는데 첫 번째의 "죄"는 일반적으로 이해하고 있는 죄, 즉 하나님의 기준에 미치지 못하는 모든 행위를 뜻하는 낱말입니다. 그리고 두 번째 "범법자"라는 낱말은 알면서 의도적으로 하나님의 법을 어긴 자들 특히 계속해서 어기는 자들에게 적용되는 용어입니다. 따라서 9절의 말씀이 가르치는 것은 사람을 차별하여 대하는 행위가 하나님의 기준에 미달하는 죄일 뿐만 아니라 이러한 행위는 알면서 의도적으로 범하는 것이므로 하나님의 법을 정면으로 거부하고 거역하는 무서운 범죄라는 뜻입니다.

그리고 본 절에서 "이웃 사랑하기를 네 몸과 같이 하라"고 하는 명령을 가리켜 "최고의 법"이라고 했습니다. "최고의 법"이라고 표현된 문구는 모든 주권을 소유한 절대 통치자인 왕이 내린 지상 명령이란 뜻입니다. 따라서 온 우주의 통치자이신 하나님의 법 중의 법을 의미하고 있으며 구체적으로는 사랑의 법을 가르치고 있습니다. 이 사실을 주님께서 친히 증거해 주셨습니다.

"36 선생님 율법 중에서 어느 계명이 크니이까 37 예수께서 이르시되 네 마음을 다하고 목숨을 다하고 뜻을 다하여 주 너의 하나님을 사랑하라 하셨으니 38 이것이 크고 첫째 되는 계명이요 39 둘째도 그와 같으니 네 이웃을 네 자신 같이 사랑하라 하셨으니 40 이 두 계명이 온 율법과 선지자의 강령이니라"(마 22:36-40)

사도 바울도 같은 내용의 말씀을 하였습니다.

"8 피차 사랑의 빚 외에는 아무에게든지 아무 빚도 지지 말라 남을 사랑하는 자는 율법을 다 이루었느니라 9 간음하지 말라, 살인하지 말라, 도둑질하지 말라, 탐내지 말라 한 것과 그 외에 다른 계명이 있을지라도 네 이웃을 네 자신과 같이 사랑하라 하신 그 말씀 가운데 다 들었느니라 10 사랑은 이웃에게 악을 행하지 아니하나니 그러므로 사랑은 율법의 완성이니라"(롬 13:8-10)

이웃 사랑이 결국 율법의 완성이므로 야고보 장로는 이 "최고의 법"을 실천하는 것이 하나님 앞에서 합당하고 옳은 행위라고 말씀하고 있습니다. 이 말씀을 우리가 공부하면서 한 가지 밝힐 것이 있습니다. 그것은 근래에 와서 정신분석학자 에히리 프롬(Erich Fromm)이 이 계명에 대해 설명하기를 사람이 자기를 사랑하지


· 온전한 믿음의 사람은 ·

않으면 남을 사랑할 수 없으므로 먼저 자기를 사랑한 후에 남을 사랑하라는 말이라고 자기의 생각을 덧붙여 해석했는데 그것이 오늘날 우리 교회 안에서 비판 없이 받아들여져 많은 사람들이 그렇게 이해하고 있습니다. 성경 말씀을 자세히 보면 사람은 본래 자기를 사랑하는 존재이고, 또 심히 이기적인 존재임을 가르치고 있습니다. 그러므로 성경은 분명하게 이웃 사랑하기를 네 몸과 같이 하라고 명하고 있습니다. 성경에서 자기 사랑은 실제로 합당치 않은 것 또는 죄로 가르치고 있습니다.

"1 너는 이것을 알라 말세에 고통하는 때가 이르러 2 사람들이 자기를 사랑하며 돈을 사랑하며 자랑하며 교만하며 비방하며 부모를 거역하며 감사하지 아니하며 거룩하지 아니하며 3 무정하며 원통함을 풀지 아니하며 모함하며 절제하지 못하며 사나우며 선한 것을 좋아하지 아니하며 4 배신하며 조급하며 자만하며 쾌락을 사랑하기를 하나님 사랑하는 것보다 더하며 5 경건의 모양은 있으나 경건의 능력은 부인하니 이같은 자들에게서 네가 돌아서라" (딤후 3:1-5)

"그들이 다 자기 일을 구하고 그리스도 예수의 일을 구하지 아니하되" (빌 2:21)

"누구든지 자기의 유익을 구하지 말고 남의 유익을 구하라" (고전 10:24)

이와 같은 타락한 인간의 본성 때문에 성경은 이웃을 네 몸과 같이 사랑하라고 명하신 것을 마음에 간직할 필요가 있습니다. 따라서 본문에서 야고보 장로는 교회 안에서 부자에 대해 최고의 사랑의 법을 실천하는 한 방법으로 그들을 차별하여 대우하는 것은 결코 있을 수 없는 일이고 또 있어서는 안 되는 일이라고 분명하게 밝히고 있습니다. 이어서 이와 같이 사람을 구분하고 차별하는 행위는 결국 하나님의 법을 거부하고 거역하는 무서운 죄라고 정죄하고 있습니다.

그리고 계속되는 10절과 11절의 말씀에서는 위의 말씀과 연관 지어 사람을 구분하고 차별하는 것이 왜 하나님의 율법을 범하는 죄가 되는 지를 설명하고 있습니다. 이와 같이 설명함에 있어서 10절은 원칙을 가르치고 있고 11절은 원칙의 실례를 제시하고 있습니다. 하나님의 법은 하나이지 여러 부분으로 나누어진 것이 아닌 것을 밝히고 있습니다. 따라서 하나님의 말씀에 대한 부분적인 순종이나 또는 부분적인 불순종은, 곧 전체적인 불순종과 같다는 원칙을 들어서 사람을 구분

**129**

하고 차별하는 것은, 곧 하나님의 법을 거부하고 거역하는 범죄인 것을 가르치고 있습니다.

　이와 같이 밝히 말씀하는 이유는 신자 중 혹은 부자를 구분하여 대우하는 사람 중에는 다소 사람을 차별한다 해도 그것이 그토록 악한 행위이고 하나님의 법(말씀)에 위배되는 것이냐고 의문을 품는 자들이 있습니다. 이처럼 사람 차별 행위를 대수롭지 않게 생각하는 신자들이 있을 수 있기 때문에 9절에 기록한 말씀을 하였습니다. 아울러 그래도 혹 부족할 것으로 생각하여 10절과 11절에서 강조하여 설명하고 밝히 말씀하고 있다고 이해합니다. 10절과 11절에 "10 누구든지 온 율법을 지키다가 그 하나를 범하면 모두 범한 자가 되나니 11 간음하지 말라 하신 이가 또한 살인하지 말라 하셨은즉 네가 비록 간음하지 아니하여도 살인하면 율법을 범한 자가 되느니라" 여기서 사용된 "온 율법"이라는 문구는 모세의 율법을 포함한 하나님의 율법 전체를 뜻하며 동시에 하나님의 율법 전체는 하나님의 말씀 전부를 뜻하고 있다고 이해함이 합당합니다. 그리고 율법을 말씀하실 때 온 율법이라고 하신 것은 특별히 하나님의 말씀 전체가 종합적이고 통일된 하나로 묶어진 것이지 부분 부분으로 나누어진 것이 아니라는 것을 강조하는 말씀입니다. 그러므로 10절 말씀과 같이 "온 율법을 지키다가 그 하나를 범하면 모두 범한 자가 된다"고 말씀하였습니다.

　"10 무릇 율법 행위에 속한 자들은 저주 아래에 있나니 기록된 바 누구든지 율법 책에 기록된 대로 모든 일을 항상 행하지 아니하는 자는 저주 아래에 있는 자라 하였음이라"(갈 3:10)

　그리고 11절에서는 10절에서 가르친 것을 실제 예를 들어 설명하면서 강조하고 있습니다. "간음하지 말라 하신 이가 또한 살인하지 말라 하셨은즉 네가 비록 간음하지 아니하여도 살인하면 율법을 범한 자가 되느니라" 이 구절은 출애굽기 20장 1절부터 17절에 기록된 십계명 중 두 계명 곧 13절과 14절 말씀을 인용한 말씀으로 앞에서 설명한 원칙의 실제적인 예에 해당하는 말씀입니다. 십계명을 논할 때 우리는 십계명과 예수 믿고 은혜로 구원받아 하나님의 자녀가 된 성도와의 관계를 바로 이해할 필요가 있습니다. 아래 말씀에서 가르치는 것과 같이 성도는 분명히



· 온전한 믿음의 사람은 ·

은혜 아래 있고 십계명으로 대표되는 율법 아래 있지 않습니다.

"23 믿음이 오기 전에 우리는 율법 아래에 매인 바 되고 계시될 믿음의 때까지 갇혔느니라 24 이같이 율법이 우리를 그리스도께로 인도하는 초등교사가 되어 우리로 하여금 믿음으로 말미암아 의롭다 함을 얻게 하려 함이라 25 믿음이 온 후로는 우리가 초등교사 아래에 있지 아니하도다 26 너희가 다 믿음으로 말미암아 그리스도 예수 안에서 하나님의 아들이 되었으니 27 누구든지 그리스도와 합하기 위하여 세례를 받은 자는 그리스도로 옷 입었느니라"(갈 3:23-27)

"14 죄가 너희를 주장하지 못하리니 이는 너희가 법 아래에 있지 아니하고 은혜 아래에 있음이라 15 그런즉 어찌하리요 우리가 법 아래에 있지 아니하고 은혜 아래에 있으니 죄를 지으리요 그럴 수 없느니라… 17 하나님께 감사하리로다 너희가 본래 죄의 종이더니 너희에게 전하여 준 바 교훈의 본을 마음으로 순종하여 18 죄로부터 해방되어 의에게 종이 되었느니라… 22 그러나 이제는 너희가 죄로부터 해방되고 하나님께 종이 되어 거룩함에 이르는 열매를 맺었으니 그 마지막은 영생이라"(롬 6:14-15, 17-18, 22)

이상의 말씀과 같이 예수 그리스도를 믿음으로 말미암아 하나님의 은혜로 구원받은(의롭다 함을 얻은) 성도는 율법에서 자유함을 얻었습니다. 그러나 동시에 하나님의 의의 종이 되었기 때문에 성도들은 하나님의 말씀 전부를 온전히 순종할 의무와 책임이 있습니다. 동시에 11절 본문에 언급된 두 가지 계명은 죄 중에 죄라고 할 수 있는 극악한 죄에 대한 계명인데 이 두 계명의 내용을 보면 자기 아내에게 충실함으로 간음죄를 범하지 않을 수 있지만, 남을 미워하는 경우 살인죄는 범할 수 있다는 인간의 미련함을 경고하는 계명이라고 할 수 있습니다. 위에서 배운 내용을 마음에 깊이 간직하고 교회 안에서는 어떠한 경우에도 빈부 귀천, 유 무식을 근거로 사람을 구분하고 차별하는 죄는 범하지 않도록 기도하면서 힘씁시다.

야고보 장로는 지금까지 배운 말씀을 통해 사람을 외모로 취하는 죄, 즉 사람을 구분하고 차별하여 대우하는 죄를 교회와 성도들이 범해서는 안 된다는 것을 자세하게 원칙과 실례를 들어 가르쳤습니다. 그리고 이 대목의 마지막 부분인 12절과 13절에서는 성도들을 사랑하는 마음에서 죄를 지을 경우에 받게 되는 형벌의

131

엄격함을 설명하면서 죄를 범하지 말고 주님께 합당히 행할 것을 호소합니다. 이와 같이 호소함에 있어서 훗날 앞으로 있을 심판의 엄격함을 두고 경고하고 있습니다.

### 4) 경고와 호소(2:12-13)

"12 너희는 자유의 율법대로 심판 받을 자처럼 말도 하고 행하기도 하라 13 긍휼을 행하지 아니하는 자에게는 긍휼 없는 심판이 있으리라 긍휼은 심판을 이기고 자랑하느니라"

12절에서 자유의 율법대로 심판 받을 것을 고려하여 말과 행위를 조심할 것을 호소하고 있습니다. 여기에 언급된 "자유의 율법"이란 예수 그리스도를 믿어 죄에서 자유함을 얻은 성도가 지켜야 하고 순종해야 하는 하나님의 말씀을 뜻합니다.

"32 진리를 알지니 진리가 너희를 자유롭게 하리라 33 그들이 대답하되 우리가 아브라함의 자손이라 남의 종이 된 적이 없거늘 어찌하여 우리가 자유롭게 되리라 하느냐 34 예수께서 대답하시되 진실로 진실로 너희에게 이르노니 죄를 범하는 자마다 죄의 종이라 35 종은 영원히 집에 거하지 못하되 아들은 영원히 거하나니 36 그러므로 아들이 너희를 자유롭게 하면 너희가 참으로 자유로우리라"(요 8:32-36)

그러므로 12절은 그리스도를 믿어 자유함을 얻은 성도는 자유의 율법, 곧 하나님의 말씀에 따라 심판 받는다는 것을 가르치고 있습니다. 즉, 성도는 모든 말과 행위에 있어서 하나님의 말씀에 순종했는지 안 했는지에 따라 심판 받을 줄을 알고 "말도 하고 행하기도 하라"는 말씀입니다. 여기서 "말도 하고 행하기도 하라"는 문구는 명령형 동사로 되어 있으며 시제는 현재형입니다. 따라서 그 뜻은 습관적으로 하는 것, 즉 일상 생활 중의 말과 행위 모두를 조심하라는 뜻입니다.

그리고 본 절의 "심판"은 정죄함을 받는 것이 아니라 고린도후서 5장 9절과 10절의 말씀과 같이 예수 그리스도의 심판대 앞에서의 심판(심사 받는 것)을 뜻합니다.

"9 그런즉 우리는 몸으로 있든지 떠나든지 주를 기쁘시게 하는 자가 되기를 힘쓰노라 10 이는 우리가 다 반드시 그리스도의 심판대 앞에 나타나게 되어 각각 선악간에 그 몸으로 행한 것을 따라 받으려 함이라"


· 온전한 믿음의 사람은 ·

동시에 본문의 "심판"은 현재적으로는 성도가 죄를 지어 하나님 앞에서 회개하지 않고, 고백하지 않으므로 용서함을 받지 못해서 하나님과의 교제가 단절되어 있는 상태를 뜻하기도 합니다.

"6 만일 우리가 하나님과 사귐이 있다 하고 어둠에 행하면 거짓말을 하고 진리를 행하지 아니함이거니와 7 그가 빛 가운데 계신 것 같이 우리도 빛 가운데 행하면 우리가 서로 사귐이 있고 그 아들 예수의 피가 우리를 모든 죄에서 깨끗하게 하실 것이요 8 만일 우리가 죄가 없다고 말하면 스스로 속이고 또 진리가 우리 속에 있지 아니할 것이요 9 만일 우리가 우리 죄를 자백하면 그는 미쁘시고 의로우사 우리 죄를 사하시며 우리를 모든 불의에서 깨끗하게 하실 것이요 10 만일 우리가 범죄하지 아니하였다 하면 하나님을 거짓말하는 이로 만드는 것이니 또한 그의 말씀이 우리 속에 있지 아니하니라"(요일 1:6-10)

"1 여호와의 손이 짧아 구원하지 못하심도 아니요 귀가 둔하여 듣지 못하심도 아니라 2 오직 너희 죄악이 너희와 너희 하나님 사이를 갈라 놓았고 너희 죄가 그의 얼굴을 가리어서 너희에게서 듣지 않으시게 함이니라 3 이는 너희 손이 피에, 너희 손가락이 죄악에 더러워졌으며 너희 입술은 거짓을 말하며 너희 혀는 악독을 냄이라"(사 59:1-3)

위의 두 곳의 말씀에서 가르치는 것과 같이 성도가 지은 죄로 인해 하나님과의 교제가 단절되면 그 교제가 단절된 상태 자체가 하나님의 심판아래 있는 것과 같습니다. 이 성경의 가르침을 확실하게 이해하고 항상 우리의 죄를 고백하고 용서함을 받아 하나님과 교제가 지속되도록 해야겠습니다. 우리의 말과 행위에 대해서 심판하실 것을 다른 곳에서도 말씀하셨습니다.

"34 독사의 자식들아 너희는 악하니 어떻게 선한 말을 할 수 있느냐 이는 마음에 가득한 것을 입으로 말함이라 35 선한 사람은 그 쌓은 선에서 선한 것을 내고 악한 사람은 그 쌓은 악에서 악한 것을 내느니라 36 내가 너희에게 이르노니 사람이 무슨 무익한 말을 하든지 심판 날에 이에 대하여 심문을 받으리니 37 네 말로 의롭다 함을 받고 네 말로 정죄함을 받으리라"(마 12:34-37)

"21 나더러 주여 주여 하는 자마다 다 천국에 들어갈 것이 아니요 다만 하늘에 계신 내 아버지의 뜻대로 행하는 자라야 들어가리라 22 그 날에 많은 사람이 나더러 이르되 주여 주여 우리가 주의 이름으로 선지자 노릇 하며 주의 이름으로 귀신을 쫓아 내며 주의 이름으로 많은 권능을 행하지 아니하였나이까 하리니 23 그 때에 내가 그들에게 밝히 말하되 내가 너희를 도무지 알지 못하니 불법을 행하는 자들아 내게서 떠나가라 하리라"(마 7:21-23)

"불의를 행하는 자는 불의의 보응을 받으리니 주는 사람을 외모로 취하심이 없느니라"(골 3:25)

이와 같이 12절에서 성도들에게 말과 행위로 인해 심판 받지 않도록 하나님의 말씀에 순종하여 말도 하고, 행하기도 하라고 호소 한 후에 다음의 13절에서는 하나님의 심판의 엄격함을 들어서 경고하고 있습니다. "긍휼을 행하지 아니하는 자에게는 긍휼 없는 심판이 있으리라 긍휼은 심판을 이기고 자랑하느니라" 이 말씀은 하나님께서 긍휼과 자비가 풍성한 분이시므로 그분의 백성들에게도 서로 간에 자비를 베풀라고 명하신 것을 기초로 하여 야고보 장로가 성도들에게 경고한 것입니다.

"6 여호와께서 그의 앞으로 지나시며 선포하시되 여호와라 여호와라 자비롭고 은혜롭고 노하기를 더디하고 인자와 진실이 많은 하나님이라 7 인자를 천대까지 베풀며 악과 과실과 죄를 용서하리라 그러나 벌을 면제하지는 아니하고 아버지의 악행을 자손 삼사 대까지 보응하리라"(출 34:6-7)

"8 사람아 주께서 선한 것이 무엇임을 네게 보이셨나니 여호와께서 네게 구하시는 것은 오직 정의를 행하며 인자를 사랑하며 겸손하게 네 하나님과 함께 행하는 것이 아니냐"(미 6:8)

그리고 여기에 언급된 "긍휼"의 내용은 문맥으로 볼 때 앞에서 언급한 사람을 구분하고 차별하여 가난한 사람을 괄시하고 천대하는 대신에 그들에게 사랑을 베푸는 행위를 가리키고 있습니다. 즉, 가난한 사람에게 차별 없는 사랑을 베푸는 것이 긍휼을 행하는 것이라고 하겠습니다. 이와 같이 긍휼, 곧 가난한 사람에게 차별 없는 사랑을 베풀지 않는 자에게는 사람을 차별한 죄에 대한 엄한 하나님의 공의로우신 심판이 있을 것을 경고하신 말씀입니다. 하나님은 자비로우시고 긍휼이


· 온전한 믿음의 사람은 ·

풍성하신 분이신 동시에 공의로우신 분이십니다. 그러므로 주님께서 다음과 같이 말씀하셨습니다.

"긍휼히 여기는 자는 복이 있나니 그들이 긍휼히 여김을 받을 것임이요"(마 5:7)

"14 너희가 사람의 잘못을 용서하면 너희 하늘 아버지께서도 너희 잘못을 용서하시려니와 15 너희가 사람의 잘못을 용서하지 아니하면 너희 아버지께서도 너희 잘못을 용서하지 아니하시리라"(마 6:14-15)

또 다른 곳에서 주님께서 용서에 대해서 교훈하실 때 비유를 들어 가르쳐 주신 말씀이 있는데 이 말씀이 본 절의 뜻을 잘 설명하고 있습니다.

"21 그 때에 베드로가 나아와 이르되 주여 형제가 내게 죄를 범하면 몇 번이나 용서하여 주리이까 일곱 번까지 하오리이까 22 예수께서 이르시되 네게 이르노니 일곱 번뿐 아니라 일곱 번을 일흔 번까지라도 할지니라 23 그러므로 천국은 그 종들과 결산하려 하던 어떤 임금과 같으니 24 결산할 때에 만 달란트 빚진 자 하나를 데려오매 25 갚을 것이 없는지라 주인이 명하여 그 몸과 아내와 자식들과 모든 소유를 다 팔아 갚게 하라 하니 26 그 종이 엎드려 절하며 이르되 내게 참으소서 다 갚으리이다 하거늘 27 그 종의 주인이 불쌍히 여겨 놓아 보내며 그 빚을 탕감하여 주었더니 28 그 종이 나가서 자기에게 백 데나리온 빚진 동료 한 사람을 만나 붙들어 목을 잡고 이르되 빚을 갚으라 하매 29 그 동료가 엎드려 간구하여 이르되 나에게 참아 주소서 갚으리이다 하되 30 허락하지 아니하고 이에 가서 그가 빚을 갚도록 옥에 가두거늘 31 그 동료들이 그것을 보고 몹시 딱하게 여겨 주인에게 가서 그 일을 다 알리니 32 이에 주인이 그를 불러다가 말하되 악한 종아 네가 빌기에 내가 네 빚을 전부 탕감하여 주었거늘 33 내가 너를 불쌍히 여김과 같이 너도 네 동료를 불쌍히 여김이 마땅하지 아니하냐 하고 34 주인이 노하여 그 빚을 다 갚도록 그를 옥졸들에게 넘기니라 35 너희가 각각 마음으로부터 형제를 용서하지 아니하면 나의 하늘 아버지께서도 너희에게 이와 같이 하시리라"(마 18:21-35)

"긍휼은 심판을 이기고 자랑하느니라" 라는 말씀으로 본 대목의 끝을 맺고 있는데 이 말씀을 바로 이해하면 다음과 같습니다. 긍휼을 행하지 않은 자에게는 하나님의 엄격한 심판이 있지만 긍휼을 행한 자, 곧 가난한 자에게 차별 없는 사랑을

135

베푸는 사람은 참 믿음을 가진 자이므로 구원의 주가 되시는 그리스도 안에서 하나님의 긍휼하심을 따라 정죄 받지 않는다는 말씀입니다. 이상에서 배운 바대로 앞으로 우리에게 임할 심판을 생각하고 야고보 장로가 호소한 것처럼 일상생활 속에서 하나님의 말씀을 온전히 순종하여 말도 하고 행하기도 하는 성도가 되도록 합시다. 아울러 경고의 말씀도 기억하여 교회 안에서 사람을 대할 때, 특히 가난한 사람을 대할 때에 차별 없는 사랑을 베풀어 하나님의 긍휼 가운데서 앞으로 있을 심판을 이기고 승리하는 성도들이 되기를 바랍니다.

아울러 이 말씀을 함께 배우고 있는 분 중에 아직도 혹 예수님을 구주로 영접하지 않아서 하나님의 자녀가 되지 못한 분이 있으면 이 기회에 예수님을 믿어 구원받고 하늘의 소망을 가지고 살기를 간절히 부탁합니다.

# 5장
# 신행 일치의 삶(2:14-26)

"14 내 형제들아 만일 사람이 믿음이 있노라 하고 행함이 없으면 무슨 유익이 있으리요 그 믿음이 능히 자기를 구원하겠느냐 15 만일 형제나 자매가 헐벗고 일용할 양식이 없는데 16 너희 중에 누구든지 그에게 이르되 평안히 가라, 덥게 하라, 배부르게 하라 하며 그 몸에 쓸 것을 주지 아니하면 무슨 유익이 있으리요 17 이와 같이 행함이 없는 믿음은 그 자체가 죽은 것이라 18 어떤 사람은 말하기를 너는 믿음이 있고 나는 행함이 있으니 행함이 없는 네 믿음을 내게 보이라 나는 행함으로 내 믿음을 네게 보이리라 하리라 19 네가 하나님은 한 분이신 줄을 믿느냐 잘하는도다 귀신들도 믿고 떠느니라 20 아아 허탄한 사람아 행함이 없는 믿음이 헛것인 줄을 알고자 하느냐 21 우리 조상 아브라함이 그 아들 이삭을 제단에 바칠 때에 행함으로 의롭다 하심을 받은 것이 아니냐 22 네가 보거니와 믿음이 그의 행함과 함께 일하고 행함으로 믿음이 온전하게 되었느니라 23 이에 성경에 이른 바 아브라함이 하나님을 믿으니 이것을 의로 여기셨다는 말씀이 이루어졌고 그는 하나님의 벗이라 칭함을 받았나니 24 이로 보건대 사람이 행함으로 의롭다 하심을 받고 믿음으로만은 아니니라 25 또 이와 같이 기생 라합이 사자들을 접대하여 다른 길로 나가게 할 때에 행함으로 의롭다 하심을 받은 것이 아니냐 26 영혼 없는 몸이 죽은 것 같이 행함이 없는 믿음은 죽은 것이니라"

2장 1절부터 13절까지의 말씀을 통해 영광의 주 예수 그리스도를 믿고 주로 모시고 사는 온전한 믿음의 사람은 교회 공동체 안에서 결코 사람을 외모로 취하는 일, 즉 사람을 구분하고 차별하는 일을 해서는 안 된다는 가르침을 받았습니다. 따라서 교회 공동체 안에서 모든 사람에게 긍휼과 사랑을 베푸는 것이, 곧 절대 선하시고 거룩하신 하나님을 향한 온전한 믿음을 가진 사람의 삶인 것을 배웠습니다. 이제 계속되는 14절부터 20절의 말씀에서는 믿음과 선한 행위의 관계를 설명하고 있습니다. 14절부터 17절까지의 말씀은 선한 행위가 따르지 않는 믿음은 죽은 믿음이라는 사실을 가르치고 있고, 18절부터 20절까지의 말씀은 믿음과 행위는 분리할 수 없다는 것을 가르치고 있습니다.

먼저 14절부터 17절까지의 말씀을 내용에 따라 살펴보면 14절에서는 행함이 없는 믿음은 죽은 믿음이요 무용한 믿음이라는 것을 지적하고 있고, 15절과 16절 말씀은 죽은 믿음 또는 무용한 믿음의 실제 예를 들어 보여주고 있습니다. 그리고 마지막 17절 말씀은 결론으로 행함이 없는 믿음은 죽은 믿음이라고 증거하고 있습니다.

## 1. 믿음과 선한 행위의 관계 (2:14-20)

"14 내 형제들아 만일 사람이 믿음이 있노라 하고 행함이 없으면 무슨 유익이 있으리요 그 믿음이 능히 자기를 구원하겠느냐 15 만일 형제나 자매가 헐벗고 일용할 양식이 없는데 16 너희 중에 누구든지 그에게 이르되 평안히 가라, 덥게 하라, 배부르게 하라 하며 그 몸에 쓸 것을 주지 아니하면 무슨 유익이 있으리요 17 이와 같이 행함이 없는 믿음은 그 자체가 죽은 것이라 18 어떤 사람은 말하기를 너는 믿음이 있고 나는 행함이 있으니 행함이 없는 네 믿음을 내게 보이라 나는 행함으로 내 믿음을 네게 보이리라 하리라 19 네가 하나님은 한 분이신 줄을 믿느냐 잘하는도다 귀신들도 믿고 떠느니라 20 아아 허탄한 사람아 행함이 없는 믿음이 헛것인 줄을 알고자 하느냐"

## 1) 선한 행위가 따르지 않는 믿음은 죽은 것이다(2:14-17)

"14 내 형제들아 만일 사람이 믿음이 있노라 하고 행함이 없으면 무슨 유익이 있으리요 그 믿음이 능히 자기를 구원하겠느냐"

본 절의 말씀은 좀 어색하지만 헬라어 성경의 어순을 따라 다시 적어보면 다음과 같습니다. "무슨 유익이 있느냐? 내 형제들아, 만일 사람이 믿음이 있노라 하고 행함이 없다면, 이 믿음이 능히 자기를 구원하겠느냐?" 어색하기는 하지만 이렇게 기록하고 보면 분명해지는 내용이 있습니다. 그것은 "무슨 유익이 있으리요" 하는 반어적 의문형의 문장이 본 절 첫머리에 기록되어 있다는 것입니다.

그리고 "그 믿음이 능히 자기를 구원하겠느냐" 라는 반어적 의문형의 문장으로 끝을 맺고 있다는 것입니다. 야고보 장로가 반어적 의문형의 문장을 반복해서 본 절 첫머리와 마지막에 기록한 것은 반어적 의문형의 문장으로 표현된 내용을 강조하고 또 강조하기 위해서임을 이해할 필요가 있습니다. 즉, 행함이 없는 믿음은 완전히 무용하고 죽은 믿음이라고 했습니다. 동시에 이와 같은 믿음은 죽은 믿음이기 때문에 아무도 구원하지 못한다는 사실을 매우 강조하여 가르치기 위해서입니다.

이상과 같이 기본적인 내용을 이해 한 후에 중간에 기록된 내용을 살펴보겠습니다. "만일 사람이 믿음이 있노라 하고" 라는 문구를 자세히 살펴보면 믿음이 있다고 하는 말을 계속적으로 반복하여 주장하고 있다는 뜻입니다. 동시에 "행함이 없으면" 이라는 문구의 내용도 단순히 없다는 뜻이 아니고 계속적으로 행함이 없는 것이 지속되는 것을 뜻하고 있습니다. 그리고 본 절에서 말하는 행함의 내용은 긍휼과 사랑을 베푸는 것을 비롯해서 윤리적으로, 사회적으로 여러 가지 선행과 선행의 실적을 뜻하고 있습니다.

이상의 설명을 근거로 할 때 분명한 것이 있습니다. 그것은 본 절에서 가리키고 있는 사람은 결국 믿음이 있다고 주장하며 말하지만 실제로는 믿음에 일치하는 행위가 전혀 없는 텅 빈 믿음을 가진 사람이라는 것입니다. 그렇기 때문에 이 사람의 믿음은 무용하고 무익하고 자기를 구원하지 못하는 죽은 믿음이라는 슬픈 사실입니다. 이런 사람은 자기도 속고 남도 속이는 거짓된 믿음의 소유자라고 할 수

139

있습니다. 이와 같은 믿음을 가진 사람을 두고 주님께서는 다음과 같이 말씀하셨습니다.

"21 나더러 주여 주여 하는 자마다 다 천국에 들어갈 것이 아니요 다만 하늘에 계신 내 아버지의 뜻대로 행하는 자라야 들어가리라 22 그 날에 많은 사람이 나더러 이르되 주여 주여 우리가 주의 이름으로 선지자 노릇 하며 주의 이름으로 귀신을 쫓아 내며 주의 이름으로 많은 권능을 행하지 아니하였나이까 하리니 23 그 때에 내가 그들에게 밝히 말하되 내가 너희를 도무지 알지 못하니 불법을 행하는 자들아 내게서 떠나가라 하리라"(마 7:21-23)

이상과 같이 행위가 따르지 않는 믿음은 무용한 것이고 또 구원하지 못하는 믿음이라는 것을 분명하게 가르치고 있습니다. 그리고 계속해서 15절과 16절에서는 이러한 믿음의 실례를 보여주고 있습니다. "15 만일 형제나 자매가 헐벗고 일용할 양식이 없는데 16 너희 중에 누구든지 그에게 이르되 평안히 가라, 덥게 하라, 배부르게 하라 하며 그 몸에 쓸 것을 주지 아니하면 무슨 이익이 있으리요" 이 말씀에서 주의할 것은 "형제나 자매가 헐벗고 일용할 양식이 없는데" 라는 말씀입니다. 즉, 교회 공동체 안에서 서로 교제하고 있는 믿음의 형제자매의 가난한 상태를 가리키고 있습니다.

그리고 여기에서 "헐벗고"라는 문구와 "일용할 양식이 없는데" 라는 문구의 뜻을 바로 알 필요가 있습니다. "헐벗고" 라는 말은 기본적인 옷, 즉 추위를 막는다든지, 외출을 할 때에 입을 옷이 없다는 뜻입니다. 절박한 상태를 뜻하고 있습니다. "양식이 없는데" 라는 문구도 막연하게 양식이 부족한 상태가 아니라 당장 하루 끼니가 없는 상태를 뜻하는 문구입니다. 이렇듯 절박하고 긴급한데도 같은 공동체에 속한 형제나 자매가 이들을 향해 "평안히 가라, 덥게 하라, 배부르게 하라"고 섬치레 인사말에 그치고 실제로 필요한 것을 나누어 주지 않는 것은 전혀 쓸데없는 행위이며 그 믿음은 죽은 믿음이라는 것을 가르치고 있습니다. 16절 끝에 언급한 "무슨 이익이 있으리요" 라는 반어적 의문형 문구는 14절에 언급된 "무슨 이익이 있으리요" 라는 문구와 "그 믿음이 능히 자기를 구원하겠느냐" 라고 한 문구와 같은 뜻을 가진 것입니다.

따라서 형제나 자매의 궁핍함을 보고도 실제로 도와주지 않는 행위는 쓸데없는 행위일 뿐만 아니라 하나님의 말씀에 불순종하는 행위라는 말씀입니다. 다시 말하면 행함이 없는 죽은 믿음이요, 구원에 이르지 못하는 믿음이라는 것입니다. 성경은 분명히 같은 공동체에 속한 믿음의 형제자매들 간에 서로 돕고 서로 나누는 삶을 가르치고 있습니다.

"그러므로 우리는 기회 있는 대로 모든 이에게 착한 일을 하되 더욱 믿음의 가정들에게 할지니라"(갈 6:10)

"17 누가 이 세상의 재물을 가지고 형제의 궁핍함을 보고도 도와 줄 마음을 닫으면 하나님의 사랑이 어찌 그 속에 거하겠느냐 18 자녀들아 우리가 말과 혀로만 사랑하지 말고 행함과 진실함으로 하자"(요일 3:17-18)

야고보서 1장 17절은 14절의 원칙과 15절과 16절의 실례를 통해 가르친 내용에 대한 결론의 말씀입니다. 17절의 "이와 같이 행함이 없는 믿음은 그 자체가 죽은 것이라" 이 말씀과 관련하여 우리가 꼭 알아야 할 것은 생명이 있는 것은 반드시 성장하고 변화하게 되어있다는 사실입니다. 그러므로 인격의 변화 또는 행위의 변화가 없는 믿음은 참 믿음, 즉 산 믿음이 아니고 거짓 믿음이요, 죽은 믿음입니다. 구원에 이르는 믿음은 참 믿음이지 거짓 믿음이 아닙니다.

"11 또 증거는 이것이니 하나님이 우리에게 영생을 주신 것과 이 생명이 그의 아들 안에 있는 그것이니라 12 아들이 있는 자에게는 생명이 있고 하나님의 아들이 없는 자에게는 생명이 없느니라"(요일 5:11-12)

"23 너희가 거듭난 것은 썩어질 씨로 된 것이 아니요 썩지 아니할 씨로 된 것이니 살아 있고 항상 있는 하나님의 말씀으로 되었느니라 24 그러므로 모든 육체는 풀과 같고 그 모든 영광은 풀의 꽃과 같으니 풀은 마르고 꽃은 떨어지되 25 오직 주의 말씀은 세세토록 있도다 하였으니 너희에게 전한 복음이 곧 이 말씀이니라 2:1 그러므로 모든 악독과 모든 기만과 외식과 시기와 모든 비방하는 말을 버리고 2 갓난 아기들 같이 순전하고 신령한 젖을 사모하라 이는 그로 말미암아 너희로 구원에 이르도록 자라게 하려 함이라"(벧전 1:23-2:2)

야고보서 1장 14절부터 17절까지의 말씀에서 우리는 선한 행위가 따르지 않는 믿음은, 곧 죽은 믿음이고 구원에 이르지 못하는 믿음인 것을 배웠습니다. 즉, "행함이 없는 믿음은 그 자체가 죽은 것이라"는 확실한 결론의 말씀을 읽었습니다. 계속되는 18절부터 20절까지의 말씀은 온전한 믿음과 행위는 분리할 수 없다는 것을 가르치고 있습니다. 이 부분에서 언급되는 믿음도 온전한 믿음, 즉 구원에 이르는 참 믿음을 뜻하고 있습니다. 구원에 이르는 온전한 믿음은 행위와 분리될 수 없다는 진리를 설명하고 있습니다. 이 진리를 설명할 때 야고보 장로는 행위가 반드시 따르는 온전한 믿음과 귀신의 잘못되고 거짓된 믿음을 비교하여 논리적으로 온전한 믿음과 행위는 결코 분리될 수 없다는 것을 입증하고 있습니다.

### 2) 믿음과 행위는 분리할 수 없다(2:18-20)

"18 어떤 사람은 말하기를 너는 믿음이 있고 나는 행함이 있으니 행함이 없는 네 믿음을 내게 보이라 나는 행함으로 내 믿음을 네게 보이리라 하리라 19 네가 하나님은 한 분이신 줄을 믿느냐 잘하는도다 귀신들도 믿고 떠느니라 20 아아 허탄한 사람아 행함이 없는 믿음이 헛것인 줄을 알고자 하느냐"

이 부분을 가리켜 많은 성경학자들이 야고보서 중에 가장 해석하기 어려운 부분 중의 하나라고 의견을 모으고 있습니다. 그 이유는 18절 첫머리에 나오는 "어떤 사람은 말하기를 너는 믿음이 있고 나는 행함이 있으니"고 한 말씀 중 "어떤 사람은 말하기를"라는 문구의 주인공의 정체와 그의 입장이 분명치 않기 때문입니다. 다음으로는 "너는 믿음이 있고 나는 행함이 있으니 행함이 없는 네 믿음을 내게 보이라 나는 행함으로 내 믿음을 네게 보이리라"고 한 말씀 중 어느 부분까지가 "어떤" 사람의 말인지를 정하는 것이 문제입니다. 이와 같은 해석상의 어려움은 헬라어 원어에는 인용부호가 확실히 적혀있지 않기 때문입니다. "어떤 사람은"이라는 문구의 주인공의 정체에 대해서 대체로 두 가지 견해가 제시되고 있습니다. 첫째는 야고보 장로 자신이 자기의 위치를 바꾸어 자기가 주장한 말씀에 대해 반론을 제기하는 자의 입장에서 말한 것으로 보는 견해입니다. 둘째는 야고보 장로의 주장에 대해 이의를 제기하는 제 삼자를 상정시켜 야고보 장로를 향해 질문한 것으로 보는 견해입니다. 그리고 그가 제기한 질문 또는 이의의 내용에 대해서 어떤 학


· 온전한 믿음의 사람은 ·

자들은 18절 전부로 보는가 하면, 다른 학자들은 18절 첫 부분인 "너는 믿음이 있고 나는 행함이 있으니" 라는 부분까지가 이의를 제기한 사람의 말이라고 보고 있습니다.

이상에 열거된 몇 가지 견해에 비추어 본문의 전후 문맥과 내용을 살펴보면 "어떤 사람은" 이라는 문구의 주인공은 야고보 장로가 자신의 위치를 바꾸어 말한 것이라고 하는 것 보다는 야고보 장로의 입장과 주장에 대해서 의견과 입장을 달리하는 제 삼자로 보는 것이 타당하다고 봅니다. 그리고 그의 말한 내용의 범위도 18절 첫 부분인 "너는 믿음이 있고 나는 행함이 있으니" 라고 한데까지로 보는 성경 학자들의 의견이 본문 전체의 내용에 일치한다고 봅니다.

이상의 내용을 근거로 18절 첫 부분을 살펴보겠습니다. "어떤 사람은 말하기를 너는 믿음이 있고 나는 행함이 있으니" 라는 본문에 제기된 "어떤" 이라는 사람은 앞의 14절부터 16절까지의 말씀을 통해 설명된 내용을 근거로 야고보 장로가 17절에서 내린 결론, 즉 행함이 없는 믿음은 그 자체가 죽은 것이라고 강하게 또 확실하게 증거 한 주장에 대해 반대 내지는 전혀 다른 견해를 가진 사람이라고 이해합니다. 따라서 야고보 장로는 이와 같은 사람이 제기할 수 있는 반론을 "어떤 사람은" 이라는 표현을 써서 그의 입장을 제시하고 있습니다. 이렇게 이해하면 18절 첫 부분에 기록된 반론을 제기한 사람의 말을 다음과 같이 바꾸어 쉽게 풀어서 적어볼 수 있습니다.

"야고보 장로, 당신은 행함이 없는 믿음은 죽은 믿음이라고 말씀하면서 믿음에 따르는 행함을 강조했는데 나는 이렇게 생각합니다. 어떤 사람은 믿음이 있고 어떤 사람은 행함이 있을 뿐이지 모두에게 믿음과 행함이 꼭 같이 있는 것이라고 보지 않습니다." 이상과 같이 반론을 제기한 사람을 향해 야고보 장로는 18절 후반부에서 다음과 같이 말씀하고 있습니다. "행함이 없는 네 믿음을 내게 보이라 나는 행함으로 내 믿음을 네게 보이리라" 이와 같은 말씀으로 반론을 제기한 자에게 도전하고 있습니다. 이 말씀의 뜻을 그대로 살려서 알기 쉽게 풀어 다시 적어보면 다음과 같은 내용이라고 할 수 있습니다.

"당신이 말한 대로 어떤 사람은 믿음을 가지고 있고 어떤 사람은 행함이 있다고

**143**

한다면 이제 내가 묻는데 행위는 없고 믿음만 가지고 있는 사람의 믿음을 내게 보여 주시오. 행위로 나타나지 않은 믿음을 볼 수 있습니까? 그것이 가능합니까? 결국 구체적인 행위가 없는 믿음은 볼 수 없는 것이고 볼 수 없는 믿음, 그것은 쓸데없는 믿음이고, 그것은 믿음이 있다고 하지만 말뿐인 헛된 빈 믿음입니다. 나는 나의 행위를 근거로 내 믿음을 당신에게 보여 주겠습니다." 이상과 같은 변론으로 야고보 장로는 결국 행함이 없는 믿음은 있을 수 없고 그것은 죽은 믿음이라는 것을 다시 강조하여 가르치고 있습니다.

이어서 야고보 장로는 19절부터 20절 말씀을 통해 반론을 제기한 사람이 언급할 수도 있는 주장을 고려하여 그 주장의 잘못된 것을 지적하여 밝히고 있습니다. "19 네가 하나님은 한 분이신 줄을 믿느냐 잘하는도다 귀신들도 믿고 떠느니라 20 아아 허탄한 사람아 행함이 없는 믿음이 헛것인 줄을 알고자 하느냐" 야고보 장로가 19절 말씀을 한 배경에 대해 살펴보는 것이 19절 말씀을 이해하는데 도움이 됩니다. "네가 하나님은 한 분이신 줄 믿느냐 잘하는도다" 라고 한 것은 행함이 없는 믿음을 강조한 사람이 다음과 같은 변론을 제기할 수 있다는 것을 고려한 때문입니다. 즉, 그들은 야고보 장로를 향해 "당신이 참된 믿음을 말씀하셨는데 우리도 그 믿음을 갖고 있습니다. 우리는 하나님이 한 분이신 줄 믿습니다." 라고 함으로써 그들의 믿음이 참된 것임을 주장할 것을 예상한 것으로 이해합니다.

여기서 반대하는 사람이 하나님은 한 분이신 줄 믿습니다라고 하면서 그것이 참된 믿음이라고 주장할 수 있는 이유는 본서의 수신자인 유대 그리스도인들의 경우 그들의 유대교 배경 때문입니다. 즉, 유일신 하나님을 믿는 것이 곧 유대교의 기본 신조이며 이 기본 신조만 믿으면 그것이 여호와 하나님을 믿고 섬기는 삶의 전부라는 신앙 전통이 형성된 때문입니다. 그리고 이러한 신앙 전통은 유대인들이 바벨론 포로 생활 때 시작된 회당 예배와 아울러 신명기 6장 4절과 5절의 "4 이스라엘아 들으라 우리 하나님 여호와는 오직 유일한 여호와이시니 5 너는 마음을 다하고 뜻을 다하고 힘을 다하여 네 하나님 여호와를 사랑하라"고 하신 말씀을 절대 신조로 믿고 하루에 아침과 저녁 두 번씩 암송하는 것을 생활화 한데서 시작되었다고 합니다.

그리고 일설에 의하면 그들의 조상 아브라함이 발견한 것이, 곧 유일하신 여호와 하나님에 대한 믿음이라고 하는 전설이 이와 같은 신앙 전통 형성에 도움을 주었다고 합니다. 이상과 같은 유대교의 신조의 영향 때문에 본문에서 볼 수 있는 야고보 장로에 대해 반대하는 사람이 "나는 하나님이 한 분이심을 믿는 참된 믿음을 가지고 있다"고 대응한 것으로 이해합니다.

그래서 야고보 장로는 단도직입적으로 "네가 하나님은 한 분이신 줄을 믿느냐"라고 반문조로 도전하면서 동시에 "잘하는도다" 라는 격려의 말을 덧붙이고 있습니다. 여기에 "잘하는도다" 라는 문구는 결코 하나님이 한 분이심을 믿는 믿음을 갖고 있다고 말한 사람을 비웃거나 멸시하는 말씀이 아닙니다. 오히려 진심으로 그의 유일신 하나님에 대한 믿음을 옳다고 말씀하시는 것입니다. 즉, 야고보 장로는 반대자를 향해 당신이 갖고 있는 유일신 하나님에 대한 믿음은 옳은 믿음이고 근본적으로 정통한 믿음인 것을 동의한다라고 말씀하고 있습니다.

이와 같이 지식적인 면에서 옳고 정통한 믿음을 갖고 있지만, 그 믿음에 따르는 행위가 없는 것이 잘못된 것임을 지적하는 것이 계속되는 말씀의 내용입니다. 즉 상대방이 갖고 있는 유일신 하나님에 대한 신앙은 옳은 것이고 정통한 믿음이지만, 그것만 가지고는 안 되고 행위가 따라야 한다는 것을 설명하기 위해서 귀신의 유일신 하나님에 대한 믿음을 예로 들어 가르치고 있습니다. "귀신들도 믿고 떠느니라"고 하였는데 이 말씀은 귀신들이 유일신 하나님에 대해서 나무랄 데 없는 올바른 믿음을 가지고 있다는 것을 말씀하면서 이 믿음을 가지고 있기 때문에 귀신들이 하나님 앞에서 떤다고 하였습니다.

여기서 "떤다"고 하는 말은 우리가 무서울 때 머리 칼이 쭉 뻗치면서 온 몸이 떨리듯이 전율하는 것을 가리키는 경우에 쓰이는 낱말입니다. 유대교의 기본 신조인 유일신 여호와 하나님에 대한 절대 믿음을 갖고 있는 상대방에게 귀신도 그와 같은 올바른 믿음을 갖고 있고 그래서 하나님 앞에서 떨고 전율까지 한다고 말씀하였습니다. 그러나 이어서 이런 귀신도 영원히 심판 받을 존재인 것을 암시적으로 지적하면서 유일신 하나님에 대한 믿음 자체만으로는 구원에 이르지 못한다는 것을 깨우치고 있습니다.

**145**

귀신의 믿음에 대해서 성경 곳곳에 기록된 것을 살펴보면 놀랍게도 귀신들이 예수님에 대해서, 하나님에 대해서 너무도 정확하고 확실하게 알고 있고, 믿고 있는 것을 알 수 있습니다. 귀신의 하나님에 대한 믿음과 하나님에 대한 두려움에 대해서 몇 군데만 살펴보겠습니다.

"1 예수께서 바다 건너편 거라사인의 지방에 이르러 2 배에서 나오시매 곧 더러운 귀신 들린 사람이 무덤 사이에서 나와 예수를 만나니라 3 그 사람은 무덤 사이에 거처하는데 이제는 아무도 그를 쇠사슬로도 맬 수 없게 되었으니 4 이는 여러 번 고랑과 쇠사슬에 매였어도 쇠사슬을 끊고 고랑을 깨뜨렸음이러라 그리하여 아무도 그를 제어할 힘이 없는지라 5 밤낮 무덤 사이에서나 산에서나 늘 소리 지르며 돌로 자기의 몸을 해치고 있었더라 6 그가 멀리서 예수를 보고 달려와 절하며 7 큰 소리로 부르짖어 이르되 지극히 높으신 하나님의 아들 예수여 나와 당신이 무슨 상관이 있나이까 원하건대 하나님 앞에 맹세하고 나를 괴롭히지 마옵소서 하니 8 이는 예수께서 이미 그에게 이르시기를 더러운 귀신아 그 사람에게서 나오라 하셨음이라"(막 5:1-8)

"23 마침 그들의 회당에 더러운 귀신 들린 사람이 있어 소리 질러 이르되 24 나사렛 예수여 우리가 당신과 무슨 상관이 있나이까 우리를 멸하러 왔나이까 나는 당신이 누구인 줄 아노니 하나님의 거룩한 자니이다 25 예수께서 꾸짖어 이르시되 잠잠하고 그 사람에게서 나오라 하시니 26 더러운 귀신이 그 사람에게 경련을 일으키고 큰 소리를 지르며 나오는지라"(막 1:23-26)

"40 해 질 무렵에 사람들이 온갖 병자들을 데리고 나아오매 예수께서 일일이 그 위에 손을 얹으사 고치시니 41 여러 사람에게서 귀신들이 나가며 소리 질러 이르되 당신은 하나님의 아들이니이다 예수께서 꾸짖으사 그들이 말함을 허락하지 아니하시니 이는 자기를 그리스도인 줄 앎이러라"(눅 4:40-41)

"26 그들이 갈릴리 맞은편 거라사인의 땅에 이르러 27 예수께서 육지에 내리시매 그 도시 사람으로서 귀신 들린 자 하나가 예수를 만나니 그 사람은 오래 옷을 입지 아니하며 집에 거하지도 아니하고 무덤 사이에 거하는 자라 28 예수를 보고 부르짖으며 그 앞에 엎드려 큰 소리로 불러 이르되 지극히 높으신 하나님의 아들 예


· 온전한 믿음의 사람은 ·

수여 당신이 나와 무슨 상관이 있나이까 당신께 구하노니 나를 괴롭게 하지 마옵소서 하니 29 이는 예수께서 이미 더러운 귀신을 명하사 그 사람에게서 나오라 하셨음이라(귀신이 가끔 그 사람을 붙잡으므로 그를 쇠사슬과 고랑에 매어 지켰으되 그 맨 것을 끊고 귀신에게 몰려 광야로 나갔더라) 30 예수께서 네 이름이 무엇이냐 물으신즉 이르되 군대라 하니 이는 많은 귀신이 들렸음이라 31 무저갱으로 들어가라 하지 마시기를 간구하더니 32 마침 그 곳에 많은 돼지 떼가 산에서 먹고 있는지라 귀신들이 그 돼지에게로 들어가게 허락하심을 간구하니 이에 허락하시니"(눅 8:26-32)

"16 우리가 기도하는 곳에 가다가 점치는 귀신 들린 여종 하나를 만나니 점으로 그 주인들에게 큰 이익을 주는 자라 17 그가 바울과 우리를 따라와 소리 질러 이르되 이 사람들은 지극히 높은 하나님의 종으로서 구원의 길을 너희에게 전하는 자라 하며 18 이같이 여러 날을 하는지라 바울이 심히 괴로워하여 돌이켜 그 귀신에게 이르되 예수 그리스도의 이름으로 내가 네게 명하노니 그에게서 나오라 하니 귀신이 즉시 나오니라"(행 16:16-18)

"11 하나님이 바울의 손으로 놀라운 능력을 행하게 하시니 12 심지어 사람들이 바울의 몸에서 손수건이나 앞치마를 가져다가 병든 사람에게 얹으면 그 병이 떠나고 악귀도 나가더라 13 이에 돌아다니며 마술하는 어떤 유대인들이 시험삼아 악귀 들린 자들에게 주 예수의 이름을 불러 말하되 내가 바울이 전파하는 예수를 의지하여 너희에게 명하노라 하더라 14 유대의 한 제사장 스게와의 일곱 아들도 이 일을 행하더니 15 악귀가 대답하여 이르되 내가 예수도 알고 바울도 알거니와 너희는 누구냐 하며 16 악귀 들린 사람이 그들에게 뛰어올라 눌러 이기니 그들이 상하여 벗은 몸으로 그 집에서 도망하는지라"(행 19:11-16)

이와 같이 귀신들의 믿음을 거론할 때 그들이 예수님 앞에서 또는 하나님 앞에서 전율하는 이유는 다음과 같은 말씀에서 찾아 볼 수 있습니다.

"하나님이 범죄한 천사들을 용서하지 아니하시고 지옥에 던져 어두운 구덩이에 두어 심판 때까지 지키게 하셨으며"(벧후 2:4)

"또 왼편에 있는 자들에게 이르시되 저주를 받은 자들아 나를 떠나 마귀와 그

사자들을 위하여 예비된 영원한 불에 들어가라"(마 25:41)

이상의 두 군데 말씀과 앞에 인용한 누가복음 8장 31절에 언급된 무저갱을 두려워하는 귀신들의 모습을 근거로 하면 이미 지옥에 갇혀있는 악령들이 있고, 그곳에 갇힐 것을 두려워하는 악령도 있고, 또 마귀와 악령들이 최후에 갈 곳은 불못인 것을 알고 있다고 하겠습니다.

그래서 악령 또는 귀신들이 예수님을 볼 때마다 혹 최후의 심판 전에 지옥 또는 무저갱에 던짐 받을까봐 두려워 떨며 애원하는 것을 볼 수 있습니다. 이 귀신들의 믿음과 관계되어 다시 분명히 할 것은 이들이 이와 같이 하나님과 예수 그리스도에 대해 정확하고 올바른 믿음을 가지고 있지만 결국 영원한 형벌, 즉 불못에 던짐을 받는 심판을 받는 이유는 그들이 지식으로서의 믿음은 갖고 있지만 하나님께 굴복하지 않고 계속하여 반역하며 대적하기 때문입니다. 귀신들이 갖고 있는 믿음을 가리켜 의지적인 결단이 결여된 단순한 지적, 감정적 믿음이라고 하겠습니다. 위에서 살펴본 바와 같이 이들은 유일신 하나님과 그분의 아들 성자 하나님 예수 그리스도를 믿고 지옥과 최후 심판과 불못이 있는 것과 예수 그리스도께서 심판의 주가 되심도 알고 믿고 있습니다. 그러나 이런 믿음이 있음에도 불구하고 하나님과 예수 그리스도에게 순종하지 않고 계속하여 반항하며 대항하는 믿음인 것입니다.

그러므로 본문에서 야고보 장로는 유대교의 기본 신조이며, 또 동시에 기독교의 기본 신조인 유일하신 여호와 하나님에 대한 올바른 믿음만 가지고 있으면 그것으로 구원을 받기에 족한 줄로 오해하고 있는 유대 기독교인들을 향해 그들의 믿음의 불완전한 것을 깨우쳐 주고 있습니다. 그들의 잘못된 이해를 깨우치기 위해서 귀신의 믿음을 들어 행함이 없는, 즉 하나님의 말씀에 순종하여 선과 사랑을 행하는 행위가 없으면 그 믿음은 구원에 이르지 못하는 죽은 믿음이라고 강하게 지적하고 있습니다.

한마디로 하면 믿음이 신자의 인격과 삶을 변화시키지 못하거나 또는 믿음에 따르는 사랑과 선을 베푸는 행위가 없다면 그 믿음은 헛된 믿음이고 가짜 믿음이고 죽은 믿음이라는 말씀입니다. 믿음은 반드시 행위로 나타나야 하고 믿음은 씨

148

앗과 같기 때문에 성장하고 변해야 한다는 것을 다음의 말씀에서도 가르치고 있습니다.

"그리스도 예수 안에서는 할례나 무할례나 효력이 없으되 사랑으로써 역사하는 믿음뿐이니라"(갈 5:6)

"23 너희가 거듭난 것은 썩어질 씨로 된 것이 아니요 썩지 아니할 씨로 된 것이니 살아 있고 항상 있는 하나님의 말씀으로 되었느니라 24 그러므로 모든 육체는 풀과 같고 그 모든 영광은 풀의 꽃과 같으니 풀은 마르고 꽃은 떨어지되 25 오직 주의 말씀은 세세토록 있도다 하였으니 너희에게 전한 복음이 곧 이 말씀이라 2:1 그러므로 모든 악독과 모든 기만과 외식과 시기와 모든 비방하는 말을 버리고 2 갓난아기들 같이 순전하고 신령한 젖을 사모하라 이는 그로 말미암아 너희로 구원에 이르도록 자라게 하려 함이라"(벧전 1:23-2:2)

위에서 배운 것과 같이 반론자들이 주장하는 행위와 완전히 분리된 믿음을 귀신의 헛된 믿음에 비유하여 밝혀 주었습니다. 이어서 야고보 장로는 20절에서 다시 한 번 그들을 향해 "허탄한 사람"이라고 부르면서 "행함이 없는 믿음이 헛것인 줄을 알고자 하느냐"라는 반어적 의문문을 사용하여 책망하면서 도전하고 있습니다. 여기서 "허탄한 사람"이라는 심한 표현을 사용하여 상대방을 꾸짖고 있습니다. 이 "허탄한 사람"이라는 표현은 언행이 일치하지 않는 사람, 선함이 전혀 없는 사람, 허풍 떠는 사람, 그리고 사기꾼이라는 뜻과 함께 "게으르다, 부주의하다"라는 뜻을 갖고 있는 낱말입니다. 그리고 "믿음이 헛것인 줄 알고자 하느냐"의 문구 중 "헛것"이라는 말은 열매가 없는, 메마른, 속이 텅 빈 또는 소용이 전혀 없다는 뜻을 갖고 있습니다. 이와 같이 심한 표현을 사용하여 그들을 책망하는 이유는 반어적 의문문이 뜻하는 바와 같이 상대방으로 하여금 앞의 17절의 결론 그리고 18절과 19절의 설명을 바로 이해하고 그 설명에 대해서 이의가 있으면 답해보라는 뜻이라고 할 수 있습니다.

이렇게 도전한 후에 야고보 장로는 21절부터 26절까지의 말씀을 통해 참 믿음, 산 믿음, 구원에 이르는 믿음이 어떤 믿음인지를 성경에 기록된 믿음의 사람들을 실례로 들어 설명하고 있습니다.

**149**

## 2. 믿음과 행위가 일치하는 성경적인 예(2:21-26)

"21 우리 조상 아브라함이 그 아들 이삭을 제단에 바칠 때에 행함으로 의롭다 하심을 받은 것이 아니냐 22 네가 보거니와 믿음이 그의 행함과 함께 일하고 행함으로 믿음이 온전하게 되었느니라 23 이에 성경에 이른 바 아브라함이 하나님을 믿으니 이것을 의로 여기셨다는 말씀이 이루어졌고 그는 하나님의 벗이라 칭함을 받았나니 24 이로 보건대 사람이 행함으로 의롭다 하심을 받고 믿음으로만은 아니니라 25 또 이와 같이 기생 라합이 사자들을 접대하여 다른 길로 나가게 할 때에 행함으로 의롭다 하심을 받은 것이 아니냐 26 영혼 없는 몸이 죽은 것 같이 행함이 없는 믿음은 죽은 것이니라"

앞에서 야고보 장로는 14절부터 17절 말씀을 통해 행위가 따르지 않는 믿음은 죽은 믿음이라고 실례를 근거로 결론 내렸습니다. 이어서 18절부터 20절에서는 온전한 믿음과 행위는 분리할 수 없다는 것을 논리적으로 입증하여 반론을 제기한 자를 깨우쳐 주셨습니다. 계속하여 야고보 장로는 21절부터 26절 말씀을 통해 성경에 기록된 믿음의 사람들의 삶을 예로 들어 구원에 이르는 온전한 믿음은 반드시 그의 믿음과 행위가 일치한다는 것을 실증하고 있습니다.

### 1) 아브라함의 믿음과 행위(2:21-24)

"21 우리 조상 아브라함이 그 아들 이삭을 제단에 바칠 때에 행함으로 의롭다 하심을 받은 것이 아니냐 22 네가 보거니와 믿음이 그의 행함과 함께 일하고 행함으로 믿음이 온전하게 되었느니라 23 이에 성경에 이른 바 아브라함이 하나님을 믿으니 이것을 의로 여기셨다는 말씀이 이루어졌고 그는 하나님의 벗이라 칭함을 받았나니 24 이로 보건대 사람이 행함으로 의롭다 하심을 받고 믿음으로만은 아니니라"

야고보 장로는 첫 번째 인물로 아브라함을 예로 들어 그의 믿음과 행위가 일치하는 것을 21절부터 24절의 말씀을 통해 구체적으로 자세히 설명하고 있습니다.



· 온전한 믿음의 사람은 ·

21절은 아브라함이 그 아들 이삭을 제단에 바칠 때에 행함으로 의롭다 하심을 받았다는 것을 밝히고 있습니다. 22절과 23절은 21절의 말씀에 대한 보충 설명이라고 하겠습니다. 즉, 아브라함의 믿음과 행위가 완전히 일치하여 함께 일함으로 믿음이 온전케 되었다는 것이 22절에 포함된 뜻입니다(22절). 동시에 창세기 15장 6절에서 하나님께서 아브라함의 믿음을 의로 여기셨다는 하나님의 말씀이 그대로 성취되었고 나아가 아브라함이 하나님의 벗이라 칭함을 받았다는 것(23절) 모두가 21절 말씀 속에 담겨진 교훈이라는 것을 설명하고 있습니다. 끝으로 24절은 21절부터 23절까지의 말씀을 근거로 사람이 행함으로 의롭다 함을 받고 믿음으로만 아니라는 것을 결론으로 가르치고 있습니다.

이상과 같이 21절의 말씀이 가르치는 내용이 단순하지 않음으로 위의 21절부터 23절까지의 말씀을 자세히 살펴보고 이해하지 않으면 야고보 장로가 기술한 21절의 말씀을 오해하기가 쉽습니다. 실제로 많은 분들이 21절 한절의 내용만 가지고 마치 행위로 우리가 구원을 얻는 것으로 오해합니다. 이와 같은 오해로 인해 사도 바울이 가르치고 있는 또는 성경이 가르치고 있는 오직 믿음으로 의롭다함을 얻는다는 복음의 진리와 상반된다고 하여 야고보서를 경시하거나 잘못된 것으로 간주하는 분들이 있습니다. 그 대표적인 예가 종교개혁을 시작한 마르틴 루터입니다. 그러나 앞으로 살펴 보겠습니다마는 21절부터 23절의 내용을 바로 이해하면 야고보 장로가 가르치는 내용과 사도 바울이 가르치고 있는 오직 믿음으로 의롭다함을 얻는다는 복음의 진리와 하나도 다른 것이 없다는 것을 깨닫게 됩니다. 오직 두 분의 주장과 가르침을 통해 강조하는 초점이 다를 뿐입니다. 따라서 우리는 본 절의 말씀을 바로 이해할 필요가 있습니다.

본문을 자세히 살펴보기에 앞서 우선 야고보 장로는 많은 믿음의 선진들 중에서 하필 왜 아브라함의 예를 택했는지를 생각해 볼 필요가 있습니다. 사실 히브리서 11장을 보면 많은 믿음의 사람들이 소개되고 있습니다. 아벨에서 시작하여 에녹, 노아, 아브라함, 이삭, 야곱, 요셉, 모세와 함께 많은 믿음의 사람들의 행적이 기록되어 있습니다. 그 중에 특별히 아브라함을 택해 예로 든 것에 대해서 많은 사람들이 이렇게 생각합니다. 야고보서 기록 당시의 수신자들이 유대 그리스도인들

**151**

이기 때문에 유대인의 조상으로 알려진 아브라함을 택해 예를 든 것이라고 생각합니다. 이런 입장이 틀린 것은 아닙니다. 그러나 동시에 아브라함은 유대인들의 조상으로 알려졌을 뿐만 아니라, 예수를 믿고 구원받은 신자들의 믿음의 조상이라고 아래와 같이 성경은 가르치고 있기 때문에 아브라함을 예로 들어 가르치고 있다고 보는 것이 옳은 것 같습니다.

"9 그런즉 이 복이 할례자에게냐 혹은 무할례자에게도냐 무릇 우리가 말하기를 아브라함에게는 그 믿음이 의로 여겨졌다 하노라 10 그런즉 그것이 어떻게 여겨졌느냐 할례시냐 무할례시냐 할례시가 아니요 무할례시니라 11 그가 할례의 표를 받은 것은 무할례시에 믿음으로 된 의를 인친 것이니 이는 무할례자로서 믿는 모든 자의 조상이 되어 그들도 의로 여기심을 얻게 하려 하심이라 12 또한 할례자의 조상이 되었나니 곧 할례 받을 자에게뿐 아니라 우리 조상 아브라함이 무할례시에 가졌던 믿음의 자취를 따르는 자들에게도 그러하니라 13 아브라함이나 그 후손에게 세상의 상속자가 되리라고 하신 언약은 율법으로 말미암은 것이 아니요 오직 믿음의 의로 말미암은 것이니라 14 만일 율법에 속한 자들이 상속자이면 믿음은 헛것이 되고 약속은 파기되었느니라 15 율법은 진노를 이루게 하나니 율법이 없는 곳에는 범법도 없느니라 16 그러므로 상속자가 되는 그것이 은혜에 속하기 위하여 믿음으로 되나니 이는 그 약속을 그 모든 후손에게 굳게 하려 하심이라 율법에 속한 자에게뿐만 아니라 아브라함의 믿음에 속한 자에게도 그러하니 아브라함은 우리 모든 사람의 조상이라" (롬 4:9-16)

"6 아브라함이 하나님을 믿으매 그것을 그에게 의로 정하셨다 함과 같으니라 7 그런즉 믿음으로 말미암은 자들은 아브라함의 자손인 줄 알지어다" (갈 3:6-7)

이제 본문을 살펴보겠습니다. 야고보 장로는 21절에서 "우리 조상 아브라함이 그 아들 이삭을 제단에 바칠 때에 행함으로 의롭다 하심을 받은 것이 아니냐" 라고 다른 설명을 덧붙이지 않고 단도직입적으로 아브라함이 행함으로 의롭다 하심을 받은 것이 아니냐라는 반어적 의문형의 표현을 사용하여 이삭을 제단에 드릴 때의 행위를 부각시켜 강조하고 있습니다. 그런데 여기서 말씀하는 아브라함의 행위는 단순한 행위가 아니고 오래 전에, 즉 창세기 15장 6절이 밝히고 있는 것과 같

152

이 이미 하나님께로부터 의롭다 함을 인정받은 믿음이 아브라함의 삶을 변화시켜 나타난 행위임으로 이 행위는 결국 믿음과 일치하는 행위라는 것을 이해할 필요가 있습니다. 이점을 기억하면서 자세히 살펴보도록 하겠습니다.

21절의 말씀에서 주의할 것은 "행함" 이라는 낱말인데 우리말 성경에는 잘 나타나 있지 않지만 이 낱말은 단수형이 아니라 복수형입니다. 즉, 아브라함의 행위들을 가리킵니다. 다시 말하면 아브라함의 삶 자체를 의미한다고 보겠습니다. 이 말씀은 아브라함이 이삭을 제단에 드릴 때의 행위만을 의미하는 것이 아니라 "아브람이 여호와를 믿으니 여호와께서 이를 그의 의로 여기시고"(창 15:6) 라는 말씀과 같이 하나님께로부터 의롭다 함을 받은 그때, 즉 믿음으로 의롭다 하심을 얻었고(롬 5:1), "너희는 그 은혜에 의하여 믿음으로 말미암아 구원을 받았으니 이것은 너희에게서 난 것이 아니요 하나님의 선물이라"(엡 2:8)는 말씀처럼 구원을 이미 받은 이때부터 아브라함의 삶은 계속 하나님을 믿는 믿음 가운데서 살았습니다. 그리고 "우리는 그가 만드신 바라 그리스도 예수 안에서 선한 일을 위하여 지으심을 받은 자니 이 일은 하나님이 전에 예비하사 우리로 그 가운데서 행하게 하려 하심이니라"(엡 2:10)는 말씀과 같이 훗날 아브라함에게 나타나서서 "너는 내 앞에서 행하여 완전하라"(창 17:1)고 말씀하면서 구원받은 하나님의 자녀다운 삶을 살 것을 명하신 것을 알 수 있습니다. 이와 같이 하나님의 말씀을 받은 아브라함은 계속하여 믿음으로 하나님의 말씀에 절대 순종하여 선하고 의로운 삶을 살았습니다.

창세기 15장의 사건 이후에 하나님의 지시를 따라 독자 이삭을 제물로 바치고자 했던 창세기 22장 8절부터 18절의 사건이 있을 때까지 약 25년 내지 30년간의 세월이 흘렀습니다. 그리고 이 기간에 믿음의 연단을 통해 아브라함은 온전하고 구비하여 부족함이 없는 믿음의 사람이 되었습니다. 이와 같이 성숙한 믿음의 사람 아브라함이 보여준 선하고 의로운 삶 전체를 본 절에서 행함으로 의롭다 하심을 받았다고 말씀하고 있습니다. 따라서 본 절의 말씀은 아브라함의 행위가 그의 믿음의 결과이며 열매인 것을 알 수 있습니다. 즉, 믿음과 행위가 일치하는 삶을 아브라함이 살았다는 말씀입니다. 아브라함이 하나님의 분부에 절대 순종하여 이삭을 제물로 바치고자 했던 사건의 근거가 되는 아브라함의 믿음을 히브리서 기

**153**

자는 다음과 같이 설명하고 있습니다.

"17 아브라함은 시험을 받을 때에 믿음으로 이삭을 드렸으니 그는 약속들을 받은 자로되 그 외아들을 드렸느니라 18 그에게 이미 말씀하시기를 네 자손이라 칭할 자는 이삭으로 말미암으리라 하셨으니 19 그가 하나님이 능히 이삭을 죽은 자 가운데서 다시 살리실 줄로 생각한지라 비유컨대 그를 죽은 자 가운데서 도로 받은 것이니라"(히 11:17-19)

이제 이와 같은 설명의 근거가 되는 사건 자체의 기록을 함께 읽어보도록 하겠습니다.

"1 그 일 후에 하나님이 아브라함을 시험하시려고 그를 부르시되 아브라함아 하시니 그가 이르되 내가 여기 있나이다 2 여호와께서 이르시되 네 아들 네 사랑하는 독자 이삭을 데리고 모리아 땅으로 가서 내가 네게 일러 준 한 산 거기서 그를 번제로 드리라 3 아브라함이 아침에 일찍이 일어나 나귀에 안장을 지우고 두 종과 그의 아들 이삭을 데리고 번제에 쓸 나무를 쪼개어 가지고 떠나 하나님이 자기에게 일러 주신 곳으로 가더니 4 제삼일에 아브라함이 눈을 들어 그 곳을 멀리 바라본지라 5 이에 아브라함이 종들에게 이르되 너희는 나귀와 함께 여기서 기다리라 내가 아이와 함께 저기 가서 예배하고 우리가 너희에게로 돌아오리라 하고 6 아브라함이 이에 번제 나무를 가져다가 그의 아들 이삭에게 지우고 자기는 불과 칼을 손에 들고 두 사람이 동행하더니 7 이삭이 그 아버지 아브라함에게 말하여 이르되 내 아버지여 하니 그가 이르되 내 아들아 내가 여기 있노라 이삭이 이르되 불과 나무는 있거니와 번제할 어린 양은 어디 있나이까 8 아브라함이 이르되 내 아들아 번제할 어린 양은 하나님이 자기를 위하여 친히 준비하시리라 하고 두 사람이 함께 나아가서 9 하나님이 그에게 일러 주신 곳에 이른지라 이에 아브라함이 그 곳에 제단을 쌓고 나무를 벌여 놓고 그의 아들 이삭을 결박하여 제단 나무 위에 놓고 10 손을 내밀어 칼을 잡고 그 아들을 잡으려 하니 11 여호와의 사자가 하늘에서부터 그를 불러 이르시되 아브라함아 아브라함아 하시는지라 아브라함이 이르되 내가 여기 있나이다 하매 12 사자가 이르시되 그 아이에게 네 손을 대지 말라 그에게 아무 일도 하지 말라 네가 네 아들 네 독자까지도 내게 아끼지 아니하였으니 내가 이제야 네가 하나님을 경외하는 줄을 아노라 13 아브라함이 눈을 들어 살펴본즉 한 숫양이 뒤에 있는데 뿔이 수풀에 걸려 있는지라 아브라함이 가서 그 숫양을 가져다가 아들을 대신하여 번제로 드렸더라 14 아브라함이 그 땅 이름을 여호와 이레라 하였으므로 오늘날까지 사람들이 이르기를 여호와의 산에서 준비되리라 하더라 15 여호와의 사자가 하늘에서부터 두 번째 아브라함을 불러 16 이르시되 여호와께서 이르시기를 내가 나를 가리켜 맹세하노니 네가 이같이 행하여 네 아들 네 독자도 아끼지 아니하였은즉 17 내가 네게 큰 복을 주고 네 씨가 크게 번성하여 하늘의 별과 같고 바닷가의 모래와 같게 하리니 네 씨가 그 대적의 성문을 차지하리라 18 또 네 씨로 말미암아 천하 만민이 복을 받으리니 이는 네가 나의 말을 준행하였음이니라 하셨다 하니라 19 이에 아브라함이 그의 종들에게로 돌아가서 함께 떠나 브엘세바에 이르러 거기 거주하였더라"(창 22:1-19)

이상의 말씀에서도 아브라함의 위대한 믿음과 절대 순종의 행위를 엿볼 수 있습니다. 종들에게 "내가 아이와 함께 저기 가서 예배하고 우리가 너희에게로 돌아오리라" 한 말과 또 아들 이삭이 제물이 어디 있느냐고 물었을 때 "아들아 번제할 어린 양은 하나님이 자기를 위하여 친히 준비하시리라"고 대답한 말은 아브라함의 위대한 믿음과 절대 순종의 행위를 너무도 분명하게 설명해 주고 있습니다.

그러므로 21절 본문의 말씀은 아브라함이 단순히 이삭을 제단에 드리고자 했던 그 행함만으로 의롭다하심을 받은 것이 아니고 창세기 15장에서 처음 믿을 때 의롭다는 인정을 받은 후에 그 믿음의 결과로 계속하여 그의 생애를 통해 일어난 여러 가지 사건들을 거치면서 하나님과의 관계가 친밀해진 것을 알 수 있습니다. 따라서 본 절에서 가리키는 행함으로 의롭다 하심을 받았다고 하는 말씀은 이미 하나님 앞에서 의롭다 함을 받아 구원받은 아브라함이 그 믿음의 결과로 그의 삶이 변하고 이에 따라 변화된 인격과 행위로 인해 사람들 앞과 하나님 앞에서 온전한 믿음을 소유한 의로운 사람인 것을 확증하였고 이를 하나님께서 인정하셨다는 뜻입니다. 끝으로 한 가지 더 분명히 할 것은 야고보 장로가 본 절에서 말씀하는 행위는 율법의 행위가 아니고 믿음의 결과, 즉 믿음으로 의롭다 함을 얻은 신자의 의롭고 선한 행위를 가리키고 있다는 것입니다. 따라서 사도 바울이 갈라디아서에서

155

가르친 것과 하나도 다른 것이 없음을 기억해야 하겠습니다.

"16 사람이 의롭게 되는 것은 율법의 행위로 말미암음이 아니요 오직 예수 그리스도를 믿음으로 말미암는 줄 알므로 우리도 그리스도 예수를 믿나니 이는 우리가 율법의 행위로써가 아니고 그리스도를 믿음으로써 의롭다 함을 얻으려 함이라 율법의 행위로써는 의롭다 함을 얻을 육체가 없느니라"(갈 2:16)

앞에서 간단히 소개한 것과 같이 계속하여 배우게 되는 22절과 23절의 말씀이 21절의 내용을 자세히 설명하고 있습니다. "22 네가 보거니와 믿음이 그의 행함과 함께 일하고 행함으로 믿음이 온전하게 되었느니라 23 이에 성경에 이른 바 아브라함이 하나님을 믿으니 이것을 의로 여기셨다는 말씀이 이루어졌고 그는 하나님의 벗이라 칭함을 받았나니"

22절 서두의 "네가 보거니와" 라는 문구 중 "네가" 는 단수 2인칭 명사로서 야고보 장로의 가르침에 이의를 제기한 사람, 즉 믿음이 있는 사람과 행위가 있는 사람이 각각 다르다고 생각하는 사람을 가리키고 있습니다. 그리고 "보거니와" 라는 문구는 눈에 분명하게 뚜렷이 보이는 것을 뜻합니다. "믿음이 그의 행함과 함께 일하고" 라는 문구 중 "믿음이" 라고 한 것은 아브라함이 처음(창 15:6) 하나님을 믿음으로 하나님께서 의롭다고 인정해 주신 그 믿음을 뜻합니다. 그리고 "그 믿음이 행함과 함께 일하고" 라는 문구는 아브라함이 처음 믿은 그 믿음이 계속적으로 항상 행위의 뒷받침이 되어 믿음의 삶을 살게 했다는 뜻입니다. 또 "믿음이 온전하게 되었다" 라는 문구는 믿음의 극치 또는 온전한 경지에 달한 것을 뜻합니다. 그리고 여기서 "온전하게 되었다" 는 수동형 동사입니다. 이와 같이 수동형 동사를 사용하여 "온전하게 된" 것을 기술한 것은 "하나님께서 온전한 경지에 도달하도록 해 주셨다" 라는 뜻입니다.

따라서 본문을 통해 야고보 장로는 하나님을 믿고 의롭다 함을 얻은 아브라함이 보여준 그 믿음이 항상 그의 행위의 뒷받침이 되어 믿음의 삶을 살게 함으로써 결국 믿음과 행위가 일치하는 온전한 믿음의 경지에 도달하게 되었다는 것을 가르치고 있습니다. 그리고 이것은 하나님께서 도와주셔서 이루어진 것이라고 말씀하고 있습니다. 그리고 야고보 장로는 자기의 주장에 이의를 제기한 자를 향해 당


· 온전한 믿음의 사람은 ·

신이 눈으로 뚜렷이 보는 것과 같이 구원에 이르는 참 믿음은 반드시 행위가 뒤따르게 되어 있으므로 결국 믿음과 행위는 일치한다는 진리를 21절과 22절의 말씀이 분명하게 설명하고 있다고 가르치고 있습니다.

이와 같이 아브라함이 처음 믿은 그 믿음은 구원에 이르는 참 믿음이고, 살아있는 믿음이라는 말씀입니다. 그렇기 때문에 그 믿음이 뒷받침이 되어 행위와 삶의 변화가 이루어 졌고 결국 믿음과 행위가 일치하는 온전한 믿음의 경지에 이르렀다고 말씀합니다. 이상의 사실을 밝힌 후에 야고보 장로는 이 사실과 아브라함의 과거와 현재를 연결시켜 성경적으로 그 뜻을 23절에서 다음과 같이 설명하고 있습니다. "23 이에 성경에 이른 바 아브라함이 하나님을 믿으니 이것을 의로 여기셨다는 말씀이 이루어졌고 그는 하나님의 벗이라 칭함을 받았나니"

본 절(23절) 첫 부분은 창세기 15장 6절의 사건으로 "아브람이 여호와를 믿으니 여호와께서 이를 그의 의로 여기시고" 라는 말씀을 가리키고 있으며 따라서 "이루어졌고" 라는 문구는 하나님께서 아브라함의 믿음을 받으시고 그를 의롭다고 선포하신 것이 약 30여 년 전의 일이지만 하나님의 말씀은 참되어 그 말씀대로 아브라함의 실제 삶 속에서 실현되어 아브라함의 의로움이 만천하에 입증되었다는 말씀입니다.

여기서 우리는 두 가지를 배울 수 있습니다. 첫째, 오직 믿음으로만 하나님 앞에서 의롭다 함을 얻고 구원받는다는 복음의 진리입니다. 둘째, 하나님께서 아브라함의 믿음을 받으시고 그를 의롭다고 선포하신 말씀은 참되고 살아있고 운동력이 있는 하나님의 말씀이기 때문에 아브라함의 삶 속에서 역사하여 그를 의롭고 선한 사람으로 변화시켜 세상 사람들 앞에서 의롭다는 증거를 받도록 한 예언적인 의미가 포함되어 있음을 뜻합니다. 그래서 23절에서 "말씀이", 즉 예언의 말씀이 이루어졌다고 가르치고 있는 것입니다. 이어서 23절 뒷부분에서는 일찍이 하나님 앞에서 의롭다 함을 얻은 후에 30여 년이 흐르는 동안 아브라함의 믿음이 온전케 된 것을 가리키고 있습니다. 그 결과로 100세에 얻은 독자 이삭을 제물로 바치라고 하나님께서 명하셨을 때에 추호의 주저함 없이 온전히 순종하여 독자 이삭을 제물로 바치려고 했던 그의 참되고 온전한 믿음, 곧 극치에 달한 믿음을 하나님께서

**157**

받으셨습니다. 그리고 이를 귀히 보시고 아브라함을 친구로 받으셨다는 것을 증거하고 있습니다.

이 말씀을 이해함에 있어서 주의할 것은 아브라함 생존 시에 하나님께서 그를 친구라고 부르신 적은 없습니다. 오직 훗날 이사야 선지자를 통해 이스라엘 백성에게 도움을 베푸실 것을 선포하는 가운데 하나님께서 친히 아브라함을 나의 벗이라고 칭한 바 있습니다. "그러나 나의 종 너 이스라엘아 내가 택한 야곱아 나의 벗 아브라함의 자손아"(사 41:8)라고 말씀하셨습니다. 그리고 역대하 20장 7절에서는 여호사밧 왕의 입을 통해 "우리 하나님이시여 전에 이 땅 주민을 주의 백성 이스라엘 앞에서 쫓아내시고 그 땅을 주께서 사랑하시는 아브라함의 자손에게 영원히 주지 아니하셨나이까" 라고 말씀하신 것을 근거로 아브라함이 하나님의 벗이라 칭함을 받았다고 야고보 장로는 말씀하고 있습니다.

"하나님의 벗이라 칭함을 받았나니" 라는 말씀의 뜻을 묵상해 보겠습니다. 이 말씀은 하나님과의 긴밀한 교제를 나누는 관계인 것을 뜻하고 있습니다. 예수님께서 제자들을 향해 말씀하신 것을 참고로 살펴보면 그 뜻이 더 분명할 것으로 봅니다.

"14 너희는 내가 명하는 대로 행하면 곧 나의 친구라 15 이제부터는 너희를 종이라 하지 아니하리니 종은 주인이 하는 것을 알지 못함이라 너희를 친구라 하였노니 내가 내 아버지께 들은 것을 다 너희에게 알게 하였음이라"(요 15:14-15)

이 말씀을 묵상하면 하나님의 은밀한 계획이나 뜻, 또는 주님의 은밀한 계획이나 뜻을 나누는 대상이 친구인 것으로 이해할 수 있습니다. 이것은 단적으로 아브라함이 하나님과 긴밀한 교제를 나누는 특권을 누렸다는 사실이며, 또 제자들이 주님과 긴밀한 교제를 나누는 특권을 누렸다는 것을 의미합니다.

이 말씀에 비추어 우리 자신과 하나님과의 관계, 또 우리 자신과 예수님과의 관계를 한번 살펴볼 필요가 있습니다. 우리는 하나님의 자녀입니다. 그리고 우리에게 성부 하나님 그리고 성자 하나님 또 성령 하나님과 긴밀한 교제를 나눌 수 있는 특권을 주셨습니다. 즉, 하나님의 은혜의 보좌 앞에 나아가 하나님과 은밀한 대화를 나눌 수 있는 특권을 우리 모두에게 주셨습니다(히 4:14-16). 이를 근거로 하나


· 온전한 믿음의 사람은 ·

님께 감사하며 하나님의 은혜의 보좌 앞에 계속해서 열심히 나아가는 생활을 함으로 하나님과 긴밀한 교제를 나누는 축복을 풍성히 누리는 성도가 되기를 간절히 바랍니다.

위의 말씀을 기억하면서 다음의 24절의 말씀을 살펴보겠습니다. "이로 보건대 사람이 행함으로 의롭다 하심을 받고 믿음으로만은 아니니라" 이 구절의 첫머리에 기록된 "이로 보건대" 라는 문구는 위의 17절의 말씀을 비롯하여 18절에서 20절 그리고 21절부터 23절까지의 말씀이 "가르치는 바를 잘 살펴보아 분명히 알 수 있는 것과 같이" 라는 뜻입니다. 즉, 행함이 없는 믿음은 죽은 믿음이고 구원에 이르지 못하는 거짓된 믿음이라는 것과, 또 믿음과 행위는 분리 될 수 없다는 것을 논리적으로, 성경의 예를 통해 분명히 배워 알고 있는 것과 같이라는 뜻입니다.

따라서 본 절의 말씀은 21절부터 23절까지의 말씀을 종합하여 간추린 결론에 해당하는 구절입니다. 그리고 이 구절에서 언급하고 있는 "행함으로 의롭다 하심을 받는다" 라는 뜻은 "하나님을 처음 믿을 때 하나님 앞에서 의롭다 함을 얻는 그 의로움이 아니고 이미 믿음으로 하나님 앞에서 의롭다고 인정받은 성도가 믿음으로 행하여 나타난 행위와 인격의 변화로 인해 사람들 앞에서 의롭다고 인정받는 것을 뜻하고 있습니다. 즉, 믿음으로 인해 변화된 행위와 삶으로 인해 하나님 앞과 사람들 앞에서 의로운 사람으로 인정받는 것"을 뜻합니다.

동시에 24절의 말씀은 앞에서 배운 바 있는 14절 말씀에 대한 해답이라고 할 수도 있습니다. "14 내 형제들아 만일 사람이 믿음이 있노라 하고 행함이 없으면 무슨 유익이 있으리요 그 믿음이 능히 자기를 구원하겠느냐" 라는 반어적 의문문에 대한 답으로 오직 행함이 따르는 믿음, 즉 믿음과 행함이 일치하는 믿음만이 구원에 이르게 하는 믿음이라는 사실을 해명하는 것이 24절의 말씀입니다.

이상에서 우리는 믿음과 행함이 일치하는 아브라함의 예를 통해 구원에 이르는 참 믿음은 반드시 그 믿음의 열매인 행위가 뒤따르게 되어있으므로 결국 믿음과 행위는 분리될 수 없을 뿐만 아니라 믿음과 행위는 항상 일치한다는 진리를 배웠습니다. 하나님께로부터 의롭다 함을 얻는 참 믿음은 필연적으로 그 믿음에 일치하는 행위가 따르게 되어 있으며 따라서 믿음과 행위가 일치하여 사람들 앞에서도 의롭다는 증거를 받게 된다는 것이 야고보 장로가 가르치는 "사람이 행함으로 의롭다 하심을 받고 믿음으로만 아니니라" 라는 본 절의 뜻입니다.

위에서 본 바와 같이 아브라함을 예로 믿음과 행위가 일치하는 성경의 진리를 가르친 후에 이어서 두 번째 믿음의 인물을 예로 들어 우리에게 같은 성경의 진리를 가르치고 있습니다. 아브라함에 이어 야고보 장로는 라합이라는 별로 알려지지 않은 성경의 인물을 택하여 그의 믿음과 행위가 일치하는 삶을 예로 제시하고 있습니다. 이와 같이 라합을 두 번째 예로 든 것에 대해서 다음과 같이 생각하는 사람들이 있습니다. 아브라함은 원래 부하고, 선하고, 의롭고, 모범적인 인물이기 때문에 하나님 앞에서 믿음과 행위가 일치하는 삶을 살 수 있었다고 생각하는 사람들이 있을 수 있습니다. 그러므로 이렇게 생각하는 사람들을 위해 야고보 장로는 아브라함과는 대조적인 인물을 두 번째 예로 들었다고 보는 것입니다.

그리고 동시에 사람을 차별하지 않으시는 하나님이심을 드러내기 위해서 두 번째의 예는 사회에서 천하게 여김 받는 기생 라합의 믿음과 그 믿음에 일치하는 행위를 통해 하나님과 사람들 앞에서 의롭다 함을 얻는 진리를 증거하고 있다고 할 수도 있습니다. 하나님은 참으로 사람을 외모로 취하지 않으시는 분입니다. 놀라운 일입니다. 사회에서 천하게 여김 받는 기생 라합 그것도 멸망 직전에 있는 여리고 성에 사는 그녀를 믿음의 용사의 대열에 포함시키고(히 11:31) 나아가 예수 그리스도의 선조의 족보에 오르게 하였습니다(마 1:5). 그리고 본문에서 보는 바와 같이 아브라함과 함께 본보기가 되는 믿음의 인물로 인정하여 우리에게 가르치시는 하나님의 선하시고 공평하시고 공의로우심은 우리가 마땅히 찬양하고 송축해야합니다.

### 2) 라합의 믿음과 행위(2:25-26)

"또 이와 같이 기생 라합이 사자들을 접대하여 다른 길로 나가게 할 때에 행함으로 의롭다 하심을 받은 것이 아니냐"

본 절을 이해함에 있어서 이 말씀의 배경이 되는 역사적 사건의 기록을 참고할 필요가 있습니다. 라합의 믿음과 행위를 잘 설명하여 보여주는 말씀은 여호수아 2


· 온전한 믿음의 사람은 ·

장 1절부터 21절 그리고 6장 17절과 22절부터 25절에 기록되어 있습니다. 본문과 관련된 중요한 부분만 살펴보도록 하겠습니다. 우선 기생 라합이 여호수아가 보낸 이스라엘 정탐꾼 두 사람을 숨겨서 그들의 목숨을 건져 주었습니다. 그리고 그 정탐꾼들에게 자기가 소문을 들은 것을 근거로 큰 권능과 기적으로 이스라엘 백성을 애굽에서 구원하시고 인도하셔서 여리고 성 앞까지 이르게 하신 이스라엘의 하나님이신 전능하신 여호와께서 여리고 성을 이스라엘 백성에게 주신 것을 알고 있다고 이스라엘의 하나님 여호와에 대한 믿음을 고백하였습니다. 그리고 그들에게 여리고 성을 정복할 때 자기를 구원해 줄 것을 약속 받습니다(참조: 수 2:1-21).

이제 본문 말씀을 살펴보겠습니다. "기생 라합이 사자들을 접대하여 다른 길로 나가게 할 때에 행함으로 의롭다 하심을 받은 것이 아니냐" 라고 기록되어 있습니다. 라합의 믿음의 행위를 고려할 때 우리는 두 가지를 들 수 있습니다. 첫째, "접대하였다" 라는 행위입니다. 둘째, "다른 길로 나가게 했다" 는 행위입니다. 첫째로 사자들을 접대했다는 말은 실제로 라합이 자기의 생명을 내 놓고 여호수아가 보낸 정탐꾼 두 사람을 숨겨서 그들의 생명을 보호해 준 것을 뜻합니다. 여리고 왕의 군사가 왔을 때 이미 그 두 사람을 지붕에 있는 삼대에 숨겨놓고는 벌써 갔다고 말함으로써 정탐꾼 두 사람의 생명을 보호해 주어 살도록 한 것입니다(수 2:4-6). 둘째로 그들을 다른 길로 나가게 했다는 행위는 라합이 두 정탐꾼을 돌려보낼 때 그들이 파수꾼이나 그들을 잡기 위해서 추적하는 군사들을 피해 갈 수 있는 길을 자세히 알려주어 안전하게 돌아가도록 한 것입니다(수 2:15-16).

이 두 가지 행위는 라합이 실제로 자기의 생명을 내 놓고 실행한 것입니다. 자기 나라와 백성을 배반하고 앞으로 여리고 성을 공격하여 멸망시키려는 이스라엘 정탐꾼을 보호해 주고 안전하게 돌아가도록 도와준 것입니다. 적을 은닉했을 뿐만 아니라 적을 도와주기까지 한 반역 행위와 이적 행위를 범한 사람입니다. 이와 같은 위험을 무릅쓰고 이렇게 정탐꾼을 도와준 행위는 라합이 그 입으로 고백한 것으로 알 수 있듯이 라합의 확고하고 분명한 믿음에서 난 것임을 알 수 있습니다. 이 것은 라합의 믿음을 실제 행동으로 옮긴 믿음과 행위가 일치하는 믿음의 사람인 것을 증명하고 있습니다. 이제 라합의 고백을 보겠습니다.

"8 또 그들이 눕기 전에 라합이 지붕에 올라가서 그들에게 이르러 9 말하되 여호와께서 이 땅을 너희에게 주신 줄을 내가 아노라 우리가 너희를 심히 두려워하고 이 땅 주민들이 다 너희 앞에서 간담이 녹나니 10 이는 너희가 애굽에서 나올 때에 여호와께서 너희 앞에서 홍해 물을 마르게 하신 일과 너희가 요단 저쪽에 있는 아모리 사람의 두 왕 시혼과 옥에게 행한 일 곧 그들을 전멸시킨 일을 우리가 들었음이니라 11 우리가 듣자 곧 마음이 녹았고 너희로 말미암아 사람이 정신을 잃었나니 너희의 하나님 여호와는 위로는 하늘에서도 아래로는 땅에서도 하나님이시니라 12 그러므로 이제 청하노니 내가 너희를 선대하였은즉 너희도 내 아버지의 집을 선대하도록 여호와의 이름으로 내게 맹세하고 내게 증표를 내라"(수 2:8-12)

이상의 말씀은 너무도 분명하고 확실하게 여호와 하나님에 대한 라합의 확고한 믿음의 고백임을 알 수 있습니다. 그는 이 믿음을 가졌기 때문에 위험을 무릅 쓰고 두 정탐꾼을 숨겨 보호해 주었고, 그들의 돌아갈 길도 인도해 준 것입니다. 그리고 자기와 자기 가족의 구원도 하나님께 맡기는 귀한 믿음의 사람인 것을 알 수 있습니다. 이 믿음으로 인해 그는 하나님 앞에서 의롭다 함을 인정받았고 여리고 성이 멸망할 때 구원받았습니다. 따라서 본문의 뜻은 아브라함이 믿음과 행위가 일치하는 삶을 살므로 하나님 앞과 사람들 앞에서 의로운 사람이라고 칭함을 받은 것과 같이 기생 라합도 믿음을 실제 행동으로 옮기어 믿음과 행위가 일치하는 삶을 살았을 때 의롭다 함을 받았다는 말씀입니다.

이상에서 믿음의 용사 두 사람의 예를 통해 우리는 구원에 이르는 산 믿음은 반드시 믿음에 따르는 행위의 변화와 인격의 변화를 수반한다는 것을 배웠습니다. 이와 같이 믿음에 따라 행동하는 삶은 하나님 앞과 사람들 앞에서 의로운 사람이라는 증거를 받게 된다는 믿음과 행위의 원칙을 배웠습니다.

2장의 첫 대목을 비롯하여 본 대목인 14절부터 25절까지의 말씀의 가르침을 모두 종합하여 정리하여 결론 내린 것이 26절 말씀입니다. "영혼 없는 몸이 죽은 것 같이 행함이 없는 믿음은 죽은 것이라" 26절의 결론은 이론의 여지가 없습니다. 믿음과 행위의 관계를 인간의 육체와 영혼과의 관계에 비교하여 "영혼 없는 몸이 죽은 것같이 행함이 없는 믿음은 죽은 것" 이라고 분명하게 죽은 믿음이 어떤 것인지


· 온전한 믿음의 사람은 ·

를 밝혀 주고 있습니다. 믿음이 있노라 하면서도 행함이 없는 그 믿음은 영혼이 없는 몸이 죽은 것과 같이 죽은 믿음이라는 말씀입니다. 죽은 믿음이란 구원에 이르지 못하는 믿음이며 아무 소용이 없는 거짓 믿음이라는 말씀입니다. 구원에 이르는 산 믿음은 믿는 사람의 인격을 변화시키고 행동을 변화시킵니다. 이와 같이 변화된 믿음의 사람은 결국 세상으로부터 의로운 사람이라는 인정을 받게 됩니다.

2장 전체의 가르침을 정리해 보겠습니다. 1절부터 13절까지의 말씀을 통해서 온전한 믿음의 사람은 교회 공동체 안에서 생활할 때 절대 사람을 구분하거나 차별하여 대우해서는 안 된다는 것을 배웠습니다. 그리고 14절부터 20절 말씀에서는 온전한 믿음은 선한 행위와 분리될 수 없다는 진리를 배웠습니다. 그리고 21절부터 26절 말씀에서는 구원에 이르는 온전한 믿음은 반드시 믿음과 그 믿음에 따르는 행위가 일치한다는 것을 아브라함과 라합이 실제로 보여준 믿음과 행위가 일치하는 삶의 본보기를 통해 분명하게 배웠습니다. 끝으로 이상에서 배운 것을 한마디로 묶어 결론으로 행함이 없는 믿음은 결국 죽은 믿음이라는 진리를 배웠습니다. 다른 말로 하면 행함이 없는 믿음은 구원에 이르는 믿음이 아니라 가짜 믿음이고 헛된 믿음이라는 진리를 배웠습니다.

이상의 교훈을 마음에 새기면서 우리 자신의 믿음과 신자로서의 삶을 점검하여 나는 과연 구원에 이르는 참된 믿음을 간직하고 있다고 하나님 앞과 사람들 앞에서 고백할 수 있는지 확인할 필요가 있습니다. 동시에 나의 삶과 인격 속에 예수 믿고 구원받은 사람답게 선함과 의로움이 자리 잡고 있는지, 그리고 사람들 앞에서 믿음으로 사는 사람이라고 증거 할 수 있는지 정직하게 확인할 필요가 있습니다.

만약에 믿고 구원받은 것으로 알고 있는데 실제로 믿음을 고백한 후에 하나님의 말씀이 가르치는 대로 내 말과 행동과 생각이 변한 것을 사람들 앞에서 고백하고 증거 할 수 없다고 합시다. 이것이 사실이라면 나의 믿음은 헛되고 거짓된 믿음이고 죽은 믿음이기 때문에 구원에 이르는 믿음이 아닌 것을 확실히 깨달아야 합니다. 그리고 하나님 앞에 용서를 빌고, 다시 믿음을 고백하여 하나님의 말씀에 순종하는 믿음의 삶을 시작해야 합니다.

"8 너희는 그 은혜에 의하여 믿음으로 말미암아 구원을 받았으니 이것은 너희에게서 난 것이 아니요 하나님의 선물이라 9 행위에서 난 것이 아니니 이는 누구든지 자랑하지 못하게 함이라 10 우리는 그가 만드신 바라 그리스도 예수 안에서 선한 일을 위하여 지으심을 받은 자니 이 일은 하나님이 전에 예비하사 우리로 그 가운데서 행하게 하려 하심이니라"(엡 2:8-10)

이 말씀과 같이 하나님의 은혜로 인해 믿음으로 구원을 얻습니다. 그러나 그 다음 말씀이 가르치는 것은 우리를 그리스도 예수 안에서 선한 일을 위하여 지으심을 받은 자라고 분명하게 말씀하고 있습니다. 따라서 믿고 구원받았다고 하면서 그리스도 예수 안에 있는 선한 일을 위해서 사는 사람이 아니면 그는 참된 신자가 아니라는 뜻입니다.

여기서 우리의 믿음을 점검하고 확인할 것을 강조하는 이유는 오직 하나뿐입니다. 참된 믿음은 구원에 이르지만 참된 믿음이 아닌 경우에는 믿는 줄 알았는데 결국에는 멸망에 이르는 엄청난 형벌을 면할 수 없기 때문입니다. 앞에서 인용한 주님의 말씀을 다시 인용하여 교훈으로 삼기를 원합니다.

"21 나더러 주여 주여 하는 자마다 다 천국에 들어갈 것이 아니요 다만 하늘에 계신 내 아버지의 뜻대로 행하는 자라야 들어가리라 22 그 날에 많은 사람이 나더러 이르되 주여 주여 우리가 주의 이름으로 선지자 노릇 하며 주의 이름으로 귀신을 쫓아 내며 주의 이름으로 많은 권능을 행하지 아니하였나이까 하리니 23 그 때에 내가 그들에게 밝히 말하되 내가 너희를 도무지 알지 못하니 불법을 행하는 자들아 내게서 떠나가라 하리라"(마 7:21-23)

이상의 가르침을 마치면서 한 가지 해명할 것이 있습니다. 그것은 앞에 잠시 언급했습니다. 믿음과 구원, 믿음과 행위에 대한 가르침에 있어서 사도 바울과 야고보 장로의 입장이 다른 것에 대해서 간단히 설명하겠습니다. 사도 바울은 오직 믿음으로 의롭다 함을 얻는다고 했습니다. 야고보는 2장 24절의 말씀처럼 사람이 행함으로 의롭다 함을 얻고 믿음으로만 아니라고 했습니다. 이 두 가르침의 차이는 근본적인 차이가 있는 것이 아니라 무엇을 강조한 것이냐에 따르는 차이임을 이해할 필요가 있습니다.

사도 바울이 언급한 오직 믿음으로 의롭다 함을 얻는다는 말씀은 우리가 아느


· 온전한 믿음의 사람은 ·

는 믿음은 하나님의 절대주권에 의하여 하나님께서 우리를 의롭다고 인정해 주시는 의로움입니다. 반면 야고보 장로가 가르치고 있는 행함으로 의롭다 함을 얻는다는 말씀은 하나님을 온전히 믿은 사람이 믿음의 결과로 인격과 행위가 변화되어 이 행위 때문에 하나님과 사람들 앞에서 의롭다는 인정을 받는 의로움을 뜻합니다. 즉, 사도 바울은 하나님 앞에서 의롭다 함을 얻는 것을 강조하고, 야고보 장로는 하나님과 사람들 앞에서 믿음의 열매로 나타난 인격의 변화와 행위로 의롭다고 인정받는 것을 강조한 것입니다.

# 6장
## 혀(언어)의 절제(3:1-12)

"1 내 형제들아 너희는 선생된 우리가 더 큰 심판을 받을 줄 알고 선생이 많이 되지 말라 2 우리가 다 실수가 많으니 만일 말에 실수가 없는 자라면 곧 온전한 사람이라 능히 온 몸도 굴레 씌우리라 3 우리가 말들의 입에 재갈 물리는 것은 우리에게 순종하게 하려고 그 온 몸을 제어하는 것이라 4 또 배를 보라 그렇게 크고 광풍에 밀려가는 것들을 지극히 작은 키로써 사공의 뜻대로 운행하나니 5 이와 같이 혀도 작은 지체로되 큰 것을 자랑하도다 보라 얼마나 작은 불이 얼마나 많은 나무를 태우는가 6 혀는 곧 불이요 불의의 세계라 혀는 우리 지체 중에서 온 몸을 더럽히고 삶의 수레바퀴를 불사르나니 그 사르는 것이 지옥 불에서 나느니라 7 여러 종류의 짐승과 새와 벌레와 바다의 생물은 다 사람이 길들일 수 있고 길들여 왔거니와 8 혀는 능히 길들일 사람이 없나니 쉬지 아니하는 악이요 죽이는 독이 가득한 것이라 9 이것으로 우리가 주 아버지를 찬송하고 또 이것으로 하나님의 형상대로 지음을 받은 사람을 저주하나니 10 한 입에서 찬송과 저주가 나오는도다 내 형제들아 이것이 마땅하지 아니하니라 11 샘이 한 구멍으로 어찌 단 물과 쓴 물을 내겠느냐 12 내 형제들아 어찌 무화과나무가 감람 열매를, 포도나무가 무화과를 맺겠느냐 이와 같이 짠 물이 단 물을 내지 못하느니라"

## 본문 강론

2장에서 우리는 성숙한 신앙 인격을 소유한 성도는 교회 안에서 사람을 차별해서는 안 된다는 것과 믿음과 행위(실제 생활)가 일치하여야 한다는 것을 배웠습니다. 아울러 행위가 따르지 않는 믿음은 죽은 믿음이고 구원에 이르지 못하는 믿음이라는 것을 배웠습니다.

3장은 신앙 공동체인 교회 안에서 언어를 절제하고 하나님께로부터 받은 지혜를 가지고 유익과 덕을 세우며 사는 자가 온전한 믿음을 가진 신자라는 것을 가르치고 있습니다. 3장은 내용과 문맥상 두 부분(1절-12절과 13절-18절)으로 되어있습니다.

1절부터 12절까지의 말씀은 언어 절제에 관한 가르침으로서 내용을 간추리면 아래와 같습니다. 1절과 2절은 말, 곧 혀의 절제의 중요성을 가르치고 있습니다. 이와 관련하여 교회 안에서 언어를 제일 많이 사용하는 선생들(목사나 교사)에 대한 경고를 포함하고 있습니다. 3절부터 6절의 말씀은 말, 곧 혀(언어)의 위력과 말로 인한 피해를 비유를 들어 구체적으로 설명하고 있습니다. 그리고 7절부터 12절까지의 말씀은 말, 곧 혀의 본성과 악함과 변덕스러움을 비유를 사용하여 설명하고 있습니다.

## 1. 언어 절제와 선생들에 대한 경고(3:1-2)

"1 내 형제들아 너희는 선생된 우리가 더 큰 심판을 받을 줄 알고 선생이 많이 되지 말라 2 우리가 다 실수가 많으니 만일 말에 실수가 없는 자라면 곧 온전한 사람이라 능히 온 몸도 굴레 씌우리라"

교회 공동체 안에서 성도들의 생활을 볼 때 성도간의 관계를 해치는 중요한 원인 중의 하나가 성도들이 언어를 절제하지 않는 때문이라고 할 수 있습니다. 특히 가르치는 선생의 경우 선생의 무거운 책임을 고려할 때 언어의 절제는 대단히 중


· 온전한 믿음의 사람은 ·

요합니다. 그러므로 야고보 장로는 첫 부분에서 언어 절제에 관하여 교훈하면서 선생들을 향해 경고하고 있습니다. 실제로 언어의 절제 문제는 이미 1장 19절과 26절에서 언급된 내용입니다. 따라서 본문의 가르침은 앞의 1장 19절과 26절에서 언급한 언어 절제에 대한 교훈을 확대하여 교회 공동체의 생활에 초점을 맞춘 설명이라고 할 수 있습니다.

먼저 본문 1절을 살펴보도록 하겠습니다. "내 형제들아 너희는 선생 된 우리가 더 큰 심판을 받을 줄 알고 선생이 많이 되지 말라"고 경고하고 있습니다. "선생이 많이 되지 말라"는 경고의 말씀이 1절 뒷부분에 있지만 본 대목의 내용 중 야고보 장로가 수신자들에게 가르치고 싶은 가장 핵심적이고 중요한 말씀이기 때문에 원어를 보면 이 말씀이 본 절의 첫 부분에 기록되어 있습니다. 그리고 "선생 된 우리가 더 큰 심판을 받을 줄을 알라"고 그 이유를 설명함으로 경고의 중요성을 밝히고 있습니다. 이와 같은 경고와 그 이유를 말씀하심에 있어서 "내 형제들아"라는 사랑과 정이 담긴 호칭으로 수신자인 유대 그리스도인들을 부르고 있습니다.

앞에서도 언급한 바 있습니다마는 이 호칭은 야고보 장로의 수신자들에 대한 따뜻한 마음과 친밀감을 전하고 있습니다. 이와 같은 마음을 전하면서 엄한 경고를 하고 있습니다. 엄한 경고의 핵심은 "선생이 많이 되지 말라"는 말씀인데 여기서 "많이"라는 수식어를 "선생"이라는 말 뒤에 붙인 것은 당시의 유대교 신자들이나 유대 그리스도인들 중에 회당이나 교회 안에서 선생의 자리를 원하는 사람들이 많이 있었기 때문입니다. 그래서 이들을 향해 경고의 말씀을 주신 것으로 이해합니다.

유대교의 경우 랍비 또는 선생이라는 명칭은 회당에서 하나님의 말씀 또는 모세의 율법을 해석하고 가르치는 위치에 있는 사람에게 적용되는 호칭입니다. 따라서 유대인들의 존경의 대상이 되는 사람들입니다. 예수님 당시에는 예수님을 향해서도 랍비라고 부른 것을 볼 수 있습니다. 요한복음에 보면 니고데모가 예수님을 향해 랍비라고 부른 것을 볼 수 있고(요 3:1-2, 8-9), 부활하신 예수님을 보고 마리아가 랍오니라고 부른 예도 있습니다(요 20:16).

유대 그리스도인들의 경우를 생각해 보겠습니다. 이들은 과거의 유대교의 제도의 영향을 받았을 뿐만 아니라 성도로 구성된 교회 안에서도 가르치는 자가 대우 받고 존경 받는 것을 보아 알고 있다고 할 수 있습니다. 그래서 교인들 중에 많은 사람들이 서로 제각기 선생의 자리에 서려고 했던 것으로 봅니다. 예를 들면, 다음 말씀에서 우리는 교회 안에서 선생이 존경의 대상이 되는 것을 이해할 수가 있습니다.

"28 하나님이 교회 중에 몇을 세우셨으니 첫째는 사도요 둘째는 선지자요 셋째는 교사요 그 다음은 능력을 행하는 자요 그 다음은 병 고치는 은사와 서로 돕는 것과 다스리는 것과 각종 방언을 말하는 것이라 29 다 사도이겠느냐 다 선지자이겠느냐 다 교사이겠느냐 다 능력을 행하는 자이겠느냐"(고전 12:28-29)

"가르침을 받는 자는 말씀을 가르치는 자와 모든 좋은 것을 함께 하라"(갈 6:6)

"12 형제들아 우리가 너희에게 구하노니 너희 가운데서 수고하고 주 안에서 너희를 다스리며 권하는 자들을 너희가 알고 13 그들의 역사로 말미암아 사랑 안에서 가장 귀히 여기며 너희끼리 화목하라"(살전 5:12-13)

"7 하나님의 말씀을 너희에게 일러 주고 너희를 인도하던 자들을 생각하며 그들의 행실의 결말을 주의하여 보고 그들의 믿음을 본받으라 8 예수 그리스도는 어제나 오늘이나 영원토록 동일하시니라…17 너희를 인도하는 자들에게 순종하고 복종하라 그들은 너희 영혼을 위하여 경성하기를 자신들이 청산할 자인 것 같이 하느니라 그들로 하여금 즐거움으로 이것을 하게 하고 근심으로 하게 하지 말라 그렇지 않으면 너희에게 유익이 없느니라"(히 13:7-8, 17)

이상의 말씀에서 알 수 있듯이 초대교회 때부터 선생은 대우 받고 존경 받는 사람이라고 생각하여 많은 성도들이 교사의 위치를 원했던 것으로 이해합니다. 현재도 이와 같은 경향이 교회 안에 있음을 우리 주위에서 볼 수 있습니다 한 가지 알려진 통계만 살펴보겠습니다. 2008년도 한 해에 예장 통합측 목사의 수가 1,033명이 증가되었는데 이 숫자는 기존 목사 수에 비해 7.44% 증가한 것으로 봅니다. 그런데 실제 교회의 증가율은 2.64%밖에 안 된다고 합니다. 이 자료는 단적으로 목사의 증가 수가 교회의 증가 수에 비해 훨씬 많다는 것을 알려주고 있습니다. 그리고 들려오는 소문으로는 목회 지도자들의 모임에서 한국교회의 목회자 과잉 배출


· 온전한 믿음의 사람은 ·

을 우려하고 있다고 합니다. 이와 같은 현상 때문에 야고보 장로는 우리에게 1절 말씀을 통해 엄하게 경고하고 있습니다.

물론, 교회에서 선생이 되어 하나님의 말씀을 가르침으로 주님을 섬기는 것이 다음의 말씀과 같이 기쁜 일이고 또 바람직한 일입니다.

"미쁘다 이 말이여, 곧 사람이 감독의 직분을 얻으려 함은 선한 일을 사모하는 것이라 함이로다"(딤전 3:1)

그러나 문제는 선생으로서 대우받고 존경 받는 것만 생각하고 하나님의 말씀을 가르치는 자의 중한 책임을 깊이 생각하지 않고 선생이 될 때 교회에 어려움을 초래할 수 있다는 말씀입니다.

이상의 내용을 참고로 하면서 경고의 말씀을 다시 읽어 보겠습니다. "선생이 많이 되지 말라"고 했습니다. 이 말씀은 선생이 되지 말라고 하는 것을 강조한 것이 아니고 "많이" 되지 말라는 것을 강조 한 것입니다. 다른 표현을 빌리면 하나님 앞과 성도들 앞에서 말씀을 가르치는 선생이 감당해야 하는 중차대한 책임에 대한 충분한 이해가 부족한 사람을 두고 한 말씀입니다. 뿐만 아니라 거룩하신 하나님의 말씀을 연구하고 증거함에 있어서 필요한 준비와 노력과 확실한 소명감에 대한 철저한 자기 검토를 하지 않고 선생이 되려는 생각은 하지 말라는 뜻입니다. 선생의 자리에 서면 존경 받고 사람들에게 대우받는 것이 얼마나 좋습니까? 지위와 명예를 누릴 수 있지 않습니까? 이렇게 좋은 것에만 마음이 있고 책임의 중차대함에 대해서는 별로 생각하지 않는 사람들이 실제로 꽤 있습니다. 그래서 야고보 장로가 엄하게 경고하는 것입니다. "선생이 많이 되지 말라"고 하면서 이렇게 경고하는 이유를 "선생 된 우리가 더 큰 심판을 받을 줄을 알라"고 밝히고 있습니다. 여기서 야고보 장로가 자기를 포함시켜 큰 심판의 대상이 되는 사람들이 바로 선생들이라고 밝히고 있다는 사실에 주의할 필요가 있습니다. 이 사실은 주님께서 세상에 계실 당시에 선생의 자리에 앉아 있는 바리새인들과 서기관들을 향해 책망하신 말씀에도 잘 나타나 있습니다.

"34 독사의 자식들아 너희는 악하니 어떻게 선한 말을 할 수 있느냐 이는 마음에 가득한 것을 입으로 말함이라 35 선한 사람은 그 쌓은 선에서 선한 것을 내고 악

**171**

한 사람은 그 쌓은 악에서 악한 것을 내느니라 36 내가 너희에게 이르노니 사람이 무슨 무익한 말을 하든지 심판 날에 이에 대하여 심문을 받으리니 37 네 말로 의롭다 함을 받고 네 말로 정죄함을 받으리라"(마 12:34-37)

"38 예수께서 가르치실 때에 이르시되 긴 옷을 입고 다니는 것과 시장에서 문안 받는 것과 39 회당의 높은 자리와 잔치의 윗자리를 원하는 서기관들을 삼가라 40 그들은 과부의 가산을 삼키며 외식으로 길게 기도하는 자니 그 받는 판결이 더욱 중하리라 하시니라"(막 12:38-40)

"47 주인의 뜻을 알고도 준비하지 아니하고 그 뜻대로 행하지 아니한 종은 많이 맞을 것이요 48 알지 못하고 맞을 일을 행한 종은 적게 맞으리라 무릇 많이 받은 자에게는 많이 요구할 것이요 많이 맡은 자에게는 많이 달라 할 것이니라"(눅12:47-48)

그리고 다른 곳에서는 존경과 대우 받는 것을 즐기는 선생들을 향해 주님께서 다음과 같이 말씀하셨습니다.

"1 이에 예수께서 무리와 제자들에게 말씀하여 이르시되 2 서기관들과 바리새인들이 모세의 자리에 앉았으니 3 그러므로 무엇이든지 그들이 말하는 바는 행하고 지키되 그들이 하는 행위는 본받지 말라 그들은 말만 하고 행하지 아니하며 4 또 무거운 짐을 묶어 사람의 어깨에 지우되 자기는 이것을 한 손가락으로도 움직이려 하지 아니하며 5 그들의 모든 행위를 사람에게 보이고자 하나니 곧 그 경문 띠를 넓게 하며 옷술을 길게 하고 6 잔치의 윗자리와 회당의 높은 자리와 7 시장에서 문안 받는 것과 사람에게 랍비라 칭함을 받는 것을 좋아하느니라 8 그러나 너희는 랍비라 칭함을 받지 말라 너희 선생은 하나요 너희는 다 형제니라"(마 23:1-8)

뿐만 아니라 구약에서도 하나님의 말씀을 대언하는 선지자들에 대해 하나님께서 직접 엄한 경고의 말씀을 하신 것을 볼 수 있습니다.

"17 인자야 내가 너를 이스라엘 족속의 파수꾼으로 세웠으니 너는 내 입의 말을 듣고 나를 대신하여 그들을 깨우치라 18 가령 내가 악인에게 말하기를 너는 꼭 죽으리라 할 때에 네가 깨우치지 아니하거나 말로 악인에게 일러서 그의 악한 길을 떠나 생명을 구원하게 하지 아니하면 그 악인은 그의 죄악 중에서 죽으려니와 내가 그의 피 값을 네 손에서 찾을 것이고 19 네가 악인을 깨우치되 그가 그의 악한


· 온전한 믿음의 사람은 ·

마음과 악한 행위에서 돌이키지 아니하면 그는 그의 죄악 중에서 죽으려니와 너는 네 생명을 보존하리라"(겔 3:17-19)

"7 인자야 내가 너를 이스라엘 족속의 파수꾼으로 삼음이 이와 같으니라 그런즉 너는 내 입의 말을 듣고 나를 대신하여 그들에게 경고할지어다 8 가령 내가 악인에게 이르기를 악인아 너는 반드시 죽으리라 하였다 하자 네가 그 악인에게 말로 경고하여 그의 길에서 떠나게 하지 아니하면 그 악인은 자기 죄악으로 말미암아 죽으려니와 내가 그의 피를 네 손에서 찾으리라 9 그러나 너는 악인에게 경고하여 돌이켜 그의 길에서 떠나라고 하되 그가 돌이켜 그의 길에서 떠나지 아니하면 그는 자기 죄악으로 말미암아 죽으려니와 너는 네 생명을 보전하리라"(겔 33:7-9)

이와 같은 경고는 비단 선지자에게만 해당되는 것이 아니고 실제로 교회에서 하나님의 말씀을 선포하고 가르치는 선생들이나 목사들에게도 적용되는 말씀입니다. 그래서 사도 바울은 다음과 같이 말씀하였습니다.

"26 그러므로 오늘 여러분에게 증언하거니와 모든 사람의 피에 대하여 내가 깨끗하니 27 이는 내가 꺼리지 않고 하나님의 뜻을 다 여러분에게 전하였음이라"(행 20:26-27)

또 심판에 관해 아래의 말씀도 하였습니다.

"24 어떤 사람들의 죄는 밝히 드러나 먼저 심판에 나아가고 어떤 사람들의 죄는 그 뒤를 따르나니 25 이와 같이 선행도 밝히 드러나고 그렇지 아니한 것도 숨길 수 없느니라"(딤전 5:24-25)

위의 말씀을 묵상할 때 한 가지 생각나는 것이 있습니다. 현재 미국에서는 "증오의 법"이라는 법을 만들어 사회를 향해 목사나 신자들이 하나님의 말씀을 말씀대로 가르치는 것을 범죄로 간주하는 경우가 있습니다. 실례를 들면, 동성애를 성경에서는 분명히 죄라고 가르치고 있습니다(레 18:22, 20:13, 왕상 14:24, 롬 1:24, 26, 27). 그런데 목사나 성도가 공공 석상에서 또는 교회 안에서 말씀을 강론할 때에도 성경대로 동성애는 죄라고 하면 범법자로 몰려 처벌받을 수 있습니다. 그래서인지 아니면 다른 이유에서 인지 많은 목사나 신자들이 동성애를 죄라고 내놓고 이야기 하는 경우가 극히 적습니다. 뿐만 아니라 일반적으로 목사들의 설교나

**173**

신자들의 대화 속에서 이 세상에서 행해지는 죄악에 대한 언급이 극히 적은 것을 목격하고 있습니다. 이 사실을 보노라면 두려운 마음을 금할 수가 없습니다. 참으로 무서운 세상입니다.

이상의 말씀들을 생각하면 주님의 몸 된 교회 안에서 가르치는 선생이나 목사의 책임이 무겁고 두려운 것임을 알 수 있습니다. 그러므로 야고보 장로는 "선생이 많이 되지 말라"고 경고하면서 "야고보 장로 자신을 비롯하여 선생 된 사람들이 모두 엄한 심판을 받기 때문"이라고 그 이유를 밝히 설명하였습니다. 그리고 계속하여 2절에서 교회 공동체 생활에 있어서 언어 절제의 중요성을 강조하면서 참 믿음을 가진 성숙한 믿음의 사람은 언어를 절제하는 사람이라고 다음과 같이 말씀하고 있습니다. "2 우리가 다 실수가 많으니 만일 말에 실수가 없는 자라면 곧 온전한 사람이라 능히 온 몸도 굴레 씌우리라"

본문에서 "우리가 다 실수가 많으니" 라는 문구를 살펴봅시다. 여기서 "우리가 다" 라는 말씀은 야고보 장로를 비롯하여 모든 신자를 가리키고 있습니다. 그리고 "실수가 많으니" 라는 문구 "실수" 라는 단어를 살펴보면 이 단어는 길을 가다가 장애물에 걸려 넘어지는 것을 가리키는 것으로 일반적으로 잘못하다, 잘못된 길로 가다, 죄를 짓다라는 말로 이해합니다. 뿐만 아니라 이와 같이 잘못하거나 죄를 짓는 것을 계속적으로 한다는 뜻입니다. 그리고 실수가 "많으니" 라고 한 표현은 실제로 여러 가지 일에 또는 만사에라는 뜻입니다. 그러므로 본문의 첫 부분을 풀어 쓰면 이렇게 말할 수 있습니다. 믿는 사람 모두가 여러 가지 많은 일에 계속적으로 잘못하여 죄를 지으며 산다는 뜻입니다.

그러므로 그 다음에 이어진 말씀에서 "만일 말에 실수가 없는 자라면 곧 온전한 사람이라"고 했습니다. 이 말씀 중 "온전한 사람" 이라는 문구 중 "온전한" 이라는 낱말은 두 가지 뜻으로 이해합니다. 첫째는 하나님께서 온전하신 것같이 온전함을 뜻하며, 둘째는 인간으로서 완벽하고 성숙한 상태를 뜻합니다. 첫째의 뜻은 예수님의 경우에 해당하는 것입니다. 즉, 누가복음 20장 20절부터 26절에 기록된 말씀과 베드로전서 2장 21절부터 23절까지의 말씀에 기록된 주님의 모습에서 온전함을 찾을 수 있습니다.


· 온전한 믿음의 사람은 ·

"20 이에 그들이 엿보다가 예수를 총독의 다스림과 권세 아래에 넘기려 하여 정탐들을 보내어 그들로 스스로 의인인 체하며 예수의 말을 책잡게 하니 21 그들이 물어 이르되 선생님이여 우리가 아노니 당신은 바로 말씀하시고 가르치시며 사람을 외모로 취하지 아니하시고 오직 진리로써 하나님의 도를 가르치시나이다 22 우리가 가이사에게 세를 바치는 것이 옳으니이까 옳지 않으니이까 하니 23 예수께서 그 간계를 아시고 이르시되 24 데나리온 하나를 내게 보이라 누구의 형상과 글이 여기 있느냐 대답하되 가이사의 것이니이다 25 이르시되 그런즉 가이사의 것은 가이사에게, 하나님의 것은 하나님께 바치라 하시니 26 그들이 백성 앞에서 그의 말을 능히 책잡지 못하고 그의 대답을 놀랍게 여겨 침묵하니라"(눅 20:20-26)

"21 이를 위하여 너희가 부르심을 받았으니 그리스도도 너희를 위하여 고난을 받으사 너희에게 본을 끼쳐 그 자취를 따라오게 하려 하셨느니라 22 그는 죄를 범하지 아니하시고 그 입에 거짓도 없으시며 23 욕을 당하시되 맞대어 욕하지 아니하시고 고난을 당하시되 위협하지 아니하시고 오직 공의로 심판하시는 이에게 부탁하시며"(벧전 2:21-23)

위의 말씀에서 보는 바와 같이 예수 그리스도께서는 죄가 없으시고 죄를 짓지도 않으시는 온전하신 분이십니다. 그러나 본 절에 언급된 "온전한 사람"이라고 한 경우는 두 번째 경우의 뜻에 해당합니다. 따라서 2절 중반절의 말씀이 가르치는 바는 온전하고 성숙한 믿음을 소유한 사람은 결국 가르칠 때나 대화중에 말을 잘못하거나 말로인해 죄를 짓지 않는다는 말씀입니다. 2절 마지막 부분은 말로 인해 실수나 죄를 짓지 않는 사람은 "능히 온 몸도 굴레 씌우리라"고 끝을 맺고 있습니다. 여기에 "굴레 씌운다"라는 문구는 단속하고 통제한다는 뜻입니다. 다음 시편의 말씀이 "굴레 씌운다"라는 낱말의 뜻을 잘 보여주고 있습니다.

"너희는 무지한 말이나 노새 같이 되지 말지어다 그것들은 재갈과 굴레로 단속하지 아니하면 너희에게 가까이 가지 아니하리로다"(시 32:9)

그러므로 2절의 뜻은 말로 인해 죄를 짓지 않거나 잘못하는 일이 없는 신자는 자기 자신을 철저히 돌아보며 관리하므로 모든 면에서 절제하여 행위나 생각이나 태도 등 모든 면에 있어서 자제하는 삶을 살고 있는 성숙한 믿음의 사람입니다.

**175**

이상과 같이 교회 안에서 선생이나 목사를 비롯하여 성숙한 믿음을 소유한 신자는 언어를 절제하고 나아가 생각과 행위와 태도를 비롯하여 일체의 삶을 잘 관리하고 절제하는 본을 보여야 한다는 것을 배웠습니다. 이어서 계속되는 3절부터 6절까지의 말씀에서는 언어 또는 혀의 위력과 피해를 구체적으로 비유를 들어 설명함으로 언어 절제의 필요성과 중요성을 강조하고 있습니다.

## 2. 혀(언어)의 위력과 피해를 구체적으로 설명하다(3:3-6)

"3 우리가 말들의 입에 재갈 물리는 것은 우리에게 순종하게 하려고 그 온 몸을 제어하는 것이라 4 또 배를 보라 그렇게 크고 광풍에 밀려가는 것들을 지극히 작은 키로써 사공의 뜻대로 운행하나니 5 이와 같이 혀도 작은 지체로되 큰 것을 자랑하도다 보라 얼마나 작은 불이 얼마나 많은 나무를 태우는가 6 혀는 곧 불이요 불의의 세계라 혀는 우리 지체 중에서 온 몸을 더럽히고 삶의 수레바퀴를 불사르나니 그 사르는 것이 지옥 불에서 나느니라"

3절부터 6절 말씀의 내용은 혀(언어)를 말의 재갈, 배의 키, 그리고 산불의 불씨의 역할과 위력에 비유하여 혀(언어) 절제의 중요성을 매우 강조하고 있습니다. 3절에서는 혀를 통제하는 것은 마치 말의 입에 물리는 작은 재갈이 크고 힘센 말 전체를 통제하고 움직이는 기능과 역할을 하는 것과 같다는 것을 가르치고 있습니다.

### 1) 말의 재갈, 배의 키, 산불의 불씨의 위력과 피해를 예로 들다

3절의 "우리가 말들의 입에 재갈 물리는 것은 우리에게 순종하게 하려고 그 온 몸을 제어하는 것이라" 에서 야고보 장로는 "우리가" 라는 문구를 사용하므로 장로 자신을 포함시켜 수신자들과 같은 입장에서 말씀하고 있습니다. 그리고 본 절은 실제로 우리가 잘 알고 있는 내용입니다. 말을 타는 사람들이 말을 탈 때에 말의 입에 약간 가늘고 긴 작은 쇠붙이인 재갈을 물린 후에 그 입에 물린 재갈을 고삐와

176

함께 조정함으로 말 탄 사람의 임의대로 말을 움직이는 것을 예를 들어 말씀하고 있습니다. 말의 입에 재갈 먹여서 말을 통제하고 조정하는 것을 예로 든 이유는 말의 입에 물리는 재갈이 비록 작지만 그 작은 재갈을 조정함으로 크고 힘센 말을 움직이는 것을 보여주는 좋은 예가 되기 때문입니다.

이어서 4절에서는 배의 키의 역할을 예로 들어 우리에게 교훈하고 있습니다. "또 배를 보라 그렇게 크고 광풍에 밀려가는 것들을 지극히 작은 키로써 사공의 뜻대로 운행하나니" 이 말씀도 3절의 말씀과 비슷한 점을 강조하고 있습니다. 즉, 배 전체의 크기에 비해 지극히 작은 키를 운전함으로 선장이 거대한 배의 방향이나 항해를 조정하여 운행한다는 말씀입니다. 이 예를 들면서 야고보 장로는 크고 거대한 배가 억센 광풍에 밀려간다는 표현을 사용하여 운전하기에 무척 힘든 조건을 제시하고 이런 중에도 극히 작은 키로 큰 배를 능히 운전할 수 있다는 것을 강조하고 있습니다.

끝으로 3절과 4절을 종합하여 5절 상반절에서 "이와 같이 혀도 작은 지체로되 큰 것을 자랑하도다" 라고 혀의 기능과 위력을 밝혀 결론짓고 있습니다. 이 결론에서 우리가 생각할 것은 3절과 4절 각각의 비유에 나오는 말의 혀와 재갈, 그리고 큰 배의 키와 혀의 모양새가 비슷한 것은 비록 비유이지만 참으로 적절한 비유를 택하여 혀의 기능과 역할을 가르치고 있다는 사실입니다.

이 말씀에서 "큰 것을 자랑하도다" 라는 문구는 혀가 우리 몸 가운데 아주 작은 기관이지만 실제로 혀를 어떻게 사용하느냐에 따라 선악간에 큰 결과를 초래한다는 뜻입니다. 3절과 4절의 비유에서 재갈과 키의 선하고 유익한 기능에 초점을 두고 설명한 문맥에 주의할 필요가 있습니다. 이런 문맥으로 이해하면 결국 혀를 선하고 좋게 사용할 경우 유익하고 덕이 되는 큰 결과를 이룰 수 있다는 것을 가르치기 위한 것으로 이해합니다. 이와 대조적으로 뒤에 계속되는 5절 하반절과 6절의 비유는 혀를 악하게 잘못 사용할 때 초래되는 큰 위험과 피해를 설명하고 있다고 하겠습니다.

따라서 3절과 4절의 가르침은 혀로 선하고 덕이 되는 말을 하면 이로 인해 신자 자신의 인격내지는 생활에 큰 도움이 된다고 하겠습니다. 그리고 나아가 교회 공동체에 유익한 결과와 덕을 끼치게 된다는 뜻이라고 하겠습니다. 이와 같은 가르침은 성경 곳곳에서 배울 수 있습니다.

"의로운 입술은 왕들이 기뻐하는 것이요 정직하게 말하는 자는 그들의 사랑을 입느니라"(잠 16:13)

"유순한 대답은 분노를 쉬게 하여도 과격한 말은 노를 격동하느니라"(잠 15:1)

"17 진리를 말하는 자는 의를 나타내어도 거짓 증인은 속이는 말을 하느니라 18 칼로 찌름 같이 함부로 말하는 자가 있거니와 지혜로운 자의 혀는 양약과 같으니라"(잠 12:17-18)

"의인의 입은 생명의 샘이라도 악인의 입은 독을 머금었느니라"(잠 10:11)

"20 의인의 혀는 순은과 같거니와 악인의 마음은 가치가 적으니라 21 의인의 입술은 여러 사람을 교육하나 미련한 자는 지식이 없어 죽느니라"(잠 10:20-21)

"31 의인의 입은 지혜를 내어도 패역한 혀는 베임을 당할 것이니라 32 의인의 입술은 기쁘게 할 것을 알거늘 악인의 입은 패역을 말하느니라"(잠 10:31-32)

"사람은 입의 열매로 말미암아 복록에 족하며 그 손이 행하는 대로 자기가 받느니라"(잠 12:14)

"입과 혀를 지키는 자는 자기의 영혼을 환난에서 보전하느니라"(잠 21:23)

"온순한 혀는 곧 생명 나무이지만 패역한 혀는 마음을 상하게 하느니라"(잠 15:4)

"23 지혜로운 자의 마음은 그의 입을 슬기롭게 하고 또 그의 입술에 지식을 더하느니라 24 선한 말은 꿀송이 같아서 마음에 달고 뼈에 양약이 되느니라"(잠 16:23-24)

위의 말씀들을 읽으면서 이 잠언서의 말씀들은 대체로 선한 말을 하는 혀와 악한 말을 하는 혀가 초래하는 일들을 대조하여 가르치고 있으므로 다음에 배우는 내용에도 관계가 되는 것을 이해할 필요가 있습니다. 앞에서 언급한 5절 상반절의 말씀은 그 앞에 있는 3절과 4절의 말씀을 종합한 결론입니다. 동시에 이제 배우게 되는 5절 하반절과 6절 말씀에도 적용되는 것을 기억하고 살펴보도록 하겠습니다.

5절 하반절과 6절의 말씀은 혀(언어)로 인해 초래될 수 있는 큰 피해를 4가지 현상에 비유하여 밝히고 있습니다. "5 …보라 얼마나 작은 불이 얼마나 많은 나무를 태우는가 6 혀는 곧 불이요 불의의 세계라 혀는 우리 지체 중에서 온 몸을 더럽히고 삶의 수레바퀴를 불사르나니 그 사르는 것이 지옥 불에서 나느니라" 이 말씀에서 보면 4가지 혀의 파괴력과 피해를 열거하여 설명하고 있습니다. 첫째, "혀를 가리켜 불"이라고 하면서 이를 설명하기를 "불의의 세계" 라고 했습니다. 둘째, "혀는 우리 지체 중에서 온 몸을 더럽힌다"고 했습니다. 셋째, 혀는 "삶의 수레바퀴를 불사른다"고 했습니다. 넷째, "불사르는 것이 지옥 불에서 난다"고 했습니다. 이상의 요약을 근거로 한 구절 한 구절 살펴보겠습니다.

첫째, 작은 불씨가 큰 불이 되어 숲의 수많은 나무를 태우는 것을 지적하여 간접으로 혀가 큰 해를 초래한다는 것을 암시하고 있습니다. 작은 불씨가 큰 불이 되어 숲의 수많은 나무를 태우는 것은 실제로 있는 이야기입니다. 미국의 경우 남가주 지역이나 서북부 큰 산들이 있는 지역에는 이따금 큰 산불이 나는데 그 원인이 차를 타고 가던 사람들이 무심코 버린 담배꽁초가 불씨가 된 경우도 있고, 드물지만 베짱이 같은 곤충들이 달리는 차의 배기연통에 붙었다가 불이 붙은 채 떨어지면서 근처의 숲에 불꽃이 되어 큰 산불을 일으키는 경우도 보고된 바 있습니다. 이와 같이 지극히 작은 불씨가 수많은 수목들을 태우는 큰 산불이 되는 놀라운 사실을 기술하면서 불의 첫 번째 파괴력과 피해를 가리켜 6절에서 "혀는 곧 불이요 불의의 세계라"고 불과 같은 혀의 파괴력과 피해를 기록하고 있습니다.

이 말씀에 언급된 "불의의 세계라"는 문구 중 "세계" 라는 단어는 우리가 살고 있는 지구나 물리적이고 물질적인 세계를 뜻하는 것이 아니고 사회 제도나 정신적인 세계를 의미합니다. 따라서 "불의의 세계"란 악으로 찬 세상, 불법과 온갖 부도덕한 행위로 가득한 타락한 인간 세상 또는 사탄이 지배하는 세상을 뜻하고 있습니다. 그리고 혀가 이와 같이 사탄의 지배하에 있는 타락한 사람이 갖고 있는 온갖 악한 생각과 마음을 표현하고 대표한다는 뜻에서 이 혀는 불의의 세계라고 한 것입니다. 성경 곳곳에 혀의 악하고 불의함을 가르치고 있습니다.

"그들의 입에 신실함이 없고 그들의 심중이 심히 악하며 그들의 목구멍은 열린 무덤 같고 그들의 혀로는 아첨하나이다" (시 5:9)

**179**

"그들의 목구멍은 열린 무덤이요 그 혀로는 속임을 일삼으며 그 입술에는 독사의 독이 있고"(롬 3:13)

"27 불량한 자는 악을 꾀하나니 그 입술에는 맹렬한 불 같은 것이 있느니라 28 패역한 자는 다툼을 일으키고 말쟁이는 친한 벗을 이간하느니라"(잠 16:27-28)

"6 미련한 자의 입술은 다툼을 일으키고 그의 입은 매를 자청하느니라 7 미련한 자의 입은 그의 멸망이 되고 그의 입술은 그의 영혼의 그물이 되느니라"(잠 18:6-7)

"18 횃불을 던지며 화살을 쏘아서 사람을 죽이는 미친 사람이 있나니 19 자기의 이웃을 속이고 말하기를 내가 희롱하였노라 하는 자도 그러하니라 20 나무가 다하면 불이 꺼지고 말쟁이가 없어지면 다툼이 쉬느니라 21 숯불 위에 숯을 더하는 것과 타는 불에 나무를 더하는 것 같이 다툼을 좋아하는 자는 시비를 일으키느니라"(잠 26:18-21)

"내 영혼이 사자들 가운데에서 살며 내가 불사르는 자들 중에 누웠으니 곧 사람의 아들들 중에라 그들의 이는 창과 화살이요 그들의 혀는 날카로운 칼 같도다"(시 57:4)

"1 여호와의 손이 짧아 구원하지 못하심도 아니요 귀가 둔하여 듣지 못하심도 아니라 2 오직 너희 죄악이 너희와 너희 하나님 사이를 갈라 놓았고 너희 죄가 그의 얼굴을 가리어서 너희에게서 듣지 않으시게 함이니라 3 이는 너희 손이 피에, 너희 손가락이 죄악에 더러워졌으며 너희 입술은 거짓을 말하며 너희 혀는 악독을 냄이라"(사 59:1-3)

교회 안에서 성도간의 관계를 두고 보더라도 우리가 말을 잘못함으로 인해 성도 간에 분란이 생기고 심할 경우에는 교회가 분열되는 피해를 초래하는 경우도 있는 것을 우리 주변에서 볼 수 있습니다.

둘째, 혀의 파괴력과 피해를 "혀는 우리 지체 중에서 온 몸을 더럽히고" 라고 설명하고 있습니다. 이 말씀 중 "온 몸을 더럽히고" 라는 문구는 우리의 육체 또는 신체를 더럽힌다는 뜻이 아니라 우리의 인품, 인격을 더럽힌다는 뜻입니다. 그리고 더럽힌다는 말도 우리의 인격 또는 명예를 손상한다, 중상한다, 모함한다라는 뜻이라고 할 수 있습니다. 이 말씀은 결국 교회 안에서 성도 간에 서로 물고 뜯고 하는 과정에서 중상하고 모략하고 거짓말을 퍼트려 상대방을 매장시키는 일까지도 있을 수 있음을 가르치고 있습니다. 주님께서도 이와 같은 내용의 말씀을 하셨습니다.

"20 또 이르시되 사람에게서 나오는 그것이 사람을 더럽게 하느니라 21 속에서 곧 사람의 마음에서 나오는 것은 악한 생각 곧 음란과 도둑질과 살인과 22 간음과 탐욕과 악독과 속임과 음탕과 질투와 비방과 교만과 우매함이니 23 이 모든 악한 것이 다 속에서 나와서 사람을 더럽게 하느니라"(막 7:20-23)

셋째, 혀의 파괴력과 피해를 "삶의 수레바퀴를 불사르나니" 라고 본 절에서 설명하고 있습니다. 여기의 "삶의 수레바퀴" 라는 문구는 우리의 일상생활 전체를 가리키는 것으로 혀의 말이 우리의 생활 전부 뿐만 아니라 우리와 관계된 주위의 모든 사람들에게까지 해를 끼치고 모든 일들을 망치게 한다는 뜻입니다. 다시 말하면 혀가 거짓말을 하고, 악을 내뿜고, 중상모략을 하고, 더러운 말을 함으로써 우리 개인 생활과 함께 주위에 있는 사람들 모두가 피해를 입고 손해를 보게 된다는 뜻입니다.

넷째, 혀의 파괴력과 피해를 "그 사르는 것이 지옥 불에서 나느니라"고 가르치고 있습니다. 이 말씀의 뜻은 혀가 피해를 입히고, 파괴하고 하는 일을 계속적으로 하는데 그 근원이 "지옥 불"에서 나온다는 것을 의미합니다. 여기에 쓰인 "지옥 불"은 원래 "힌놈 골짜기 또는 힌놈의 골짜기(히브리어로는 ge-henom)"로 알려진 예루살렘 서남쪽 골짜기 오물처리장에서 꺼지지 않고 타고 있는 불을 의미합니다. 이곳은 과거 유대 악한 왕 아하스(대하 28:1-4)와 므낫세(대하 33:1-6)가 이방의 영향을 받아 아들들을 이방신 바알에게 제물로 드리던 곳인데 훗날 예수님 당시에는 오물처리장으로 변하여 오물처리의 불이 계속 꺼지지 않고 타고 있는 상태였습니다. 공관복음서의 기록에 따르면 이곳은 결국 사탄과 악령들을 위해 예비된 영원한 불못에 비교되는 곳으로 심판의 장소입니다. 이 지옥에 대해서는 예수님의 말씀이 잘 설명하고 있습니다.

"47 만일 네 눈이 너를 범죄하게 하거든 빼버리라 한 눈으로 하나님의 나라에 들어가는 것이 두 눈을 가지고 지옥에 던져지는 것보다 나으니라 48 거기에서는

**181**

구더기도 죽지 않고 불도 꺼지지 아니하느니라 49 사람마다 불로써 소금 치듯 함을 받으리라"(막 9:47-49)

그리고 "지옥 불에서 나느니라" 라는 문구는 지옥은 사탄과 악령들이 심판 받을 곳이므로 지옥 하면 사탄을 생각하고 또 사탄의 영향 하에 있는 것으로 이해할 수 있습니다. 따라서 "그 사르는 것이 지옥 불에서 나느니라" 라는 문구는 사탄의 목적과 뜻을 달성하는 도구가 혀이므로 사탄의 영향을 받아 피해를 입히고 파괴하는 모든 일을 하기 때문에 그 근원이 사탄에게 있다는 뜻으로 이해하면 합당합니다. 사탄이 하는 일에 대해서 주님께서 하신 말씀을 보겠습니다.

"44 너희는 너희 아비 마귀에게서 났으니 너희 아비의 욕심대로 너희도 행하고자 하느니라 그는 처음부터 살인한 자요 진리가 그 속에 없으므로 진리에 서지 못하고 거짓을 말할 때마다 제 것으로 말하나니 이는 그가 거짓말쟁이요 거짓의 아비가 되었음이라"(요 8:44)

마귀의 영향을 받아 온갖 해를 끼치는 혀에 대해서 성경 곳곳에서 증거하고 있습니다.

"2 네 혀가 심한 악을 꾀하여 날카로운 삭도 같이 간사를 행하는도다 3 네가 선보다 악을 사랑하며 의를 말함보다 거짓을 사랑하는도다 4 간사한 혀여 너는 남을 해치는 모든 말을 좋아하는도다"(시 52:2-4)

이와 같이 파괴적인 혀를 절제하여 오히려 선을 추구하고 덕을 끼치는 삶을 살 수 있는 비결은 하나님의 선하심을 온전히 믿고 그분의 말씀의 가르침을 따르는 것임을 성경은 우리에게 교훈하고 있습니다.

"3 여호와여 내 입에 파수꾼을 세우시고 내 입술의 문을 지키소서 4 내 마음이 악한 일에 기울어 죄악을 행하는 자들과 함께 악을 행하지 말게 하시며 그들의 진수성찬을 먹지 말게 하소서"(시 141:3-4)

"2 내가 지존하신 하나님께 부르짖음이여 곧 나를 위하여 모든 것을 이루시는 하나님께로다 3 그가 하늘에서 보내사 나를 삼키려는 자의 비방에서 나를 구원하실지라 하나님이 그의 인자와 진리를 보내시리로다 4 내 영혼이 사자들 가운데에서 살며 내가 불사르는 자들 중에 누웠으니 곧 사람의 아들들 중에라 그들의 이는

182

창과 화살이요 그들의 혀는 날카로운 칼 같도다"(시 57:2-4).

"12 생명을 사모하고 연수를 사랑하여 복 받기를 원하는 사람이 누구뇨 13 네 혀를 악에서 금하며 네 입술을 거짓말에서 금할지어다"(시 34:12-13)

지금까지 우리는 참된 믿음을 가진 성숙한 신자는 혀, 즉 말을 절제함으로 교회 공동체에 유익을 끼치며 교회를 세우는 삶을 살아야 한다는 것을 배웠습니다. 또 혀가 우리 몸의 작은 부분이지만 혀를 어떻게 사용하느냐에 따라 선악간에 큰 결과가 초래된다는 것도 알았습니다. 그리고 혀가 파괴하고 피해를 입히는 일을 하는 것이 결국 사탄의 영향 때문이므로 혀를 선하게 그리고 덕스럽게 절제하는 비결은 하나님의 선하심을 온전히 믿고 그분의 말씀의 가르침을 따라 행하는 것입니다. 이어서 7절부터 12절에서는 혀는 본래 완고하고 악하고 변덕스러운 모순덩어리 존재라는 것을 배우게 됩니다.

## 3. 혀(언어)의 악함과 변덕스러움(3:7-12)

"7 여러 종류의 짐승과 새와 벌레와 바다의 생물은 다 사람이 길들일 수 있고 길들여 왔거니와 8 혀는 능히 길들일 사람이 없나니 쉬지 아니하는 악이요 죽이는 독이 가득한 것이라 9 이것으로 우리가 주 아버지를 찬송하고 또 이것으로 하나님의 형상대로 지음을 받은 사람을 저주하나니 10 한 입에서 찬송과 저주가 나오는도다 내 형제들아 이것이 마땅하지 아니하니라 11 샘이 한 구멍으로 어찌 단 물과 쓴 물을 내겠느냐 12 내 형제들아 어찌 무화과나무가 감람 열매를, 포도나무가 무화과를 맺겠느냐 이와 같이 짠 물이 단 물을 내지 못하느니라"

7절과 8절에서는 혀의 본래의 정체에 대해서 설명하고 있습니다. 7절에서는 모든 생물은 인간에 의하여 길들일 수 있다는 사실을 가르치고 있습니다. 그리고 이와 대조적으로 혀는 완고하고 악하여 길들일 수 없는 존재인 것을 8절에서 가르치고 있습니다. 그리고 9절부터 12절의 말씀은 혀의 변덕스러운 이중성과 모순성을 3가지 자연 현상의 예를 들어 가르치고 있습니다.

**183**

7절과 8절입니다. "7 여러 종류의 짐승과 새와 벌레와 바다의 생물은 다 사람이 길들일 수 있고 길들여 왔거니와 8 혀는 능히 길들일 사람이 없나니 쉬지 아니하는 악이요 죽이는 독이 가득한 것이라" 서커스 공연 때에든지, 또는 개나 다른 동물 훈련장에 가면 볼 수 있듯이 많은 동물들이 사람의 손에 의해 길들여지는 것을 볼 수 있습니다. 사자나 호랑이 같은 맹수나 코끼리, 물개, 돌고래 같이 거대한 동물들이 잘 훈련되어 여러 가지 곡예를 하는 것을 보면서 훈련시킨 사람들의 재주에 놀라곤 합니다. 실제로 세상에 있는 많은 생물들이 거의 모두 다 조건 반사의 방법을 이용하여 훈련하면 길들일 수 있는 것으로 이해합니다. 이 사실을 들어 야고보 장로는 7절에서 "여러 종류의 짐승과 새와 벌레와 바다의 생물은 다 사람이 길들일 수 있고 길들여 왔거니와" 라고 말씀하였습니다.

이어서 이와 같은 동물들과는 대조적으로 8절에서는 우리의 혀는 전혀 길들일 수 없는 존재라는 것을 강조하고 있습니다. "혀는 능히 길들일 사람이 없나니 쉬지 아니하는 악이요 죽이는 독이 가득한 것이라"고 함으로 혀의 완고하고 악독함도 밝히고 있습니다. 8절의 첫 부분의 말씀대로 혀는 능히 길들일 사람이 없습니다. 이 사실을 다른 말로 하면 타락한 죄의 본성을 가진 인간의 혀는 인간의 통제력으로 어떻게 할 수 없다는 말씀입니다. 오직 성령님께서만 우리의 혀를 주장하시고 다스리시고 통제하실 수 있습니다. 우리의 혀를 길들일 수 없을 뿐만 아니라 우리의 혀는 "쉬지 아니하는 악이요 죽이는 독이 가득한 것이라"고 혀의 본성을 밝히고 있습니다. 이 구절의 "쉬지 아니하는 악" 이라는 문구는 불안정하고, 광풍에 밀리는 바다 물결같이 잠시도 쉬지 않고 요동이 심한 상태를 가리키고 있습니다. 혀는 쉬지 않고 악을 도모할 뿐만 아니라 "죽이는 독이 가득한 것" 이라고 했습니다.

악한 자의 혀로 인해 선한 사람들이 피해를 입거나 목숨을 잃은 경우를 성경 곳곳에서 찾아 볼 수 있습니다. 야곱의 아들들의 속임으로 인해 야곱이 요셉이 죽은 줄 알고 10여 년 이상을 슬픔 속에 살았던 야곱의 삶과 요셉이 애굽에 팔려가서 보디발의 종살이를 할 때 보디발의 아내의 악독한 모함으로 인해 여러 해를 감옥살이 한 것, 그리고 훗날 다니엘의 지위를 탐하여 그 신하들이 짜낸 꾀로 인해 결국 다니엘이 사자 굴에 던짐을 받았다가 하나님께서 구원해 주신 것 등 우리의 혀가


· 온전한 믿음의 사람은 ·

악하고 살인하고도 남는 독이 가득한 것을 알 수 있습니다. 혀의 악함과 죽이는 독이 가득한 경우를 증거하는 실례를 몇 가지 살펴 보았습니다마는 시편의 말씀에서도 이 사실을 가르치고 있음을 봅니다.

"2 그들이 마음속으로 악을 꾀하고 싸우기 위하여 매일 모이오며 3 뱀 같이 그 혀를 날카롭게 하니 그 입술 아래에는 독사의 독이 있나이다"(시 140:2-3)

"2 주는 악을 꾀하는 자들의 음모에서 나를 숨겨 주시고 악을 행하는 자들의 소동에서 나를 감추어 주소서 3 그들이 칼 같이 자기 혀를 연마하며 화살 같이 독한 말로 겨누고 4 숨은 곳에서 온전한 자를 쏘며 갑자기 쏘고 두려워하지 아니하는도다"(시 64:2-4)

믿는 사람의 경우도 하나님의 도우심이 없이는 이와 같이 악하고 독으로 찬 혀를 절제할 수 없음을 다음의 말씀에서 볼 수 있습니다.

"3 여호와여 내 입에 파수꾼을 세우시고 내 입술의 문을 지키소서 4 내 마음이 악한 일에 기울어 죄악을 행하는 자들과 함께 악을 행하지 말게 하시며 그들의 진수성찬을 먹지 말게 하소서"(시 141:3-4)

"내가 말하기를 나의 행위를 조심하여 내 혀로 범죄하지 아니하리니 악인이 내 앞에 있을 때에 내가 내 입에 재갈을 먹이리라 하였도다"(시 39:1)

또 아래의 말씀과 같이 성령님의 역사와 인도하심을 의지하고 순종할 때에만 우리 성도는 혀를 절제하여 선을 행할 수 있습니다.

"17 육체의 소욕은 성령을 거스르고 성령은 육체를 거스르나니 이 둘이 서로 대적함으로 너희가 원하는 것을 하지 못하게 하려 함이니라"(갈 5:17)

이어서 배우게 되는 9절부터 12절까지의 말씀에서 야고보 장로는 혀의 이중성과 모순과 변덕스러움은 성도에게는 합당한 것이 아니라고 가르치고 있습니다. 그리고 하나님의 자연 섭리를 거역하는 행위라는 것을 구체적으로 교훈하고 있습니다. 9절과 10절에서는 같은 혀로 하나님을 찬송하고 같은 혀로 하나님의 형상대로 지음 받은 인간을 저주하는 것을 지적하여 이와 같은 모순과 이중성은 죄라는 것을 가르치고 있습니다. 아울러 참된 믿음을 가진 성숙한 믿음의 사람은 이렇게 할 수 없다는 것을 역설하고 있습니다. 그리고 11절과 12절에서는 앞에서 지적한 혀의 이중성과 모순은 절대 있을 수 없는 일이라는 것을 구체적으로 자연 현상을 들어 하나님의 자연의 섭리를 거역하는 일이라고 교훈하고 있습니다.

9절에서 10절입니다. "9 이것으로 우리가 주 아버지를 찬송하고 또 이것으로 하나님의 형상대로 지음을 받은 사람을 저주하나니 10 한 입에서 찬송과 저주가 나오는도다 내 형제들아 이것이 마땅하지 아니하니라" 9절에 기록된 "이것으로(혀로) 우리가 주 아버지를 찬송하고" 라고 한 문구는 수신자인 유대 그리스도인들이 과거 유대교인으로 생활할 때에 주 여호와 하나님을 찬송하던 관습을 이어받은 예배 행위를 지적하여 말씀하신 것으로 이해합니다. 시편 곳곳에서 볼 수 있듯이 유대인들은 하나님께서 하신 위대한 일들을 선포하면서 그분의 이름을 찬송하곤 합니다(참고: 시 28:6, 31:21, 39:52, 68:19, 35, 89:52, 106:48, 113:2, 124:6, 135:21, 144:1). 이와 같이 위대하시고 구원의 주가 되시는 하나님을 찬송하면서 동시에 "그 입으로 하나님의 형상으로 지음 받은 사람들을 향해 저주하는 것" 을 지적하여 야고보 장로는 10절에서 "한 입에서 찬송과 저주가 나오는도다 내 형제들아 이것이 마땅하지 아니하니라"고 분명하게 밝혀 죄가 된다는 것을 가르치고 있습니다.

10절 말씀에서 우리가 주의할 것은 야고보 장로가 같은 혀로 하나님을 찬송하고 또 같은 혀로 하나님의 형상대로 지음 받은 사람을 저주하는 언어 행위의 장본인들을 "내 형제들아" 라고 부른 사실입니다. ,잘못된 언어 행위도 문제이지만 근본적으로 이와 같이 잘못된 언어 행위의 장본인들이 본서의 수신자 유대 그리스도인들이라는 것입니다. 그럼에도 불구하고 특별히 그들을 형제들이라고 불러서 그들의 죄를 깨우치는 야고보 장로의 아픈 마음을 우리는 이해할 필요가 있습니다. 그리고 "마땅하지 아니하니라"고 한 말씀은 인류의 구속자이신 예수 그리스도를 믿고 구원받은 신자로서는 절대 할 수 없는 도덕적으로 부당할 뿐만 아니라 모든 사람을 사랑하시는 하나님의 은혜를 거역하는 일이라는 뜻입니다. 이와 같이 엄하게 책망하고 11절과 12절에서는 혀의 이중성과 모순의 죄악스러움을 3가지 자연 현상의 예를 들어 밝히고 있습니다.

"11 샘이 한 구멍으로 어찌 단 물과 쓴 물을 내겠느냐 12 내 형제들아 어찌 무화과나무가 감람 열매를, 포도나무가 무화과를 맺겠느냐 이와 같이 짠 물이 단 물을


· 온전한 믿음의 사람은 ·

내지 못하느니라"

첫째, 샘물을 예로 들어서 "한 구멍에서 어찌 단 물과 쓴 물이 나올 수 있느냐"라는 반어적 의문문으로 이것은 불가능하다는 것을 강조하고 있습니다. 그러므로 한 입으로 찬송하고 저주하는 것은 믿는 사람의 경우 절대 있을 수 없다는 것을 강조하고 있습니다.

둘째, "무화과나무가 감람 열매를, 포도나무가 무화과를 맺을 수 없다"는 자연현상의 법칙을 예로 들어 말씀하고 있습니다. 이와 비슷한 내용을 이미 주님께서 말씀하신 바 있습니다.

"15 거짓 선지자들을 삼가라 양의 옷을 입고 너희에게 나아오나 속에는 노략질하는 이리라 16 그들의 열매로 그들을 알지니 가시나무에서 포도를, 또는 엉겅퀴에서 무화과를 따겠느냐 17 이와 같이 좋은 나무마다 아름다운 열매를 맺고 못된 나무가 나쁜 열매를 맺나니 18 좋은 나무가 나쁜 열매를 맺을 수 없고 못된 나무가 아름다운 열매를 맺을 수 없느니라 19 아름다운 열매를 맺지 아니하는 나무마다 찍혀 불에 던져지느니라 20 이러므로 그들의 열매로 그들을 알리라" (마 7:15-20)

셋째, "짠 물이 단물을 내지 못한다"고 말씀하고 있습니다. 이 말씀은 유대지방에 사는 사람이면 아마도 사해의 근처에 있는 짠물이 나는 샘을 생각할 수 있을 것입니다. 또 어떤 사람들은 사해(염해)를 직접 가리키는 것으로 이해하여 염해(사해)에서 단물을 얻을 수 없다는 사실을 말씀한 것으로 이해합니다. 한 가지 분명한 것은 어느 지역을 막론하고 짠물이 솟아나는 샘에서 단물을 얻지 못하는 것은 절대 어길 수 없는 자연 현상이라는 사실입니다.

이상의 내용은 동시에 선과 악이 절대 혼합될 수 없다는 진리를 가르치고 있기도 합니다. 선한 사람의 혀는 선한 일을 도모하며 악한 자의 혀는 악을 도모하는 것을 성경 곳곳에서 배울 수 있습니다.

"악인은 입으로 그의 이웃을 망하게 하여도 의인은 그의 지식으로 말미암아 구원을 얻느니라" (잠 11:9)

"악인의 말은 사람을 엿보아 피를 흘리자 하는 것이거니와 정직한 자의 입은 사람을 구원하느니라" (잠 12:6)

"말이 많으면 허물을 면하기 어려우나 그 입술을 제어하는 자는 지혜가 있느니라"(잠 10:19)

"마음이 굽은 자는 복을 얻지 못하고 혀가 패역한 자는 재앙에 빠지느니라"(잠 17:20)

"죽고 사는 것이 혀의 힘에 달렸나니 혀를 쓰기 좋아하는 자는 혀의 열매를 먹으리라"(잠 18:21)

"거짓말 하는 자는 자기가 해한 자를 미워하고 아첨하는 입은 패망을 일으키느니라"(잠 26:28)

"16 여호와께서 미워하시는 것 곧 그의 마음에 싫어하시는 것이 예닐곱 가지이니 17 곧 교만한 눈과 거짓된 혀와 무죄한 자의 피를 흘리는 손과 18 악한 계교를 꾀하는 마음과 빨리 악으로 달려가는 발과 19 거짓을 말하는 망령된 증인과 및 형제 사이를 이간하는 자이니라"(잠 6:16-19)

따라서 믿는 사람들이 같은 혀로 하나님을 찬송하고 그분의 형상으로 지음 받은 사람을 저주한다는 것은 하나님의 자연 섭리를 어기는 것입니다. 동시에 앞에 언급한 것과 같이 하나님의 은혜에 위배되는 죄악 된 행위라는 사실을 본문의 가르침을 통해 마음에 깊이 새기고 간직해야 하겠습니다.

그리고 더 나아가서 선하고 덕스러운 말을 함으로써 교회 공동체를 세우는데 힘써야할 줄 압니다. 이 대목을 마치면서 본래 악하고 모순 덩어리인 혀를 절제하여 온전한 믿음을 가진 성숙한 성도로서 합당한 삶을 살아가는데 필요한 도움을 성경의 가르침에서 배우도록 합시다. 아래 기록한 말씀이 가르치는 삶의 원칙을 따라 살 때, 우리는 혀를 절제하여 유익과 덕을 끼치는 성도가 될 수 있을 것을 확신합니다.

"모든 것이 내게 가하나 다 유익한 것이 아니요 모든 것이 내게 가하나 내가 무엇에든지 얽매이지 아니하리라"(고전 6:12)

"23 모든 것이 가하나 모든 것이 유익한 것은 아니요 모든 것이 가하나 모든 것이 덕을 세우는 것은 아니니 24 누구든지 자기의 유익을 구하지 말고 남의 유익을 구하라"(고전 10:23-24)


· 온전한 믿음의 사람은 ·

"16 그리스도의 말씀이 너희 속에 풍성히 거하여 모든 지혜로 피차 가르치며 권면하고 시와 찬송과 신령한 노래를 부르며 감사하는 마음으로 하나님을 찬양하고 17 또 무엇을 하든지 말에나 일에나 다 주 예수의 이름으로 하고 그를 힘입어 하나님 아버지께 감사하라"(골 3:16-17)

성령님의 도우심을 받아 위의 말씀을 기억하고 우리의 혀를 절제하여 말을 하면 교회 안에서 공동체 전체와 공동체 내의 지체와의 관계에서 덕을 세우고 유익을 끼치는 삶을 살 수 있음을 확신합니다.



2부. 온전한 믿음의 사람과 신앙 공동체 내의 모범적인 삶

# 7장
# 세상의 지혜와 하나님의 지혜(3:13-18)

"13 너희 중에 지혜와 총명이 있는 자가 누구냐 그는 선행으로 말미암아 지혜의 온유함으로 그 행함을 보일지니라 14 그러나 너희 마음 속에 독한 시기와 다툼이 있으면 자랑하지 말라 진리를 거슬러 거짓말하지 말라 15 이러한 지혜는 위로부터 내려온 것이 아니요 땅 위의 것이요 정욕의 것이요 귀신의 것이니 16 시기와 다툼이 있는 곳에는 혼란과 모든 악한 일이 있음이라 17 오직 위로부터 난 지혜는 첫째 성결하고 다음에 화평하고 관용하고 양순하며 긍휼과 선한 열매가 가득하고 편견과 거짓이 없나니 18 화평하게 하는 자들은 화평으로 심어 의의 열매를 거두느니라"

1절부터 12절까지의 말씀을 통해 우리의 혀가 타락한 본성 때문에 악하고 큰 파괴력을 가지고 있음을 배웠습니다. 또 혀는 길들이거나 절제하기 힘들다는 것을 배웠습니다. 이 때문에 교회 안에서 많이 선생이 되지 말라고 했습니다. 이어서 13절부터 18절에서 야고보 장로는 교회 안에서 덕을 세우며 유익을 끼치는 선생이나 성도가 되려는 사람에게 꼭 필요한 것이 있는데 그것은 하나님께서 주시는 지혜라고 말씀합니다. 하늘의 지혜가 아니고는 혀를 절제할 수 없기 때문입니다.

### 1. 죽은 믿음의 거짓된 지혜(세상적인 지혜)와 그 특징 7가지(3:13-16)

"13 너희 중에 지혜와 총명이 있는 자가 누구냐 그는 선행으로 말미암아 지혜의 온유함으로 그 행함을 보일지니라 14 그러나 너희 마음 속에 독한 시기와 다툼이 있으면 자랑하지 말라 진리를 거슬러 거짓말하지 말라 15 이러한 지혜는 위로부터 내려온 것이 아니요 땅 위의 것이요 정욕의 것이요 귀신의 것이니 16 시기와 다툼이 있는 곳에는 혼란과 모든 악한 일이 있음이라"

혀를 절제하는데 필요한 지혜를 논함에 있어서 13절에서는 선생들이나 선생 자원자들과 성도들을 향해 야고보 장로는 이와 같은 지혜를 가진 자가 있느냐고 묻습니다. 그리고 있으면 그 지혜를 실제 생활을 통해 보이라고 도전하고 있습니다. 그러면서 14절부터 16절의 말씀에서는 거짓된 지혜, 즉 세상적인 지혜가 어떤 것인지를 자세히 가르치고 있습니다.

13절의 "13 너희 중에 지혜와 총명이 있는 자가 누구냐 그는 선행으로 말미암아 지혜의 온유함으로 그 행함을 보일지니라" 말씀은 두 부분으로 나누어 이해함이 도움이 됩니다. 첫 부분은 지혜와 총명이 있는 사람이 없기 때문에 있는 사람은 자진하여 증거하라고 하는 말씀이 아닙니다. 선생 되기를 좋아하는 사람들을 겨냥한 말씀입니다. 즉, "당신들이 지혜가 있고 총명이 있어서 선생 되기를 원하는 것

같은데 정말 당신들에게 일반 성도들을 가르칠 만한 지혜와 총명이 있는 것입니까?' 라고 묻고 있습니다.

그리고 계속되는 부분에서 "만일 당신들이 갖고 있다고 생각한다면 그 지혜와 총명을 실제 생활 속에서 증명해 보시오." 라고 도전하고 있습니다. 이렇게 도전하면서 그 지혜와 총명을 갖고 있다는 것을 증명함에 필요한 삶의 특징을 제시하고 있습니다. 먼저 여기서 언급되고 있는 "지혜와 총명" 의 뜻을 살펴보도록 하겠습니다.

여기 "지혜" 라는 낱말은 두 가지 뜻을 갖고 있습니다. 첫째, 고대 헬라 사람들의 경우는 지혜가 추상적인 지식이나 이론 및 철학을 의미하는 낱말입니다. 둘째, 유대인들에게는 보다 깊은 뜻을 갖고 있습니다. 그것은 지식을 실제 생활에 주의하여 적용하는 것을 뜻하고 있습니다. 동시에 유대인에게 있어서 이 지혜는 하나님과의 개인적인 체험에 근거한 지식에서 연유된 것입니다. 그러므로 인간 행위에 대한 도덕적 통찰력과 실제적인 문제를 결정하는 기술 또는 능력을 의미하고 있습니다. 본서의 저자인 야고보 장로가 유대인임을 고려할 때 여기의 "지혜" 라는 낱말은 유대인들이 이해하고 있는 뜻의 지혜를 말씀하고 있다고 보는 것이 합당합니다. 1장 5절에서도 야고보 장로는 지혜가 부족하면 하나님께 구하라고 했습니다.

본 절에 기록된 "총명" 이라는 낱말은 신약 전체에서 이곳에만 쓰이고 있습니다. 그리고 그 뜻은 대체로 전문적인 특수 지식으로 전문가가 이 지식을 실제 상황에 적용하는 것을 뜻하고 있습니다. 이상의 "지혜와 총명" 은 유사한 점이 많이 있는 낱말로 두 어휘가 동시에 쓰이는 경우가 많이 있습니다. 이 두 가지 낱말을 합하여 이해할 경우 "지혜"는 대체로 도덕적인 통찰력과 이를 실제 문제에 적용하여 결정하는 능력을 강조하고 있습니다. 이에 비하여 "총명" 은 습득한 전문적인 지식을 실제 생활 현장의 문제 해결에 적용하는 능력을 모두 포함하는 것으로 이해함이 합당합니다.

이상과 같이 이해할 때 한 가지 드러나는 것은 "지혜와 총명" 은 앞에서 배운 바 있는 믿음처럼 눈에 안 보이는 것이지만 실제 행위나 삶을 통해서만 "지혜와 총

193

명"의 유무를 가름할 수 있다는 사실입니다. 그래서 야고보 장로는 다른 성도들 보다 "지혜"가 있고 "총명"이 있다고 생각하여 선생이나 목사가 되기를 원하는 사람들에게 "지혜와 총명"을 "선행으로 말미암아 지혜의 온유함으로 그 행함을 보일지니라"고 도전하고 있습니다.

이 말씀은 곧 "지혜와 총명"은 행위나 삶으로 증명되는 것이라는 뜻입니다. 따라서 선한 행동을 통해 행위나 삶으로 증명함에 있어서 "지혜의 온유함"으로 하라고 했습니다. 이 "지혜의 온유함"이라는 문구의 뜻은 온유한 자세와 태도로 넘치는 지혜를 뜻합니다. "온유함"이라는 낱말 자체의 뜻은 약함을 뜻하는 것이 아니고 능력과 힘이 있는데 이를 속에 간직하고 통제한 상태를 유지하는 것을 뜻합니다. 꼭 맞지는 않지만 우리가 알고 있는 외유내강의 특징과 비슷하다고 할 수 있습니다. 따라서 "지혜의 온유함"이란 능력과 지혜가 있지만 그 지혜와 능력을 속에 담고 통제하면서 필요할 때 이를 발휘하는 태도나 자세를 뜻합니다. 또 온유함은 성령의 열매(갈 5:23)중의 한 가지 특성으로서 예수님의 속성에 속하기도 합니다.

"28 수고하고 무거운 짐 진 자들아 다 내게로 오라 내가 너희를 쉬게 하리라 29 나는 마음이 온유하고 겸손하니 나의 멍에를 메고 내게 배우라 그리하면 너희 마음이 쉼을 얻으리니 30 이는 내 멍에는 쉽고 내 짐은 가벼움이라 하시니라"(마 11:28-30)

여기서 한 가지 더 지적할 수 있는 것은 온유함은 거듭난 신자, 천국 시민의 특징이라고 할 수 있습니다(마 5:5)

이에 반하여 일반적으로 지식이 있거나 지혜 또는 능력이 있다고 하는 사람들의 특징은 교만하고 자기 자랑, 자기 과시 그리고 자기 주장으로 차있는 것입니다. 이런 사람은 개인 생활에 있어서 자기중심적이고, 자기 의에 차있어 이기적이며 경쟁적이고 다른 사람들 위에 서서 다스리기를 좋아하는 사람들이라고 하겠습니다. 그래서 세상에서는 이런 사람을 지도자로 보고 지도자로 세우는 경우를 흔히 봅니다. 그러나 주님의 몸 된 교회 안에서는 그렇지 않습니다.

"25 예수께서 제자들을 불러다가 이르시되 이방인의 집권자들이 그들을 임의로 주관하고 그 고관들이 그들에게 권세를 부리는 줄을 너희가 알거니와 26 너희

**194**

중에는 그렇지 않아야 하나니 너희 중에 누구든지 크고자 하는 자는 너희를 섬기는 자가 되고 27 너희 중에 누구든지 으뜸이 되고자 하는 자는 너희의 종이 되어야 하리라 28 인자가 온 것은 섬김을 받으려 함이 아니라 도리어 섬기려 하고 자기 목숨을 많은 사람의 대속물로 주려 함이니라"(마 20:25-28)

그리고 야고보 장로는 계속되는 14절부터 16절 말씀에서 잘못된 지혜, 즉 세상적인 지혜의 특징 7가지를 열거하여 선생 지원자들과 성도들을 깨우치고 있습니다. 여기서 한 가지 기억할 것은 13절에서는 "지혜와 총명"을 분리하여 언급하였지만 14절 이하의 말씀에서는 둘을 합해 "지혜"로 표현하고 있음을 이해할 필요가 있습니다. 세상적인 지혜의 특징 7가지를 살펴보겠습니다. 14절부터 16절입니다. "14 그러나 너희 마음 속에 독한 시기와 다툼이 있으면 자랑하지 말라 진리를 거슬러 거짓말하지 말라 15 이러한 지혜는 위로부터 내려온 것이 아니요 땅 위의 것이요 정욕의 것이요 귀신의 것이니 16 시기와 다툼이 있는 곳에는 혼란과 모든 악한 일이 있음이라"

야고보 장로는 14절 첫머리에서 "그러나"라는 접속사를 사용하여 소위 지혜와 총명이 있기 때문에 선생이나 지도자가 되기를 원하는 자들의 주의를 환기시키고 있습니다. 이와 같이 주의를 환기시키는 이유는 실제로 교회 안에서 가르치는 선생이나 목사중에 필요한 지혜와 총명을 소유하지 못한 무자격자들이 있고 그들로 인해 교회의 화평이 깨지는 경우가 있는 현실적인 문제 때문이라고 이해합니다.

"그러나"라는 접속사로 시작한 야고보 장로는 그들을 향해 만일 "너희 마음속에 독한 시기와 다툼이 있으면" 지혜와 총명이 있다고 생각하지도 말고 자랑도 하지 말라고 경계의 말씀을 하고 있습니다. 즉, 참된 "지혜"는 "마음속에 있는 독한 시기와 다툼"과 공존할 수 없다는 것을 지적하시면서 계속하여 만일 "자랑하는 자는 진리를 거슬러 거짓말 하는 사람"이라고 밝히고 있습니다.

여기서 언급한 "독한 시기와 다툼"의 뜻을 바로 이해할 필요가 있습니다. 먼저 "독한 시기"라는 문구의 "시기"는 원래 열심, 열정이라는 뜻을 갖고 있기 때문에 "시기"라는 단어 자체가 좋거나 나쁜 뜻을 내포하고 있지는 않습니다. 무엇에 대

**195**

한 열정과 열심이냐에 따라 선하고 악한 뜻을 갖게 되는 단어입니다. 예를 들면, 사도 바울이 "내가 하나님의 열심으로 너희를 위하여 열심을 내노니 내가 너희를 정결한 처녀로 한 남편인 그리스도께 드리려고 중매함이로다 그러나 나는"(고후 11:2)에 쓰인 열심은 선한 뜻의 열심입니다. 사도행전 5장 17절에 언급된 시기, 고린도전서 3장 3절에 언급된 시기 등은 악한 뜻의 시기의 예라고 할 수 있습니다.

본문에서는 "독한 시기"라고 표현되었기 때문에 이 문구의 뜻은 다른 사람을 해치면서 자기 자신의 주장이나 의견을 열정적으로 추구하는 것을 가리키고 있습니다. 다른 말로 설명하면 이런 사람은 교회 안에서 다른 사람을 무시하거나 해침으로써 교회의 화평을 파괴합니다. 그러면서도 자기는 오직 진리만을 열렬히 지킨다고 주장합니다. 그러나 실제로는 자기의 이익과 체면과 세력을 추구하는 행위를 보여줄 뿐입니다.

"다툼"이라는 낱말은 개인적인 야망과 이기적인 목적을 달성하기 위해서 편을 만들고 작당하는 당파심 또는 파벌의식과 경쟁심으로 차 있는 것을 뜻합니다. 예를 들면, 빌립보서 2장 3절에 언급된 다툼이 같은 낱말입니다. 이상에서 살펴본 것과 같이 독한 시기와 다툼이 마음속에 있는 사람은 실제로 교회에서 선생이나 목사로 가르치는 자리에 있을 만한 인격을 갖추지 못한 사람이므로 야고보 장로는 이들을 향해 "자랑하지 말라", "진리를 거슬러 거짓말하지 말라"고 책망하고 있습니다. 여기서 "진리를 거슬러 거짓말하지 말라"는 말씀의 뜻은 이와 같은 신자들이 사람들 앞에서는 독한 시기와 다툼을 마음에 품고 있지 않은 것처럼 행동함으로 사람들의 눈은 속일 수 있지만 우리의 마음을 보시는 진리이신 하나님 앞에서는 속일 수 없다는 것을 강조하신 말씀입니다(삼상 16:7 참조).

이와 같은 책망은 실제로 목사가 되기를 원하는 사람들뿐만 아니라 교회 안에서 자기만이 신앙이 좋은 것처럼 자신을 내세우는 성도들을 향한 책망이기도 합니다. 그 이유는 이런 성도들 때문에 교회의 화평이 깨지고 분란이 생기기 때문입니다. 이상의 가르침을 복습하면 "독한 시기와 다툼" 이 두 가지는, 곧 참된 지혜의 특성이 아니라 이는 오히려 잘못된 지혜, 즉 세상의 지혜의 특성임을 알 수 있습니다.



· 온전한 믿음의 사람은 ·

위에서 본 것과 같이 세상 지혜의 특성 두 가지를 지적하면서 참된 지혜에 대한 잘못된 이해를 책망 하십니다. 그리고 후에 15절과 16절에서는 계속하여 세상 지혜의 특성, 나머지 5가지를 밝혀 선생 지원자들과 좋은 신앙을 가졌다고 생각하는 사람들이 알고 있는 지혜가 바로 세상의 지혜임을 강조하고 있습니다.

15절과 16절입니다. "15 이러한 지혜는 위로부터 내려온 것이 아니요 땅 위의 것이요 정욕의 것이요 귀신의 것이니 16 시기와 다툼이 있는 곳에는 혼란과 모든 악한 일이 있음이라"

이 말씀에서 우리는 야고보 장로가 가르치고 있는 세상적인 지혜의 특징인 나머지 5가지를 배우게 됩니다. 15절에서 특징 3가지를 설명하고 있습니다. 16절에서는 14절에서 배운 두 가지 특징을 복습하면서 마지막 특징 2가지를 설명하고 있습니다. 15절 첫 부분에서 말씀하신 "이러한 지혜" 란 14절에서 설명한 대로 독한 시기와 다툼을 마음속에 품고 있는 지혜를 가리킵니다. 그리고 이런 지혜는 근본적으로 하나님께서 주신 지혜가 아니라고 단정적으로 말씀한 후에 이 지혜는 "땅 위의 것이요, 정욕의 것이요, 귀신의 것" 이라고 잘못된 지혜 또는 "땅 위의 지혜의 근원을 세 가지" 로 말씀하고 있습니다.

첫째, "땅 위의 것" 이라는 말씀은 세상, 즉 땅에 속한 물질적인 세상을 뜻합니다. 하나님의 저주 아래 있는 세상을 뜻합니다. 예수님이 말씀하신 세상이기도 합니다.

"예수께서 이르시되 너희는 아래에서 났고 나는 위에서 났으며 너희는 이 세상에 속하였고 나는 이 세상에 속하지 아니하였느니라"(요 8:23)

둘째, "정욕의 것" 이라는 말씀은 타락한 인간 고유의 본능적인 특성을 뜻합니다.

"육에 속한 사람은 하나님의 성령의 일들을 받지 아니하나니 이는 그것들이 그에게는 어리석게 보임이요, 또 그는 그것들을 알 수도 없나니 그러한 일은 영적으로 분별되기 때문이라"(고전 2:14)

"이 사람들은 분열을 일으키는 자며 육에 속한 자며 성령이 없는 자니라"(유 19)

셋째, "귀신의 것" 이라는 말씀은 마귀의 가르침과 세력과 영향이 그 근원을 이루고 있다는 뜻입니다.

**197**

"너희는 너희 아비 마귀에게서 났으니 너희 아비의 욕심대로 너희도 행하고자 하느니라 그는 처음부터 살인한 자요 진리가 그 속에 없으므로 진리에 서지 못하고 거짓을 말할 때마다 제 것으로 말하나니 이는 그가 거짓말쟁이요 거짓의 아비가 되었음이라"(요 8:44)

"13 그런 사람들은 거짓 사도요 속이는 일꾼이니 자기를 그리스도의 사도로 가장하는 자들이니라 14 이것은 이상한 일이 아니니라 사탄도 자기를 광명의 천사로 가장하나니 15 그러므로 사탄의 일꾼들도 자기를 의의 일꾼으로 가장하는 것이 또한 대단한 일이 아니니라 그들의 마지막은 그 행위대로 되리라"(고후 11:13-15)

16절 말씀은 15절 말씀의 계속으로 잘못된 지혜 또는 세상 지혜의 7가지 특징 중 마지막 2가지를 설명하고 있습니다. 15절 말씀에 이어 16절은 "16 시기와 다툼이 있는 곳에는 혼란과 모든 악한 일이 있음이라"고 말씀합니다. 앞에서 배운 대로 "시기와 다툼"은 세상 지혜의 첫째와 둘째 특징입니다. 본 절에서는 이러한 시기와 다툼의 결과로 나타나는 세상 지혜의 마지막 두 가지 특징을 "혼란과 모든 악한 일"이라고 가르치고 있습니다. 이 말씀 중 "혼란"이란 불안정과 무질서함을 뜻합니다. 이 말씀은 1장에서 배운 바 있는 바람에 밀려 요동하는 물결 같은 상태와 두 마음을 품어 모든 일에 정함이 없는 것과 같은 상태를 가리킵니다. 이런 상태는 결국 인간관계를 해치고 파괴합니다.

따라서 세상의 지혜는 결국 혼란과 무질서한 상태를 초래한다는 말씀입니다. 다음으로 세상의 지혜는 결국 "모든 악한 일"을 일으킨다고 했는데 여기의 악한 일이란 완전히 무가치하고 무익한 일들을 뜻합니다.

지금까지 배운 것을 정리하면, 결국 세상의 지혜는 주위 사람들을 해치고 배타적이고 독선적입니다. 그리고 개인 욕망을 충족시키기 위해 파벌을 조성하고 수단 방법을 가리지 않고 일을 도모합니다. 나아가서는 물질적인 세상의 사고방식에 젖어 있고 성령님을 모시지 못한 타락한 인간의 본능의 지배를 받고 있습니다. 또 귀신의 영향과 가르침을 따르면서 결국 혼란과 혼돈, 그리고 각종 무익하고 무가치한 일만을 조성하는 특징을 갖고 있습니다. 그럼에도 불구하고 자기도 모르게 이와 같은 세상의 지혜를 갖고 있으면서 교회의 선생이나 지도자가 되려고 하는 사람들이 꽤나 있습니다. 이런 사람들 때문에 교회의 화평이 파괴되고 파당이 조성되어 결국 교회가 혼란과 각종 문제로 어려움을 당하게 되는 것입니다. 그러므로 야고보 장로가 이와 같은 세상 지혜의 잘못된 것을 지적하여 경고의 말씀을 주신 것입니다.

다음의 17절과 18절 말씀에서는 이와 대조적으로 하나님께서 주시는 지혜의 특징을 배우게 됩니다.

## 2. 하늘로부터 내려온 지혜(산 믿음의 지혜)의 특성 7가지와 열매(3:17-18)

"17 오직 위로부터 난 지혜는 첫째 성결하고 다음에 화평하고 관용하고 양순하며 긍휼과 선한 열매가 가득하고 편견과 거짓이 없나니 18 화평하게 하는 자들은 화평으로 심어 의의 열매를 거두느니라"

계속되는 17절과 18절에서는 간단하지만 산 믿음의 결과인 하나님께로부터 받은 지혜의 특징과 그 열매에 대해서 배우게 됩니다. 17절은 하나님께서 주신 지혜의 특징 7가지를 가르치고 있으며 18절 말씀은 하나님께로부터 온 지혜의 열매를 가르치고 있습니다.

### 1) 하나님께서 주신 지혜의 특징 7가지(3:17)

"오직 위로부터 난 지혜는 첫째 성결하고 다음에 화평하고 관용하고 양순하며 긍휼과 선한 열매가 가득하고 편견과 거짓이 없나니"

처음 낱말 "오직"은 실제로 "그러나"로 이해하는 것이 옳습니다. 원어의 낱말도 "그러나"라는 단어입니다. 따라서 이 "오직" 또는 "그러나"라는 낱말을 서두에 쓴 이유는 13절부터 16절에서 설명한 세상 지혜와 대조되는 하나님의 지혜를 17절에서 소개하고 있기 때문입니다. 계속되는 말씀에서 "위로부터 난 지혜"라고 말씀하면서 이 지혜의 특징 7가지를 하나하나 열거하고 있습니다. 여기에 쓰인 "위로부터 난 지혜"란 다름 아닌 하나님께서 주신 지혜를 뜻하는데 앞부분에서 땅에 속한 세상 지혜를 설명했기 때문에 이 부분에서는 "위로부터 난 지혜" 라고 그 근원을 밝히고 있습니다(참고 1:5). 그리고 계속하여 "첫째 성결하고 다음에 화평하고 관용하고 양순하며 긍휼과 선한 열매가 가득하고 편견과 거짓이 없나니" 라고 설명하고 있습니다.

이상의 7가지 특징을 살펴보겠습니다. 첫째, "성결하다"고 했습니다. 이 문구는 원래 절대 오염되지 않은 순수함을 의미하며 성경에서 말씀하시는 거룩하다는 낱말과 어원이 같은 단어입니다. 각종 악한 것과 부정한 것에 물들지 않았을 뿐만 아니라, 전연 접촉도 하지 않은 순수함을 뜻합니다. 다음 말씀에서 똑같은 단어를 사용하여 주님의 깨끗하심을 가르치고 있습니다.

"주를 향하여 이 소망을 가진 자마다 그의 깨끗하심과 같이 자기를 깨끗하게 하느니라"(요일 3:3)

이 말씀은 성도들이 그리스도를 본받아 모든 면에 있어서 정직하고 진실하고 성실하고 순결해야 한다는 것을 가르치고 있습니다. 바로 이와 같은 순결함이 하나님께서 내려 주신 지혜의 특성이라는 말씀입니다.

위로부터 난 지혜는 '다음에 화평하고' 라고 했습니다. 화평은 평화를 사랑한다, 화평을 도모하고 조성한다라는 뜻을 갖고 있습니다. 그리고 "관용하고" 라고 했습니다. 이 단어는 겸손하면서 오래 참는다는 뜻과 동시에 믿음으로 모욕과 학대와 불공평에 대해서 악한 마음을 품지 않고 견딘다는 뜻을 갖고 있습니다. 이어서 "양순하며" 라고 했습니다. 이 낱말은 규율이나 법규에 잘 순복하고 하나님의 말씀 또는 계명을 잘 순종하는 것을 뜻합니다.

다음에 기록된 "긍휼과 선한 열매가 가득하고"는 긍휼이 넘치고 선한 열매가 가득하다는 뜻입니다. "긍휼" 은 어려움을 당하거나 고통당하는 사람에 대해 도움을 베푸는 것을 뜻하며 따라서 이와 같은 도움은, 곧 풍성한 선한 일들을 이룬다는 뜻입니다. 따라서 "긍휼과 선한 열매가 가득하다" 는 말씀은 하나님의 지혜를 소유한 사람은 성령의 인도하심을 받아 긍휼을 베풀고 선한 일을 열심히 한다는 뜻입니다. 이어서 본문은 "편견과 거짓이 없나니" 라고 마지막 두 가지 특성을 열거하고 있습니다. "편견" 이란 차별하지 않는 것, 충직하고 일관성이 있는 것, 흔들리지 않는 것을 뜻합니다. "거짓이 없다" 라는 말은 가식이 없고 꾸밈이 없고 숨기는 것이 없는 것을 뜻합니다. 다른 표현을 빌리면 참되고 진지하고 솔직 담백하다는 뜻이며 위선자 또는 외식하는 자가 아니라는 뜻입니다.

이 대목에서 배운 것을 다시 반복하면, 하나님께서 주신 지혜는 성결하고 화평하고 관용하고 양순하며 긍휼과 선한 열매가 가득하고 편견과 거짓이 없는 지혜라는 귀한 교훈입니다. 야고보 장로가 이와 같은 교훈을 한 것은 교회 안에서 선생이나 지도자가 되고자 하는 성도는 적어도 이와 같이 하나님께서 주신 지혜를 갖춘 성도여야만 한다는 것을 깨우쳐 주기 위함인 줄 압니다. 그리고 이렇게 경종을 울린 것은 교회가 화평을 유지하고 주님 안에서 하나가 되어 말씀 위에 굳건하게 세워져서 주님의 뜻을 이루기를 원하는 마음에서라고 할 수 있습니다. 지금까지 배운 세상의 지혜와 하나님의 지혜를 생각하면서 시편의 말씀을 두 곳에서 묵상해보고 싶습니다.

"1 여호와여 주의 장막에 머무를 자 누구오며 주의 성산에 사는 자 누구오니이까 2 정직하게 행하며 공의를 실천하며 그의 마음에 진실을 말하며 3 그의 혀로 남을 허물하지 아니하고 그의 이웃에게 악을 행하지 아니하며 그의 이웃을 비방하지 아니하며"(시 15:1-3)

"3 여호와의 산에 오를 자가 누구며 그의 거룩한 곳에 설 자가 누구인가 4 곧 손이 깨끗하며 마음이 청결하며 뜻을 허탄한 데에 두지 아니하며 거짓 맹세하지 아니하는 자로다"(시 24:3-4)

위에서 배운 말씀을 한 마디로 정리한다면 다음과 같이 말할 수 있습니다. 하늘의 지혜를 소유한 자는 곧 성령의 열매가 가득한 성도라고 할 수 있습니다. 하나님께서 주신 지혜의 특징을 가르친 야고보 장로는 마지막으로 18절에서 이 지혜의 열매(또는 결과)를 우리에게 소개하고 있습니다.


## 2) 하나님께서 주신 지혜의 열매(3:18)

18절의 "화평하게 하는 자들은 화평으로 심어 의의 열매를 거두느니라"를 원문에 가깝게 번역해 보면 이런 말씀입니다. "화평하게 하는 자들은 그 자신들이 의의

**201**

열매를 화평 중에 심느니라" 이처럼 짧은 문장이지만 이해함에 있어서 약간 어려운 부분이 있습니다. 많은 사람들이 "의의 열매" 라는 문구에 대해서 서로 다르게 이해하는데 주로 두 가지로 요약될 수 있습니다. 한 가지 견해는 "의의 열매" 의 뜻을 의로움으로 구성되어 있는 열매라고 보고 있습니다. 다른 한 견해는 의로움 자체가 자라서 이루어 진 열매를 뜻한다고 보고 있습니다. 사실 어느 견해를 택하든 전체 문맥으로 볼 때 큰 차이가 없다는 결론에 도달합니다. 그리고 "화평으로 심어"를 단순히 씨를 심는 것에 국한시키지 않고 일반적으로 이해하고 있듯이 씨를 뿌리고 자란 후에 열매를 거두는 과정을 모두 말씀하고 있다고 이해합니다.

이와 같은 견해들을 모두 종합하고 또 문맥에 근거하여 본 절을 이해하면 본 절의 말씀을 다음과 같이 정리해 볼 수 있습니다. "화평하게 하는 자들은 의로운 삶의 씨가 되는 하나님의 지혜를 화평중에 씨로 심어 의로운 삶의 열매를 거두어 화평을 이루느니라"

약간 무리가 있는 것 같지만 많은 사람들의 견해와 본 절의 큰 문맥, 즉 하나님께서 주신 지혜와 교회 안의 화평에 대한 가르침을 고려할 때 크게 틀린 이해가 아니라고 봅니다. 이 말씀에서 "화평중에 씨를 심는다" 라는 문구에 대해 한 가지 해명한다면 하나님의 지혜를 바탕으로 하여 의로운 삶을 살고 또 이와 같은 삶을 통해 주위 사람들에게 좋은 영향을 줄 수 있는 필요한 요건이 있다면, 그것은 화평하고 안정된 교회의 분위기라고 할 수 있습니다. 그래서 본 절에서 화평중에 씨를 심고 거둔다고 했습니다. 이렇게 이해할 때 중요한 것은 교회 안의 목사나 선생들에게 하나님께서 주시는 지혜가 꼭 필요한 것은 이 지혜가 없이는 결국 교회의 화목과 안정을 이룰 수 없기 때문이라는 사실입니다.

3장의 말씀을 자세히 읽으면 우리는 야고보 장로가 세상 지혜가 아닌 하나님의 지혜의 중요성을 강조하고 있음을 깨닫게 됩니다. 특히 목사나 선생들의 경우 이 지혜는 필수적이라는 점을 수신인을 비롯하여 시대를 초월한 주님의 교회의 성도들에게 가르치고 깨우치기를 원하는 교훈임을 알 수 있습니다. 교회의 화평과 평안을 이룰 수 있는 가장 중요한 요소는 교회 공동체를 이루고 있는 성도는 물론, 목사나 선생이나 지도자들에게 있어서 우리가 배운 하나님께서 주신 지혜입니다.


· 온전한 믿음의 사람은 ·

이와 관련하여 야고보 장로가 3장 서두에 많이 선생 되지 말라고 충고와 경고를 한 후에 언어의 피해와 절제와 관계된 문제들을 가르친 것을 마음에 간직하도록 해야 하겠습니다. 이어서 세상 지혜의 피해를 말씀하는 중에 교회의 선생이나 목사들이 이 세상 지혜를 행사함으로써 교회에 큰 혼란과 각종 문제가 야기된다는 사실을 말씀한 것을 기억할 필요가 있습니다.

마지막으로 하나님께서 주시는 지혜의 특성과 결과에 대해서 분명하게 말씀한 것을 꼭 기억할 필요가 있습니다. 지혜와 교회 공동체의 화목과 화평, 그리고 안정에 관한 교훈을 마음에 깊이 새기고 생활해야만 합니다.

"화평하게 하는 자는 복이 있나니 그들이 하나님의 아들이라 일컬음을 받을 것임이요"(마5:9)

"빛의 열매는 모든 착함과 의로움과 진실함에 있느니라"(엡 5:9)

"예수 그리스도로 말미암아 의의 열매가 가득하여 하나님의 영광과 찬송이 되기를 원하노라"(빌 1:11)

"모든 사람과 더불어 화평함과 거룩함을 따르라 이것이 없이는 아무도 주를 보지 못하리라"(히 12:14)

# 온전한 믿음의 사람과
# 재림의 소망과
# 하나님과 그분의 교회를 향한 사랑

# 8장
# 세상의 정욕을 버리고
# 하나님께 복종하는 삶(4:1-12)

"1 너희 중에 싸움이 어디로부터 다툼이 어디로부터 나느냐 너희 지체 중에서 싸우는 정욕으로부터 나는 것이 아니냐 2 너희는 욕심을 내어도 얻지 못하여 살인하며 시기하여도 능히 취하지 못하므로 다투고 싸우는도다 너희가 얻지 못함은 구하지 아니하기 때문이요 3 구하여도 받지 못함은 정욕으로 쓰려고 잘못 구하기 때문이라 4 간음한 여인들아 세상과 벗된 것이 하나님과 원수 됨을 알지 못하느냐 그런즉 누구든지 세상과 벗이 되고자 하는 자는 스스로 하나님과 원수 되는 것이니라 5 너희는 하나님이 우리 속에 거하게 하신 성령이 시기하기까지 사모한다 하신 말씀을 헛된 줄로 생각하느냐 6 그러나 더욱 큰 은혜를 주시나니 그러므로 일렀으되 하나님이 교만한 자를 물리치시고 겸손한 자에게 은혜를 주신다 하였느니라 7 그런즉 너희는 하나님께 복종할지어다 마귀를 대적하라 그리하면 너희를 피하리라 8 하나님을 가까이하라 그리하면 너희를 가까이하시리라 죄인들아 손을 깨끗이 하라 두 마음을 품은 자들아 마음을 성결하게 하라 9 슬퍼하며 애통하며 울지어다 너희 웃음을 애통으로, 너희 즐거움을 근심으로 바꿀지어다 10 주 앞에서 낮추라 그리하면 주께서 너희를 높이시리라 11 형제들아 서로 비방하지 말라 형제를 비방하는 자나 형제를 판단하는 자는 곧 율법을 비방하고 율법을 판단하는 것이라 네가 만일 율법을 판단하면 율법의 준행자가 아니요 재판관이로다 12 입법자와 재판관은 오직 한 분이시니 능히 구원하기도 하시며 멸하기도 하시느니라 너는 누구이기에 이웃을 판단하느냐"

3장 전반부에서는 악하고 모순덩어리인 혀의 위력과 파괴력을 배웠습니다. 후반부에서는 세상의 지혜와 하나님께서 주신 지혜에 관해서 자세히 배웠습니다. 즉, 세상의 지혜는 주위 사람들을 해치고 혼란과 혼돈을 조성하여 교회 공동체를 해치는 원인임을 배웠습니다. 반면 하나님께서 주시는 지혜는 성결하고 화평하고 선한 열매가 가득한 것입니다. 교회의 지도자에게 꼭 필요한 것이 이와 같은 지혜라는 것을 배웠습니다.

이어서 야고보 장로는 4장 첫 대목에서 교회 공동체 안에서 일어나는 분쟁과 불화에 대하여 그 원인이 개인의 정욕과 잘못된 기도에 있는 것을 책망하고(4:1-3), 다음으로 세상과 벗이 되어 하나님의 원수로 행하는 것을 책망합니다(4:4-6). 그리고 하나님께 돌아와 회개하며 겸손히 하나님께 순복하고 살 것을 권고하면서(4:7-10) 아울러 신자 간에 서로 비판하지 말 것을 권면하고 있습니다(4:11-12).

## 1. 이기적인 분쟁과 이기적인 기도는 잘못된 것이다(4:1-3)

"1 너희 중에 싸움이 어디로부터 다툼이 어디로부터 나느냐 너희 지체 중에서 싸우는 정욕으로부터 나는 것이 아니냐 2 너희는 욕심을 내어도 얻지 못하여 살인하며 시기하여도 능히 취하지 못하므로 다투고 싸우는도다 너희가 얻지 못함은 구하지 아니하기 때문이요 3 구하여도 받지 못함은 정욕으로 쓰려고 잘못 구하기 때문이라"

1절부터 3절에서 야고보 장로는 유대 그리스도인들을 향해 그들의 교회 안에 파벌 싸움과 다툼이 있는 것을 지적했습니다. 그리고 그 원인이 교인들 각자의 마음속에 있는 각종 육신의 정욕과 시기심과 질투심 때문인 것을 지적하고 있습니다(1-2절). 이어서 잘못된 기도는 응답 받지 못한다는 것을 가르치고 있습니다(3절).

본문은 처음부터 야고보 장로가 수신자들을 향해 직접적으로 심하게 책망하는 말씀으로 시작하고 있습니다. 3장 끝에서 하나님께서 주신 지혜의 특성을 밝혀 주었습니다. 그리고 이 지혜가 교회 공동체에 미치는 아름답고 덕스러운 영향을 가르쳐 주었습니다. 그런데 야고보 장로가 왜 갑자기 4장 1절에서 "너희 중에 싸움이 어디로부터 다툼이 어디로부터 나느냐 너희 지체 중에서 싸우는 정욕으로부터 나는 것이 아니냐" 라고 심한 책망이 담긴 말씀을 하고 있는지 한번쯤은 생각해 볼 필요가 있습니다. 이 책망의 내용을 보면 야고보 장로의 심중에 대단한 불편함과 고통스러움이 있는 것을 알 수 있습니다. 하나님께서 주신 지혜를 가진 지도자나 선생이 교회를 잘 섬긴다면 야고보 장로가 책망하는 내용의 일들이 교회 안에서 발생하지 않았을 것으로 봅니다. 그런데 기대에 불행하게도 세상 지혜를 가진 사람들이 조성하는 큰 문제들이 교회를 어지럽히고 있는 것을 볼 수 있습니다. 이로 인하여 야고보 장로는 격한 어조로 수신자들에게 책망과 함께 책임 추궁을 하시는 것으로 이해할 수 있습니다.

이와 같은 야고보 장로의 심적 고통은 주님의 몸 된 교회의 본질 또는 정체에 대해 확실하고 올바른 이해를 가지면 십분 동감할 수 있을 것으로 봅니다. 이를 위해서 성경에서 가르치고 있는 교회의 본질 또는 정체에 대해서 잠시 살펴보겠습니다. 주님께서 그분의 몸 된 교회를 처음으로 세우실 때에 청사진을 다음과 같이 설명하셨습니다.

"15 이르시되 너희는 나를 누구라 하느냐 16 시몬 베드로가 대답하여 이르되 주는 그리스도시요 살아 계신 하나님의 아들이시니이다 17 예수께서 대답하여 이르시되 바요나 시몬아 네가 복이 있도다 이를 네게 알게 한 이는 혈육이 아니요 하늘에 계신 내 아버지시니라 18 또 내가 네게 이르노니 너는 베드로라 내가 이 반석 위에 내 교회를 세우리니 음부의 권세가 이기지 못하리라" (마 16:15-18)

그리고 주님께서 십자가를 지시기 전에 제자들과 함께 한 자리에서 대제사장의 기도를 드리는 중에 교회의 하나 됨을 위해 기도하셨습니다.

"11 나는 세상에 더 있지 아니하오나 그들은 세상에 있사옵고 나는 아버지께로 가옵나니 거룩하신 아버지여 내게 주신 아버지의 이름으로 그들을 보전하사 우리와 같이 그들도 하나가 되게 하옵소서…16 내가 세상에 속하지 아니함 같이 그들도 세상에 속하지 아니하였사옵나이다 17 그들을 진리로 거룩하게 하옵소서

**209**

아버지의 말씀은 진리니이다 18 아버지께서 나를 세상에 보내신 것 같이 나도 그들을 세상에 보내었고 19 또 그들을 위하여 내가 나를 거룩하게 하오니 이는 그들도 진리로 거룩함을 얻게 하려 함이니이다 20 내가 비옵는 것은 이 사람들만 위함이 아니요 또 그들의 말로 말미암아 나를 믿는 사람들도 위함이니 21 아버지여, 아버지께서 내 안에, 내가 아버지 안에 있는 것 같이 그들도 다 하나가 되어 우리 안에 있게 하사 세상으로 아버지께서 나를 보내신 것을 믿게 하옵소서 22 내게 주신 영광을 내가 그들에게 주었사오니 이는 우리가 하나가 된 것 같이 그들도 하나가 되게 하려 함이니이다 23 곧 내가 그들 안에 있고 아버지께서 내 안에 계시어 그들로 온전함을 이루어 하나가 되게 하려 함은 아버지께서 나를 보내신 것과 또 나를 사랑하심 같이 그들도 사랑하신 것을 세상으로 알게 하려 함이로소이다"
(요 17:11, 16-23)

이상의 말씀과 같은 계획과 뜻 가운데 주님께서 세우신 교회에 대해서 훗날 사도들을 통해 하나님께서 다음과 같이 교훈하셨습니다.

"20 너희는 사도들과 선지자들의 터 위에 세우심을 입은 자라 그리스도 예수께서 친히 모퉁잇돌이 되셨느니라 21 그의 안에서 건물마다 서로 연결하여 주 안에서 성전이 되어 가고 22 너희도 성령 안에서 하나님이 거하실 처소가 되기 위하여 그리스도 예수 안에서 함께 지어져 가느니라" (엡 2:20-22)

"12 몸은 하나인데 많은 지체가 있고 몸의 지체가 많으나 한 몸임과 같이 그리스도도 그러하니라 13 우리가 유대인이나 헬라인이나 종이나 자유인이나 다 한 성령으로 세례를 받아 한 몸이 되었고 또 다 한 성령을 마시게 하셨느니라"
(고전 12:12-13)

"26 너희가 다 믿음으로 말미암아 그리스도 예수 안에서 하나님의 아들이 되었으니 27 누구든지 그리스도와 합하기 위하여 세례를 받은 자는 그리스도로 옷 입었느니라 28 너희는 유대인이나 헬라인이나 종이나 자유인이나 남자나 여자나 다 그리스도 예수 안에서 하나이니라" (갈 3:26-28)

"그는 몸인 교회의 머리시라 그가 근본이시요 죽은 자들 가운데서 먼저 나신 이시니 이는 친히 만물의 으뜸이 되려 하심이요" (골 1:18)


· 온전한 믿음의 사람은 ·

이상의 가르침을 요약하면 교회는 주님의 몸이며 몸 된 교회의 머리 되시는 분이 주 예수 그리스도라는 사실입니다. 즉, 예수 그리스도를 믿음으로 성령 세례를 받은 신자들이 연합하여 이루어진 살아있는 그리스도의 몸이요 유기적인 공동체라는 사실입니다. 혹자는 이 말씀을 우주 교회를 두고 한 말씀이라고 하지만 성경의 가르침을 자세히 살피면 우주 교회뿐만 아니라 지역 교회도 가리키고 있음을 알 수 있습니다.

"11 내 형제들아 글로에의 집 편으로 너희에 대한 말이 내게 들리니 곧 너희 가운데 분쟁이 있다는 것이라 12 내가 이것을 말하거니와 너희가 각각 이르되 나는 바울에게, 나는 아볼로에게, 나는 게바에게, 나는 그리스도에게 속한 자라 한다는 것이니 13 그리스도께서 어찌 나뉘었느냐 바울이 너희를 위하여 십자가에 못 박혔으며 바울의 이름으로 너희가 세례를 받았느냐"(고전 1:11-13)

"16 너희는 너희가 하나님의 성전인 것과 하나님의 성령이 너희 안에 계시는 것을 알지 못하느냐 17 누구든지 하나님의 성전을 더럽히면 하나님이 그 사람을 멸하시리라 하나님의 성전은 거룩하니 너희도 그러하니라"(고전 3:16-17)

그러므로 우주 교회는 물론, 지역 교회 안에도 싸움과 다툼과 분쟁이 있어서는 안 된다는 엄한 말씀입니다. 그럼에도 불구하고 실제 야고보서의 수신자인 당시 유대 그리스도인들의 교회 안에 싸움과 분쟁이 심했던 것으로 이해합니다. 이와 같은 상황에 처한 교회를 향해 하나님께서는 야고보 장로를 통해 심한 책망과 경고의 말씀을 주셨습니다.

여러분 중에는 본 대목의 말씀을 읽으면서 "아니, 초대교회 때에도 교회 안에서 싸움과 분쟁이 있었나?" 하고 의아해 하실 분이 있을지도 모르겠습니다. 그러나 우리가 분명히 알 것은 3장에서 배운 것처럼 교회 안에는 세상 지혜를 가지고도 선생이나 지도자의 자리에 서서 교회를 다스리거나 가르치려고 하는 사람들이 있었습니다. 뿐만 아니라 이런 사람들 때문에 결국 교회의 화평과 화목이 파괴되고 교회가 어려움을 당하고 있다고 할 수 있습니다. 그래서 하나님께서는 야고보 장로를 통해서 하나님께서 주신 지혜를 소유한 참된 믿음을 가진 성숙한 성도가 선생의 자리에 서야 한다는 것을 가르쳐 주신 것입니다. 뿐만 아니라 성도들도 세상에

211

살고 있기 때문에 때로는 세상 사람과 다름이 없는 생각과 태도를 가지고 살 때가 있습니다. 이점도 교회 안에 분쟁이 있는 하나의 원인이라고 할 수 있습니다. 지금 우리가 배우는 말씀은 불행하게도 이 편지의 수신자들의 교회 안에 심한 싸움과 다툼이 계속 진행되고 있는 것을 밝혀주고 있습니다.

이제 본문을 한 구절 한 구절 살펴보겠습니다. 야고보 장로는 1절에서 "너희 중에 싸움이 어디로부터 다툼이 어디로부터 나느냐 너희 지체 중에서 싸우는 정욕으로부터 나는 것이 아니냐" 라는 말씀으로 각 교회 안에서 교인 간에 있는 싸움과 다툼의 기원 내지는 원인을 추궁하고 있습니다. 본 절은 내용상 두 부분으로 나누어집니다. 첫째는 교회 안에서 성도 간에 있는 싸움과 다툼의 원인에 대한 도전적인 의문입니다. 둘째는 성도간의 싸움과 다툼의 원인이 성도 개개인 마음속에 있는 각종 욕심과 시기와 질투심에서 시작된 것을 반어적 의문문 형식을 사용하여 밝히고 있습니다. 이렇게 이해하는 근거는 "너희 중에" 라는 문구가, 곧 수신인들의 공동체인 교회에 속한 성도 간에 라는 뜻이기 때문입니다.

그리고 "싸움이 어디로부터 다툼이 어디로부터 나느냐" 라는 문구는 싸움과 다툼의 원인이 무엇이냐고 추궁하는 질문입니다. 특히 이 말씀은 성도 간에 싸움과 다툼이 있는 것을 기정사실로 하고 이 싸움과 다툼의 원인을 밝히고자 하는 질문입니다. 또 "싸움" 이란 낱말과 "다툼" 이라는 낱말의 뜻을 각각 설명하면 싸움은 큰 전쟁 또는 전반적인 전쟁으로 예를 들면, 6 · 25전쟁 같은 전쟁을 뜻합니다. 이에 비해 다툼은 전쟁 중에 곳곳에서 일어나는 국지적인 전투에 해당하는 낱말입니다. 그리고 두 낱말 모두 복수형이기 때문에 일시적인 사건이 아니고 지속되는 복합적인 사건을 뜻합니다. 따라서 "너희 중에 싸움이 어디로부터 다툼이 어디로부터 나느냐" 라는 말씀은 교회 안에서 성도 간에 계속되는 파벌 싸움이 있음을 뜻합니다. 동시에 이와 연계된 크고 작은 다툼들이 계속되고 있는 것을 지적하여 이런 싸움과 다툼의 원인이 어디에 있느냐라고 추궁하는 말씀입니다. 그러나 단순히 추궁하는 질문이 아니고 오히려 수신자 자신들이 그 답을 알고 있다고 간주하고 이 사실을 그들에게 상기시키면서 도전하는 질문이라고 하겠습니다.

그리고 야고보 장로는 그들을 향해 앞의 질문의 답에 해당되는 말씀을 책망의 뜻이 내포된 반문 형식을 사용하여 도전하고 있습니다. "너희 지체 중에서 싸우는 정욕으로부터 나는 것이 아니냐" 이 도전의 말씀이 의문의 형식을 띠고 있지만 실제로는 의문의 내용이 사실인 것을 강조하는 말씀입니다. 여기에 쓰인 정욕이라는 낱말은 쾌락의 욕망, 호색적인 욕망을 비롯한 각종 욕망의 집약체를 뜻하고 있습니다. 즉, "교회 안에서 성도들 간에 일어나고 있는 싸움과 다툼 모두가 결국 성도들인 자신들 개개인의 몸과 마음속에서 싸우는 정욕으로 쫓아 나온 것을 당신들이 알고 있습니다." 라는 말씀입니다.

이제 여기서 우리가 바로 이해해야 하는 것은 싸움과 다툼의 원인이 되는 "너희 지체 중에서 싸우는 정욕" 이라는 문구의 뜻입니다. 이 말씀을 쉬운 말로 바꾸면 이런 뜻입니다. 성도인 자신들 각자의 마음속에 각가지 쾌락을 추구하는 욕망을 비롯하여 시기심, 질투심, 탐심 따위로 차 있는 것을 알고 있고 통제하기 힘든 이같은 욕망 때문에 결국 교회 안에 싸움과 다툼이 쉬지 않고 계속되는 것이 아니냐고 깨우치는 말씀입니다. 이와 같이 불화하고 혼란한 상태는 결국 성화되지 못한 신자들이 믿음이 있는 척 하면서 교회 공동체 안에서 선생이나 지도자의 자리를 차지하고 세상 지혜를 따라 활동하고 있는 결과라고 하겠습니다.

다음의 말씀을 통해 성화되지 못한 사람들의 영적 상태를 바로 이해하면 이런 성도 때문에 교회 공동체 안에 싸움과 다툼과 불화가 계속되는 것은 피할 수 없는 일이라고 하겠습니다.

"28 또한 그들이 마음에 하나님 두기를 싫어하매 하나님께서 그들을 그 상실한 마음대로 내버려 두사 합당하지 못한 일을 하게 하셨으니 29 곧 모든 불의, 추악, 탐욕, 악의가 가득한 자요 시기, 살인, 분쟁, 사기, 악독이 가득한 자요 수군수군하는 자요 30 비방하는 자요 하나님께서 미워하시는 자요 능욕하는 자요 교만한 자요 자랑하는 자요 악을 도모하는 자요 부모를 거역하는 자요 31 우매한 자요 배약하는 자요 무정한 자요 무자비한 자라" (롬 1:28-31)

"19 육체의 일은 분명하니 곧 음행과 더러운 것과 호색과 20 우상 숭배와 주술과 원수 맺는 것과 분쟁과 시기와 분냄과 당 짓는 것과 분열함과 이단과 21 투기와 술 취함과 방탕함과 또 그와 같은 것들이라 전에 너희에게 경계한 것 같이 경계하노니

**213**

이런 일을 하는 자들은 하나님의 나라를 유업으로 받지 못할 것이요"(갈 5:19-21)

"1 너는 이것을 알라 말세에 고통하는 때가 이르러 2 사람들이 자기를 사랑하며 돈을 사랑하며 자랑하며 교만하며 비방하며 부모를 거역하며 감사하지 아니하며 거룩하지 아니하며 3 무정하며 원통함을 풀지 아니하며 모함하며 절제하지 못하며 사나우며 선한 것을 좋아하지 아니하며 4 배신하며 조급하며 자만하며 쾌락을 사랑하기를 하나님 사랑하는 것보다 더하며 5 경건의 모양은 있으나 경건의 능력은 부인하니 이같은 자들에게서 네가 돌아서라"(딤후 3:1-5)

또 교회 안에는 알지 못하면서 선생이 되려는 사람들이 실제로 있었던 것을 다음의 말씀에서 알 수 있습니다.

"3 내가 마게도냐로 갈 때에 너를 권하여 에베소에 머물라 한 것은 어떤 사람들을 명하여 다른 교훈을 가르치지 말며 4 신화와 끝없는 족보에 몰두하지 말게 하려 함이라 이런 것은 믿음 안에 있는 하나님의 경륜을 이룸보다 도리어 변론을 내는 것이라 5 이 교훈의 목적은 청결한 마음과 선한 양심과 거짓이 없는 믿음에서 나오는 사랑이거늘 6 사람들이 이에서 벗어나 헛된 말에 빠져 7 율법의 선생이 되려 하나 자기가 말하는 것이나 자기가 확증하는 것도 깨닫지 못하는도다"(딤전 1:3-7)

교회 공동체 안에서 일어나는 싸움과 다툼을 보면 결국 교인 각자의 마음속에 있는 각가지 욕망, 시기심, 탐심 따위의 육신의 정욕이 충족되지 못할 때 이것이 밖으로 나타나 성도 간의 싸움과 다툼이 되었다는 것을 1절에서 배웠습니다. 이어서 야고보 장로는 2절에서 온갖 육신의 정욕을 따라 행할 때 발생하는 결과적인 일들을 "2 너희는 욕심을 내어도 얻지 못하여 살인하며 시기하여도 능히 취하지 못하므로 다투고 싸우는도다 너희가 얻지 못함은 구하지 아니하기 때문이요" 라고 설명하고 있습니다. 본 절에 쓰인 동사들은 모두 현재형입니다. 그러므로 본문에서 기술하고 있는 내용은 모두 계속적으로 일어나고 있는 일들을 뜻합니다.

"욕심을 내어도 얻지 못하여" 라는 문구의 내용이 살인의 원인인 것을 밝히고 있습니다. 본문에서 말하는 "살인" 에 대해서 혹자는 극렬한 증오나 압제를 뜻하는 것으로 이해하기도 합니다. 또는 모함하여 매장시키는 것을 뜻하는 것으로 이해하기도 합니다. 또 어떤 사람들은 낱말 그대로 실제의 살인을 뜻한다고 이해하고


· 온전한 믿음의 사람은 ·

있습니다. 실제 살인으로 이해하는 근거는 창세기 4장에 기록된 가인이 아우 아벨을 죽인 사건을 예로 들고 있고, 열왕기상 21장 1절부터 25절에 기록된 아합 왕이 나발의 포도원을 욕심 낸 결과로 나발을 살인하게 되는 경우를 생각할 수 있습니다. 여하간 자기 개인의 욕심이 충족되지 않을 때 사람을 매장시키기도 하고 심지어 살인까지도 하게 된다는 말씀입니다. 이와 같은 일이 지금 수신자들의 교회 안에서 일어나고 있다는 것을 지적하고 있습니다. 그리고 시기하여도 얻지 못할 경우에는 결국 다투고 싸우는 결과를 초래한다는 것을 가르치고 있습니다.

이 사실을 지적한 후에 야고보 장로는 이런 문제의 해결책으로 다음과 같이 기도를 제시하고 있습니다. "너희가 얻지 못함은 구하지 아니하기 때문이요" 라는 말씀으로 욕심을 부리거나 시기하기에 앞서 원하는 바를 하나님께 구하지 않은 때문이라고 가르치고 있습니다. 그리고 이어서 기도해도 받지 못하는 경우는 잘못된 기도를 드리기 때문이라고 3절 말씀으로 깨우쳐 줍니다. "구하여도 받지 못함은 정욕으로 쓰려고 잘못 구하기 때문이라" 이미 배운 1장 6절은 분명히 지혜가 부족할 때에 모든 사람에게 후히 주시고 꾸짖지 아니하시는 하나님께 구하라 그리하면 주신다고 우리에게 말씀하셨습니다. 그리고 이어서 믿음으로 구하고 조금도 의심하지 말라고 했습니다. 이와 대조적으로 본문은 구해도 받지 못할 경우가 있다고 하면서 받지 못하는 이유를 밝혀 가르치고 있습니다. 즉, 우리가 하나님께 무엇이든 구할 때 하나님의 뜻을 따라 구하지 아니하고 오직 자신의 욕망 충족을 위해서 구하면 우리는 우리의 구하는 것을 받지 못한다는 것을 가르치고 있습니다.

하나님께서는 좋은 것을 우리에게 선물로 주시기를 기뻐하시는 선하신 분이심을 1장 17절에서 말씀하셨습니다. 그러나 우리가 기도하거나 구할 때 본문에서처럼 우리의 동기가 불순하거나 또는 고백하지 않아서 용서받지 못한 죄가 있을 때 하나님께서는 우리의 기도를 듣지도 않으신다고 했습니다.

"15 너희가 손을 펼 때에 내가 내 눈을 너희에게서 가리고 너희가 많이 기도할지라도 내가 듣지 아니하리니 이는 너희의 손에 피가 가득함이라 16 너희는 스스로 씻으며 스스로 깨끗하게 하여 내 목전에서 너희 악한 행실을 버리며 행악을 그치고 17 선행을 배우며 정의를 구하며 학대 받는 자를 도와 주며 고아를 위하여 신

**215**

원하며 과부를 위하여 변호하라 하셨느니라"(사 1:15-17)

"18 내가 나의 마음에 죄악을 품었더라면 주께서 듣지 아니하시리라 19 그러나 하나님이 실로 들으셨음이여 내 기도 소리에 귀를 기울이셨도다"(시 66:18-19)

"귀를 막고 가난한 자가 부르짖는 소리를 듣지 아니하면 자기가 부르짖을 때에도 들을 자가 없으리라"(잠 21:13)

3절 말씀을 보면 수신자 교인들이 기도해도 받지 못하는 이유를 그들이 육신의 욕망을 위해 쓸려고 잘못 구하기 때문이라고 분명하게 밝혀 책망 어린 말씀으로 깨우치고 있습니다.

지금까지 우리는 교회 안에 분쟁과 싸움이 있다는 사실을 알았습니다. 이와 같은 분쟁과 싸움의 원인이 결국 개개 그리스도인 자신들이 갖고 있는 각종 욕심과 질투심을 절제하지 못하는데 있다는 것을 배웠습니다. 이와 같은 상태에 처하게 된 근본 원인은 교인들 모두가 세상의 영향을 받아 교회 공동체 안에서도 세상 사람들처럼 생활하고 있는 때문입니다. 또 다른 이유는 소위 지도자나 선생들의 자리에 있는 사람들 중에는 신행일치의 성화되지 못한 상태에서 세상 지혜를 가지고 교회 안에서 활동하고 있는 것이라고 하겠습니다. 이 사실을 알고 있는 야고보 장로는 4절부터 6절에서 세상과 짝하여 살고 있는 교인들을 향해 심한 책망과 경계의 말씀으로 깨우치고 있습니다.

## 2. 세상과 벗이 되는 것은 하나님과 원수가 되는 것이다(4:4-6)

"4 간음한 여인들아 세상과 벗된 것이 하나님과 원수 됨을 알지 못하느냐 그런즉 누구든지 세상과 벗이 되고자 하는 자는 스스로 하나님과 원수 되는 것이니라 5 너희는 하나님이 우리 속에 거하게 하신 성령이 시기하기까지 사모한다 하신 말씀을 헛된 줄로 생각하느냐 6 그러나 더욱 큰 은혜를 주시나니 그러므로 일렀으되 하나님이 교만한 자를 물리치시고 겸손한 자에게 은혜를 주신다 하였느니라"

4절부터 6절에서 야고보 장로는 수신자인 유대 그리스도인들과 그들의 교회를


· 온전한 믿음의 사람은 ·

향해 세 가지를 책망하고 있습니다. 첫째, 세상과 벗이 되어 하나님의 원수로 행하는 것을 지적하고 있습니다(4절). 둘째, 하나님의 말씀을 도외시하는 것입니다(5절). 셋째, 그들의 교만함을 지적하고 있습니다(6절).

야고보 장로는 4절 첫머리에서 수신자 교회와 교인들을 향해 "간음하는 여인들아" 라고 했습니다. 그리고는 "세상과 벗된 것이 하나님과 원수 됨을 알지 못하느냐" 라고 반어적 의문문을 사용하여 책망하고 있습니다. 여기서 "간음하는 여자들이여" 라는 문구는 구약에서 하나님의 말씀에 순종하지 않고 이방신을 섬긴 신실하지 못한 이스라엘을 향해 여호와 하나님께서 분노를 발하실 때 쓰신 표현과 같은 것입니다.

"23 주 여호와의 말씀이니라 너는 화 있을진저 화 있을진저 네가 모든 악을 행한 후에 24 너를 위하여 누각을 건축하며 모든 거리에 높은 대를 쌓았도다 25 네가 높은 대를 모든 길 어귀에 쌓고 네 아름다움을 가증하게 하여 모든 지나가는 자에게 다리를 벌려 심히 음행하고 26 하체가 큰 네 이웃 나라 애굽 사람과도 음행하되 심히 음란히 하여 내 진노를 샀도다…32 그 남편 대신에 다른 남자들과 내통하여 간음하는 아내로다"(겔 16:23-26, 32)

"19 내가 말하기를 내가 어떻게 하든지 너를 자녀들 중에 두며 허다한 나라들 중에 아름다운 기업인 이 귀한 땅을 네게 주리라 하였고 내가 다시 말하기를 너희가 나를 나의 아버지라 하고 나를 떠나지 말 것이니라 하였노라 20 그런데 이스라엘 족속아 마치 아내가 그의 남편을 속이고 떠나감 같이 너희가 확실히 나를 속였느니라 여호와의 말씀이니라"(렘 3:19-20)

하나님을 배반하고 이방신을 섬긴 이스라엘 백성을 향해 하나님께서 분노하실 때 사용한 심한 책망을 야고보 장로는 본문에서 보는 것과 같이 유대 그리스도인들의 교회와 그 교회의 교인들을 향해 그대로 사용하여 책망하고 있습니다. 이런 심한 표현을 쓴 것에 대해 교회가 그리스도의 몸이라는 사실과 교회나 성도가 그리스도의 신부라는 사실을 고려하면 충분히 이해할 수 있습니다.

"1 원하건대 너희는 나의 좀 어리석은 것을 용납하라 청하건대 나를 용납하라 2 내가 하나님의 열심으로 너희를 위하여 열심을 내노니 내가 너희를 정결한 처녀

**217**

로 한 남편인 그리스도께 드리려고 중매함이로다 그러나 나는 3 뱀이 그 간계로 하와를 미혹한 것 같이 너희 마음이 그리스도를 향하는 진실함과 깨끗함에서 떠나 부패할까 두려워하노라"(고후 11:1-3)

"25 남편들아 아내 사랑하기를 그리스도께서 교회를 사랑하시고 그 교회를 위하여 자신을 주심 같이 하라 26 이는 곧 물로 씻어 말씀으로 깨끗하게 하사 거룩하게 하시고 27 자기 앞에 영광스러운 교회로 세우사 티나 주름 잡힌 것이나 이런 것들이 없이 거룩하고 흠이 없게 하려 하심이라 28 이와 같이 남편들도 자기 아내 사랑하기를 자기 자신과 같이 할지니 자기 아내를 사랑하는 자는 자기를 사랑하는 것이라 29 누구든지 언제나 자기 육체를 미워하지 않고 오직 양육하여 보호하기를 그리스도께서 교회에게 함과 같이 하나니 30 우리는 그 몸의 지체임이라 31 그러므로 사람이 부모를 떠나 그의 아내와 합하여 그 둘이 한 육체가 될지니 32 이 비밀이 크도다 나는 그리스도와 교회에 대하여 말하노라"(엡 5:25-32)

"7 우리가 즐거워하고 크게 기뻐하며 그에게 영광을 돌리세 어린 양의 혼인 기약이 이르렀고 그의 아내가 자신을 준비하였으므로 8 그에게 빛나고 깨끗한 세마포 옷을 입도록 허락하셨으니 이 세마포 옷은 성도들의 옳은 행실이로다 하더라"(계 19:7-8)

이상의 말씀에서 우리는 교회가 또는 성도가 그리스도의 신부임을 알 수 있습니다. 그래서 야고보 장로는 예수님에 대한 사랑을 버리고 세상을 사랑하고 있는 유대 그리스도인들의 교회와 교인들을 향하여 "간음하는 여자들이여" 라고 심하게 책망하는 표현을 사용하고 있습니다. 이어서 앞에서처럼 심한 표현을 사용한 배경이 되는 수신자들의 교회와 교인들의 실상을 직접적으로 기술하여 깨우치고 있습니다. 즉, 야고보 장로는 그들을 향해 "세상과 벗된 것이 하나님과 원수 됨을 알지 못하느냐" 라고 반어적 의문문으로 수신자들을 깨우치며 이 사실을 상기시켜 도전하고 있습니다. 여기에 쓰인 "벗" 이라는 단어는 우정, 사랑을 주고받는 것을 뜻합니다. 따라서 세상과 벗이 된다는 말씀은 세상을 사랑하고 세상의 사랑을 받는 관계를 뜻합니다. 즉, 세상의 일들을 사랑하고 또 세상의 인정을 받기 위해서 세상을 따라가는 행위라고 할 수 있습니다. 이런 삶은 결국 하나님을 멀리하고 하


· 온전한 믿음의 사람은 ·

나님의 말씀에 순종하지 않고 따르지 않는 삶이기 때문에 결국 하나님의 원수가 되는 것입니다. 뿐만 아니라 하나님의 원수는 적극적으로 하나님의 일을 방해하는 자들이기도 합니다.

"6 온 섬 가운데로 지나서 바보에 이르러 바예수라 하는 유대인 거짓 선지자인 마술사를 만나니 7 그가 총독 서기오 바울과 함께 있으니 서기오 바울은 지혜 있는 사람이라 바나바와 사울을 불러 하나님의 말씀을 듣고자 하더라 8 이 마술사 엘루마는(이 이름을 번역하면 마술사라) 그들을 대적하여 총독으로 믿지 못하게 힘쓰니 9 바울이라고 하는 사울이 성령이 충만하여 그를 주목하고 10 이르되 모든 거짓과 악행이 가득한 자요 마귀의 자식이요 모든 의의 원수여 주의 바른 길을 굽게 하기를 그치지 아니하겠느냐"(행 13:6-10)

그러므로 야고보 장로는 이 사실을 깨우치고 있습니다. 그리고 성경 곳곳에서 성도는 세상과 하나님을 함께 섬기거나 따르거나 사랑할 수 없다고 가르치고 있습니다.

"한 사람이 두 주인을 섬기지 못할 것이니 혹 이를 미워하고 저를 사랑하거나 혹 이를 중히 여기고 저를 경히 여김이라 너희가 하나님과 재물을 겸하여 섬기지 못하느니라"(마 6:24)

"15 이 세상이나 세상에 있는 것들을 사랑하지 말라 누구든지 세상을 사랑하면 아버지의 사랑이 그 안에 있지 아니하니 16 이는 세상에 있는 모든 것이 육신의 정욕과 안목의 정욕과 이생의 자랑이니 다 아버지께로부터 온 것이 아니요 세상으로부터 온 것이라"(요일 2:15-16)

또 성경은 다음과 같이 가르치고 있습니다.

"5 육신을 따르는 자는 육신의 일을, 영을 따르는 자는 영의 일을 생각하나니 6 육신의 생각은 사망이요 영의 생각은 생명과 평안이니라 7 육신의 생각은 하나님과 원수가 되나니 이는 하나님의 법에 굴복하지 아니할 뿐 아니라 할 수도 없음이라"(롬 8:5-7)

"18 내가 여러 번 너희에게 말하였거니와 이제도 눈물을 흘리며 말하노니 여러 사람들이 그리스도의 십자가의 원수로 행하느니라 19 그들의 마침은 멸망이

요 그들의 신은 배요 그 영광은 그들의 부끄러움에 있고 땅의 일을 생각하는 자라" (빌 3:18-19)

그리고 야고보 장로는 이어서 "그런즉 누구든지 세상과 벗이 되고자 하는 자는 스스로 하나님과 원수 되는 것이니라"고 거듭하여 분명하게 밝히고 있습니다. 이 말씀에서 강조된 내용은 세상과 벗이 되는 것을 계속적으로 선호한다는 말씀입니다. 그리고 그럴 경우 계속하여 하나님과 원수가 되는 삶을 살게 된다는 말씀입니다. 이렇게 지적한 이면에는 그들이 속히 이와 같은 삶을 완전히 청산하고 하나님 앞에 회개하고 하나님께로 돌아와 하나님의 은혜를 누리며 살아야 한다는 것을 촉구하는 마음이 있기 때문입니다.

이상에서처럼 세상과 벗이 되는 삶이 하나님의 원수로 행하는 삶인 것을 지적하여 간접적으로 회개를 촉구한 야고보 장로는 5절에서 "너희는 하나님이 우리 속에 거하게 하신 성령이 시기하기까지 사모한다 하신 말씀(성경)을 헛된 줄로 생각하느냐" 라는 말씀으로 그들의 하나님의 말씀에 대한 잘못된 태도를 지적하고 있습니다. 앞에서 살펴본 2장 18절의 말씀과 함께 본문의 5절이 야고보서 중에서 가장 해석하기 힘든 말씀 중의 하나라고 많은 사람들이 이야기 하고 있습니다. 그 이유는 문장의 구조를 살펴볼 때 대체로 4가지로 이해될 수 있기 때문입니다. 이렇게 4가지로 분류하게 되는 이유는 본 동사인 "사모한다"의 주어와 목적어가 각각 확실치 않기 때문입니다. 그리고 본 절에서 "성령"이라고 번역한 낱말을 원어로 보면 사람의 영으로 이해할 수도 있고, 또는 성령으로 이해할 수도 있는 것이 한 가지 문제입니다. 다른 한 가지 문제는 사람의 영 또는 성령으로 이해할 수 있는 단어가 본 동사의 주어가 될 수도 있지만 목적어도 될 수 있다는 점입니다. 따라서 이상의 문제를 종합하면 4가지 문장으로 번역될 수 있습니다. 그런데 문제는 이 4가지 문장 중에 옳은 문장 하나를 정해야 하는데 그것이 어렵습니다. 우선 이 네 가지로 번역될 수 있는 문장을 열거해 보겠습니다.

(1) 영이 사람의 영을 뜻하며 동시에 동사의 목적어라고 볼 경우는 "하나님이 우리 속에 거하게 하신(사람의) 영을 하나님이 시기하기까지 사모한다 하신 말씀을 너희가 헛된 줄로 생각하느뇨" 라고 번역됩니다.



· 온전한 믿음의 사람은 ·

(2) 영이 하나님의 영, 즉 성령을 뜻하며 동시에 동사의 목적어라고 볼 경우는 "하나님이 우리 속에 거하게 하신 성령을 하나님이 시기하기까지 사모한다 하신 말씀을 너희가 헛된 줄로 생각하느뇨" 라고 번역됩니다.

(3) 영이 사람의 영을 뜻하며 동시에 동사의 주어가 되는 것으로 볼 경우는 "하나님이 우리 속에 거하게 하신 사람의 영이 시기하기까지 사모한다 하신 말씀을 너희가 헛된 줄로 아느뇨" 라고 번역 할 수 있습니다.

(4) 영이 성령을 뜻하며 동시에 동사의 주어가 되는 것으로 이해할 경우는 "하나님이 우리 속에 거하게 하신 성령이 시기하기까지 사모한다 하신 말씀을 너희가 헛된 줄로 아느뇨" 라는 번역입니다.

이상의 4가지 문장을 각각 살펴보도록 하겠습니다. 1번 문장은 신자와 불신자의 영을 막론하고 모든 사람의 영을 하나님께서 시기하기까지 사모하신다는 뜻입니다. 신자의 영에 국한시켜 신자의 영을 하나님께서 시기하기까지 사모하신다는 말씀은 하나님의 백성들에게 질투하시는 하나님이심을 가르친 제 2계명에 비추어 볼 때 옳은 말씀입니다. 그러나 불신자의 영까지도 시기하기까지 사모하신다는 말씀은 성경 전체의 가르침에 비추어 볼 때 틀린 것이라고 하겠습니다.

2번째 문장은 하나님이 성령을 시기하기까지 사모하신다는 뜻인데 이 말씀은 삼위 하나님 간에 있을 수 없는 관계를 가르치는 것이므로 틀린 말씀이라고 하겠습니다.

3번째 문장은 세상 모든 사람의 영이 세상의 즐거움 또는 자기 자신을 시기하기까지 사모한다는 뜻인데 이 말씀은 불신자에게는 맞습니다. 그러나 신자의 경우에는 육신에 속한 자에게는 혹 해당될 수 있을 수 있지만 신령한 자에게는 해당이 안 되므로 맞는 말씀이라고 할 수 없습니다.

4번째 문장은 우리 속에 거하시는 성령이 신자를 시기하기까지 사모한다는 뜻인데 이 말씀은 성경 전체의 가르침과 일치하고 있기 때문에 옳은 말씀이라고 하겠습니다.

"29 무릇 더러운 말은 너희 입 밖에도 내지 말고 오직 덕을 세우는 데 소용되는 대로 선한 말을 하여 듣는 자들에게 은혜를 끼치게 하라 30 하나님의 성령을 근심

221

하게 하지 말라 그 안에서 너희가 구원의 날까지 인치심을 받았느니라"(엡 4:29-30)

위의 말씀에서 우리는 성도 안에 계신 성령님께서 성도가 의롭고 선한 삶을 살 것을 시기하기까지 사모하시는 것을 이해할 수 있습니다.

이상에서 살펴본 것을 종합하면 결국 4번째 문장이 올바른 번역이고 또 해석이라고 할 수 있습니다. 이제 4번째 말씀을 자세히 살펴보도록 하겠습니다. "하나님이 우리 속에 거하게 하신 성령이 시기하기까지 사모한다 하신 말씀을 헛된 줄로 생각하느냐" 라는 내용 중 "말씀" 이라는 어휘는 곧 성경 말씀을 뜻합니다. 동시에 이 어휘는 성경의 어떤 특정 구절을 인용한 것 같지만 실제로는 어떤 특정 구절을 인용한 것이 아니고 성경의 일반적인 가르침 중에 있는 한 가지 내용을 말씀하신 것으로 학자들이 의견을 모으고 있습니다. 실제로 성경 곳곳에서 이와 같은 방법으로 성경을 인용하고 있음을 보고 있습니다. 예를 들어 다음의 말씀들이 이 사실을 설명하고 있습니다.

"나를 믿는 자는 성경에 이름과 같이 그 배에서 생수의 강이 흘러나오리라 하시니"(요 7:38)

"성경에 이르기를 그리스도는 다윗의 씨로 또 다윗이 살던 마을 베들레헴에서 나오리라 하지 아니하였느냐 하며"(요 7:42)

"성경에 일렀으되 곡식을 밟아 떠는 소의 입에 망을 씌우지 말라 하였고 또 일꾼이 그 삯을 받는 것은 마땅하다 하였느니라"(딤전 5:18)

그러므로 5절의 말씀은 결국 야고보 장로가 성경의 일반적인 가르침을 인용한 것이라고 할 수 있습니다.

그리고 "하나님이 우리 속에 거하게 하신 성령이 시기하기까지 사모한다" 라는 말씀은 우리가 예수를 믿고 구원받는 그 순간 우리 안에 임하셔서 거하시는 성령님께서는 신자의 온전한 헌신 또는 순종을 열망한다는 말씀입니다. 신명기 말씀에서 하나님께서는 질투하시는 분이심을 명백히 가르치고 있습니다.

"13 네 하나님 여호와를 경외하며 그를 섬기며 그의 이름으로 맹세할 것이니라 14 너희는 다른 신들 곧 네 사면에 있는 백성의 신들을 따르지 말라 15 너희 중에 계신 너희의 하나님 여호와는 질투하시는 하나님이신즉 너희의 하나님 여호와께


· 온전한 믿음의 사람은 ·

서 네게 진노하사 너를 지면에서 멸절시키실까 두려워하노라"(신 6:13-15)

여호와 하나님께서 질투하시는 분이신 것과 같이 성령님께서도 신자의 온전한 순종과 헌신을 원하신다는 말씀입니다. 그런데  이 말씀을 "헛된 줄로 생각하느냐" 라고 반문체로 재차 도전하고 있습니다. 이렇게 재차 도전하는 것은 이런 사실을 알고 있는 수신자들 교회와 교인들이 세상과 벗이 된 것을 우선 책망하는 것입니다. 그리고 이어서 그들의 세속화되고 세상을 사랑하는 잘못된 삶에 추가하여 하나님의 말씀까지도 불순종하고 있다는 차원에서 다시 깨우치면서 책망하는 말씀입니다. 즉, 유대 그리스도인들이 하나님의 말씀까지도 도외시하면서 세상과 벗이 되어 산다는 것을 심하게 꾸짖고 있는 말씀입니다.

이상에서 본 것과 같이 세상의 벗이 되어 하나님의 원수가 된 것과 하나님의 말씀까지도 도외시하는 수신자 교회와 교인들을 책망한 야고보 장로는 6절에서 그들의 교만함을 책망하면서 겸손한 자에게 큰 은혜를 베푸시는 하나님이심을 일깨워주고 있습니다.

"그러나 더욱 큰 은혜를 주시나니 그러므로 일렀으되 하나님이 교만한 자를 물리치시고 겸손한 자에게 은혜를 주신다 하였느니라" 6절을 "그러나"로 시작한 것은 4절과 5절의 내용과 6절의 내용을 연결시키는 구절입니다. 즉, 앞에서 본 것과 같이 수신자들은 세속화되어 하나님의 원수로 살 뿐만 아니라 하나님의 말씀까지도 도외시하는 교만하고 타락한 생활을 하고 있는 사람들입니다. 그러나 하나님의 은혜는 크고 넘쳐서 이와 같은 큰 죄 가운데 살고 있는 이들도 하나님의 은혜를 누릴 수 있다는 것을 깨우치고 가르쳐 주시기 위한 것이라고 하겠습니다. 여기서 "더욱 큰 은혜를 주시나니" 라는 말씀은 과거에 어떤 죄를 지었어도 하나님께 돌아오기만 하면 모두 용서받고 하나님의 은혜가운데 살도록 해주신다는 말씀입니다. 이것이 더욱 큰 은혜를 주신다는 말씀입니다.

그리고 하나님께서 더욱 큰 은혜를 주신다고 분명하게 말씀하신 후에 "일렀으되" 라는 문구를 사용하여 잠언 3장 34절과 베드로전서 5장 5절에 각각 기록된 말씀을 인용하여 "하나님이 교만한 자를 물리치시고 겸손한 자에게 은혜를 주신다 하였느니라" 고 가르치고 있습니다. 이 말씀에서 "교만한 자" 란 다른 사람보다 잘

**223**

낮다고 생각하여 자기 자랑으로 가득찬 사람, 자기중심적이고 자기가 모든 것의 기준이라고 생각하는 사람입니다. 그러므로 자기는 어떤 부족함도 느끼지 않고 어떤 죄의식도 없이 자기 자신을 숭배하는 마음을 가진 사람을 뜻합니다. 그리고 "물리치시고" 라는 동사는 "대항하여 싸운다.", "대항하여 버티고 서 있다." 라는 뜻이며 현재형으로 되어 있어서 계속적으로 대항하여 싸우고 버틴다는 뜻입니다. 하나님께서 어떻게 물리치시는지를 다음 말씀에서 다소 이해할 수 있을 것으로 봅니다.

"3 내가 입을 열지 아니할 때에 종일 신음하므로 내 뼈가 쇠하였도 4 주의 손이 주야로 나를 누르시오니 내 진액이 빠져서 여름 가뭄에 마름 같이 되었나이다 5 내가 이르기를 내 허물을 여호와께 자복하리라 하고 주께 내 죄를 아뢰고 내 죄악을 숨기지 아니하였더니 곧 주께서 내 죄악을 사하셨나이다"(시 32:3-5)

다음으로 "겸손한 자" 란 자신의 부족함과 죄인됨을 의식하고 하나님을 향한 의지하는 마음과 하나님의 도우심을 구하는 자세를 가진 사람을 뜻합니다. 또 "주신다" 라는 동사도 현재형으로 계속적으로 주신다는 뜻입니다. 이와 같이 하나님께서는 교만한 자에 대해서는 그를 대항하여 싸우시지만 겸손한 자에게는 은혜를 계속 내려 주신다고 가르치고 있습니다. 이어서 야고보 장로는 수신자인 유대인 교회와 교인들이 세상과 벗 된 것을 회개하고 교만을 버리고 겸손한 마음과 자세로 은혜를 베푸시는 하나님 앞에 나아갈 것을 깨우치고 있습니다.

세상의 벗이 되어 살면서 하나님의 원수로 행할 뿐만 아니라 하나님의 말씀을 도외시하는 유대 그리스도인들에게 은혜로우신 하나님을 소개한 후에 7절부터 10절 말씀에서는 오해의 여지없는 확실한 말씀으로 하나님과의 관계를 회복하여 그분의 은혜를 누리며 살 것을 강력하게 권고하고 있습니다.


### 3. 하나님께 복종하고 주님 앞에서 겸손히 행할 때 큰 은혜를 누린다(4:7-10)


"7 그런즉 너희는 하나님께 복종할지어다 마귀를 대적하라 그리하면 너희를 피하리라 8 하나님을 가까이하라 그리하면 너희를 가까이하시리라 죄인들아 손을 깨끗


· 온전한 믿음의 사람은 ·

이 하라 두 마음을 품은 자들아 마음을 성결하게 하라 9 슬퍼하며 애통하며 울지어다 너희 웃음을 애통으로, 너희 즐거움을 근심으로 바꿀지어다"

7절부터 10절 말씀은 10개의 명령형 동사를 활용하여 하나님과 원수 된 삶을 사는 수신자들의 교회와 교인들이 온전히 회개함으로 하나님과의 관계를 회복하는 절차와 과정을 가르치고 있습니다. 먼저 7절에서 두 개의 동사를 사용하여 반드시 밟아야 하는 기본적이고 우선적인 절차를 말씀하고 있습니다. 8절과 9절에서는 7개의 동사를 사용하여 하나님과의 관계 회복을 위해 회개해야 하는 구체적인 내용을 가르치고 있습니다. 그리고 10절에서는 하나님의 은혜를 입기 전에 반드시 갖추어야 하는 행동과 자세를 명하고 있습니다.

한 구절 한 구절 살펴보기 전에 한 가지 더 밝힐 것은 이 대목에 사용된 10개의 명령형 동사가 모두 부정 과거형이라고 알려진 시제형인데, 이것의 특별한 점은 즉각적인 행동을 요구하는 동시에 정확한 행동을 취할 것을 요구하고 있는 것입니다. 예를 들면, 긴박한 상황 하에 있는 병사에게 내리는 명령과 같은 뜻을 갖고 있습니다. 즉, 정확하고 즉각적인 행동을 요구하는 명령형입니다.

7절 첫머리에 "그런즉"이라는 접속 어휘를 쓴 것은 4절부터 6절에서 책망하고 경고한 내용, 즉 교만을 버리고 하나님의 은혜를 구하라는 말씀과 관계 지어 7절의 권고의 명령을 받으라는 뜻이라고 하겠습니다. 이어서 "너희는 하나님께 복종할지어다 마귀를 대적하라 그리하면 너희를 피하리라"고 명령의 내용을 밝히고 있습니다. 이 말씀에서 주의할 것은 하나님께 복종하는 것과 마귀를 대적하는 일 이 두 가지 일인데 이 두 가지가 모두 각각 선택을 요구합니다. 즉, 하나님께 복종할 것인지 안 할 것인지, 또 마귀를 대적할 것인지 안 할 것인지를 결단 내리는 일입니다. 야고보 장로는 하나님께 복종하는 것을 선택하는 결단을 내리고 지체 없이 행동할 것을 권하고 있습니다. 동시에 마귀에 대해서는 대적하는 결단을 내리고 행동할 것을 권하고 있습니다.

이 두 가지 결단에 따르는 행동이 하나님의 은혜를 입고 누리기 위해서 가장 우선적으로 해야 하는 일인 것을 강조하고 있습니다. 먼저 "복종하라"는 동사는 권위에 복종하다 또는 권위의 아래에 자기를 세운다 라는 뜻으로 주권의 하나님이 심을 인정하고 그 하나님의 말씀에 절대 복종하라는 말씀입니다. 그리고 이와 같이 하나님의 주권을 인정하고 그분의 말씀에 절대 복종하는 일을 지체하지 말고 즉시 행하라는 말씀입니다.

그리고 "마귀를 대적하라" 는 동사는 있는 자리에 굳게 서서 대항하여 버티라는 뜻입니다. 이것이 마귀와 싸우는데 있어서 기본적인 전투 자세이고 방법입니다.

"마귀의 간계를 능히 대적하기 위하여 하나님의 전신 갑주를 입으라" (엡 6:11)

"8 근신하라 깨어라 너희 대적 마귀가 우는 사자 같이 두루 다니며 삼킬 자를 찾나니 9 너희는 믿음을 굳건하게 하여 그를 대적하라 이는 세상에 있는 너희 형제들도 동일한 고난을 당하는 줄을 앎이라" (벧전 5:8-9)

하나님께 복종할 것을 명하면서 마귀를 대적할 것을 동시에 명하신 이유는 마귀가 원래 하나님의 원수로서 하나님의 계획과 하시는 일을 교묘하고 철저하게 방해하기 때문입니다. 방해함에 있어서 온갖 거짓말과 꼬임수로 사람들로 하여금 하나님의 말씀에 복종하지 못하게 만드는 존재이기 때문입니다. 심지어는 악령 (귀신)들을 동원하여 신자들로 하여금 어려움에 빠지게 만들기도 하고 또 세상으로 하여금 신자들을 박해하도록 하는 일도 합니다.

우리 모두가 잘 아는 것과 같이 하나님께서 천지를 창조하시고 인류의 시조를 창조하셨던 그때에 이미 마귀가 교묘하게 거짓말로 인류의 시조를 꼬여 하나님의 말씀을 거역하게 함으로 인류를 타락시킨 악한 자임을 기억할 필요가 있습니다. 그래서 마귀를 대적하라고 강하게 명하셨습니다. 마귀는 성령의 검, 곧 하나님의 말씀으로 대적할 수 있습니다.

성경말씀으로 마귀를 대적하는 것은 주님께서 마귀에게 시험 받으실 때 매번 "(성경에) 기록되었으되" 라고 말씀하시고 성경을 인용하심으로 마귀의 시험을 물리치신 것으로 우리에게 본을 보여 주셨습니다(마 4:1-11). 그리고 감사한 것은 마귀를 대적하면 마귀는 떠나갑니다. 즉, 신자가 마귀의 유혹이나 꼬임을 당할 때 철저하게 하나님의 말씀을 의지하고 대적하면 마귀는 우리를 해치지 못하고 결국 물러갑니다.

**226**

“하나님께로부터 난 자는 다 범죄하지 아니하는 줄을 우리가 아노라 하나님께
로부터 나신 자가 그를 지키시매 악한 자가 그를 만지지도 못하느니라”(요일 5:18)

이렇게 마귀를 대적하라고 말씀하시고는 그리하면 “너희를 피하리라”고 가르
치고 있습니다. 여기서 피한다는 단어는 도망한다, 도주한다는 뜻입니다.

이상의 두 가지 명령, 즉 하나님께 복종하고 마귀를 대적하는 것이 하나님의 은
혜를 입고 누릴 수 있는 가장 우선적으로 필요한 두 가지 할 일인 것을 명령으로 가
르치셨습니다.

그리고 이어서 야고보서 4장 8절과 9절에서는 하나님께 복종하는 사람이 하나
님과의 관계를 회복하기 위해서 회개해야 하는 구체적인 일들을 7개의 명령을 통
해 가르치고 있습니다.

“8 하나님을 가까이하라 그리하면 너희를 가까이하시리라 죄인들아 손을 깨끗
이 하라 두 마음을 품은 자들아 마음을 성결하게 하라 9 슬퍼하며 애통하며 울지어
다 너희 웃음을 애통으로, 너희 즐거움을 근심으로 바꿀지어다”

8절과 9절에서 명령하고 있는 내용을 자세히 살펴보면, 8절에서는 하나님 앞에
나감에 있어서 필요한 죄의 회개를 명하고 있습니다. 또 9절에서는 하나님의 긍휼
과 은혜를 얻는데 필요한 죄에 대한 잘못된 태도와 마음을 바로잡는데 필요한 회
개를 명하고 있습니다.

8절입니다. “하나님을 가까이 하라 그리하면 너희를 가까이하시리라 죄인들아
손을 깨끗이 하라 두 마음을 품은 자들아 마음을 성결하게 하라” 본 절에서는 수신
자들이 취해야 되는 행동을 “하나님을 가까이 하라” 다음으로 “죄인들아 손을 깨
끗이 하라” 그리고 “두 마음을 품은 자들아 마음을 성결하게 하라”고 명하고 있습
니다. 하나님을 가까이 하라는 말씀은 우선 하나님과의 관계를 먼저 확립한 후에
계속하여 친밀한 교제를 나누도록 하라는 말씀입니다. 이와 같은 하나님과의 친
밀한 교제는 선행 조건이 충족되어야 이루어지는 것을 우리는 압니다. 구약의 말
씀에서 이와 같은 예를 볼 수 있습니다.

“6 너희는 여호와를 만날 만한 때에 찾으라 가까이 계실 때에 그를 부르라 7 악
인은 그의 길을, 불의한 자는 그의 생각을 버리고 여호와께로 돌아오라 그리하면

227

그가 긍휼히 여기시리라 우리 하나님께로 돌아오라 그가 너그럽게 용서하시리라"
(사 55:6-7)

"11 여호와의 말씀이니라 너희를 향한 나의 생각을 내가 아나니 평안이요 재앙
이 아니니라 너희에게 미래와 희망을 주는 것이니라 12 너희가 내게 부르짖으며
내게 와서 기도하면 내가 너희들의 기도를 들을 것이요 13 너희가 온 마음으로 나
를 구하면 나를 찾을 것이요 나를 만나리라 14 이것은 여호와의 말씀이니라 나는
너희들을 만날 것이며 너희를 포로된 중에서 다시 돌아오게 하되 내가 쫓아 보내
었던 나라들과 모든 곳에서 모아 사로잡혀 떠났던 그 곳으로 돌아오게 하리라 이
것은 여호와의 말씀이니라"(렘 29:11-14)

"2 여호와가 너희의 조상들에게 심히 진노하였느니라 3 그러므로 너는 그들에
게 말하기를 만군의 여호와께서 이처럼 이르시되 너희는 내게로 돌아오라 만군의
여호와의 말이니라 그리하면 내가 너희에게로 돌아가리라 만군의 여호와의 말이
니라 4 너희 조상들을 본받지 말라 옛적 선지자들이 그들에게 외쳐 이르되 만군의
여호와께서 이같이 말씀하시기를 너희가 악한 길, 악한 행위를 떠나서 돌아오라
하셨다 하나 그들이 듣지 아니하고 내게 귀를 기울이지 아니하였느니라 여호와의
말이니라"(슥 1:2-4)

"8 그들이 그 문지방을 내 문지방 곁에 두며 그 문설주를 내 문설주 곁에 두어서
그들과 나 사이에 겨우 한 담이 막히게 하였고 또 그 행하는 가증한 일로 내 거룩한
이름을 더럽혔으므로 내가 노하여 멸망시켰거니와 9 이제는 그들이 그 음란과 그
왕들의 시체를 내게서 멀리 제거하여 버려야 할 것이라 그리하면 내가 그들 가운
데에 영원히 살리라"(겔 43:8-9)

"1 내가 네게 진술한 모든 복과 저주가 네게 임하므로 네가 네 하나님 여호와로
부터 쫓겨간 모든 나라 가운데서 이 일이 마음에서 기억이 나거든 2 너와 네 자손
이 네 하나님 여호와께로 돌아와 내가 오늘 네게 명령한 것을 온전히 따라 마음을
다하고 뜻을 다하여 여호와의 말씀을 청종하면 3 네 하나님 여호와께서 마음을 돌
이키시고 너를 긍휼히 여기사 포로에서 돌아오게 하시되 네 하나님 여호와께서
흩으신 그 모든 백성 중에서 너를 모으시리니 4 네 쫓겨간 자들이 하늘 가에 있을

228

지라도 네 하나님 여호와께서 거기서 너를 모으실 것이며 거기서부터 너를 이끄실 것이라"(신 30:1-4)

이상의 말씀에서 우리는 하나님께 가까이 나아갈 수 있는 길은 오직 우리의 죄를 회개하고 하나님만을 온전히 섬기는 것임을 알 수 있습니다.

이제 신약의 가르침을 살펴보겠습니다.

"19 그러므로 형제들아 우리가 예수의 피를 힘입어 성소에 들어갈 담력을 얻었나니 20 그 길은 우리를 위하여 휘장 가운데로 열어 놓으신 새로운 살 길이요 휘장은 곧 그의 육체니라 21 또 하나님의 집 다스리는 큰 제사장이 계시매 22 우리가 마음에 뿌림을 받아 악한 양심으로부터 벗어나고 몸은 맑은 물로 씻음을 받았으니 참 마음과 온전한 믿음으로 하나님께 나아가자"(히 10:19-22)

"24 예수는 영원히 계시므로 그 제사장 직분도 갈리지 아니하느니라 25 그러므로 자기를 힘입어 하나님께 나아가는 자들을 온전히 구원하실 수 있으니 이는 그가 항상 살아 계셔서 그들을 위하여 간구하심이라"(히 7:24-25)

"14 그러므로 우리에게 큰 대제사장이 계시니 승천하신 이 곧 하나님의 아들 예수시라 우리가 믿는 도리를 굳게 잡을지어다 15 우리에게 있는 대제사장은 우리의 연약함을 동정하지 못하실 이가 아니요 모든 일에 우리와 똑같이 시험을 받으신 이로되 죄는 없으시니라 16 그러므로 우리는 긍휼하심을 받고 때를 따라 돕는 은혜를 얻기 위하여 은혜의 보좌 앞에 담대히 나아갈 것이니라"(히 4:14-16)

"만일 우리가 우리 죄를 자백하면 그는 미쁘시고 의로우사 우리 죄를 사하시며 우리를 모든 불의에서 깨끗하게 하실 것이요"(요일 1:9)

이상의 말씀들이 분명히 가르치는 것은 우리가 우리의 죄를 자백하고 그리스도의 공로를 의지할 때에 하나님 앞이나 하나님의 은혜의 보좌 앞에 나아갈 수 있다는 사실입니다. 그리고 이렇게 하나님 앞에 나아가면 하나님께서 우리를 받으시고 우리에게 가까이 오셔서 우리와 친밀한 교제를 나누신다는 말씀입니다. 따라서 야고보 장로가 수신자들에게 말씀하시는 내용은 그들의 세상의 벗 된 것과 교만함을 회개하고 용서함 받아 하나님께 가까이 나아가라는 것입니다. 이것을 우리는 분명히 알아야 하겠습니다. 이 말씀은 본서의 수신자뿐만 아니라 시대를 초월하여 예수님을 믿는 모든 신자들은 항상 자기 자신을 돌아보면서 하나님 앞에 나아가 죄를 고백하고 용서받은 후에 하나님과 동행하면서 친밀한 교제를 나누도록 해야 한다는 말씀입니다.

동시에 야고보 장로는 그들에게 "죄인들아 손을 깨끗이 하라 두 마음을 품은 자들아 마음을 성결하게 하라"고 명하고 있습니다. 수신자 교인들을 향해 "죄인들아" 라는 심한 표현을 사용하여 그들을 부르고 있습니다. 이와 같이 부르는 이유는 그들이 세상의 벗이 되어 하나님의 원수로 행할 뿐만 아니라 하나님의 말씀까지도 도외시하는 죄를 짓고 사는 것을 상기시키기 위함입니다. 이와 같이 직접적으로 그들을 죄인들이라고 불러 죄인 된 자신들을 돌아보도록 촉구하면서 "손을 깨끗이 하라"고 명합니다. 이 말씀은 우리의 말과 행위로 범한 모든 죄들을 하나님께 고백하고 용서함 받으라는 뜻입니다.

"15 너희가 손을 펼 때에 내가 내 눈을 너희에게서 가리고 너희가 많이 기도할지라도 내가 듣지 아니하리니 이는 너희의 손에 피가 가득함이라 16 너희는 스스로 씻으며 스스로 깨끗하게 하여 내 목전에서 너희 악한 행실을 버리며 행악을 그치고 17 선행을 배우며 정의를 구하며 학대 받는 자를 도와 주며 고아를 위하여 신원하며 과부를 위하여 변호하라 하셨느니라"(사 1:15-17)

"3 여호와의 산에 오를 자가 누구며 그의 거룩한 곳에 설 자가 누구인가 4 곧 손이 깨끗하며 마음이 청결하며 뜻을 허탄한 데에 두지 아니하며 거짓 맹세하지 아니하는 자로다 5 그는 여호와께 복을 받고 구원의 하나님께 의를 얻으리니"(시 24:3-5)

"1 그런즉 사랑하는 자들아 이 약속을 가진 우리는 하나님을 두려워하는 가운데서 거룩함을 온전히 이루어 육과 영의 온갖 더러운 것에서 자신을 깨끗하게 하자"(고후 7:1)

이어서 "두 마음을 품은 자들아 마음을 성결하게 하라"고 명합니다. 이 말씀은 수신자 교회와 교인들이 세상을 사랑하면서 동시에 하나님도 섬기며 살고자 하는 마음을 알고 이것을 꼬집어 두 마음을 품은 자들이라고 부르신 것입니다. 이런 불순한 마음을 성결하게 하라고 명하고 있습니다. 성경은 분명히 구원받은 성도는



· 온전한 믿음의 사람은 ·

두 주인을 섬길 수 없다고 가르쳐 주셨습니다.

"한 사람이 두 주인을 섬기지 못할 것이니 혹 이를 미워하고 저를 사랑하거나 혹 이를 중히 여기고 저를 경히 여김이라 너희가 하나님과 재물을 겸하여 섬기지 못하느니라"(마 6:24)

"15 이 세상이나 세상에 있는 것들을 사랑하지 말라 누구든지 세상을 사랑하면 아버지의 사랑이 그 안에 있지 아니하니 16 이는 세상에 있는 모든 것이 육신의 정욕과 안목의 정욕과 이생의 자랑이니 다 아버지께로부터 온 것이 아니요 세상으로부터 온 것이라 17 이 세상도, 그 정욕도 지나가되 오직 하나님의 뜻을 행하는 자는 영원히 거하느니라"(요일 2:15-17)

구원받은 사람은 절대로 세상과 하나님을 똑같이 사랑할 수 없고, 섬길 수도 없다는 것을 성경은 누누이 강조하고 있습니다.

그러므로 야고보 장로는 수신자들을 향해 두 마음을 품은 죄를 회개하고 마음을 성결케 하라고 명령하고 있습니다. 여기서 "성결하게 하라"는 동사는 세상을 향한 애착과 하나님을 향한 마음으로 갈라져 있는 마음을 모아 온 마음과 온 정성과 온 힘을 다해 하나님만을 섬기는 삶을 살라고 하는 말씀입니다. 다시 말하면 하나님을 멀리하도록 만든 우리 마음속의 모든 불순하고 불의한 생각, 동기, 욕망, 욕심들을 버리라고 강조하는 말씀입니다. 그리고 하나님 앞에 회개하고 용서함을 받아 마음과 뜻과 정성을 다해 오직 하나님만 섬기라는 뜻입니다.

"그런즉 사랑하는 자들아 이 약속을 가진 우리는 하나님을 두려워하는 가운데서 거룩함을 온전히 이루어 육과 영의 온갖 더러운 것에서 자신을 깨끗하게 하자"(고후 7:1)

"그러므로 땅에 있는 지체를 죽이라 곧 음란과 부정과 사욕과 악한 정욕과 탐심이니 탐심은 우상 숭배니라"(골 3:5)

"주를 향하여 이 소망을 가진 자마다 그의 깨끗하심과 같이 자기를 깨끗하게 하느니라"(요일 3:3)

"30 주 여호와의 말씀이니라 이스라엘 족속아 내가 너희 각 사람이 행한 대로 심판할지라 너희는 돌이켜 회개하고 모든 죄에서 떠날지어다 그리한즉 그것이 너

**231**

희에게 죄악의 걸림돌이 되지 아니하리라 31 너희는 너희가 범한 모든 죄악을 버리고 마음과 영을 새롭게 할지어다 이스라엘 족속아 너희가 어찌하여 죽고자 하느냐 32 주 여호와의 말씀이니라 죽을 자가 죽는 것도 내가 기뻐하지 아니하노니 너희는 스스로 돌이키고 살지니라”(겔 18:30-32)

지금까지 우리는 하나님과의 관계 회복에 필요하여 명하신 7가지 일중 세 가지를 살펴보았습니다. 즉, 죄를 고백하고 하나님께 나아가 교제를 회복하라. 말과 행위로 범한 모든 죄를 고백하고 용서함 받으라. 그리고 세상을 향한 애착과 하나님을 향한 믿음으로 갈라진 마음과 하나님을 멀리하게 만든 마음속에 있는 모든 불순하고 불의한 동기와 욕망과 욕심들을 버리고 회개하여 용서함 받고 온전히 하나님만 섬기라는 말씀을 배웠습니다.

계속해서 9절에서는 하나님과의 관계 회복을 위해서 필요한 나머지 4가지 할 일을 배우게 됩니다. 9절의 말씀은 성도 개개인이 갖고 있는 죄와 관계된 잘못된 생각과 자세와 태도와 이해를 회개하라고 하십니다. 그리고 죄의 무서움과 비참함과 곤고함을 깨닫고 하나님의 긍휼과 자비를 구하라고 권면하며 명령하는 말씀입니다. 여기에 쓰인 명령형 동사는 앞에서 언급했지만 그 동사의 성질상 단호한 결단으로 즉각 회개하고 새롭게 되라는 명령입니다. “9 슬퍼하며 애통하며 울지어다 너희 웃음을 애통으로, 너희 즐거움을 근심으로 바꿀지어다” 에서 “슬퍼하라” 는 말씀은 현재 당하고 있는 비참함과 불행과 고난과 재난 모두가 죄로 인한 것임을 알고 이를 견디면서 즉각 죄에서 떠나라는 뜻입니다. “애통하라” 는 말씀은 지은 죄로 인한 상한 마음과 슬픔이 가슴속에 꽉 차있어 비통해 하면서 즉각 죄에서 떠나라는 뜻이라고 하겠습니다.

“18 여호와는 마음이 상한 자를 가까이 하시고 충심으로 통회하는 자를 구원하시는도다 19 의인은 고난이 많으나 여호와께서 그의 모든 고난에서 건지시는도다”(시 34:18-19)

“울지어다” 라는 말씀은 지은 죄로 인한 뉘우침과 부끄러움을 주체하지 못해 참회하며 울면서 즉각 죄에서 돌이킬 것을 명하는 것이라고 하겠습니다.

“74 그가 저주하며 맹세하여 이르되 나는 그 사람을 알지 못하노라 하니 곧 닭


· 온전한 믿음의 사람은 ·

이 울더라 75 이에 베드로가 예수의 말씀에 닭 울기 전에 네가 세 번 나를 부인하리라 하심이 생각나서 밖에 나가서 심히 통곡하니라"(마 26:74-75)

"너희 웃음을 애통으로, 너희 즐거움을 근심으로 바꿀지어다" 이 말씀에서 주의할 것은 즉각적인 결단과 회개를 촉구하는 동사는 마지막 문구인 "바꿀지어다"라는 낱말입니다. 따라서 이 부분에서 가르치는 것은 웃음을 애통으로, 즐거움을 근심으로 바꾸라는 명령이며 말씀입니다. "웃음"과 "즐거움"은 서로 비슷한 감정 또는 정서 상태를 뜻하는 것으로 "웃음"은 표면으로 나타난 것을 뜻하며, "즐거움"은 마음속에 있는 것을 뜻합니다. 먼저 "즐거움"의 뜻을 살펴보면, 하나님을 거부하고 배척한 어리석은 사람이 세상 쾌락에 빠져 흥청거리며 즐거워하는 마음의 상태를 뜻합니다. 반면 "웃음"의 뜻은 세상 쾌락에 빠져 흥청거리며 즐거워하는 마음이 겉으로 표현되어 나타난 즐거운 웃음을 가리키고 있습니다. 그리고 이 웃음과 즐거움을 애통으로 또 근심으로 각각 바꾸라고 명합니다. 여기에 쓰인 애통은 앞에서 "애통하라"고 명한 동사의 명사형의 낱말로 웃음을 죄로 인한 상한 마음과 슬픔으로 찬 비통함으로 바꾸라는 뜻입니다. 그리고 근심은 죄의 결과로 직면하게 되는 심판과 죽음에 대한 두려움과 절망감으로 인해 실의와 당황으로 가득한 마음의 상태를 뜻합니다. 이제 위의 설명을 정리 요약하겠습니다. 하나님을 부인하고 거부한 어리석은 사람이 세상의 쾌락에 빠져 즐거워하며 웃는 생활을 즉각 회개하여 청산하라는 것입니다. 그리고 죄로 인한 상한 마음과 비통함을 견디면서 죽음과 심판에 대한 공포와 절망감에 휩싸여 거룩하신 하나님 앞에서 겸손히 긍휼과 자비를 구하며 살라는 명령이라고 하겠습니다.

이상의 말씀으로 수신자들로 하여금 하나님께 나아가는 길과 비결을 9가지 명령을 통해 가르치신 후에 10절에서 마지막으로 하나님의 은혜를 입기 전에 반드시 갖추어야 하는 행동과 자세를 명하고 있습니다. 10절의 "주 앞에서 낮추라 그리하면 주께서 너희를 높이시리라"에서 "주 앞에서 낮추라"고 하신 말씀은 주님 앞에서 겸손히 행하라는 뜻입니다. 이미 6절에서 겸손에 대해서 배웠습니다. 다시 복습하면 "겸손한 자"란 자신의 부족함과 죄인 됨을 의식하고 하나님을 향해 의지하는 마음과 하나님의 도우심을 구하는 자세를 가진 사람을 뜻합니다. 그러므로 낮추

233

라는 말씀은 자신의 부족함과 죄인 됨을 고백하면서 하나님의 은혜로우심과 자비로우심에 자신을 완전히 의탁하라는 뜻입니다. 이와 같이 하나님의 은혜의 손길에 모든 것을 의탁하면 하나님께서는 이와 같이 겸손한 자를 높이 들어 주신다는 말씀입니다. 하나님 앞에서 낮추라 또는 겸손 하라고 하신 말씀을 기억하면서 겸손한 중에 하나님을 만난 후에 부름 받아 크게 들림 받고 쓰임 받은 대선지자 이사야의 예를 살펴봅시다.

"1 웃시야 왕이 죽던 해에 내가 본즉 주께서 높이 들린 보좌에 앉으셨는데 그의 옷자락은 성전에 가득하였고 2 스랍들이 모시고 섰는데 각기 여섯 날개가 있어 그 둘로는 자기의 얼굴을 가리었고 그 둘로는 자기의 발을 가리었고 그 둘로는 날며 3 서로 불러 이르되 거룩하다 거룩하다 거룩하다 만군의 여호와여 그의 영광이 온 땅에 충만하도다 하더라 4 이같이 화답하는 자의 소리로 말미암아 문지방의 터가 요동하며 성전에 연기가 충만한지라 5 그 때에 내가 말하되 화로다 나여 망하게 되었도다 나는 입술이 부정한 사람이요 나는 입술이 부정한 백성 중에 거주하면서 만군의 여호와이신 왕을 뵈었음이로다 하였더라 6 그 때에 그 스랍 중의 하나가 부젓가락으로 제단에서 집은 바 핀 숯을 손에 가지고 내게로 날아와서 7 그것을 내 입술에 대며 이르되 보라 이것이 네 입에 닿았으니 네 악이 제하여졌고 네 죄가 사하여졌느니라 하더라 8 내가 또 주의 목소리를 들으니 주께서 이르시되 내가 누구를 보내며 누가 우리를 위하여 갈꼬 하시니 그 때에 내가 이르되 내가 여기 있나이다 나를 보내소서 하였더니"(사 6:1-8)

신약의 예를 들면 베드로의 겸손과 주님께서 그를 들어 쓰신 것을 볼 수가 있습니다.

"4 말씀을 마치시고 시몬에게 이르시되 깊은 데로 가서 그물을 내려 고기를 잡으라 5 시몬이 대답하여 이르되 선생님 우리들이 밤이 새도록 수고하였으되 잡은 것이 없지마는 말씀에 의지하여 내가 그물을 내리리이다 하고 6 그렇게 하니 고기를 잡은 것이 심히 많아 그물이 찢어지는지라 7 이에 다른 배에 있는 동무들에게 손짓하여 와서 도와 달라 하니 그들이 와서 두 배에 채우매 잠기게 되었더라 8 시몬 베드로가 이를 보고 예수의 무릎 아래에 엎드려 이르되 주여 나를 떠나소서 나

**234**

는 죄인이로소이다 하니 9 이는 자기 및 자기와 함께 있는 모든 사람이 고기 잡힌 것으로 말미암아 놀라고 10 세베대의 아들로서 시몬의 동업자인 야고보와 요한도 놀랐음이라 예수께서 시몬에게 이르시되 무서워하지 말라 이제 후로는 네가 사람을 취하리라 하시니 11 그들이 배들을 육지에 대고 모든 것을 버려 두고 예수를 따르니라"(눅 5:4-11)

이와 같은 경험을 통해 수제자가 된 사도 베드로는 그의 서신에서 우리에게 동일한 교훈을 주었습니다.

"그러므로 하나님의 능하신 손 아래에서 겸손하라 때가 되면 너희를 높이시리라"(벧전 5:6)

지금까지 배운 4장 1절부터 10절까지의 말씀을 간추려 보면 대체로 크게 두 부분으로 나눌 수 있습니다. 1절부터 6절까지의 말씀을 통해 교회 공동체 안에서 일어나는 분쟁과 불화의 기원이 수신자들인 유대 그리스도인들이 세상에 속한 자들처럼 살기 때문이라는 것을 배웠습니다. 그리고 7절부터 10절까지의 말씀을 통해 야고보 장로는 세상을 사랑하여 하나님을 등진 교인들을 향해 책망하면서 회개하여 하나님의 은혜를 누리라고 엄하게 명령으로 권고하였습니다.


## 4. 서로 비판하지 말아야 한다(4:11-12)


"11 형제들아 서로 비방하지 말라 형제를 비방하는 자나 형제를 판단하는 자는 곧 율법을 비방하고 율법을 판단하는 것이라 네가 만일 율법을 판단하면 율법의 준행자가 아니요 재판관이로다 12 입법자와 재판관은 오직 한 분이시니 능히 구원하기도 하시며 멸하기도 하시느니라 너는 누구이기에 이웃을 판단하느냐"


"형제들아 서로 비방하지 말라"는 11절 상반절의 말씀에서 우선 주의 할 것은 수신자 교인들을 "형제들아" 라고 부른 점입니다. 야고보 장로는 야고보서 전체를 통해 "형제들아", "내 형제들아" 또는 "내 사랑하는 형제들아" 라는 애정 어린 호칭을 모두 15회 정도 사용하였습니다. 그런데 책망과 권고로 가득차 있는 4장에서

235

는 수신자들을 부르는 호칭으로서는 오직 한번 그것도 간단히 11절에서 비로소 "형제들아" 라는 호칭을 사용하여 부르고 있습니다. 이 사실은 단적으로 세상의 벗이 되어 싸움만 하는 교인들에 대한 야고보 장로의 상한 마음과 실망의 감정의 표현이라고 할 수 있습니다. 하나님을 멀리 떠나 하나님과 등진 삶을 사는 수신자들에게 회개하고 하나님께 순복함으로 하나님과의 교제를 회복할 것을 강하게 명하였습니다. 이렇게 엄한 경고를 하면서도 야고보 장로는 그들을 "형제들아" 라고 부르면서 교회 공동체의 평안과 화목을 파괴하는 악한 언어 행위를 지적하여 고칠 것을 부탁하고 있습니다. 즉, 교인들에게 "서로 비방하지 말라" 고 부탁과 권면이 섞인 명령을 하고 있습니다. 이 말씀은 수신자 교인들이 세상 사람들처럼 서로 편을 만들고 싸우는 가운데 서로 비방함으로 교회의 화목이 완전히 파괴되고 있는 것을 간접적으로 드러내는 말씀입니다. 그러므로 앞에서 회개하고 하나님께 순복하고 하나님과의 화목과 교제를 회복할 것을 권했고, 하나님과 화목을 이룬 성도는 성도 간에도 화목을 이루며 살아야 하므로 서로 비방하는 일을 하지 말라고 명한 것이라고 하겠습니다.

여기에 쓰인 "비방한다" 라는 어휘는 현재형으로 습관적으로 계속되는 행위를 뜻합니다. 그리고 비방한다라는 단어는 상대방의 인격을 손상시키는 언어 행위, 명예를 훼손하는 언어, 악한 의도를 갖고 사람들 앞에서 상대방을 중상하는 행위를 뜻합니다. 동시에 이와 같은 언어 행위는 사탄의 행함과 같은 것임을 뜻하고 있습니다.

"10 내가 또 들으니 하늘에 큰 음성이 있어 이르되 이제 우리 하나님의 구원과 능력과 나라와 또 그의 그리스도의 권세가 나타났으니 우리 형제들을 참소하던 자 곧 우리 하나님 앞에서 밤낮 참소하던 자가 쫓겨났고 11 또 우리 형제들이 어린 양의 피와 자기들이 증언하는 말씀으로써 그를 이겼으니 그들은 죽기까지 자기들의 생명을 아끼지 아니하였도다 12 그러므로 하늘과 그 가운데에 거하는 자들은 즐거워하라 그러나 땅과 바다는 화 있을진저 이는 마귀가 자기의 때가 얼마 남지 않은 줄을 알므로 크게 분내어 너희에게 내려갔음이라 하더라" (계 12:10-12)

그래서 야고보 장로는 앞에서 사탄을 대적하라고 했습니다(7절). 한편으로는



· 온전한 믿음의 사람은 ·

사탄을 대적하면서 또 한편으로는 성도들이 서로 비방하는 일을 해서는 안 되므로 이와 같이 명령한 것입니다.

그리고 야고보 장로는 "형제를 비방하는 자나 형제를 판단하는 자는 곧 율법을 비방하고 율법을 판단하는 것이라"고 밝히고 있습니다. 형제를 비방하고 판단하는 것과 율법과의 관계를 밝혀 형제 비방과 판단은 결국 율법을 비방하고 판단하는 무서운 악한 행위라고 가르치고 있습니다. 이 부분에서 야고보 장로는 분명히 "형제를 비방하는 자", "형제를 판단하는 자" 라고 두 번씩 "형제" 라는 것을 말씀하고 있습니다. 이런 표현을 쓴 이유는 수신자 성도들의 교회 공동체 내의 화목과 화평을 염두에 두고 있기 때문이라고 할 수 있습니다. 주 안에서 한 형제 된 성도 간에는 서로 비방이나 판단하는 행위를 금해야 한다는 말씀입니다. 이 말씀을 이해함에 있어서 한 가지 밝힐 것은 "형제를 판단하는 자" 라고 한 문구의 뜻입니다. "판단하는 자"란 단순하게 남의 잘잘못을 판단한다는 뜻이 아니고 다른 사람을 정죄한다는 뜻입니다. 그래서 본문에서는 이를 엄하게 금하고 있습니다. 뿐만 아니라 이와 같이 형제를 악한 의도를 갖고 사람들 앞에서 중상하고 그의 명예를 훼손하는 말을 함으로 그를 정죄하는 것은, 곧 율법을 훼손하고 정죄하는 것이라고 꼬집어 밝히고 있는 것이라고 하겠습니다.

"17 너는 네 형제를 마음으로 미워하지 말며 네 이웃을 반드시 견책하라 그러면 네가 그에 대하여 죄를 담당하지 아니하리라 18 원수를 갚지 말며 동포를 원망하지 말며 네 이웃 사랑하기를 네 자신과 같이 사랑하라 나는 여호와이니라"(레 19:17-18)

"37 예수께서 이르시되 네 마음을 다하고 목숨을 다하고 뜻을 다하여 주 너의 하나님을 사랑하라 하셨으니 38 이것이 크고 첫째 되는 계명이요 39 둘째도 그와 같으니 네 이웃을 네 자신 같이 사랑하라 하셨으니 40 이 두 계명이 온 율법과 선지자의 강령이니라"(마 22:37-40)

"8 피차 사랑의 빚 외에는 아무에게든지 아무 빚도 지지 말라 남을 사랑하는 자는 율법을 다 이루었느니라 9 간음하지 말라, 살인하지 말라, 도둑질하지 말라, 탐내지 말라 한 것과 그 외에 다른 계명이 있을지라도 네 이웃을 네 자신과 같이 사랑하라 하신 그 말씀 가운데 다 들었느니라 10 사랑은 이웃에게 악을 행하지 아니하나니 그러므로 사랑은 율법의 완성이니라"(롬 13:8-10)

"14 온 율법은 네 이웃 사랑하기를 네 자신 같이 하라 하신 한 말씀에서 이루어졌나니 15 만일 서로 물고 먹으면 피차 멸망할까 조심하라"(갈 5:14-15)

또 본서 1장 21절과 22절에서도 하나님의 말씀을 온유함으로 받으라고 하였습니다. 또 2장 8절에서는 너희가 성경에 기록한대로 네 이웃 사랑하기를 네 몸과 같이 하라 하신 최고한 법을 지키면 잘하는 것이라고 말씀하였습니다. 성경은 율법이 곧 하나님의 말씀인 것을 우리에게 가르치고 있습니다. 그러므로 이웃을 사랑하지 않고 형제를 비방하고 판단하는 것은 곧 율법을 훼손하고 정죄하는 행위라고 야고보 장로는 말씀하였습니다. 율법을 훼손하고 정죄한다는 말은 율법, 곧 하나님의 말씀을 중상하고 훼손한다는 말씀이고 율법을 정죄한다는 말씀은 하나님의 말씀을 잘못된 것이라고 판정 내린다는 뜻입니다.

11절 마지막 부분에서 '네가 만일 율법을 판단하면 율법의 준행자가 아니요 재판관이로다' 라고 율법을 비방하고 판단하는 행위는 종국적으로 법을 따르고 법의 지배를 받는 자의 언행이 아니라는 말씀입니다. 오히려 이런 사람은 법 위에 앉아서 다스리는 오만하고 망령된 재판관과 같은 사람이라는 뜻입니다.

끝으로 12절에서 야고보 장로는 형제를 비방하고 판단하는 망령되고 악한 행위가, 곧 하나님의 말씀을 훼방하고 정죄하는 무서운 죄라는 것을 밝히고 이와 같은 행위에 대해서 정죄를 선포합니다. "입법자와 재판관은 오직 한 분이시니 능히 구원하기도 하시며 멸하기도 하시느니라" 믿음의 형제를 비방하고 판단 또는 정죄함으로 하나님의 말씀을 훼방하고 그 말씀을 정죄하는 자는 하나님의 말씀에 순종하는 자가 아니라는 말씀입니다. 오히려 이런 사람은 하나님의 말씀 위에 있는 재판관이라고 했습니다. 그리고 이런 수신자들을 책망하면서 성경의 가르침을 기초로 우리를 구원하기도 하시며 멸하기도 하시는 오직 한 분 하나님만이 입법자요 재판관이라고 가르치고 있습니다. 성경 곳곳에서 이 사실을 가르치고 있습니다.

"대저 여호와는 우리 재판장이시요 여호와는 우리에게 율법을 세우신 이요 여호와는 우리의 왕이시니 그가 우리를 구원하실 것임이라"(사 33:22)



· 온전한 믿음의 사람은 ·

"4 내가 오만한 자들에게 오만하게 행하지 말라 하며 악인들에게 뿔을 들지 말라 하였노니 5 너희 뿔을 높이 들지 말며 교만한 목으로 말하지 말지어다 6 무릇 높이는 일이 동쪽에서나 서쪽에서 말미암지 아니하며 남쪽에서도 말미암지 아니하고 7 오직 재판장이신 하나님이 이를 낮추시고 저를 높이시느니라"(시 75:4-7)

"이제는 나 곧 내가 그인 줄 알라 나 외에는 신이 없도다 나는 죽이기도 하며 살리기도 하며 상하게도 하며 낫게도 하나니 내 손에서 능히 빼앗을 자가 없도다"(신 32:39)

"22 아버지께서 아무도 심판하지 아니하시고 심판을 다 아들에게 맡기셨으니 23 이는 모든 사람으로 아버지를 공경하는 것 같이 아들을 공경하게 하려 하심이라 아들을 공경하지 아니하는 자는 그를 보내신 아버지도 공경하지 아니하느니라…30 내가 아무 것도 스스로 할 수 없노라 듣는 대로 심판하노니 나는 나의 뜻대로 하려 하지 않고 나를 보내신 이의 뜻대로 하려 하므로 내 심판은 의로우니라"(요 5:22-23,30)

또 구원에 관해서도 성경은 다음과 같이 말씀하고 있습니다.

"내가 복음을 부끄러워하지 아니하노니 이 복음은 모든 믿는 자에게 구원을 주시는 하나님의 능력이 됨이라 먼저는 유대인에게요 그리고 헬라인에게로다"(롬 1:16)

"24 예수는 영원히 계시므로 그 제사장 직분도 갈리지 아니하느니라 25 그러므로 자기를 힘입어 하나님께 나아가는 자들을 온전히 구원하실 수 있으니 이는 그가 항상 살아 계셔서 그들을 위하여 간구하심이라"(히 7:24-25)

구원뿐만 아니라 멸하시는 것에 대해서도 성경은 분명하게 증거하고 있습니다.

"8 하나님을 모르는 자들과 우리 주 예수의 복음에 복종하지 않는 자들에게 형벌을 내리시리니 9 이런 자들은 주의 얼굴과 그의 힘의 영광을 떠나 영원한 멸망의 형벌을 받으리로다"(살후 1:8-9)

"몸은 죽여도 영혼은 능히 죽이지 못하는 자들을 두려워하지 말고 오직 몸과 영혼을 능히 지옥에 멸하실 수 있는 이를 두려워하라"(마 10:28)

"45 이에 임금이 대답하여 이르시되 내가 진실로 너희에게 이르노니 이 지극히 작은 자 하나에게 하지 아니한 것이 곧 내게 하지 아니한 것이니라 하시리니 46 그들은 영벌에, 의인들은 영생에 들어가리라 하시니라" (마 25:45-46)

예수 그리스도를 믿음으로 말미암아 주안에서 형제 된 우리들은 서로 비난하거나 인격을 손상하고 나아가 판단하고 정죄하는 일은 절대 해서는 안 된다고 밝히고 있습니다. 그리고 이것을 강조하기 위해서 야고보 장로는 마지막으로 "너는 누구관대 이웃을 판단하느냐" 라고 꾸짖고 있습니다.

"4 남의 하인을 비판하는 너는 누구냐 그가 서 있는 것이나 넘어지는 것이 자기 주인에게 있으매 그가 세움을 받으리니 이는 그를 세우시는 권능이 주께 있음이라" (롬 14:4)

옳습니다. 주안에서 형제 된 우리는 모두 하나님의 종이요 예수 그리스도의 제자입니다. 서로 간에 판단해서는 안 됩니다. 오히려 사랑의 법을 순종하여 서로 사랑함으로 교회 공동체 안에서 화평과 화목을 도모하여 하나님을 기쁘시게 하는 믿음의 사람들이 되어야 할 줄 압니다. 지금까지 배운 것과 같이 하나님을 멀리하고 세상을 사랑하거나 세상을 본받는 삶을 온전히 회개해야 합니다. 그리고 하나님께 순복하고 하나님과의 교제를 회복하여 겸손히 주님을 섬길 때 우리는 형제 간에 사랑을 나누고 화목한 교회 공동체를 이루어 갈 수 있습니다.

# 9장
## 자기를 부인하고 하나님의 뜻에 순종하는 삶(4:13-17)

"13 들으라 너희 중에 말하기를 오늘이나 내일이나 우리가 어떤 도시에 가서 거기서 일 년을 머물며 장사하여 이익을 보리라 하는 자들아 14 내일 일을 너희가 알지 못하는도다 너희 생명이 무엇이냐 너희는 잠깐 보이다가 없어지는 안개니라 15 너희가 도리어 말하기를 주의 뜻이면 우리가 살기도 하고 이것이나 저것을 하리라 할 것이거늘 16 이제도 너희가 허탄한 자랑을 하니 그러한 자랑은 다 악한 것이라 17 그러므로 사람이 선을 행할 줄 알고도 행하지 아니하면 죄니라"

## 본문 강론

4장 1절부터 12절까지의 말씀을 통해서 육신의 정욕을 따라 사는 사람은 교회 공동체 안에서 파당을 짓고 분쟁을 일으키는 사람이고 세상의 벗이 되어 사는 교인이라는 것을 배웠습니다. 이와 같은 교인은 하루 속히 회개하고 큰 은혜를 주시는 하나님께 돌아와 하나님께 순복함으로 교제를 회복하도록 해야 한다는 것을 배웠습니다. 아울러 교회 공동체의 화목을 도모하며 사는 것이 온전한 믿음을 가진 성도임을 배웠습니다.

13절부터 17절까지의 본문은 하나님의 도우심이 없이 자기의 힘과 지혜로 살 수 있다고 생각하는 것이 잘못된 것임을 가르치고 있습니다. 즉, 이와 같이 자신감과 오만함과 자부심으로 가득한 사람은 실제로 구원에 이르는 참된 믿음을 갖지 못한 사람이라는 것을 가르치고 있습니다.

이 대목의 말씀은 편의상 3부분으로 나누어 공부하겠습니다. 첫째, 13절과 14절 말씀은 자신감과 오만함과 자부심으로 가득한 사람은 우주의 주관자이신 하나님에 대한 참 믿음이 없는 이름만의 교인이라는 것을 지적하고 책망하고 있습니다. 둘째, 15절 말씀은 구원에 이르는 참 믿음을 가진 교인이 마땅히 가져야 하는 생활태도와 자세를 가르치고 있습니다. 셋째, 16절과 17절은 오만함과 자부심으로 가득한 생활태도는, 곧 죄라는 것을 지적하여 책망하고 있습니다.

### 1. 자신감과 오만함은 하나님에 대한 믿음이 없는 증거다 (4:13-14)

"13 들으라 너희 중에 말하기를 오늘이나 내일이나 우리가 어떤 도시에 가서 거기서 일 년을 머물며 장사하여 이익을 보리라 하는 자들아 14 내일 일을 너희가 알지 못하는도다 너희 생명이 무엇이냐 너희는 잠깐 보이다가 없어지는 안개니라"

13절 말씀을 읽으면 야고보 장로는 사업가나 무역업에 종사하는 사람들을 대상으로 말씀하는 것같이 이해됩니다. 동시에 유대 그리스도인들 전부를 대상으로 그들의 생활태도를 두고 한 말씀이기도 합니다. 중동 지역을 비롯한 세계 곳곳에 흩어진 유대인들과 유대 그리스도인들 중에는 여러 가지 사업 특히 무역업에 종사하여 풍족한 생활을 하는 사람들이 비교적 많이 있었던 것으로 이해합니다. 실제로 유대인들이 유능한 사업가나 무역업자로 많이 알려져 있는 것이 사실입니다. 그래서 야고보 장로는 이와 같은 사업가 또는 무역업자를 예로 들어 유대 그리스도인들이 보여주고 있는 신앙적인 문제를 제기하고 있습니다. 이런 문제는 1장 10절과 11절에서 배운 바 있는 세상 부귀영화의 허무함과 아울러 하늘나라에 보물을 쌓아두라는 주님의 교훈을 고려하지 않은 결과로 나타난 것임을 기억할 필요가 있습니다.

본 절 첫머리에 "들으라" 라는 짧은 한마디로 수신자들의 주의를 환기시키고 있습니다. 실제로 이 어휘는 조금 거칠기는 하지만 청중이나 수신자들이 특별히 주의해서 들어야 하는 경우 정신을 집중시키기 위해서 사용하는 문구입니다. 야고보 장로도 13절 말씀이 수신자들이 주의하여 들어야 하는 내용이라는 것을 강조하기 위해서 서두에 이 문구를 쓴 것입니다. 주의를 환기시킨 후에 "너희 중에 말하기를 오늘이나 내일이나 우리가 어떤 도시에 가서 거기서 일 년을 머물며 장사하여 이익을 보리라 하는 자들아" 입니다.

우선 이 말씀을 한 문구 한 문구 살펴보겠습니다. 먼저 "너희 중에 말하기를" 이라는 문구로 시작하고 있는데 여기서 언급하고 있는 "너희 중에" 라는 문구는 야고보서의 수신자인 중동 지역 곳곳에 흩어져 살고 있는 유대 그리스도인들을 두고 한 말씀입니다. 그리고 "말하기를" 이라는 어휘는 이 동사의 특징인 논리적으로 치밀하게 따지면서 생각한 후에 생각을 기술하는 것을 가리킵니다. 따라서 계속되는 "오늘이나 내일이나 우리가 어떤 도시에 가서 거기서 일 년을 머물며 장사하여 이익을 보리라 하는 자들아" 라는 말씀은, 곧 본 절에서 말씀하고 있는 사업가가 사업과 관계된 모든 조건과 전망을 자세히 살펴보고 논리적으로 따져본 후에 치밀하게 세운 합리적인 계획을 말했다는 뜻입니다.

이 계획을 자세히 살펴보면 유능한 사업가가 자신 있게 치밀하게 작성한 자신의 강한 의지를 담고 있는 사업 계획이라고 하겠습니다. 얼핏 보아 나무랄 것이 별

243

로 없는 성취 가능한 사업 계획입니다.

　따라서 계획의 내용은 다섯 가지 요소를 포함하고 있습니다. 첫째, 사업 시작을 위한 때가 확정되어 있습니다. 둘째, 사업을 착수할 장소, 즉 도시가 확정되어 있습니다. 셋째, 사업의 기간이 확정되어 있습니다. 넷째, "장사하여" 라는 말로 표현된 사업의 내용이 확정되어 있습니다. 다섯째, 사업을 통해 부를 축적하겠다는 사업 목표도 확정되어있는 것을 볼 수 있습니다. 따라서 이 계획은 유능한 사업가가 사업과 관계된 필요한 모든 조건들과 요소들을 자세히 검토한 후에 자기의 지혜와 지식과 경험을 총 동원하여 치밀하게 세운 합리적인 사업 계획이라고 하겠습니다. 또한 이 계획 속에는 사업가의 확신과 강한 의지가 반영되어 있다고 할 수 있습니다. 즉, 계획의 다섯 가지 요소 마다 사업가는 "내가 이렇게 하겠다." 라는 의지를 담고 있다는 말씀입니다. 이와 같이 강한 의지가 담긴 사실을 두고 어떤 성경 학자는 이 사업가가 보여주고 있는 사고방식이나 교만함과 의지는 이사야 14장 13절과 14절에 나오는 하나님을 대적하여 자기를 높이려고 한 존재(사탄)가 보여준 것과 흡사하다고 관찰한 바 있습니다. 의미 있는 관찰이라고 하겠습니다.

　이처럼 세상적인 안목으로 볼 때 나무랄 것이 없는 좋은 계획이고, 또 사업가의 확신과 강한 의지가 포함되어 있는 것으로 이해할 때 한 가지 분명하게 드러나는 것이 있습니다. 그것은 사업가가 창조주 되시고 우주의 주관자이신 하나님의 존재와 그분의 절대 주권에 대한 이해나 생각이나 믿음을 완전히 배제하고 있다는 점입니다. 이 점은 단적으로 말해 13절에 언급된 사업가와 같은 사람은 결국 불신자거나 믿는 사람이라고 하면 말로만 믿고 마음과 행위로는 믿지 않는 사람이라고 할 수 있습니다. 이 점에 대해서 야고보 장로는 14절 말씀을 통해 문제점을 지적하여 훈계와 교훈을 베풀고 있습니다. 14절에 "내일 일을 너희가 알지 못하는도다 너희 생명이 무엇이냐 너희는 잠깐 보이다가 없어지는 안개니라" 야고보 장로는 본 절 말씀에서 단도직입적으로 13절에 언급된 사업가, 즉 하나님을 외면한 사업가를 향해 "너희가 내일 일을 알지 못한다" 라고 깨우치고 책망하고 있습니다. 이 말씀은 곧 앞에 언급된 사업가가 갖고 있는 인생관과 세계관이 신자의 입장에서 보면 근본적으로 잘못되어 있다고 책망하는 것입니다.



· 온전한 믿음의 사람은 ·

인생은 어느 누구를 막론하고 내일 어떻게 될는지 전혀 알지 못하는 존재라는 말씀입니다. 밤사이에 큰 재난이 닥칠 수도 있고 또는 갑작스런 질병으로 쓰러질 수도 있는 상황 중에 살고 있는 것이 인생입니다. 실제로 성경 곳곳에서 인생의 앞날에 대한 불확실성과 인생은 무능하고 무력한 존재라는 것을 분명하게 가르치고 있습니다.

"너는 내일 일을 자랑하지 말라 하루 동안에 무슨 일이 일어날는지 네가 알 수 없음이니라"(잠 27:1)

"사람이 마음으로 자기의 길을 계획할지라도 그의 걸음을 인도하시는 이는 여호와시니라"(잠 16:9)

"제비는 사람이 뽑으나 모든 일을 작정하기는 여호와께 있느니라"(잠 16:33)

"사람의 마음에는 많은 계획이 있어도 오직 여호와의 뜻만이 완전히 서리라"(잠 19:21)

"사람의 걸음은 여호와로 말미암나니 사람이 어찌 자기의 길을 알 수 있으랴"(잠 20:24)

"여호와여 내가 알거니와 사람의 길이 자신에게 있지 아니하니 걸음을 지도함이 걷는 자에게 있지 아니하니이다"(렘 10:23)

"8 너희 패역한 자들아 이 일을 기억하고 장부가 되라 이 일을 마음에 두라 9 너희는 옛적 일을 기억하라 나는 하나님이라 나 외에 다른 이가 없느니라 나는 하나님이라 나 같은 이가 없느니라 10 내가 시초부터 종말을 알리며 아직 이루지 아니한 일을 옛적부터 보이고 이르기를 나의 뜻이 설 것이니 내가 나의 모든 기뻐하는 것을 이루리라 하였노라 11 내가 동쪽에서 사나운 날짐승을 부르며 먼 나라에서 나의 뜻을 이룰 사람을 부를 것이라 내가 말하였은즉 반드시 이룰 것이요 계획하였은즉 반드시 시행하리라"(사 46:8-11)

"1 포악한 자여 네가 어찌하여 악한 계획을 스스로 자랑하는가 하나님의 인자하심은 항상 있도다…7 이 사람은 하나님을 자기 힘으로 삼지 아니하고 오직 자기 재물의 풍부함을 의지하며 자기의 악으로 스스로 든든하게 하던 자라 하리로다"(시 52:1,7)

"29 형제들아 내가 이 말을 하노니 그 때가 단축하여진 고로 이 후부터 아내 있는 자들은 없는 자 같이 하며 30 우는 자들은 울지 않는 자 같이 하며 기쁜 자들은 기쁘지 않은 자 같이 하며 매매하는 자들은 없는 자 같이 하며 31 세상 물건을 쓰는 자들은 다 쓰지 못하는 자 같이 하라 이 세상의 외형은 지나감이니라"(고전 7:29-31)

이상의 말씀들을 통해 우리는 인생이 내일 일을 모르는 불확실한 상황 속에 살고 있다는 것과 인생의 무능함과 무력함을 거듭 거듭 확인했습니다. 이처럼 인생이 내일 일을 모르는 이유는 온 우주와 세상의 모든 일들을 인생이 주관하는 것이 아니기 때문입니다. 뿐만 아니라 우주를 창조하시고 주관하시는 주권자는 여호와 하나님이시며 그분이 하늘 높은 곳에 계셔서 온 우주를 다스리시기 때문입니다. 이 사실은 성경 곳곳에서 가르치고 있습니다.

"참새 두 마리가 한 앗사리온에 팔리지 않느냐 그러나 너희 아버지께서 허락하지 아니하시면 그 하나도 땅에 떨어지지 아니하리라"(마 10:29)

"24 우주와 그 가운데 있는 만물을 지으신 하나님께서는 천지의 주재시니 손으로 지은 전에 계시지 아니하시고 25 또 무엇이 부족한 것처럼 사람의 손으로 섬김을 받으시는 것이 아니니 이는 만민에게 생명과 호흡과 만물을 친히 주시는 이심이라 26 인류의 모든 족속을 한 혈통으로 만드사 온 땅에 살게 하시고 그들의 연대를 정하시며 거주의 경계를 한정하셨으니 27 이는 사람으로 혹 하나님을 더듬어 찾아 발견하게 하려 하심이로되 그는 우리 각 사람에게서 멀리 계시지 아니하도다 28 우리가 그를 힘입어 살며 기동하며 존재하느니라"(행 17:24-28 상)

"12 강한 손과 펴신 팔로 인도하여 내신 이에게 감사하라 그 인자하심이 영원함이로다 13 홍해를 가르신 이에게 감사하라 그 인자하심이 영원함이로다 14 이스라엘을 그 가운데로 통과하게 하신 이에게 감사하라 그 인자하심이 영원함이로다 15 바로와 그의 군대를 홍해에 엎드러뜨리신 이에게 감사하라 그 인자하심이 영원함이로다 16 그의 백성을 인도하여 광야를 통과하게 하신 이에게 감사하라 그 인자하심이 영원함이로다"(시 136:12-16)

이상의 말씀들에서 밝혀진 것과 같이 우리 인생은 내일 어떤 일이 일어날지 또는 어떻게 될지 모르고 사는 존재입니다. 이뿐만 아니라 야고보 장로는 다음으로 "너

**246**

희 생명이 무엇이냐 너희는 잠깐 보이다가 없어지는 안개니라” 라고 인간 수명의
장단에 대한 불확실성을 지적하여 깨우치고 있습니다. 세상에 사는 사람 중에 인생
의 수명의 한계와 불확실성을 부인할 사람은 아무도 없습니다. 그 이유는 인생은 모
두 피조물이기 때문입니다. 이 사실을 성경은 분명하게 가르치고 있습니다.

“16 또 비유로 그들에게 말하여 이르시되 한 부자가 그 밭에 소출이 풍성하매
17 심중에 생각하여 이르되 내가 곡식 쌓아 둘 곳이 없으니 어찌할까 하고 18 또 이
르되 내가 이렇게 하리라 내 곳간을 헐고 더 크게 짓고 내 모든 곡식과 물건을 거기
쌓아 두리라 19 또 내가 내 영혼에게 이르되 영혼아 여러 해 쓸 물건을 많이 쌓아
두었으니 평안히 쉬고 먹고 마시고 즐거워하자 하리라 하되 20 하나님은 이르시되
어리석은 자여 오늘 밤에 네 영혼을 도로 찾으리니 그러면 네 준비한 것이 누구의
것이 되겠느냐 하셨으니 21 자기를 위하여 재물을 쌓아 두고 하나님께 대하여 부
요하지 못한 자가 이와 같으니라”(눅 12:16-21)

“내 생명이 한낱 바람 같음을 생각하옵소서 나의 눈이 다시는 행복을 보지 못하
리이다”(욥 7:7)

“5 주께서 나의 날을 한 뼘 길이만큼 되게 하시매 나의 일생이 주 앞에는 없는
것 같사오니 사람은 그가 든든히 서 있는 때에도 진실로 모두가 허사뿐이니이다 6
진실로 각 사람은 그림자 같이 다니고 헛된 일로 소란하며 재물을 쌓으나 누가 거
둘는지 알지 못하나이다”(시 39:5-6)

“7 나의 구원과 영광이 하나님께 있음이여 내 힘의 반석과 피난처도 하나님께
있도다 8 백성들아 시시로 그를 의지하고 그의 앞에 마음을 토하라 하나님은 우리
의 피난처시로다”(시 62:7-8)

“24 그러므로 모든 육체는 풀과 같고 그 모든 영광은 풀의 꽃과 같으니 풀은 마
르고 꽃은 떨어지되 25 오직 주의 말씀은 세세토록 있도다 하였으니 너희에게 전
한 복음이 곧 이 말씀이니라”(벧전 1:24-25)

13절을 배울 때 간단히 언급했습니다마는 14절 가르침에 비추어 13절의 말씀을
다시 살펴보면 사업가의 그럴듯한 좋은 계획에 치명적인 결함이 있음을 발견합니
다. 치명적인 결함이란 우주의 창조주시며 주관자이신 하나님이 완전히 제외된

247

인생관과 세계관을 근거로 하고 있는 것입니다. 좀 더 부연하면 이 계획의 잘못된 것은 첫째, 우주의 창조주 되시고 우주를 다스리시는 하나님의 주권과 계획과 뜻을 완전히 배제하고 있는 점입니다. 둘째, 인생사의 불확실성을 전혀 고려하지 않고 있는 점입니다. 셋째, 예측할 수 없는 인생 수명의 장단에 대해 일체의 고려가 없다는 점입니다. 결국 이와 같은 사업 계획은 하나님의 존재를 믿지 않는 세상적인 인생관과 세계관을 가지고 사는 사람인 것을 보여주고 있습니다.

지금까지 배운 것을 마음에 새기면서 우리 자신을 돌아보는 것이 유익할 것으로 봅니다. 내가 지금까지 살아오는 동안 미래에 대한 계획을 세울 때 얼마나 하나님의 주권과 통치를 고려하고 계획을 세우고 집행했던가 하는 것입니다. 15절 말씀을 통해 좀 더 구체적으로 우리의 삶을 정리하도록 합시다. 15절 말씀은 앞에서 살펴본 13절의 사업가와는 대조를 이루고 있는 경우를 보여주고 있는데 하나님에 대한 참된 믿음, 즉 구원에 이르는 믿음을 가진 신자의 올바른 인생관과 세계관과 생활 태도가 어떤 것인지를 가르치고 있습니다.

## 2. 하나님을 온전히 믿고 모든 일에 하나님의 뜻을 구하고 따른다 (4:15)

"15 너희가 도리어 말하기를 주의 뜻이면 우리가 살기도 하고 이것이나 저것을 하리라 할 것이거늘"

본 절 중에 "도리어" 라는 낱말은 앞의 13절과 14절 말씀과 본 절을 연결시켜 주는 연결사로서 "그 대신에" 라는 뜻을 갖고 있습니다. 즉, 이미 살펴본 13절의 계획이 잘못되었으므로 그 대신에 15절에서 가르치고 있는 삶의 자세와 사고방식이 곧 참된 믿음을 가신 사람들의 보습이니 이렇게 살도록 하라는 뜻을 갖고 있습니다. 15절 말씀의 내용은 "주의 뜻이면 우리가 살기도 하고 이것이나 저것을 하리라" 는 삶의 자세를 가르치고 있습니다. 이 삶의 자세, 즉 "주의 뜻이면 살기도 하고 이것이나 저것을 하겠다" 라는 사고방식과 자세가, 곧 하나님을 향한 참된 믿음을 가진 신자의 모습이라는 말씀입니다. 그래서 우리는 성경 곳곳에서 이와 같은 자세와


· 온전한 믿음의 사람은 ·

사고방식을 갖고 생활하는 믿음의 사람들을 많이 봅니다.

"19 에베소에 와서 그들을 거기 머물게 하고 자기는 회당에 들어가서 유대인들과 변론하니 20 여러 사람이 더 오래 있기를 청하되 허락하지 아니하고 21 작별하여 이르되 만일 하나님의 뜻이면 너희에게 돌아오리라 하고 배를 타고 에베소를 떠나"(행 18:19-21)

"어떻게 하든지 이제 하나님의 뜻 안에서 너희에게로 나아갈 좋은 길 얻기를 구하노라"(롬 1:10)

"나로 하나님의 뜻을 따라 기쁨으로 너희에게 나아가 너희와 함께 편히 쉬게 하라"(롬 15:32)

"주께서 허락하시면 내가 너희에게 속히 나아가서 교만한 자들의 말이 아니라 오직 그 능력을 알아보겠으니"(고전 4:19)

"이제는 지나는 길에 너희 보기를 원하지 아니하노니 이는 만일 주께서 허락하시면 얼마 동안 너희와 함께 머물기를 바람이라"(고전 16:7)

"예수께서 이르시되 나의 양식은 나를 보내신 이의 뜻을 행하며 그의 일을 온전히 이루는 이것이니라"(요 4:34)

"하나님께서 허락하시면 우리가 이것을 하리라"(히 6:3)

본 절에서 언급한 "주의 뜻이면"이라는 문구를 좀 더 자세히 살펴보면 이 문구가 가정문이라는 점입니다. 따라서 이 문구는 모든 상황과 경우에 동일하게 적용할 수 있는 고정된 하나님의 뜻을 의미하는 것이 아닙니다. 오히려 구체적인 생활 조건과 상황에 따라 우리를 향한 하나님의 뜻이 다를 수 있다는 것을 의미합니다. 그러므로 우리가 어떤 계획을 세우거나 어떤 일을 선택해야 할 경우에 우리가 알아야 하고 따라야 하는 하나님의 뜻이 다르기 때문에 그때마다 우리가 하나님의 뜻을 알아 순종해야 한다는 말씀입니다.

여기에 덧붙여서 한 가지 분명히 이해할 것은 참과 거짓, 선과 악, 의와 불의, 옳은 것과 옳지 않은 것, 경건함과 경건치 못한 것과 같이 신앙생활의 기초를 이루는 일반적인 진리나 교훈에 대한 하나님의 뜻은 이미 성경에서 밝히 가르치고 있기 때문에 상황이나 경우에 따라 변할 수 없다는 점입니다.

상황과 경우에 따라 하나님의 뜻이 다를 수 있다는 것은 우리가 어떤 문제를 해결하고자 할 때 그 해결 방법이 여러 가지일 경우 그 중 어느 것을 택하는 것이 하나님의 뜻인지를 알고자 할 때에 해당하는 것이라고 하겠습니다. 예를 들면, 어떤 사업을 시작하고자 할 때에 그 사업의 내용이 신자로서 할 수 있는 일인지 아닌지는 성경의 기본적인 가르침으로 판단할 수 있습니다. 즉, 주류업이나 도박장을 운영하는 것은 성경의 가르침에 어긋나는 것이므로 생각할 여지도 없이 하나님의 뜻이 아니라고 확정 지을 수 있습니다. 그러나 성경의 가르침에 어긋나지 않는 일 중에 두 가지 사업을 두고 어느 사업을 시작할 것인지를 결정하는 과정에서는 이 결정과 관계된 하나님의 뜻을 우리가 열심히 알아볼 필요가 있습니다. 다른 비근한 예를 든다면 결혼 상대자를 선택할 때 일반적인 하나님의 뜻은 신자는 신자와 결혼해야 한다는 것입니다. 그러나 구체적으로 같은 신자 중에서 누구를 택하느냐 하는 것은 각자가 하나님 앞에서 자신의 모든 상황과 조건을 놓고 면밀히 검토하고 기도하면서 간절하게 하나님의 인도하심을 구할 때 하나님의 뜻을 발견할 수 있다는 것입니다.

그러므로 본 절에서 "주의 뜻이면" 이라는 표현을 사용하여 각자가 어떤 일을 하고자 할 때 그 일과 관계된 하나님의 뜻을 알도록 힘쓸 것을 가르치고 있습니다. 동시에 하나님의 뜻을 알 경우에는 본 절에서 말씀하는 것처럼 "우리가 살기도 하고 이것이나 저것을 하리라" 라는 태도를 가지고 하나님의 뜻에 순종하며 살 것을 가르치고 있습니다. 이 삶의 태도를 생각해 봅시다. "주의 뜻이면 우리가 살기도 하고" 라는 말씀에 담긴 뜻은 우리의 살고 죽는 것이 모두 하나님의 뜻에 달려 있다는 고백입니다. 이 말씀은 다른 말로 우리의 사는 것과 죽는 것을 주관하시는 분이 하나님이신 것을 고백하는 믿음입니다. 이처럼 우리의 생과 사의 문제가 하나님의 주권과 뜻에 온전히 달려있는 것을 확신하고 사는 것이 참 믿음을 가진 신자의 삶입니다. 다음의 말씀도 이를 증거하고 있습니다.

"이제는 나 곧 내가 그인 줄 알라 나 외에는 신이 없도다 나는 죽이기도 하며 살리기도 하며 상하게도 하며 낫게도 하나니 내 손에서 능히 빼앗을 자가 없도다" (신 32:39)


· 온전한 믿음의 사람은 ·

"7 이제 모든 짐승에게 물어 보라 그것들이 네게 가르치리라 공중의 새에게 물어 보라 그것들이 또한 네게 말하리라 8 땅에게 말하라 네게 가르치리라 바다의 고기도 네게 설명하리라 9 이것들 중에 어느 것이 여호와의 손이 이를 행하신 줄을 알지 못하랴 10 모든 생물의 생명과 모든 사람의 육신의 목숨이 다 그의 손에 있느니라"(욥 12:7-10)

그리고 하나님께서 허락하셔서 살 경우 "이것이나 저것을 하리라"고 계속 고백하고 있습니다. 이 말씀은 하나님께서는 우리의 생명만 아니라 우리의 매일 일상 생활 중에 일어나는 모든 행사까지도 주장하시고 주관하시는 분이십니다. 그러므로 전능하시고 전지하신 우주의 주권자이신 하나님을 온전히 믿고 살아가는 것이 믿음을 가진 자의 모습이라는 말씀입니다.

본 절에서 가르치고 있는 것과 같은 믿음을 소유하고 살고자 할 경우에 우리는 생활 중 일어난 모든 행사와 경우에 대한 하나님의 뜻을 알아보고 순종하도록 계속 힘써야 할 것입니다. 이와 같이 하나님의 뜻을 알고자 하는 신자의 마음을 아시고 하나님께서는 다음과 같은 말씀들을 주셨습니다.

"사람이 하나님의 뜻을 행하려 하면 이 교훈이 하나님께로부터 왔는지 내가 스스로 말함인지 알리라"(요 7:17)

이 말씀은 주 예수 그리스도께서 베푸신 교훈들을 하나님의 말씀으로 받아들일 때에 우리는 하나님의 뜻을 이해할 수 있고 또 행할 수 있다고 가르치고 있습니다.

"9 이로써 우리도 듣던 날부터 너희를 위하여 기도하기를 그치지 아니하고 구하노니 너희로 하여금 모든 신령한 지혜와 총명에 하나님의 뜻을 아는 것으로 채우게 하시고 10 주께 합당하게 행하여 범사에 기쁘시게 하고 모든 선한 일에 열매를 맺게 하시며 하나님을 아는 것에 자라게 하시고"(골 1:9-10)

이 말씀은 사도 바울이 골로새교회 성도들을 위해 하나님께 드린 기도입니다. 이와같이 우리도 서로를 위해서 기도하면 하나님께서 주시는 신령한 지혜와 총명으로 하나님의 뜻을 알게 된다는 말씀입니다.

"15 그런즉 너희가 어떻게 행할지를 자세히 주의하여 지혜 없는 자 같이 하지 말고 오직 지혜 있는 자 같이 하여 16 세월을 아끼라 때가 악하니라 17 그러므로 어

리석은 자가 되지 말고 오직 주의 뜻이 무엇인가 이해하라"(엡 5:15-17)

"1 그러므로 형제들아 내가 하나님의 모든 자비하심으로 너희를 권하노니 너희 몸을 하나님이 기뻐하시는 거룩한 산 제물로 드리라 이는 너희가 드릴 영적 예배니라 2 너희는 이 세대를 본받지 말고 오직 마음을 새롭게 함으로 변화를 받아 하나님의 선하시고 기뻐하시고 온전하신 뜻이 무엇인지 분별하도록 하라"(롬 12:1-2)

이 말씀은 먼저 우리 자신을 돌아보면서 우리의 몸(삶)을 하나님께서 기뻐 받으시는 산 제물로 드리라고 했습니다. 그리고 세대를 본받지 말고 하나님의 말씀으로 우리의 마음을 새롭게 하라고 했습니다. 그러면 하나님의 선하시고 기뻐하시고 온전하신 뜻을 분별하면서 살아갈 수 있다고 가르칩니다.

하나님의 뜻을 알고 그 뜻을 따라 살고자 할 때 중요한 것은 하나님의 뜻에 순종하는 것입니다. 하나님의 뜻을 순종하며 사는 길은 우리의 마음에서 우러나는 순종이 참된 순종인 것을 알아야 하겠습니다.

"5 종들아 두려워하고 떨며 성실한 마음으로 육체의 상전에게 순종하기를 그리스도께 하듯 하라 6 눈가림만 하여 사람을 기쁘게 하는 자처럼 하지 말고 그리스도의 종들처럼 마음으로 하나님의 뜻을 행하고 7 기쁜 마음으로 섬기기를 주께 하듯 하고 사람들에게 하듯 하지 말라"(엡 6:5-7)

"7 외식하는 자들아 이사야가 너희에 관하여 잘 예언하였도다 일렀으되 8 이 백성이 입술로는 나를 공경하되 마음은 내게서 멀도다 9 사람의 계명으로 교훈을 삼아 가르치니 나를 헛되이 경배하는도다 하였느니라 하시고"(마 15:7-9)

"17 하나님께 감사하리로다 너희가 본래 죄의 종이더니 너희에게 전하여 준 바 교훈의 본을 마음으로 순종하여 18 죄로부터 해방되어 의에게 종이 되었느니라"(롬 6:17-18)

옳습니다. 하나님의 뜻을 마음을 다해 순종하는 것이 곧 참된 신자의 삶입니다. 이 말씀과 주님께서 우리에게 가르치신 제일 큰 계명을 마음에 새기도록 합시다.

"37 예수께서 이르시되 네 마음을 다하고 목숨을 다하고 뜻을 다하여 주 너의 하나님을 사랑하라 하셨으니 38 이것이 크고 첫째 되는 계명이요 39 둘째도 그와 같으니 네 이웃을 네 자신 같이 사랑하라 하셨으니 40 이 두 계명이 온 율법과 선지

**252**

자의 강령이니라"(마 22:37-40)

이제까지의 말씀을 통해 우주의 주관자이신 하나님을 도외시하고 자기의 능력만 믿고 사업 계획을 세우는 것은 불신자들의 삶인 것을 배웠고, 이와 대조적으로 하나님을 온전히 의지하고 그분의 뜻을 순종하며 사는 것이, 곧 참 믿음을 가진 신자의 삶인 것을 배웠습니다. 16절과 17절에서 야고보 장로는 하나님의 존재를 부인하거나 의식하지 않고 자기를 자랑하는 자들을 향해 두 가지 그들의 죄를 지적하여 경고합니다. 첫째, 자기 자랑과 오만함이 악한 죄라는 것을 경고합니다(16절). 둘째, 하나님의 뜻을 알고도 불순종하는 것이 곧 죄라는 것을 가르치고 있습니다(17절).

## 3. 자신감과 오만함은 악한 죄다(4:16-17)

"16 이제도 너희가 허탄한 자랑을 하니 그러한 자랑은 다 악한 것이라 17 그러므로 사람이 선을 행할 줄 알고도 행하지 아니하면 죄니라"

16절의 "이제도 너희가 허탄한 자랑을 하니 그러한 자랑은 다 악한 것이라"에서 "이제도"라는 접속사의 본래 뜻은 "그러나 지금"이라는 낱말입니다. 앞에서 배운 15절 말씀과 대조를 이루는 내용을 말하기 위해 야고보 장로는 "그러나 지금"이라는 문구를 사용하였습니다. 15절에서 야고보 장로는 인생이 세상에서 모든 계획을 세우고 생활해 나아갈 때 하나님의 뜻을 분별해서 알아야 한다고 했습니다. 그리고 그 뜻에 순종하면서 오직 하나님만 의지하고 사는 것이 참된 믿음을 가진 신자의 마땅한 삶의 모습이라고 말씀하였습니다. 반면 16절에서는 야고보 장로가 수신자를 향해 "너희가 허탄한 자랑을 하니"라고 책망하고는 계속하여 "그러한 자랑은 다 악한 것이라"고 정죄하고 있습니다. 여기서 "너희가"는 문맥이나 16절 내용으로 볼 때 거의 틀림없이 13절 내용의 주인공인 하나님의 존재를 인정하지 않고 자신이 모든 것을 할 수 있는 것으로 알고 오만하게 살아가는 사람들을 가리키고 있다고 할 수 있습니다.

**253**

이와 같은 사고방식과 생활 자세를 가진 사람들을 향해 "허탄한 자랑을 하니 그러한 자랑은 다 악한 것이라"고 책망하면서 정죄하고 있습니다. 이 말씀 중 "허탄한 자랑"이라는 문구의 원래 뜻은 세상을 휩쓸고 다니면서 허세를 부리는 것을 가리키고 있습니다. 또 다른 의미는 분수에 넘치게 자기를 과시하는 것을 뜻하며 동시에 사기꾼이라는 뜻으로도 쓰이고 있습니다. 이와 같은 "허탄한 자랑"이라는 문구의 뜻을 바탕으로 본 절에서 가리키는 사람들의 사고방식 또는 생활 자세를 살펴보면 두 가지를 지적할 수 있습니다. 첫째, 자기들이 피조물임에도 불구하고 창조주 하나님의 존재를 무시하고 인정하지 않는 오만과 교만으로 차있는 사람들입니다. 둘째, 하나님의 존재와 뜻을 인정하지만 하나님의 뜻에 맡기기를 거부하고 자신의 힘으로 모든 것을 해결하려는 허세로 찬 사람들입니다. 따라서 이 사람들의 자랑은 결국 허탄한 자랑이라고 했습니다.

여기서 한 가지 꼭 밝히고 지나가는 것이 좋을 것 같습니다. 성경에서 우리를 향해 아무 자랑도 자랑하지 말라고 하신 것은 아닙니다. 신자들은 자랑할 경우 그리스도를 자랑하고 십자가를 자랑하라고 했습니다.

"그러나 내게는 우리 주 예수 그리스도의 십자가 외에 결코 자랑할 것이 없으니 그리스도로 말미암아 세상이 나를 대하여 십자가에 못 박히고 내가 또한 세상을 대하여 그러하니라"(갈 6:14)

"하나님의 성령으로 봉사하며 그리스도 예수로 자랑하고 육체를 신뢰하지 아니하는 우리가 곧 할례파라"(빌 3:3)

우리의 삶을 돌아 볼 때 참으로 우리를 구원해 주신 예수 그리스도와 그리스도의 십자가 외에는 우리에게 자랑할 것이 아무것도 없습니다. 그러므로 본 절에서 언급하고 있는 사람들은 진실로 허탄한 자랑을 자랑하는 지극히 세상적인 사람들임을 알 수 있습니다. 이와 같은 사람들을 두고 성경에서 무엇이라고 하는지 살펴보도록 합시다.

"1 포악한 자여 네가 어찌하여 악한 계획을 스스로 자랑하는가 하나님의 인자하심은 항상 있도다…7 이 사람은 하나님을 자기 힘으로 삼지 아니하고 오직 자기 재물의 풍부함을 의지하며 자기의 악으로 스스로 든든하게 하던 자라 하리로다"



· 온전한 믿음의 사람은 ·

(시 52:1,7)

"너는 내일 일을 자랑하지 말라 하루 동안에 무슨 일이 일어날는지 네가 알 수 없음이니라" (잠 27:1)

"20 또 이르시되 사람에게서 나오는 그것이 사람을 더럽게 하느니라 21 속에서 곧 사람의 마음에서 나오는 것은 악한 생각 곧 음란과 도둑질과 살인과 22 간음과 탐욕과 악독과 속임과 음탕과 질투와 비방과 교만과 우매함이니" (막 7:20-23)

"10 네가 네 악을 의지하고 스스로 이르기를 나를 보는 자가 없다 하나니 네 지혜와 네 지식이 너를 유혹하였음이라 네 마음에 이르기를 나뿐이라 나 외에 다른 이가 없다 하였으므로 11 재앙이 네게 임하리라 그러나 네가 그 근원을 알지 못할 것이며 손해가 네게 이르리라 그러나 이를 물리칠 능력이 없을 것이며 파멸이 홀연히 네게 임하리라 그러나 네가 알지 못할 것이니라" (사 47:10-11)

"누가 너를 남달리 구별하였느냐 네게 있는 것 중에 받지 아니한 것이 무엇이냐 네가 받았은즉 어찌하여 받지 아니한 것 같이 자랑하느냐" (고전 4:7)

"23 여호와께서 이와 같이 말씀하시되 지혜로운 자는 그의 지혜를 자랑하지 말라 용사는 그의 용맹을 자랑하지 말라 부자는 그의 부함을 자랑하지 말라 24 자랑하는 자는 이것으로 자랑할지니 곧 명철하여 나를 아는 것과 나 여호와는 사랑과 정의와 공의를 땅에 행하는 자인 줄 깨닫는 것이라 나는 이 일을 기뻐하노라 여호와의 말씀이니라" (렘 9:23-24)

앞에서 본 것과 같이 오만하고 교만한 사람들을 가리켜 "허탄한 자랑을 자랑하니" 라고 한 문구 중 끝에 쓰인 "자랑하니" 라는 낱말은 허탄한 자랑을 자진해서 습관적으로 계속한다는 것을 강조하는 동사입니다. 이렇게 밝히 설명한 후에 야고보 장로는 허탄한 자랑은 "다 악한 것이라" 고 앞에 언급한 사람들의 사고방식과 생활 태도가 악한 것이라고 정죄하고 있습니다.

여기에 쓰인 "악한 것이라" 고 한 문구의 뜻 속에는 사탄의 악함과 같은 것이라는 의미가 있습니다. 그 이유는 성경을 보면 사탄을 악한자라고 했기 때문입니다.

"36 이에 예수께서 무리를 떠나사 집에 들어가시니 제자들이 나아와 이르되 밭의 가라지의 비유를 우리에게 설명하여 주소서 37 대답하여 이르시되 좋은 씨를 뿌리는 이는 인자요 38 밭은 세상이요 좋은 씨는 천국의 아들들이요 가라지는 악한 자의 아들들이요 39 가라지를 뿌린 원수는 마귀요 추수 때는 세상 끝이요 추수꾼은 천사들이니 40 그런즉 가라지를 거두어 불에 사르는 것 같이 세상 끝에도 그러하리라"(마 13:36-40)

"가인 같이 하지 말라 그는 악한 자에게 속하여 그 아우를 죽였으니 어떤 이유로 죽였느냐 자기의 행위는 악하고 그의 아우의 행위는 의로움이라"(요일 3:12)

이상과 같이 야고보 장로는 두 가지 교인들을 정죄하고 있습니다. 첫째, 하나님의 존재를 부인하고 무시하는 교만한 자들입니다. 둘째, 하나님의 존재와 하나님의 뜻을 인정하지만 하나님의 뜻을 따르거나 하나님을 의지하는 것을 거부하고 자기가 모든 일을 할 수 있는 능한 존재로 아는 자들입니다. 이들을 두고 곧 허탄한 자랑을 자랑하는 자들이라고 정죄한 것입니다. 이렇게 정죄한 야고보 장로는 이어서 17절에서는 하나님의 말씀을 불순종하는 자들을 정죄하고 있습니다.

17절에 "17 그러므로 사람이 선을 행할 줄 알고도 행하지 아니하면 죄니라"에서 "그러므로"라는 접속사로 시작한 것은 본 절의 내용이 지금까지 배운 말씀의 총정리라는 것을 알려주고 있습니다. 즉, 이 편지의 처음부터 지금까지의 말씀을 통해 배운 것을 되새기면 결국 17절의 말씀이 지금까지 배운 내용 전체에 적용되는 권면이고 경고라고 할 수 있습니다. 따라서 차제에 1장에서부터 4장 16절까지의 말씀의 요점들을 한번 정리해보는 것이 유익할 것 같습니다. 하나님께서 인정하시는 온전한 믿음의 사람으로, 배운 내용을 다음과 같이 정리할 수 있습니다.

(1) 온갖 고난과 시련, 그리고 시험을 당할 때 절대 선하신 구원의 하나님을 의지하고 인내하면서 하나님께 감사하며 산다.

(2) 우리를 구원하시는 하나님의 말씀을 믿고 온전히 순종하여 말을 조심하고 분내지 않고 이웃을 위해 사랑과 선을 행하며 자신을 세속에 물들지 않도록 지킨다.

(3) 교회 공동체 안에서 사람을 차별하지 않고 믿음을 실제 삶 속에서 선한 행위로 실천한다.

(4) 교회 공동체의 선생이나 지도자로서 봉사할 때 말을 절제하고 조심하며 하나님의 지혜를 구하여 공동체의 화목을 도모한다.

(5) 교회 공동체 안에서 육신의 정욕과 시기심을 버린다. 그리고 세상과 짝이 되어 사는 세상적인 삶에서 떠나 은혜를 베푸시는 하나님께 순복하고 회개하여 하나님과의 교제를 회복하여 주님의 은혜를 누리며 형제사랑으로 화목을 도모한다.

(6) 자기 교만과 오만에 빠지지 말고 오직 하나님의 뜻에 순종하는 삶을 살도록 한다.

이상으로 "그러므로" 라는 접속사가 내포하는 지금까지 배운 말씀을 간단히 살펴보았습니다. 위에 열거한 항목별 말씀이 거칠기는 하지만 결국 본 절에서 언급하고 있는 "사람이 선을 행할 줄 알고도" 라는 문구에 내포된 믿는 사람이 행할 줄 알고 있는 선의 내용이라고 하겠습니다. 이와 동시에 "사람이 선을 행할 줄 알고도" 라는 또 다른 차원의 내용은 성경 전체를 통해 하나님께서 우리에게 알려 주신 중요한 하나님의 뜻이라고 하겠습니다. 즉, 온 세상 사람들과 또 신자들에게 알려주신 하나님의 뜻을 대표적인 것만 열거하면 다음과 같은 내용이라고 할 수 있습니다.

(1) 모든 사람이 구원을 얻는 것(딤전 2:4, 벧후 3:9)

(2) 모든 성도가 성령으로 충만하기를 원하시는 것(엡 5:17-18)

(3) 모든 성도가 거룩하게 되는 것(살전 4:3-8, 벧전 1:15-16)

(4) 선을 행함으로 고난 받는 것(벧전 3:17)

위에 열거한 것이 참 믿음을 소유한 신자가 마땅히 행할 선한 일들입니다. 이 선한 일들을 행치 아니하면 이는 죄라고 17절 말씀은 가르치고 있습니다. 이 가르침을 마음에 새기면서 아래의 성경 말씀들을 묵상해 봅시다.

"26 나의 이 말을 듣고 행하지 아니하는 자는 그 집을 모래 위에 지은 어리석은 사람 같으리니 27 비가 내리고 창수가 나고 바람이 불어 그 집에 부딪치매 무너져 그 무너짐이 심하니라"(마 7:26-27)

"22 사무엘이 이르되 여호와께서 번제와 다른 제사를 그의 목소리를 청종하는 것을 좋아하심 같이 좋아하시겠나이까 순종이 제사보다 낫고 듣는 것이 숫양의 기름보다 나으니 23 이는 거역하는 것은 점치는 죄와 같고 완고한 것은 사신 우상에게 절하는 죄와 같음이라 왕이 여호와의 말씀을 버렸으므로 여호와께서도 왕을 버려 왕이 되지 못하게 하셨나이다 하니"(삼상 15:22-23)

**257**

“너희가 만일 여호와의 목소리를 듣지 아니하고 여호와의 명령을 거역하면 여호와의 손이 너희의 조상들을 치신 것 같이 너희를 치실 것이라”(삼상 12:15)

“창세로부터 그의 보이지 아니하는 것들 곧 그의 영원하신 능력과 신성이 그가 만드신 만물에 분명히 보여 알려졌나니 그러므로 그들이 핑계하지 못할지니라”(롬 1:20)

“예수께서 이르시되 너희가 맹인이 되었더라면 죄가 없으려니와 본다고 하니 너희 죄가 그대로 있느니라”(요 9:41)

“내가 와서 그들에게 말하지 아니하였더라면 죄가 없었으려니와 지금은 그 죄를 핑계할 수 없느니라”(요 15:22)

17절 말씀과 아울러 위의 말씀들을 마음에 새기면서 다음의 말씀을 권면과 교훈으로 받아 주님의 심판대 앞에 설 때를 준비합시다.

“47 주인의 뜻을 알고도 준비하지 아니하고 그 뜻대로 행하지 아니한 종은 많이 맞을 것이요 48 알지 못하고 맞을 일을 행한 종은 적게 맞으리라 무릇 많이 받은 자에게는 많이 요구할 것이요 많이 맡은 자에게는 많이 달라 할 것이니라”(눅 12:47-48)

하나님의 뜻과 말씀을 마음과 정성을 다해 순종하고 따르며 살아 주님 부르실 때에 믿음으로 선한 싸움 잘 싸우고 달려갈 길을 다 마친 승리자로서 찬송하며 주님 앞에 나아가는 성도들이 되기를 간절히 기원합니다.



· 온전한 믿음의 사람은 ·

# 10장
# 남을 압제하는
# 부한 자들을 향한 책망과 경고(5:1-6)

"1 들으라 부한 자들아 너희에게 임할 고생으로 말미암아 울고 통곡하라 2 너희 재물은 썩었고 너희 옷은 좀먹었으며 3 너희 금과 은은 녹이 슬었으니 이 녹이 너희에게 증거가 되며 불 같이 너희 살을 먹으리라 너희가 말세에 재물을 쌓았도다 4 보라 너희 밭에서 추수한 품꾼에게 주지 아니한 삯이 소리 지르며 그 추수한 자의 우는 소리가 만군의 주의 귀에 들렸느니라 5 너희가 땅에서 사치하고 방종하여 살륙의 날에 너희 마음을 살찌게 하였도다 6 너희는 의인을 정죄하고 죽였으나 그는 너희에게 대항하지 아니하였느니라"

4장에서 야고보 장로는 세상을 사랑하는 이기심으로 가득한 교인들이 서로 싸우는 교회를 향해 회개하고 하나님께 돌아올 것을 강력하게 명했습니다. 또 그 중에 있는 불신자와 같은 사업가들의 죄를 책망하였습니다. 이제 배우고자 하는 5장 1절부터 6절까지의 말씀에서는 약하고 가난한 자를 착취하고 압제하는 악한 지주인 부자들을 향해 그들의 죄를 지적하면서 그들에게 닥쳐올 심판을 예고하며 경고하고 있습니다. 이 부분에서 언급하고 있는 악한 지주인 부자들의 정체에 대해서 두 가지 견해가 소개되고 있습니다.

첫째, 이들 악한 지주인 부자들은 교회 밖에 있는 불신자들이라고 보는 견해입니다. 이들을 교회 밖에 있는 불신자들로 보는 이유는 다음과 같습니다. 본장 6절까지의 말씀에는 "형제들아" 라는 호칭을 전혀 사용한 적이 없습니다. 반면 7절부터 19절까지의 말씀 중에는 "형제들아" 또는 "내 형제들아" 라는 호칭을 5회(7절, 9절, 10절, 12절, 19절) 사용하였습니다. 이 사실은 단적으로 1절부터 6절에 언급된 "부한 자들"이 불신자인 것을 가리키고 있다고 보는 것입니다.

둘째, 교회 안에 있는 사람들인데 불신자와 같은 교인들이라고 보는 견해입니다. 이렇게 보는 근거는 다음과 같습니다. 본서의 수신자들이 기본적으로 유대 그리스도인들이라는 사실을 고려할 때 본문에 기록된 악한 부자들도 결국은 교회 안에 있는 사람들로 불신자와 다를 것이 없는 이름만의 교인으로 보는 것이 타당하다는 입장입니다.

어느 입장과 견해를 따르든 한 가지 분명한 것은 이 대목에서 징계하고 있는 부자들과 그들의 죄를 볼 때 불신자에게도 해당될 수 있고, 또 교회 안에 사람들이라고 해도 구원받지 못한 거짓 신자에게도 해당될 수 있는 것이라는 점입니다. 본문에서 열거하고 있는 악한 행위와 죄악에 대한 경고는 불신자나 신자 관계없이 이와 같은 악한 죄를 범한 모두에게 경고하는 말씀이라고 하겠습니다.

본문의 내용을 요약하면 1절에서는 심판의 예고와 경고를, 2절과 3절에서는 심판의 내용을, 4절부터 6절에서는 심판의 대상이 되는 불의와 악한 일들을 밝히고 있습니다.

## 1. 심판의 예고와 경고(5:1)

"1 들으라 부한 자들아 너희에게 임할 고생으로 말미암아 울고 통곡하라"

야고보 장로는 앞에서 배운 바 있는 어휘, 즉 "들으라" 라는 주의를 환기시키며 정신을 차리라는 뜻의 낱말을 본 절 서두에 사용하여 명하고 있습니다. 이런 낱말을 쓴 이유는 사실상 본 절의 내용 자체가 잘 설명하고 있습니다. 그들에게 닥칠 무섭고 놀라운 심판을 알려 주고자 하는 야고보 장로의 마음을 표한 것입니다. 경종을 울리면서 바로 "부한 자들아" 라고 경고의 대상이 되는 수신자들을 부릅니다. 여기에 언급된 "부한 자들" 은 문맥을 근거로 할 때 수신자들 가운데 지주로서 부를 많이 축적한 사람들이라고 하겠습니다. 이와 같이 대상을 밝힌 후에 직접적으로 "너희에게 임할 고생으로 말미암아 울고 통곡하라"고 심한 말로 경고합니다.

좀 더 정확하게 말한다면 지금 임하고 있는 고생이라는 뜻으로 이해하는 것이 동사의 특징에 비추어 합당합니다. 여기 쓰인 "고생" 이라는 낱말은 감당할 수 없는 어려움, 불행 또는 재난을 뜻하고 있습니다. 동시에 황폐와 파멸을 뜻하기도 합니다. 따라서 "고생" 이라는 말로 번역이 되었지만 실상은 감당하기 어려운 엄청난 재난과 파멸을 뜻하고 있습니다. 이와 같이 피할 수 없는 파멸과 재난이 지금 오고 있으니까 "울고 통곡하라"고 하였습니다. "울고" 라는 동사는 부정과거형으로 그 뜻은 돌변적인 심판으로 인한 손실 때문에 운다는 뜻입니다. 이 낱말은 대체로 초상집에서 죽은 사람을 두고 우는 울음을 의미하는 단어입니다. 또 때로는 심한 부끄러움과 죄책감에 사로잡힐 때 흐느껴 우는 울음을 뜻하기도 합니다.

이 단어와 함께 쓰인 다른 낱말인 "통곡하라" 는 동사는 분사이며, 그 특징은 "올로루존테스(ololuzontes)" 라는 의성어입니다. 즉, 우리말로 하면 초상집에서 통곡할 때 "아이고 아이고" 하는 말로 비통한 울음소리를 내며 우는 것을 가리키는 것과 같은 낱말입니다. 이 "통곡"이란 낱말은 종말론적인 사건 또는 심판과 관계되어 쓰여 지며 격렬한 비애를 표현하는 울음이라고 하겠습니다(참고: 욜 2:10-14, 사 13:6, 14:31, 겔 21:12, 슥 11:2-3). 그리고 우리 말 성경에는 "통곡하라"로 기록되어 있어서 통곡하라는 명령인 것처럼 되어있지만 원어는 "울고"라는 동사가 명령형이고 "통곡하다"는 분사형입니다. 정확하게 적어보면 "통곡하면서 울어라"가 되겠습니다.

이 말씀을 실감 있게 우리에게 그림처럼 설명해 주는 말씀이 있습니다. 그것은 주님께서 들려주신 누가복음 16장 19절부터 25절에 기록된 거지 나사로와 부자의 이야기입니다. 이 이야기를 어떤 사람들은 비유라고 하지만 전후 문맥과 주님께서 이 이야기를 소개하실 때 "비유컨대"라는 말씀으로 비유임을 밝히지 않은 것을 볼 때 비유가 아니라 주님께서만 아시는 실제 사건을 소개한 것으로 봅니다. 이 사건 속의 부자가 음부의 불꽃 가운데서 고통하면서 애원하고 호소하는 장면(23절부터 28절까지)은 위에서 본 이 악한 부자들을 향해 "너희에게 임할 고생으로 말미암아 통곡하면서 울어라"라고 정죄하는 말씀의 좋은 예라고 할 수 있습니다.

이와 같이 악한 지주인 부자들에게 그들의 죄로 인해 현재 다가오고 있는 심판에 대해 경고하고 있습니다. 이어서 야고보 장로는 2절부터 6절의 말씀을 통해 이들 악한 지주인 부자들의 죄 네 가지를 밝혀 경고하고 있습니다. 이 네 가지 죄를 어떤 사람은 악한 부자들의 네 가지 주홍색 죄라고 부르기도 합니다. 2절과 3절에서는 과도하게 넘쳐흐르는 재물 축적의 죄를 지적합니다. 4절에서는 가난한 일꾼을 착취하며 재물을 축적한 죄를 지적합니다. 5절에서는 축적된 재물을 자신의 이기적인 탐닉을 위해 남용한 죄를 정죄합니다. 6절에서는 의로운 자에게 강포를 행하며 재물을 축적한 죄를 밝혀 정죄합니다.

## 2. 심판의 내용 - 축적된 재물의 부패(5:2-3)

"2 너희 재물은 썩었고 너희 옷은 좀먹었으며 3 너희 금과 은은 녹이 슬었으니 이


· 온전한 믿음의 사람은 ·

녹이 너희에게 증거가 되며 불 같이 너희 살을 먹으리라 너희가 말세에 재물을 쌓았
도다"

이 말씀에서 우리는 재물을 과도하게 과잉으로 축적한 세 가지 결과를 알 수 있
습니다.

첫째, "너희 재물은 썩었고" 라는 문구를 살펴보면 여기에 사용된 낱말 "재물"
은 일반적인 재물을 뜻하는 것인데 "썩었고" 라는 낱말을 사용한 것을 보면 이 재
물은 다른 것이 아닌 식량과 음식 종류라고 할 수 있습니다. 이런 재물을 썩도록 쌓
아놓고 사는 것은 하나님 앞에서 합당한 삶이 아닙니다. 오히려 하나님의 말씀을
거역하는 삶이고 악한 삶입니다.

"17 누가 이 세상의 재물을 가지고 형제의 궁핍함을 보고도 도와 줄 마음을 닫
으면 하나님의 사랑이 어찌 그 속에 거하겠느냐 18 자녀들아 우리가 말과 혀로만
사랑하지 말고 행함과 진실함으로 하자"(요일 3:17-18)

"9 너희가 너희의 땅에서 곡식을 거둘 때에 너는 밭 모퉁이까지 다 거두지 말고
네 떨어진 이삭도 줍지 말며 10 네 포도원의 열매를 다 따지 말며 네 포도원에 떨어
진 열매도 줍지 말고 가난한 사람과 거류민을 위하여 버려두라 나는 너희의 하나
님 여호와이니라…13 너는 네 이웃을 억압하지 말며 착취하지 말며 품꾼의 삯을
아침까지 밤새도록 네게 두지 말며"(레 19:9-10, 13)

"가난한 사람을 학대하는 자는 그를 지으신 이를 멸시하는 자요 궁핍한 사람을
불쌍히 여기는 자는 주를 공경하는 자니라"(잠 14:31)

"28 매 삼 년 끝에 그 해 소산의 십분의 일을 다 내어 네 성읍에 저축하여 29 너
희 중에 분깃이나 기업이 없는 레위인과 네 성중에 거류하는 객과 및 고아와 과부
들이 와서 먹고 배부르게 하라 그리하면 네 하나님 여호와께서 네 손으로 하는 범
사에 네게 복을 주시리라"(신 14:28-29)

이상의 말씀에서 알 수 있는 것과 같이 하나님께서는 우리가 양식이나 재물을 썩
도록 쌓아 놓고 사는 것을 원치 않으십니다. 그럼에도 본문의 악한 부자들은 식량이
나 음식물이 남아서 썩을 정도로 과잉 저축한 죄를 범하고 있는 것입니다. 이와 같


3부. 온전한 믿음의 사람과 재림의 소망과 하나님과 그분의 교회를 향한 사랑

이 과잉으로 축적한 이면에는 이로 인해 피해를 입은 가난한 사람들이 있으며 이들을 보고 계신 하나님께서는 야고보 장로를 통해 이들을 경고하고 있습니다.

둘째, 이들의 죄는 "너희 옷은 좀먹었으며" 라는 말씀이 가리키듯이 의류를 과잉으로 쌓아놓고 살고 있는 것입니다.

"7 우리가 세상에 아무 것도 가지고 온 것이 없으매 또한 아무 것도 가지고 가지 못하리니 8 우리가 먹을 것과 입을 것이 있은즉 족한 줄로 알 것이니라"(딤전 6:7-8)

이 말씀의 가르침대로 사는 것이, 곧 하나님의 뜻에 합한 삶이라고 하겠습니다. 그러므로 본문에서 언급하고 있는 옷이 좀먹도록 쌓아놓고 사는 것은 하나님 앞에서 죄가 됨으로 이를 정죄하고 있습니다.

셋째, 이들의 죄는 "너희 금과 은은 녹이 슬었으니 이 녹이 너희에게 증거가 되며 불 같이 너희 살을 먹으리라"는 말씀과 같이 금과 은이 너무도 많아 제대로 사용하지 못한 나머지 녹이 슬어서 못쓰게 된 것을 지적하고 있습니다. 이것이 죄가 되는 것은 이 축적된 금과 은을 가난한 사람들에게 나누어 주는 것이 일반적인 하나님의 뜻인데 이 귀한 하나님의 뜻을 무시하고 자기 위주로 사용하는 가운데 이와 같은 현상이 빚어진 것이 잘못이라는 말씀입니다. 그리고 특히 금과 은이 녹이 슬었다는 기술에 대해서 금과 은은 녹슬지 않는데 녹이 슬었다고 하여 이와 같은 기술 내용의 사실 여부에 대하여 의문을 제기하는 사람들이 있습니다. 여기에 대해서 대체로 당시의 금화나 은화가 순전한 금과 은이 아니라 비금속을 섞은 때문에 녹과 동록이 슨다고 이해하고 있습니다.

이와 같이 금과 은이 녹슬었다고 한 후에 "이 녹이 너희에게 증거가 되며 불 같이 너희 살을 먹으리라"고 한 말씀 중 첫째로 "녹이 증거가 되며" 라고 한 것은 금과 은이 녹슨 것이 부인할 수 없는 증거가 되어 그들의 죄를 드러낸다는 것을 밝히고 있습니다. 둘째로 그 녹이 "불 같이 너희 살을 먹으리라"고 한 말씀은 심판 때의 대단히 견디기 힘든 장면을 비유적으로 설명한 것으로 이해합니다. 즉, 녹이 금과 은을 서서히 녹슬어 못쓰게 만든 것처럼 금과 은, 즉 재물을 과도하게 축적한 죄가 심판의 날에 서서히 녹이 슬듯이 그들의 살과 몸을 침식하는 것을 그림처럼 말씀한 것으로 이해합니다. 이와 같은 방법으로 심판의 고통과 처참함을 기술한 것은


· 온전한 믿음의 사람은 ·

그들의 죄의 극악함을 강조하기 위한 것입니다.

"너희를 위하여 보물을 땅에 쌓아 두지 말라 거기는 좀과 동록이 해하며 도둑이 구멍을 뚫고 도둑질하느니라"(마 6:19)

이상 세 가지 재물을 과도하게 축적한 것을 기술할 때 사용된 세 가지 단어 "썩었고, 좀먹었으며, 녹슬었으니" 라는 낱말들의 시제가 완료형입니다. 이 완료형 시제는 대체로 지속적인 상태를 기술할 때 쓰이기도 하며 예언적 완료형의 뜻으로 쓰이기도 합니다. 그 이유는 예언 한 것의 성취가 확실하기 때문에 이미 성취된 것으로 간주하여 완료형을 사용하는 경우입니다. 그런데 본 절의 경우를 보면 이 완료형 동사들과 후에 나오는 "녹이 증거가 되며"와 "너희 살을 먹으리라"에 사용된 동사들은 모두 미래형입니다. 이 미래형 동사와 앞의 세 완료형 동사를 종합하여 고려하면 결국 예언적인 완료형의 뜻 보다는 본래의 완료형의 뜻으로 이해함이 옳은 것 같습니다. 따라서 본 절의 뜻은 그들에게 임하는 고생, 즉 심판이 지금부터 계속하여 최후 심판 때까지 지속되는 것을 가리키기 위한 말씀으로 이해합니다. 끝으로 마지막 문구인 "너희가 말세에 재물을 쌓았도다"의 뜻은 우선 이 악한 부자들이 마지막 때, 심판이 곧 임하게 되는 말세에 재물을 과잉으로 축적한 것임을 밝히는 말씀입니다. 아울러 여기에 쓰인 동사 "쌓았도다"는 부정과거형으로 그들의 재물 축적이 그 시기에 관계없이 부인할 수 없는 확실한 실제의 사건임을 가리키고 있습니다.

이상의 내용을 일반적인 성경 말씀의 가르침에 비추어 정리해 보겠습니다. 야고보 장로가 위에 지적한 세 가지의 세상 재물을 과대하게 과잉으로 축적한 악한 부자들을 정죄한 것은 우리에게 주시는 재물을 하나님의 뜻에 따라 사용하지 않은 때문입니다. 이제 하나님께서 주신 말씀을 간추려 보면 우리에게 주신 재물을 첫째는 하나님의 영광을 위해서 사용할 것을 원하십니다.

"19 너희를 위하여 보물을 땅에 쌓아 두지 말라 거기는 좀과 동록이 해하며 도둑이 구멍을 뚫고 도둑질하느니라 20 오직 너희를 위하여 보물을 하늘에 쌓아 두라 거기는 좀이나 동록이 해하지 못하며 도둑이 구멍을 뚫지도 못하고 도둑질도 못하느니라 21 네 보물 있는 그 곳에는 네 마음도 있느니라… 24 한 사람이 두 주인



3부. 온전한 믿음의 사람과 재림의 소망과 하나님과 그분의 교회를 향한 사랑

을 섬기지 못할 것이니 혹 이를 미워하고 저를 사랑하거나 혹 이를 중히 여기고 저를 경히 여김이라 너희가 하나님과 재물을 겸하여 섬기지 못하느니라… 31 그러므로 염려하여 이르기를 무엇을 먹을까 무엇을 마실까 무엇을 입을까 하지 말라 32 이는 다 이방인들이 구하는 것이라 너희 하늘 아버지께서 이 모든 것이 너희에게 있어야 할 줄을 아시느니라 33 그런즉 너희는 먼저 그의 나라와 그의 의를 구하라 그리하면 이 모든 것을 너희에게 더하시리라 34 그러므로 내일 일을 위하여 염려하지 말라 내일 일은 내일이 염려할 것이요 한 날의 괴로움은 그 날로 족하니라"(마 6:19-21, 24, 31-33)

하나님의 나라와 그분의 의를 위해서 사는 것이 신자의 도리입니다. 이와 같은 삶은 우리의 물질을 하나님께 바치는 것입니다. 그래서 주님께서는 가난한 과부가 자기의 모든 소유를 하나님께 바친 것을 칭찬하셨습니다(막 12:42-44). 성경은 다음과 같이 가르치고 있습니다.

"2 매주 첫날에 너희 각 사람이 수입에 따라 모아 두어서 내가 갈 때에 연보를 하지 않게 하라 3 내가 이를 때에 너희가 인정한 사람에게 편지를 주어 너희의 은혜를 예루살렘으로 가지고 가게 하리니"(고전 16:2-3)

"1 형제들아 하나님께서 마게도냐 교회들에게 주신 은혜를 우리가 너희에게 알리노니 2 환난의 많은 시련 가운데서 그들의 넘치는 기쁨과 극심한 가난이 그들의 풍성한 연보를 넘치도록 하게 하였느니라 3 내가 증언하노니 그들이 힘대로 할 뿐 아니라 힘에 지나도록 자원하여 4 이 은혜와 성도 섬기는 일에 참여함에 대하여 우리에게 간절히 구하니 5 우리가 바라던 것뿐 아니라 그들이 먼저 자신을 주께 드리고 또 하나님의 뜻을 따라 우리에게 주었도다"(고후 8:1-5)

"6 이것이 곧 적게 심는 자는 적게 거두고 많이 심는 자는 많이 거둔다 하는 말이로다 7 각각 그 마음에 정한 대로 할 것이요 인색함으로나 억지로 하지 말지니 하나님은 즐겨 내는 자를 사랑하시느니라 8 하나님이 능히 모든 은혜를 너희에게 넘치게 하시나니 이는 너희로 모든 일에 항상 모든 것이 넉넉하여 모든 착한 일을 넘치게 하게 하려 하심이라"(고후 9:6-8)

전도와 복음 사역의 후원을 위해서 우리의 물질을 하나님 앞에 드려야합니다.


· 온전한 믿음의 사람은 ·

"13. 성전의 일을 하는 이들은 성전에서 나는 것을 먹으며 제단을 모시는 이들은 제단과 함께 나누는 것을 너희가 알지 못하느냐 14. 이와같이 주께서도 복음 전하는 자들이 복음으로 말미암아 살리라 명하셨느니라"(고전 9:13-14) "가르침을 받는 자는 말씀을 가르치는 자와 모든 좋은 것을 함께하라"(갈 6:6) "성경에 일렀으되 곡식을 밟아 떠는 소의 입에 망을 씌우지 말라 하였고 또 일꾼이 그 삯을 받는 것이 마땅하다 하였느니라"(딤전 5:18)

동시에 선한 일과 구제하는 일을 위해서 물질을 하나님께 드리는 것이 하나님께서 원하시는 일입니다.

"17 네가 이 세대에서 부한 자들을 명하여 마음을 높이지 말고 정함이 없는 재물에 소망을 두지 말고 오직 우리에게 모든 것을 후히 주사 누리게 하시는 하나님께 두며 18 선을 행하고 선한 사업을 많이 하고 나누어 주기를 좋아하며 너그러운 자가 되게 하라 19 이것이 장래에 자기를 위하여 좋은 터를 쌓아 참된 생명을 취하는 것이니라"(딤전 6:17-19)

"우리가 선을 행하되 낙심하지 말지니 포기하지 아니하면 때가 이르매 거두리라"(갈 6:9)

"9 과부로 명부에 올릴 자는 나이가 육십이 덜 되지 아니하고 한 남편의 아내였던 자로서 10 선한 행실의 증거가 있어 혹은 자녀를 양육하며 혹은 나그네를 대접하며 혹은 성도들의 발을 씻으며 혹은 환난 당한 자들을 구제하며 혹은 모든 선한 일을 행한 자라야 할 것이요"(딤전 5:9-10)

"또 누구든지 제자의 이름으로 이 작은 자 중 하나에게 냉수 한 그릇이라도 주는 자는 내가 진실로 너희에게 이르노니 그 사람이 결단코 상을 잃지 아니하리라 하시니라"(마 10:42)

끝으로 가족들을 위해서 물질을 사용하는 것이 합당합니다.

"8 누구든지 자기 친족 특히 자기 가족을 돌보지 아니하면 믿음을 배반한 자요 불신자보다 더 악한 자니라"(딤전 5:8)

하나님께서 우리에게 물질을 주신 것을 감사하면서 하나님의 뜻을 따라 물질을 하나님께 바치고 또 사용하면 이 세상에서도 하나님의 은혜와 축복을 누리며 살

수 있으며 하나님 나라에 가서도 칭찬을 받을 수 있습니다.

지금까지 우리는 악한 부자들의 4가지 주홍빛 죄 중에 첫 번째 죄, 즉 악한 부자들이 물질을 과도하게 과잉으로 축적한 죄로 인해 하나님의 심판을 받게 된다는 것을 배웠으며 특히 그들이 축적한 재물들이 어떤 것인지를 구체적으로 배웠습니다.

4절부터 6절에서는 이들 악한 지주인 부자들이 어떻게 또는 어떤 방법으로 재물을 축적했으며 그 축적된 재물을 어떻게 사용하였는지에 대하여 야고보 장로는 그 죄상을 밝혀 고발 및 정죄하고 있습니다.

## 3. 심판의 대상이 되는 불의와 악한 일들(5:4-6)

"4 보라 너희 밭에서 추수한 품꾼에게 주지 아니한 삯이 소리 지르며 그 추수한 자의 우는 소리가 만군의 주의 귀에 들렸느니라 5 너희가 땅에서 사치하고 방종하여 살륙의 날에 너희 마음을 살찌게 하였도다 6 너희는 의인을 정죄하고 죽였으나 그는 너희에게 대항하지 아니하였느니라"

4절에서는 가난한 일꾼을 착취하며 재물을 축적한 죄를, 5절에서는 자신의 이기적인 탐닉을 위해 사치와 방탕으로 축적된 재물을 남용하는 죄를, 6절에서는 의로운 자에게 강포를 행하며 재물을 축적한 죄를 각각 구체적으로 밝혀 고발하며 정죄하고 있습니다. "4 보라 너희 밭에서 추수한 품꾼에게 주지 아니한 삯이 소리 지르며 그 추수한 자의 우는 소리가 만군의 주의 귀에 들렸느니라" 본 절을 "보라"라는 경종을 울리는 말씀으로 시작하고 있는데 그 이유는 본 절에서 밝히는 죄상이 심상치 않은 것임을 알려주기 위함입니다. 이렇게 정신을 차리게 한 후에 야고보 장로는 계속하여 이 악한 지주인 부자들이 서시든 악하고 불의한 죄의 내용을 고발하고 있습니다. "너희 밭에서 추수한 품꾼에게 주지 아니한 삯이 소리 지르며" 라고 부자들의 악한 행위의 일부를 밝히고 있습니다. 여기에 쓰인 "추수한" 이라는 단어는 곡식을 베고 거두어들이는 것을 가리키는 동사인데 그 시제는 부정과거형입니다. 이 부정과거형 동사는 품꾼이 자기에게 맡겨진 당일 할당된 추수


· 온전한 믿음의 사람은 ·

를 다 완수하였다는 것을 뜻하고 있습니다. 이와 같이 품꾼은 하루의 일을 다 완전히 끝냈기 때문에 주인으로부터 약속된 하루의 임금을 마땅히 받아야 합니다. 그런데 악한 주인이 그 임금을 주지 않은 것입니다. 성경은 이와 같이 품꾼에게 약속된 일당을 지급하지 않는 행위를 엄하게 금하고 있습니다.

"너는 네 이웃을 억압하지 말며 착취하지 말며 품꾼의 삯을 아침까지 밤새도록 네게 두지 말며"(레 19:13)

"14 곤궁하고 빈한한 품꾼은 너희 형제든지 네 땅 성문 안에 우거하는 객이든지 그를 학대하지 말며 15 그 품삯을 당일에 주고 해 진 후까지 미루지 말라 이는 그가 가난하므로 그 품삯을 간절히 바람이라 그가 너를 여호와께 호소하지 않게 하라 그렇지 않으면 그것이 네게 죄가 될 것임이라"(신 24:14-15)

"내가 심판하러 너희에게 임할 것이라 점치는 자에게와 간음하는 자에게와 거짓 맹세하는 자에게와 품꾼의 삯에 대하여 억울하게 하며 과부와 고아를 압제하며 나그네를 억울하게 하며 나를 경외하지 아니하는 자들에게 속히 증언하리라 만군의 여호와가 말하였느니라"(말 3:5)

이상의 말씀대로 악한 지주인 부자들이 품꾼에게 품삯을 주지 않았기 때문에 본문에서 "주지 아니한 삯이 소리 지르며" 라는 표현으로 부자들의 부당함을 항의하고 있습니다. 이 품삯이 소리 지른다는 문구는 피해를 입은 자가 그 억울함을 인해 소리 지르는 것을 그의 품삯이 소리 지른다고 표현한 것입니다. 동시에 "소리 지르며" 라는 동사는 현재형으로 소리 지르는 것이 계속되고 있다는 말씀입니다. 이 억울함이 풀어질 때까지 계속될 것을 뜻하고 있습니다.

이와 같이 억울함이 소리 지른다는 것과 비슷한 예를 우리는 성경 다른 곳에서도 찾을 수 있습니다. 창세기 4장 10절을 보면 가인이 죽인 아우 아벨의 "핏소리가 땅에서부터 내게 호소하느니라"고 여호와께서 말씀하시고 있습니다. 소돔과 고모라의 부르짖음이 크고 그 죄악이 심히 중한 것을 심판하기 위해서 천사를 보낸 사건을 보면 다음과 같은 기록이 있습니다.

"12 그 사람들이 롯에게 이르되 이 외에 네게 속한 자가 또 있느냐 네 사위나 자녀나 성 중에 네게 속한 자들을 다 성 밖으로 이끌어 내라 13 그들에 대한 부르짖음이 여호와 앞에 크므로 여호와께서 이 곳을 멸하시려고 우리를 보내셨나니 우리가 멸하리라"(창 19:12-13)

또 하나님께서 이스라엘 백성들을 애굽에서 구원하시려고 할 때의 일을 다음과 같이 기록하고 있습니다.

"23 여러 해 후에 애굽 왕은 죽었고 이스라엘 자손은 고된 노동으로 말미암아 탄식하며 부르짖으니 그 고된 노동으로 말미암아 부르짖는 소리가 하나님께 상달된지라 24 하나님이 그들의 고통 소리를 들으시고 하나님이 아브라함과 이삭과 야곱에게 세운 그의 언약을 기억하사 25 하나님이 이스라엘 자손을 돌보셨고 하나님이 그들을 기억하셨더라"(출 2:23-25)

훗날 유다 왕국이 타락하고 배도해서 여호와께서 심판하실 때에 하신 말씀에도 이와 비슷한 표현을 쓰신 것을 볼 수 있습니다.

"7 내가 내 집을 버리며 내 소유를 내던져 내 마음으로 사랑하는 것을 그 원수의 손에 넘겼나니…10 많은 목자가 내 포도원을 헐며 내 몫을 짓밟아서 내가 기뻐하는 땅을 황무지로 만들었도다 11 그들이 이를 황폐하게 하였으므로 그 황무지가 나를 향하여 슬퍼하는도다 온 땅이 황폐함은 이를 마음에 두는 자가 없음이로다 12 파괴하는 자들이 광야의 모든 벗은 산 위에 이르렀고 여호와의 칼이 땅 이 끝에서 저 끝까지 삼키니 모든 육체가 평안하지 못하도다 13 무리가 밀을 심어도 가시를 거두며 수고하여도 소득이 없은즉 그 소산으로 말미암아 스스로 수치를 당하리니 이는 여호와의 분노로 말미암음이니라"(렘 12:7, 10-13)

본문은 품꾼에게 주지 아니한 삯이 소리 지를 때까지 악한 지주 부자들의 부당함과 불의함이 어떤 제재도 받지 않은 것을 밝히고 있습니다. 이것은 부자들이 자기의 불의함을 교묘한 방법으로 법적 제재를 피했거나 아니면 가난한 품꾼이 지주의 불의함에 대해서 어떤 대책도 강구할 수 없이 무력하기 때문에 억울하게 당하고 있는 상태라고 할 수 있습니다. 그래서 본문은 그의 받지 못한 삯이 계속하여 소리 지르고 있다고 했습니다. 그리고 야고보 장로는 계속되는 말씀을 통해 이 문제의 심각성과 죄에 대한 심판이 임하는 것을 다음과 같이 알려주고 있습니다. "추수한 자의 우는 소리가 만군의 주의 귀에 들렸느니라" 앞에서는 품꾼의 삯이 소리


· 온전한 믿음의 사람은 ·

지르는 것으로 끝인 것 같지만 그것이 아니라 그 소리 지른 것이 결국 "만군의 주의 귀에 들렸느니라"는 것을 뒷부분에서 가르치고 있습니다.

여기에 쓰인 "만군의 주"라는 칭호는 구약에는 자주 나오지만 신약에서는 로마서 9장 29절과 본 절에서 만 사용된 여호와 하나님의 호칭으로 장엄하고 위대한 하나님을 가리키는 칭호입니다. 즉, 창조주인 동시에 우주를 다스리시는 우주의 주권자이신 하나님을 뜻할 뿐 아니라 우주의 천군 천사들의 통치권자가 되심을 밝히고 있는 이름입니다. 동시에 이 칭호는 심판의 주를 뜻하기도 합니다. 예를 들면 말라기서를 보면 이 칭호가 23회나 사용되고 있습니다. 그리고 만군의 주의 귀에 "들렸느니라"라는 동사는 완료형으로서 만군의 주 여호와 하나님께서 들으셨을 뿐 아니라 들으신 것을 기억하시고 계시다는 뜻을 포함하고 있습니다.

"13 여호와께서 변론하러 일어나시며 백성들을 심판하려고 서시도다 14 여호와께서 자기 백성의 장로들과 고관들을 심문하러 오시리니 포도원을 삼킨 자는 너희이며 가난한 자에게서 탈취한 물건이 너희의 집에 있도다 15 어찌하여 너희가 내 백성을 짓밟으며 가난한 자의 얼굴에 맷돌질하느냐 주 만군의 여호와 내가 말하였느니라 하시도다"(사 3:13-15)

"14 곤궁하고 빈한한 품꾼은 너희 형제든지 네 땅 성문 안에 우거하는 객이든지 그를 학대하지 말며 15 그 품삯을 당일에 주고 해 진 후까지 미루지 말라 이는 그가 가난하므로 그 품삯을 간절히 바람이라 그가 너를 여호와께 호소하지 않게 하라 그렇지 않으면 그것이 네게 죄가 될 것임이라"(신 24:14-15)

이상에서 우리는 악한 부자들의 두 번째 주홍빛 죄, 즉 가난한 품꾼을 착취하고 그들의 임금을 약탈한 악한 지주 부자들의 죄악에 대해서 배웠습니다. 이와 같은 죄악에 대해서 심판의 주가 되시는 만군의 주 여호와 하나님께서 모두 아시고 있기 때문에 이에 따르는 심판이 있을 것을 야고보 장로는 경고하고 있습니다.

그리고 5절에서 악한 부자들의 세 번째 주홍빛 죄, 즉 악한 방법으로 축재한 것을 사치와 방탕으로 남용하는 악한 죄를 고발하고 정죄하고 있습니다. "너희가 땅에서 사치하고 방종하여 살륙의 날에 너희 마음을 살찌게 하였도다" 가난한 사람들을 착취하고 약탈하여 재물을 축적한 악한 부자들을 향해 그들 자신의 탐닉과

**271**

쾌락을 위해 불의하게 축적한 재물을 남용하고 악용하고 있는 죄상을 고발하고 있습니다. 이들이 어떻게 재물을 남용 내지 악용하고 있는지를 세 가지 동사를 사용하여 설명하고 있습니다. 즉, "사치하다"와 "방종하다" 그리고 "마음을 살찌게 하다" 입니다. "사치하다" 라는 동사는 욕망 충족에 탐닉하면서 호화롭게 생활하는 것을 가리키고 있는데 특히 다른 사람을 희생시키면서 자신의 욕망 충족에 탐닉하여 호화롭게 사는 것을 뜻합니다. "방종하다" 라는 동사는 향락에 도취된 생활을 뜻하고 있으며 결국은 자신을 망치는 경지에까지 이르는 도취된 생활을 뜻합니다. 사치하게 살고 연락하며 사는 생활은 누가 복음 16장 19절부터 31절에 나오는 부자의 생활에서 족히 엿볼 수 있습니다. "마음을 살찌게 하다"는 도살할 소나 돼지를 도살 전에 살을 잔뜩 찌게하여 도살하는 것에서 비롯된 표현으로 본문에서는 악한 부자들이 세상에서 살면서 죽기 전에 온갖 욕망과 욕심을 마음껏 충족시키는 생활을 뜻한다고 하겠습니다.

이상 세 가지 동사를 사용하여 이들 악한 부자들이 재물을 남용하는 것을 설명할 때 그 시제를 부정과거형을 사용했습니다. 이것은 야고보 장로가 이들의 악하고 죄악스러운 행위에 대해 종말에 있을 심판 때에 이들이 범한 죄가 변명의 여지없이 실제 사실이었다는 것을 확실히 밝히기 위해서 이 시제를 사용한 것으로 이해합니다. 특히 세 번째의 생활 상태, 즉 "살륙의 날에 너희 마음을 살찌게 하였도다" 라는 악한 부자의 모습은 심판의 때가 가까워 왔는데도 온갖 욕망과 욕심을 마음껏 충족시키며 살기 때문에 이에 대한 엄중한 심판이 있을 것을 가리키고 있습니다. 이와 같은 예는 성경 곳곳에서 언급되고 있습니다.

"5 여호와의 칼이 하늘에서 족하게 마셨은즉 보라 이것이 에돔 위에 내리며 진멸하시기로 한 백성 위에 내려 그를 심판할 것이라 6 여호와의 칼이 피 곧 어린 양과 염소의 피에 만족하고 기름 곧 숫양의 콩팥 기름으로 윤택하니 이는 여호와를 위한 희생이 보스라에 있고 큰 살륙이 에돔 땅에 있음이라 7 들소와 송아지와 수소가 함께 도살장에 내려가니 그들의 땅이 피에 취하며 흙이 기름으로 윤택하리라 8 이것은 여호와께서 보복하시는 날이요 시온의 송사를 위하여 신원하시는 해라" (사 34:5-8)


· 온전한 믿음의 사람은 ·

"26 먼 곳에 있는 너희는 와서 그를 치고 그의 곳간을 열고 그것을 곡식더미처럼 쌓아 올려라 그를 진멸하고 남기지 말라 27 그의 황소를 다 죽이라 그를 도살하려 내려 보내라 그들에게 화 있도다 그들의 날, 그 벌 받는 때가 이르렀음이로다"(렘 50:26-27)

"36 그러므로 여호와께서 이와 같이 말씀하시되 보라 내가 네 송사를 듣고 너를 위하여 보복하여 그의 바다를 말리며 그의 샘을 말리리니 37 바벨론이 돌무더기가 되어서 승냥이의 거처와 혐오의 대상과 탄식 거리가 되고 주민이 없으리라…40 내가 그들을 끌어내려서 어린 양과 숫양과 숫염소가 도살장으로 가는 것 같게 하리라"(렘 51:36-37, 40)

"17 주 여호와께서 이같이 말씀하셨느니라 너 인자야 너는 각종 새와 들의 각종 짐승에게 이르기를 너희는 모여 오라 내가 너희를 위한 잔치 곧 이스라엘 산 위에 예비한 큰 잔치로 너희는 사방에서 모여 살을 먹으며 피를 마실지어다…19 내가 너희를 위하여 예비한 잔치의 기름을 너희가 배불리 먹으며 그 피를 취하도록 마시되 20 내 상에서 말과 기병과 용사와 모든 군사를 배부르게 먹일지니라 하라 주 여호와의 말씀이니라 21 내가 내 영광을 여러 민족 가운데에 나타내어 모든 민족이 내가 행한 심판과 내가 그 위에 나타낸 권능을 보게 하리니 22 그 날 이후에 이스라엘 족속은 내가 여호와 자기들의 하나님인 줄을 알겠고"(겔 39:17, 19-22)

이상과 같이 악한 부자들의 세 번째 주홍빛 죄를 밝혀 고발하고 정죄한 야고보 장로는 6절 말씀을 통해 이들의 네 번째 주홍빛 죄를 고발하고 정죄합니다. 이 죄는 의로운 자에게 강포를 행하며 재물을 축적한 죄입니다. "6 너희는 의인을 정죄하고 죽였으나 그는 너희에게 대항하지 아니하였느니라" 본 절에 기록된 악한 부자들의 행위의 악한 정도는 5절까지의 말씀을 통해 밝혀진 악한 행위 보다 더욱 악한 행위임을 알 수 있습니다. 6절 첫머리에 쓰인 "너희는"이라는 명사는 복수형입니다. 그리고 "의인"이라는 명사는 단수형입니다. 본 절에 기록된 "죽였으나"라는 문구에 대해서 대체로 두 가지 의견이 있습니다. 첫째는 "죽였으나"라는 말 앞에 쓰인 "정죄하고"라는 말과 함께 고려할 때 실제로 살인 한 것을 뜻하는 것이 아니라고 보는 것입니다. 그 보다는 오히려 가난한 의인을 어떤 이유에서건 법정으

**273**

로 끌고 가서 법정 판결을 통해 죄인으로 만든 것을 뜻한다는 견해입니다. 반면 두 번째 입장은 어떤 과정을 거쳐서든 실제로 생명을 제거한 것이라고 보는 견해입니다. 유대인의 전통을 고려하면 위의 두 가지 모두 가능한 일임을 우리는 성경을 통해 알고 있습니다.

"11 너희가 힘없는 자를 밟고 그에게서 밀의 부당한 세를 거두었은즉 너희가 비록 다듬은 돌로 집을 건축하였으나 거기 거주하지 못할 것이요 아름다운 포도원을 가꾸었으나 그 포도주를 마시지 못하리라 12 너희의 허물이 많고 죄악이 무거움을 내가 아노라 너희는 의인을 학대하며 뇌물을 받고 성문에서 가난한 자를 억울하게 하는 자로다"(암 5:11-12)

또 주님께서 하신 말씀에도 잘 나타나 있습니다.

"29 화 있을진저 외식하는 서기관들과 바리새인들이여 너희는 선지자들의 무덤을 만들고 의인들의 비석을 꾸미며 이르되 30 만일 우리가 조상 때에 있었더라면 우리는 그들이 선지자의 피를 흘리는 데 참여하지 아니하였으리라 하니 31 그러면 너희가 선지자를 죽인 자의 자손임을 스스로 증명함이로다 32 너희가 너희 조상의 분량을 채우라 33 뱀들아 독사의 새끼들아 너희가 어떻게 지옥의 판결을 피하겠느냐"(마 23:29-33)

이제 다시 본문으로 돌아가서 몇 가지 살펴보도록 하겠습니다. 첫째, 본 절에 쓰인 두 동사인 "정죄하고"와 "죽였으나"의 시제가 부정과거형입니다. 따라서 이와 같이 부정과거형을 쓴 것은 본 절의 사건들이 실제 있었던 사건인 것을 분명히 하기 위한 것으로 이해합니다. 그리고 세 번째 동사인 "그는 너희에게 대항하지 아니하였느니라"의 시제는 현재형입니다. 이것은 의인이 악한 부자들의 박해와 무자비함에 대하여 그대로 순응했다는 뜻입니다. 동시에 이런 일은 계속 되고 있었다는 뜻도 포함하고 있습니다.

이와 같이 본 절을 이해하면 본 절의 내용은 옳은 사람의 경우는 한 사람 한 사람이 당한 것을 뜻하고 있으며 악한 부자들의 경우는 악한 부자들 전부가 하나같이 가난하고 의로운 사람에게 강포를 행하는 집단이라는 뜻입니다. 본 절에 기록된 것처럼 악한 자들이 의로운 사람을 해칠 때 의인이 대항하지 않은 것은 주님의

274

가르침에 순종하는 참 믿음을 가진 사람의 삶인 것을 알 수 있습니다.

"39 나는 너희에게 이르노니 악한 자를 대적하지 말라 누구든지 네 오른편 뺨을 치거든 왼편도 돌려 대며 40 또 너를 고발하여 속옷을 가지고자 하는 자에게 겉옷까지도 가지게 하며"(마 5:39-40)

이상에서 우리는 악한 지주 부자들의 4가지 죄의 실상을 살펴보았습니다. 뿐만 아니라 야고보 장로는 대목 대목에서 그들의 죄상을 자세히 밝혀 고발하며 심판을 예고하고 정죄함으로써 악한 지주 부자들을 깨우친 것을 배웠습니다. 이와 같은 야고보 장로의 가르침을 오늘을 사는 우리도 마음 속 깊이 받아 들여서 참 믿음을 가진 신자로서 합당한 삶을 살도록 힘써야 하겠습니다.

# 11장
## 악한 세상에서 고난 당하는
## 온전한 믿음의 사람을 위한 격려와 권면(5:7-12)

"7 그러므로 형제들아 주께서 강림하시기까지 길이 참으라 보라 농부가 땅에서 나는 귀한 열매를 바라고 길이 참아 이른 비와 늦은 비를 기다리나니 8 너희도 길이 참고 마음을 굳건하게 하라 주의 강림이 가까우니라 9 형제들아 서로 원망하지 말라 그리하여야 심판을 면하리라 보라 심판주가 문 밖에 서 계시니라 10 형제들아 주의 이름으로 말한 선지자들을 고난과 오래 참음의 본으로 삼으라 11 보라 인내하는 자를 우리가 복되다 하나니 너희가 욥의 인내를 들었고 주께서 주신 결말을 보았거니와 주는 가장 자비하시고 긍휼히 여기시는 이시니라 12 내 형제들아 무엇보다도 맹세하지 말지니 하늘로나 땅으로나 아무 다른 것으로도 맹세하지 말고 오직 너희가 그렇다고 생각하는 것은 그렇다 하고 아니라고 생각하는 것은 아니라 하여 정죄 받음을 면하라"

## 본문 강론

7절부터 12절까지의 말씀을 통해 야고보 장로는 학대 받고 압제 받는 고난당하는 성도들에게 온전한 믿음을 소유한 신자답게 모든 일에 인내하라고 위로와 격려의 말씀으로 권면하고 있습니다. 이 부분의 내용은 세 부분으로 나누어져 있습니다. 첫째로 7절과 8절에서 야고보 장로는 주의 재림을 바라보면서 인내할 것을 권합니다.

### 1. 주의 재림을 바라보고 인내하라 (5:7-8)

"7 그러므로 형제들아 주께서 강림하시기까지 길이 참으라 보라 농부가 땅에서 나는 귀한 열매를 바라고 길이 참아 이른 비와 늦은 비를 기다리나니 8 너희도 길이 참고 마음을 굳건하게 하라 주의 강림이 가까우니라"

1절부터 6절까지의 말씀에서는 "형제들아" 라는 호칭을 사용하지 않았습니다. 그러나 야고보 장로는 본 절에서 "그러므로" 라는 연결 문구를 쓴 후에 바로 사랑과 정이 담긴 "형제들아" 라는 호칭을 사용하여 수신자들의 마음을 사면서 권면의 말씀을 하고 있습니다. "그러므로" 라는 연결 문구는 한편으로는 1절부터 6절까지에서 악한 부자들의 무정하고 무자비한 행위를 밝혀 그들의 죄상을 정죄한 것을 상기시키고 있습니다. 다른 한편으로는 악한 자들로 인해 온갖 착취와 압제로 고통당하는 성도들의 형편을 이해하여 위로와 격려의 글을 쓴다는 뜻이라고 하겠습니다. 이런 의미로 "그러므로" 라는 연결 문구를 사용한 야고보 장로는 이어서 "형제들아" 라고 부르고 곧바로 그들에게 필요한 권면과 격려의 말씀을 하고 있습니다. 즉, "주의 강림하시기 까지 길이 참으라"고 쉽지 않은 그러나 그들에게 꼭 필요한 말씀을 하십니다.

야고보 장로가 "주의 강림"을 7절과 8절에 두 번 사용하면서 참을 것을 권한 이면에는 주의 강림이 모든 성도들에게 있어서 최고 최상의 복된 소망이기 때문입



· 온전한 믿음의 사람은 ·

니다. 주의 강림에 따르는 성도의 부활과 하늘로 들려 올려 주님과 함께 사는 그날
이 없다고 하면 이 세상 사람들 중에 그리스도인들이 가장 비참하고 불쌍한 사람
이라고 사도 바울은 말씀하였습니다(고전 15:16-19). 옳습니다. 주님의 재림과 성
도의 부활과 성도의 휴거의 사건이, 곧 우리 성도들의 복스러운 소망입니다.

"11 모든 사람에게 구원을 주시는 하나님의 은혜가 나타나 12 우리를 양육하시
되 경건하지 않은 것과 이 세상 정욕을 다 버리고 신중함과 의로움과 경건함으로
이 세상에 살고 13 복스러운 소망과 우리의 크신 하나님 구주 예수 그리스도의 영
광이 나타나심을 기다리게 하셨으니 14 그가 우리를 대신하여 자신을 주심은 모든
불법에서 우리를 속량하시고 우리를 깨끗하게 하사 선한 일을 열심히 하는 자기
백성이 되게 하려 하심이라"(딛 2:11-14)

모든 성도들에게 최상의 복된 소망, 즉 주님의 강림에 대하여 주님께서 믿는 우
리를 사랑하셔서 친히 말씀해 주셨습니다.

"25 보라 내가 너희에게 미리 말하였노라 26 그러면 사람들이 너희에게 말하되
보라 그리스도가 광야에 있다 하여도 나가지 말고 보라 골방에 있다 하여도 믿지
말라 27 번개가 동편에서 나서 서편까지 번쩍임 같이 인자의 임함도 그러하리라
28 주검이 있는 곳에는 독수리들이 모일 것이니라 29 그 날 환난 후에 즉시 해가 어
두워지며 달이 빛을 내지 아니하며 별들이 하늘에서 떨어지며 하늘의 권능들이
흔들리리라 30 그 때에 인자의 징조가 하늘에서 보이겠고 그 때에 땅의 모든 족속
들이 통곡하며 그들이 인자가 구름을 타고 능력과 큰 영광으로 오는 것을 보리라"
(마 24:25-30)

주님께서 친히 말씀하신 주님의 재림 장면을 마음속에 그려보면 그 날이 빨리
왔으면 좋겠다는 생각으로 꽉 차는 것을 종종 경험합니다. 이와 같은 주님의 재림
과 관계되어 일어날 성도의 휴거를 사도 바울은 다음과 같이 우리에게 말씀하였
습니다.

"15 우리가 주의 말씀으로 너희에게 이것을 말하노니 주께서 강림하실 때까지
우리 살아 남아 있는 자도 자는 자보다 결코 앞서지 못하리라 16 주께서 호령과 천
사장의 소리와 하나님의 나팔 소리로 친히 하늘로부터 강림하시리니 그리스도 안

에서 죽은 자들이 먼저 일어나고 17 그 후에 우리 살아 남은 자들도 그들과 함께 구름 속으로 끌어 올려 공중에서 주를 영접하게 하시리니 그리하여 우리가 항상 주와 함께 있으리라 18 그러므로 이러한 말로 서로 위로하라"(살전 4:15-18)

성경 곳곳에서 주님의 강림 또는 재림에 대해서 가르치고 있습니다. 모두 인용하는 것은 피하고 참고로 구절들만 열거하겠습니다(참고: 고전 15:23, 살전 2:19, 살전 3:13, 살전 5:23, 살후 2:1,8, 벧후 1:16, 벧후 3:4, 요일 2:28).

야고보 장로가 언급한 "주의 강림"에 대해서 한 가지 더 생각할 것은 "강림"의 뜻을 묵상해 보는 것입니다. 강림으로 번역된 헬라어 파루시아(parousia)의 문자적인 뜻은 첫째로 출현, 도래, 강림을 의미하며 둘째로, 임석하다, 머무르다, 옆에 함께 있다를 뜻하기도 합니다. 따라서 위의 두 뜻이 겹쳐져 있는 단어입니다. 앞에 인용한 데살로니가전서 4장 15절부터 18절까지의 말씀을 보면 주님께서 하늘로 좇아 강림하신다는 말씀과 뒷부분에 그리하여 우리가 항상 주와 함께 있으리라고 하신 말씀을 합해서 이해하면 그것이, 곧 "주의 강림"이라는 낱말 속에 담겨진 뜻을 잘 드러내고 있다고 하겠습니다.

그러므로 주의 강림은 참으로 성도들에게 있어서 최상의 복된 소망입니다. 이 소망을 마음에 간직하고 그때까지 "길이 참으라"고 야고보 장로는 7절과 8절에서 간곡하게 권면하고 있습니다. 이와 같이 성도들을 향해 두 번씩 말씀한 것은 "길이 참으라"는 것을 강조하여 성도들을 격려하기 위해서입니다.

이 어휘의 뜻을 생각하면 "길이 참으라"는 우리말 표현은 참으로 훌륭한 번역이라고 봅니다. 그냥 참으라고 하지 않고 길이 참으라고 했습니다. 참고로 영어번역을 보면 여러 번역본 거의 모두가 "be patient"라고 했습니다. 인내하라, 참으라는 뜻입니다. 그러나 헬라어를 보면 이 동사는 맥크로투메오(makrothumew)인데 두 개의 낱말이 합해서 이루어진 합성어로서 뜻은 "오래 오래 분내지 말고 참아라"입니다. 즉, 맥크로(makros-긴, 오랜)라는 낱말과 투모스(thumos-분노)라는 낱말의 합성어입니다. 영어에서도 이 원어를 일상용어로 풀이할 때에는 '화를 늦게 내는'이라고 이해합니다.

실제로 본 절에서는 "be patient"라고 영어 성경에 표기했지만 출애굽기 34장 6


· 온전한 믿음의 사람은 ·

절과 시편 103편 8절에서는 같은 낱말을 "slow to anger" 곧 "노하기를 더디 하신다"로 표기하고 있습니다. 앞에서 우리말 번역이 훌륭하다고 한 것은 원어가 원래 오래 오래(길이) 참으라는 뜻인데 우리말 성경은 그대로 "길이 참으라" 라고 했습니다. 여기서 길이 참으라고 한 것은 주의 강림의 날까지 끝까지 견디면서 참으라는 뜻입니다. 원어의 뜻을 잘 드러낸 "길이 참으라"는 단어의 뜻을 앞에서 잠깐 언급했습니다.

다시 설명하면 모질고 힘든 어려운 조건 아래 살고 있는 사람들을 향해 적극적으로 대항하고 싶은 욕망(충동, 마음, 감정)을 억누르고 끝까지 참으며 견디라는 것을 강조하는 뜻이 담겨진 표현입니다.

그리고 이 동사의 시제는 부정과거인데 이것은 도중에 포기하지 말고 어떤 일이 있어도 끝까지 주의 강림하시기까지 "길이 참으라"는 권면을 강조하는 뜻이 있습니다. 하나님의 자녀 된 성도들에게 "길이 참으라"고 하신 말씀과 함께 살펴보아야 하는 것은 오래 참으시는 또는 노하기를 더디하시는 하나님의 성품입니다. 성경 곳곳에서 노하기를 더디하시며 오래 참으시는 하나님의 성품을 우리에게 가르치고 있습니다.

"주의 약속은 어떤 이들이 더디다고 생각하는 것 같이 더딘 것이 아니라 오직 주께서는 너희를 대하여 오래 참으사 아무도 멸망하지 아니하고 다 회개하기에 이르기를 원하시느니라"(벧후 3:9)

"혹 네가 하나님의 인자하심이 너를 인도하여 회개하게 하심을 알지 못하여 그의 인자하심과 용납하심과 길이 참으심이 풍성함을 멸시하느냐"(롬 2:4)

"여호와는 긍휼이 많으시고 은혜로우시며 노하기를 더디 하시고 인자하심이 풍부하시도다"(시 103:8)

"여호와께서 그의 앞으로 지나시며 선포하시되 여호와라 여호와라 자비롭고 은혜롭고 노하기를 더디하고 인자와 진실이 많은 하나님이라"(출 34:6)

하나님께서 오래 참으시는 분이심으로 그분의 자녀 된 우리도 오래 참는 것을 본받아 살아야 할 줄 압니다. 노하기를 더디하시는(또는 오래 참으시는) 하나님을 아버지로 모시고 사는 성도들도 모든 일에 오래 참는 성품을 갖추도록 하는 것이 성도의 도리라고 봅니다. 야고보 장로의 이와 같은 권면은 실제로 주님의 재림을 기다리는 복된 소망을 가진 성도의 삶에 대해서 성경에서 가르치고 있는 말씀과 문맥을 같이하고 있습니다. 성경 곳곳에서 가르치고 있는 주님의 재림을 기다리는 성도들의 삶에 관해서 잠시 살펴보겠습니다.

"17 형제들아 너희는 함께 나를 본받으라 그리고 너희가 우리를 본받은 것처럼 그와 같이 행하는 자들을 눈여겨 보라 18 내가 여러 번 너희에게 말하였거니와 이제도 눈물을 흘리며 말하노니 여러 사람들이 그리스도의 십자가의 원수로 행하느니라 19 그들의 마침은 멸망이요 그들의 신은 배요 그 영광은 그들의 부끄러움에 있고 땅의 일을 생각하는 자라 20 그러나 우리의 시민권은 하늘에 있는지라 거기로부터 구원하는 자 곧 주 예수 그리스도를 기다리노니 21 그는 만물을 자기에게 복종하게 하실 수 있는 자의 역사로 우리의 낮은 몸을 자기 영광의 몸의 형체와 같이 변하게 하시리라"(빌 3:17-21)

"9 그들이 우리에 대하여 스스로 말하기를 우리가 어떻게 너희 가운데에 들어갔는지와 너희가 어떻게 우상을 버리고 하나님께로 돌아와서 살아 계시고 참되신 하나님을 섬기는지와 10 또 죽은 자들 가운데서 다시 살리신 그의 아들이 하늘로부터 강림하실 것을 너희가 어떻게 기다리는지를 말하니 이는 장래의 노하심에서 우리를 건지시는 예수시니라"(살전 1:9-10)

"주를 향하여 이 소망을 가진 자마다 그의 깨끗하심과 같이 자기를 깨끗하게 하느니라"(요일 3:3)

야고보 장로는 지금까지 살펴본 7절 상반절의 권면의 말씀이 고통당하는 성도들에게 힘든 것임을 아시고 계속하여 농부의 예를 들어 길이 참을 것을 다시 권하고 있습니다. 7절 하반절에 "보라 농부가 땅에서 나는 귀한 열매를 바라고 길이 참아 이른 비와 늦은 비를 기다리나니" 착취와 압제로 인해 고통당하는 성도들에게 "보라"라는 주의를 환기시키는 어휘를 재차 사용하여 정신을 가다듬게 한 후에 농부의 예를 들어 설명합니다.

"농부가 땅에서 나는 귀한 열매를 바라고 길이 참아 이른 비와 늦은 비를 기다리나니"라는 말씀은 유대 그리스도인들에게는 퍽 친근감을 주고 과거의 삶을 생


· 온전한 믿음의 사람은 ·

생하게 기억나게 하는 말씀입니다. 뿐만 아니라 실제로 당시의 농부들의 생활을 그린 것이므로 권면의 내용이 살아서 그들에게 받아들여졌을 것으로 봅니다. 유대 땅에 살면서 농사를 지었거나 농사짓는 것을 옆에서 본 사람이면 농부들의 생활을 잘 알고 있을 것입니다.

그러나 유대 지방의 기후와 농사 주기에 대해서 잘 알지 못하는 사람들에게는 본문의 내용이 생소할 것입니다. 따라서 본문에 언급된 "이른 비"와 "늦은 비"에 대한 이해를 위해서 유대 지방의 농사 주기를 간단히 설명하겠습니다. 유대 지방의 기후의 특수성 때문에 농사 주기는 우리나라와는 정반대입니다. 유대 지방의 기후 상황을 보면 일 년에 두 번인 10월 말부터 11월 초, 그리고 그 다음해 3월 말부터 4월 초에 비가 내립니다. 10월 말부터 11월 초에 내리는 비를 이 지역에서는 "이른 비" 라고 부르며 이때에 씨를 뿌려 농사를 시작합니다. 그리고 그 다음해 3월 말부터 4월 초에 내리는 비를 "늦은 비" 라고 하여 이때에 추수를 합니다. 그래서 농부들은 이른 비와 늦은 비를 기다리며 농사를 짓습니다. 이와 같은 농부들의 삶을 들어서 야고보 장로는 말씀하고 있습니다.

이제 본문을 살펴보겠습니다. 본문 중 농부들이 "이른 비와 늦은 비를 기다린다"고 한 말 속에는 햇빛과 비가 내리는 것을 위시하여 우주의 모든 현상들을 주장하시는 하나님의 은혜의 손길만을 바라보면서 기다린다는 뜻이 포함되어 있습니다. 하나님의 은혜의 손길을 바라고 기다린다는 것은 많은 인내와 참음이 필요한 것을 가르치고 있습니다.

이와 같이 유대 그리스도인들이 그들의 체험과 경험과 관계되어 확실하게 이해할 수 있는 예를 들어 가르친 후에 8절에서 다시 그들을 향해 강하게 권면하고 있습니다. "너희도 길이 참고 마음을 굳건하게 하라 주의 강림이 가까우니라" 농부가 귀한 열매를 추수할 수 있을 때까지 이른 비와 늦은 비를 기다리며 길이 참는 것과 같이 수신자들도 길이 참으라고 권면하고 있습니다. 이어서 한 가지 더 권면하고 있습니다. 즉, 복된 소망인 주의 강림이 가까웠으니 "마음을 굳건하게 하라"고 말씀합니다.

"보라 내가 속히 오리니 내가 줄 상이 내게 있어 각 사람에게 그가 행한 대로 갚

**283**

아 주리라"(계 22:12)

여기에 쓰인 "마음을 굳건하게 하라"의 동사는 확고한 신념과 결단으로 버티라는 뜻, 외세를 이길 수 있는 용기와 굳건한 힘을 육성하라는 뜻, 그리고 확고하고 굳건한 용기로 전진할 것을 의연히 결심하라는 뜻으로 이해되는 낱말입니다. 이와 같이 신념과 결단 그리고 굳건한 용기로 버티는 일은 인간의 힘이 아닌 성부 하나님과 성령 하나님의 능력과 도우심으로 이루어지는 것을 우리는 성경의 말씀을 통해 알 수 있습니다.

"그의 영광의 힘을 따라 모든 능력으로 능하게 하시며 기쁨으로 모든 견딤과 오래 참음에 이르게 하시고"(골 1:11)

"그의 영광의 풍성함을 따라 그의 성령으로 말미암아 너희 속사람을 능력으로 강건하게 하시오며"(엡 3:16)

"16 우리 주 예수 그리스도와 우리를 사랑하시고 영원한 위로와 좋은 소망을 은혜로 주신 하나님 우리 아버지께서 17 너희 마음을 위로하시고 모든 선한 일과 말에 굳건하게 하시기를 원하노라"(살후 2:16-17)

"모든 은혜의 하나님 곧 그리스도 안에서 너희를 부르사 자기의 영원한 영광에 들어가게 하신 이가 잠깐 고난을 당한 너희를 친히 온전하게 하시며 굳건하게 하시며 강하게 하시며 터를 견고하게 하시리라"(벧전 5:10)

주의 강림을 7절과 8절을 통해 두 번씩 반복한 것은 주의 강림의 확실함 즉 막연한 소망이 아닌 산 소망인 것을 강조한 것입니다. 성경은 곳곳에서 주의 강림을 들어 성도가 정신을 가다듬고 살 것을 권하고 있습니다.

"너희 관용을 모든 사람에게 알게 하라 주께서 가까우시니라"(빌 4:5)

"만물의 마지막이 가까이 왔으니 그러므로 너희는 정신을 차리고 근신하여 기도하라"(벧전 4:7)

"14 또 형제들아 너희를 권면하노니 게으른 자들을 권계하며 마음이 약한 자들을 격려하고 힘이 없는 자들을 붙들어 주며 모든 사람에게 오래 참으라…23 평강의 하나님이 친히 너희를 온전히 거룩하게 하시고 또 너희의 온 영과 혼과 몸이 우리 주 예수 그리스도께서 강림하실 때에 흠 없게 보전되기를 원하노라 24 너희를



· 온전한 믿음의 사람은 ·

부르시는 이는 미쁘시니 그가 또한 이루시리라"(살전 5:14, 23-24)

9절에서는 인내하는 성도들은 서로 원망해서는 안 된다는 것을 가르치고 있습니다. 착취와 압제로 인해 고통 속에 사는 성도들이 범하기 쉬운 죄가 서로 원망하는 것이므로 이를 밝혀 권면하고 있습니다.

## 2. 인내하는 자들은 서로 원망하지 않는다(5:9)

"9 형제들아 서로 원망하지 말라 그리하여야 심판을 면하리라 보라 심판주가 문 밖에 서 계시니라"

악한 부자들의 압제와 착취를 당하면서 사는 성도들에게는 인내하며 사는 것이 결코 쉽지가 않습니다. 뿐만 아니라 고통과 고난에 시달리다 보면 자기도 모르게 불평과 불만을 토로하게 됩니다. 이런 불평과 불만이 성도들 간에 서로를 향한 비난과 비판으로 번지게 되는 것을 볼 수 있습니다. 이 때문에 야고보 장로는 본 절에서 고통과 고난을 당하고 사는 수신자들에게 서로 원망하는 죄를 짓지 않도록 사랑으로 권면하고 있습니다. 이런 권면이 쉬운 것이 아니기 때문에 야고보 장로는 수신자들에게 사랑과 친근감을 보여주기 위해 "형제들아"라고 부른 후에 서로 원망하지 말라고 말씀합니다. 앞에서는 영광의 주로 재림하시는 것을 의미하는 주의 강림이라는 문구를 사용하여 위로하고 격려했습니다. 그러나 본 절에서는 "심판주"로 재림하시는 주의 강림을 상기시키시면서 서로 원망하는 죄를 짓지 말라고 권면합니다.

본 절에 언급된 "서로 원망하지 말라"는 문구에 사용된 "원망"이라는 동사에는 다음과 같은 뜻이 있습니다. 이 동사의 기본 뜻은 악조건과 압제로 인해 고통스러울 때 소리 내서 불평이나 불만을 표하는 것이 아니고 마음속으로 신음하고 탄식하는 것을 가리킵니다. 다음의 말씀들을 예로 들 수 있습니다.

"하늘을 우러러 탄식하시며 그에게 이르시되 에바다 하시니 이는 열리라는 뜻이라"(막 7:34)

285

"그뿐 아니라 또한 우리 곧 성령의 처음 익은 열매를 받은 우리까지도 속으로 탄식하여 양자 될 것 곧 우리 몸의 속량을 기다리느니라"(롬 8:23)

그러나 본 절에서 처럼 "서로 원망하지 말라"고 할 경우에는 대인 관계 중에 일어난 일 때문에 상대방에 대해 갖게 되는 쓰라린 감정이나 마음에 맺혀진 원한을 뜻하는 것으로 이해합니다. 이와 비슷한 경우로 심한 고통을 당하는 성도가 자기보다 조금 경한 고통을 당한다고 생각되는 형제를 향해 원망하는 것을 뜻하기도 하며 심지어는 자기에게 고통을 안겨준 장본인보다는 만만한 다른 사람을 향해 원망하는 것을 뜻하기도 합니다.

그러므로 야고보 장로는 서로 원망하지 말라고 엄하게 금하는 권면을 하고 있습니다. 성경 곳곳에서 비판하는 것, 원망하는 것은 성도로서 합당한 행위가 아닌 것을 가르치고 있습니다.

"비판하지 말라 그리하면 너희가 비판을 받지 않을 것이요 정죄하지 말라 그리하면 너희가 정죄를 받지 않을 것이요 용서하라 그리하면 너희가 용서를 받을 것이요"(눅 6:37)

"31 너희는 모든 악독과 노함과 분냄과 떠드는 것과 비방하는 것을 모든 악의와 함께 버리고 32 서로 친절하게 하며 불쌍히 여기며 서로 용서하기를 하나님이 그리스도 안에서 너희를 용서하심과 같이 하라"(엡 4:31-32)

"12 그러므로 너희는 하나님이 택하사 거룩하고 사랑 받는 자처럼 긍휼과 자비와 겸손과 온유와 오래 참음을 옷 입고 13 누가 누구에게 불만이 있거든 서로 용납하여 피차 용서하되 주께서 너희를 용서하신 것 같이 너희도 그리하고 14 이 모든 것 위에 사랑을 더하라 이는 온전하게 매는 띠니라"(골 3:12-14)

이상의 말씀에서처럼 서로 원망하는 것이, 곧 죄가 되기 때문에 야고보 장로는 서로 원망하지 말아야 심판을 면한다고 말씀합니다. 그리고 이어서 심판주가 문 밖에 서 계신 것을 상기시키고 있습니다. 본 절에 기록된 "심판주"는 다른 분이 아닌 예수 그리스도 주님이십니다. 다음 성경 말씀은 분명히 하나님께서 예수 그리스도를 산 자와 죽은 자의 재판장으로 정하신 것을 밝히고 있습니다.

"42 우리에게 명하사 백성에게 전도하되 하나님이 살아 있는 자와 죽은 자의 재



· 온전한 믿음의 사람은 ·

판장으로 정하신 자가 곧 이 사람인 것을 증언하게 하셨고"(행 10:42)

"하나님 앞과 살아 있는 자와 죽은 자를 심판하실 그리스도 예수 앞에서 그가 나타나실 것과 그의 나라를 두고 엄히 명하노니"(딤후 4:1)

"그들이 산 자와 죽은 자를 심판하기로 예비하신 이에게 사실대로 고하리라"(벧전 4:5)

그러므로 성도들은 모두 예수 그리스도의 심판대 앞에 서서 심판을 받게 되어 있습니다.

"이는 우리가 다 반드시 그리스도의 심판대 앞에 나타나게 되어 각각 선악간에 그 몸으로 행한 것을 따라 받으려 함이라"(고후 5:10)

여기에 기록된 그리스도의 심판대와 관계되어 한 가지 밝힐 것은 그리스도의 심판대는 하나님의 크고 흰 보좌 심판대(계 20:11)가 아닙니다. 그리스도의 심판대는 실제로 심사대라고 이해함이 옳습니다. 하나님의 흰 보좌 심판대는 불신자들을 정죄하여 불 못으로 가게 하는 최후의 심판대입니다. 그러나 그리스도의 심판대 앞에는 성도들만 서게 되어 있으며 여기서는 그리스도께서 성도들의 공과를 심사하여 공과에 따라 보상하는 심사대로 이해함이 옳습니다. 다음의 성경 말씀은 이와 같은 심판의 한 장면을 우리에게 설명하고 있다고 하겠습니다.

"13 각 사람의 공적이 나타날 터인데 그 날이 공적을 밝히리니 이는 불로 나타내고 그 불이 각 사람의 공적이 어떠한 것을 시험할 것임이라 14 만일 누구든지 그 위에 세운 공적이 그대로 있으면 상을 받고 15 누구든지 그 공적이 불타면 해를 받으리니 그러나 자신은 구원을 받되 불 가운데서 받은 것 같으리라"(고전 3:13-15)

본 절에서 "심판주가 문 밖에 서 계시니라"고 한 말씀은 곧 심판자로 오시는 주님의 강림을 뜻하고 있습니다. 그리고 "문 밖에 서 계시니라" 라는 표현은 지금 막 심판장 안으로 들어가시려고 하는 장면을 가리키고 있습니다.

다시 말씀 드리면 야고보 장로는 성도들에 대한 주님의 심판이 시작될 때라는 것을 강조하기 위해서 이렇게 기술한 것입니다. 이와 같은 문맥에서 "서로 원망하지 말라"를 이해하면 바야흐로 주님의 심판이 시작될 때이므로 성도들은 서로 원망하는 것을 즉각 그치고 하나님의 말씀에 순종하여 주님의 엄한 문책을 면하라

287

고 하신 말씀이라고 하겠습니다.

끝으로 원망하지 말라는 권고를 따라 원망하지 않고 살 수 있는 비결은 다음과 같은 말씀들을 묵상하고 실천하는 것이라고 하겠습니다.

"10 그러므로 생명을 사랑하고 좋은 날 보기를 원하는 자는 혀를 금하여 악한 말을 그치며 그 입술로 거짓을 말하지 말고 11 악에서 떠나 선을 행하고 화평을 구하며 그것을 따르라 12 주의 눈은 의인을 향하시고 그의 귀는 의인의 간구에 기울이시되 주의 얼굴은 악행하는 자들을 대하시느니라 하였느니라"(벧전 3:10-12)

"14 모든 일을 원망과 시비가 없이 하라 15 이는 너희가 흠이 없고 순전하여 어그러지고 거스르는 세대 가운데서 하나님의 흠 없는 자녀로 세상에서 그들 가운데 빛들로 나타내며 16 생명의 말씀을 밝혀 나의 달음질이 헛되지 아니하고 수고도 헛되지 아니함으로 그리스도의 날에 내가 자랑할 것이 있게 하려 함이라"(빌 2:14-16)

"35 그러므로 너희 담대함을 버리지 말라 이것이 큰 상을 얻게 하느니라 36 너희에게 인내가 필요함은 너희가 하나님의 뜻을 행한 후에 약속하신 것을 받기 위함이라 37 잠시 잠깐 후면 오실 이가 오시리니 지체하지 아니하시리라 38 나의 의인은 믿음으로 말미암아 살리라 또한 뒤로 물러가면 내 마음이 그를 기뻐하지 아니하리라 하셨느니라"(히 10:35-38)

"10 그들 가운데 어떤 사람들이 원망하다가 멸망시키는 자에게 멸망하였나니 너희는 그들과 같이 원망하지 말라 11 그들에게 일어난 이런 일은 본보기가 되고 또한 말세를 만난 우리를 깨우치기 위하여 기록되었느니라 12 그런즉 선 줄로 생각하는 자는 넘어질까 조심하라 13 사람이 감당할 시험 밖에는 너희가 당한 것이 없나니 오직 하나님은 미쁘사 너희가 감당하지 못할 시험 당함을 허락하지 아니하시고 시험 당한 즈음에 또한 피할 길을 내사 너희로 능히 감당하게 하시느니라"(고전 10:10-13)

계속하여 10절과 11절의 말씀에서 야고보 장로는 고난과 고통 속에서 서로 원망하는 성도들을 향해 과거의 선지자들의 고난과 인내 그리고 욥의 인내에 대한 보상을 상기시키면서 계속 인내할 것을 권면하고 있습니다.


· 온전한 믿음의 사람은 ·

## 3. 선지자들의 고난과 인내 그리고 욥의 인내에 대한 보상을 기억하라(5:10-11)

"10 형제들아 주의 이름으로 말한 선지자들을 고난과 오래 참음의 본으로 삼으라 11 보라 인내하는 자를 우리가 복되다 하나니 너희가 욥의 인내를 들었고 주께서 주신 결말을 보았거니와 주는 가장 자비하시고 긍휼히 여기시는 이시니라"

야고보 장로는 9절에서 "형제들아" 라는 사랑으로 찬 호칭을 사용한 바 있는데 본 절 첫 머리에서도 같은 호칭을 사용하여 악한 부자들의 착취와 압제로 고통당하는 성도들에 대한 사랑과 동정심을 다시 표하고 있습니다. 그리고 이어서 "주의 이름으로 말한 선지자들로 고난과 오래 참음의 본을 삼으라"고 적극적인 권면을 하고 있습니다. 본 절의 "주의 이름으로 말한 선지자" 라는 문구는 구약에 기록된 많은 선지자들을 뜻합니다. 만군의 주 여호와 하나님의 부르심을 받고 하나님의 권세와 권위와 능력 가운데서 명하시는 말씀을 그대로 백성들에게 전하는 사명을 띠고 가서 하나님의 이름으로 전하는 사람들을 가리켜 선지자라고 합니다.

"4 여호와의 말씀이 내게 임하니라 이르시되 5 내가 너를 모태에 짓기 전에 너를 알았고 네가 배에서 나오기 전에 너를 성별하였고 너를 여러 나라의 선지자로 세웠노라 하시기로 6 내가 이르되 슬프도소이다 주 여호와여 보소서 나는 아이라 말할 줄을 알지 못하나이다 하니 7 여호와께서 내게 이르시되 너는 아이라 말하지 말고 내가 너를 누구에게 보내든지 너는 가며 내가 네게 무엇을 명령하든지 너는 말할지니라 8 너는 그들 때문에 두려워하지 말라 내가 너와 함께 하여 너를 구원하리라 나 여호와의 말이니라 하시고 9 여호와께서 그의 손을 내밀어 내 입에 대시며 여호와께서 내게 이르시되 보라 내가 내 말을 네 입에 두었노라 10 보라 내가 오늘 너를 여러 나라와 여러 왕국 위에 세워 네가 그것들을 뽑고 파괴하며 파멸하고 넘어뜨리며 건설하고 심게 하였느니라 하시니라" (렘 1:4-10)

"1 그가 내게 이르시되 인자야 네 발로 일어서라 내가 네게 말하리라 하시며 2 그가 내게 말씀하실 때에 그 영이 내게 임하사 나를 일으켜 내 발로 세우시기로 내가 그 말씀하시는 자의 소리를 들으니 3 내게 이르시되 인자야 내가 너를 이스라엘

289

자손 곧 패역한 백성, 나를 배반하는 자에게 보내노라 그들과 그 조상들이 내게 범죄하여 오늘까지 이르렀나니 4 이 자손은 얼굴이 뻔뻔하고 마음이 굳은 자니라 내가 너를 그들에게 보내노니 너는 그들에게 이르기를 주 여호와의 말씀이 이러하시다 하라"(겔 2:1-4)

"7 주 여호와께서는 자기의 비밀을 그 종 선지자들에게 보이지 아니하시고는 결코 행하심이 없으시리라 8 사자가 부르짖은즉 누가 두려워하지 아니하겠느냐 주 여호와께서 말씀하신즉 누가 예언하지 아니하겠느냐"(암 3:7-8)

이와 같이 위대하시고 전지전능하신 주권자 만군의 주 여호와 하나님의 부르심을 받고 전하라고 하신 말씀을 하나님의 이름으로 그대로 전하는데도 백성들로부터 말할 수 없는 핍박과 박해를 받은 것을 성경 곳곳에서 증거하고 있습니다.

"그들은 순종하지 아니하고 주를 거역하며 주의 율법을 등지고 주께로 돌아오기를 권면하는 선지자들을 죽여 주를 심히 모독하였나이다"(느 9:26)

"13 이세벨이 여호와의 선지자들을 죽일 때에 내가 여호와의 선지자 중에 백 명을 오십 명씩 굴에 숨기고 떡과 물로 먹인 일이 내 주에게 들리지 아니하였나이까 14 이제 당신의 말씀이 가서 네 주에게 말하기를 엘리야가 여기 있다 하라 하시니 그리하면 그가 나를 죽이리이다 15 엘리야가 이르되 내가 섬기는 만군의 여호와께서 살아 계심을 두고 맹세하노니 내가 오늘 아합에게 보이리라"(왕상 18:13-15)

"18 그들이 말하기를 오라 우리가 꾀를 내어 예레미야를 치자 제사장에게서 율법이, 지혜로운 자에게서 책략이, 선지자에게서 말씀이 끊어지지 아니할 것이니 오라 우리가 혀로 그를 치고 그의 어떤 말에도 주의하지 말자 하나이다 19 여호와여 나를 돌아보사 나와 더불어 다투는 그들의 목소리를 들어 보옵소서 20 어찌 악으로 선을 갚으리이까마는 그들이 나의 생명을 해하려고 구덩이를 팠나이다 내가 주의 분노를 그들에게서 돌이키려 하고 주의 앞에 서서 그들을 위하여 유익한 말을 한 것을 기억하옵소서"(렘 18:18-20)

"51 목이 곧고 마음과 귀에 할례를 받지 못한 사람들아 너희도 너희 조상과 같이 항상 성령을 거스르는도다 52 너희 조상들이 선지자들 중의 누구를 박해하지 아니하였느냐 의인이 오시리라 예고한 자들을 그들이 죽였고 이제 너희는 그 의인을 잡아 준 자요 살인한 자가 되나니 53 너희는 천사가 전한 율법을 받고도 지키지 아니하였도다 하니라"(행 7:51-53)

"11 나로 말미암아 너희를 욕하고 박해하고 거짓으로 너희를 거슬러 모든 악한 말을 할 때에는 너희에게 복이 있나니 12 기뻐하고 즐거워하라 하늘에서 너희의 상이 큼이라 너희 전에 있던 선지자들도 이같이 박해하였느니라"(마 5:11-12)

이상의 말씀들이 증거 하는 것과 같이 온갖 핍박과 박해뿐만 아니라 심지어 생명까지도 잃으면서 하나님의 부르심에 순종하여 말씀을 전한 선지자들의 삶입니다. 이 선지자들을 가리키며 "고난과 오래 참음의 본으로 삼으라"고 야고보 장로는 권하고 있습니다. 여기에서 언급되고 있는 "고난과 오래 참음"은 각각 별개의 뜻을 갖고 있습니다. "고난"은 악한 자들에게 당하는 온갖 고통스럽고 괴롭고 아픈 일들을 뜻합니다. 그리고 심지어는 죽임을 당하는 일을 가리키기도 합니다. "오래 참음"은 자기를 괴롭히고 자기를 해하는 사람들을 대하여 참는 것을 뜻합니다. 따라서 선지자들은 모진 고통과 학대를 받으면서도 자기를 해치는 사람들에 대해서 선으로 악을 이기는 삶을 산 믿음의 용사들입니다. 본 절 마지막 문구 "본으로 삼으라"고 한 말씀은 성도들의 마음을 향해 선지자들의 고난과 오래 참음의 삶을 보여주면서 본받아 살라는 뜻입니다. 이상의 가르침을 마음에 두고 고난과 오래 참음의 삶을 보여준 초대교회의 첫 순교자 스데반이 순교 당할 때의 모습을 묵상하며 교훈 받도록 합시다.

"59 그들이 돌로 스데반을 치니 스데반이 부르짖어 이르되 주 예수여 내 영혼을 받으시옵소서 하고 60 무릎을 꿇고 크게 불러 이르되 주여 이 죄를 그들에게 돌리지 마옵소서 이 말을 하고 자니라"(행 7:59-60)

야고보서 5장 11절에서는 인내하는 자가 받는 축복이 있음을 알고 또 욥의 인내와 인내의 결과로 그가 받은 축복과 이 축복을 주신 하나님의 성품을 바라보라고 권면하고 있습니다.

"보라 인내하는 자를 우리가 복되다 하나니 너희가 욥의 인내를 들었고 주께서 주신 결말을 보았거니와 주는 가장 자비하시고 긍휼히 여기시는 이시니라"

선지자들의 고난과 오래 참음의 삶을 들어 본 받으라고 권면한 야고보 장로는

11절에서는 욥에게 베푸신 하나님의 자비와 긍휼을 들어 인내하는 삶을 권하고 있습니다. 본 절에서도 "보라" 라는 짧은 말로 성도들의 주의를 불러일으키고 있습니다. 이 문구는 야고보서 전체를 통해서 본 절에서 마지막으로 사용되었습니다.

이와 같이 수신자들의 주의를 환기시킨 후에 계속하여 "인내하는 자를 우리가 복되다 하나니" 라고 말씀합니다. 이 말씀에 사용된 "인내" 라는 낱말은 7절과 8절의 "길이 참으라" 는 낱말과는 다른 단어입니다. 오히려 1장 3절과 4절의 "인내" 그리고 12절에 나오는 "참는 자" 에 쓰인 단어와 같은 것입니다. 즉, 인내하는 자는 시련, 환난, 고통, 고난, 재난, 실패 등 견디기 힘든 어려운 경우를 당할 때 하나님의 절대 선하심, 의로우심, 그분의 무한하신 사랑과 신실하심, 인자하심을 굳게 믿습니다. 그리고 이 확신을 근거로 죄를 범하는 일(하나님을 향해 원망하거나, 반항하거나, 불평하는 것 등)을 하지 않고 견딥니다. 견디면서 하나님께서 시험과 어려움에서 구원해 주실 것을 온전히 믿고 오직 기쁨과 감사로 묵묵히 시련과 시험을 견디며 나아가는 것을 뜻합니다. 이 때문에 본 절에서도 "주는 가장 자비하시고 긍휼히 여기시는 분" 이신 것을 강조하고 있습니다.

1장 12절에서 이미 "시험을 참는 자는 복이 있도다 이것에 옳다 인정하심을 받은 후에 주께서 자기를 사랑하시는 자들에게 약속하신 생명의 면류관을 얻을 것임이니라" 라는 말씀으로 인내하는 자가 받는 복을 말씀하였습니다. 본 절의 "인내하는 자를 우리가 복되다"고 한 말씀의 구체적인 한 예가 1장 12절의 말씀에 밝혀진 생명의 면류관이라고 하겠습니다. 이와 관련하여 어떤 성경학자는 다음과 같은 주석을 단 것을 읽은 적이 있습니다. 11절 첫 부분 말씀의 교훈은 "하나님의 복은 큰일을 한 사람들에게 임하는 것이 아니고, 인내하는 사람들에게 임한다." 라고 했습니다.

실제로 본문에서 위의 말씀에 이어 욥의 예를 든 것을 고려하면 하나님께서 큰일을 한 사람을 복 주시기 보다는 인내하는 성도에게 더 복을 주신다고 이해할 수 있습니다. "너희가 욥의 인내를 들었고 주께서 주신 결말을 보았거니와 주는 가장 자비하시고 긍휼히 여기시는 이시니라" 야고보 장로가 인내에 대해서 욥을 예로 든 것은 유대인들에게 있어서 욥은 의인이고 인내를 통해 하나님의 복을 받은 사



· 온전한 믿음의 사람은 ·

람으로 잘 알려져 있기 때문이라고 봅니다. 실제로 에스겔 14장 12절부터 20절까지의 말씀에서 욥이 노아와 다니엘과 함께 중요한 중보 기도를 하는 인물로 구체적으로 이름을 들어 말씀한 것을 볼 수 있습니다.

"12 여호와의 말씀이 또 내게 임하여 이르시되 13 인자야 가령 어떤 나라가 불법을 행하여 내게 범죄하므로 내가 손을 그 위에 펴서 그 의지하는 양식을 끊어 기근을 내려 사람과 짐승을 그 나라에서 끊는다 하자 14 비록 노아, 다니엘, 욥, 이 세 사람이 거기에 있을지라도 그들은 자기의 공의로 자기의 생명만 건지리라 나 주 여호와의 말이니라 15 가령 내가 사나운 짐승을 그 땅에 다니게 하여 그 땅을 황폐하게 하여 사람이 그 짐승 때문에 능히 다니지 못하게 한다 하자 16 비록 이 세 사람이 거기에 있을지라도 나의 삶을 두고 맹세하노니 그들도 자녀는 건지지 못하고 자기만 건지겠고 그 땅은 황폐하리라 주 여호와의 말씀이니라 17 가령 내가 칼이 그 땅에 임하게 하고 명령하기를 칼아 그 땅에 돌아다니라 하고 내가 사람과 짐승을 거기에서 끊는다 하자 18 비록 이 세 사람이 거기에 있을지라도 나의 삶을 두고 맹세하노니 그들도 자녀는 건지지 못하고 자기만 건지리라 나 주 여호와의 말이니라 19 가령 내가 그 땅에 전염병을 내려 죽임으로 내 분노를 그 위에 쏟아 사람과 짐승을 거기에서 끊는다 하자 20 비록 노아, 다니엘, 욥이 거기에 있을지라도 나의 삶을 두고 맹세하노니 그들도 자녀는 건지지 못하고 자기의 공의로 자기의 생명만 건지리라 주 여호와의 말씀이니라"(겔 14:12-20)

뿐만 아니라 하나님께서 직접 욥기 1장에서 욥에 대하여 다음과 같이 증거하고 있습니다.

"1 우스 땅에 욥이라 불리는 사람이 있었는데 그 사람은 온전하고 정직하여 하나님을 경외하며 악에서 떠난 자더라…8 여호와께서 사탄에게 이르시되 네가 내 종 욥을 주의하여 보았느냐 그와 같이 온전하고 정직하여 하나님을 경외하며 악에서 떠난 자는 세상에 없느니라"(욥 1:1, 8)

욥이 일곱 아들들과 세 딸들과 수많은 생축들을 일시에 모두 잃어버리는 큰 재난을 당했을 때 다음과 같이 증거했습니다.

"20 욥이 일어나 겉옷을 찢고 머리털을 밀고 땅에 엎드려 예배하며 21 이르되

**293**

내가 모태에서 알몸으로 나왔사온즉 또한 알몸이 그리로 돌아가올지라 주신 이도 여호와시요 거두신 이도 여호와시오니 여호와의 이름이 찬송을 받으실지니이다 하고 22 이 모든 일에 욥이 범죄하지 아니하고 하나님을 향하여 원망하지 아니하니라"(욥 1:20-22)

"7 사탄이 이에 여호와 앞에서 물러가서 욥을 쳐서 그의 발바닥에서 정수리까지 종기가 나게 한지라 8 욥이 재 가운데 앉아서 질그릇 조각을 가져다가 몸을 긁고 있더니 9 그의 아내가 그에게 이르되 당신이 그래도 자기의 온전함을 굳게 지키느냐 하나님을 욕하고 죽으라 10 그가 이르되 그대의 말이 한 어리석은 여자의 말 같도다 우리가 하나님께 복을 받았은즉 화도 받지 아니하겠느냐 하고 이 모든 일에 욥이 입술로 범죄하지 아니하니라"(욥 2:7-10)

자기 몸의 악창으로 심한 고통에 빠진 욥이 인내 중에 하나님을 향해 항의하고 호소하면서 하나님과 욥 사이를 중보해 줄 중보자를 갈망하며 애타하는 모습을 우리는 다음과 같은 구절에서 읽을 수 있습니다.

"3 나를 용납하여 말하게 하라 내가 말한 후에 너희가 조롱할지니라 4 나의 원망이 사람을 향하여 하는 것이냐 내 마음이 어찌 조급하지 아니하겠느냐 5 너희가 나를 보면 놀라리라 손으로 입을 가리리라 6 내가 기억하기만 하여도 불안하고 두려움이 내 몸을 잡는구나"(욥 21:3-6)

"32 하나님은 나처럼 사람이 아니신즉 내가 그에게 대답할 수 없으며 함께 들어가 재판을 할 수도 없고 33 우리 사이에 손을 얹을 판결자도 없구나 34 주께서 그의 막대기를 내게서 떠나게 하시고 그의 위엄이 나를 두렵게 하지 아니하시기를 원하노라 35 그리하시면 내가 두려움 없이 말하리라 나는 본래 그렇게 할 수 있는 자가 아니니라"(욥 9:32-35)

"18 땅아 내 피를 가리지 말라 나의 부르짖음이 쉴 자리를 잡지 못하게 하라 19 지금 나의 증인이 하늘에 계시고 나의 증보자가 높은 데 계시니라 20 나의 친구는 나를 조롱하고 내 눈은 하나님을 향하여 눈물을 흘리니 21 사람과 하나님 사이에와 인자와 그 이웃 사이에 중재하시기를 원하노니 22 수년이 지나면 나는 돌아오지 못할 길로 갈 것임이니라"(욥 16:18-21)



· 온전한 믿음의 사람은 ·

"25 내가 알기에는 나의 대속자가 살아 계시니 마침내 그가 땅 위에 서실 것이라 26 내 가죽이 벗김을 당한 뒤에도 내가 육체 밖에서 하나님을 보리라"(욥 19:25-26)

욥이 애타게 갈망하는 자기의 판결자(욥9:33, 또는 대변자), 증인(욥 16:19), 구속자(욥 19:25)는 결국 영원한 중보자 되시는 구주 예수 그리스도에 대한 열망이며 이 믿음을 가지고 욥은 모든 고통을 인내하여 하나님의 크신 자비와 긍휼을 입은 것입니다. 주 여호와는 진실로 자비로우시며 은혜로우신 분이십니다.

"8 여호와는 긍휼이 많으시고 은혜로우시며 노하기를 더디 하시고 인자하심이 풍부하시도다 9 자주 경책하지 아니하시며 노를 영원히 품지 아니하시리로다 10 우리의 죄를 따라 우리를 처벌하지는 아니하시며 우리의 죄악을 따라 우리에게 그대로 갚지는 아니하셨으니 11 이는 하늘이 땅에서 높음 같이 그를 경외하는 자에게 그의 인자하심이 크심이로다 12 동이 서에서 먼 것 같이 우리의 죄과를 우리에게서 멀리 옮기셨으며 13 아버지가 자식을 긍휼히 여김 같이 여호와께서는 자기를 경외하는 자를 긍휼히 여기시나니 14 이는 그가 우리의 체질을 아시며 우리가 단지 먼지뿐임을 기억하심이로다"(시 103:8-14)

욥이 받은 "주께서 주신 결말", 즉 주께서 베푸신 큰 자비와 긍휼에 대해 다음의 말씀이 증거하고 있습니다.

"5 내가 주께 대하여 귀로 듣기만 하였사오나 이제는 눈으로 주를 뵈옵나이다 6 그러므로 내가 스스로 거두어들이고 티끌과 재 가운데에서 회개하나이다…10 욥이 그의 친구들을 위하여 기도할 때 여호와께서 욥의 곤경을 돌이키시고 여호와께서 욥에게 이전 모든 소유보다 갑절이나 주신지라…12 여호와께서 욥의 말년에 욥에게 처음보다 더 복을 주시니…16 그 후에 욥이 백사십 년을 살며 아들과 손자 사 대를 보았고 17 욥이 늙어 나이가 차서 죽었더라"(욥 42:5-6, 10,12상, 16-17)

지금까지의 말씀을 통해 야고보 장로는 유대 그리스도인들이 잘 알고 있는 고난 중에 인내함으로 하나님의 복을 받은 욥의 예를 들어서 말씀하셨습니다. 그리고 욥과 같이 주 여호와 하나님의 자비로우심과 은혜로우심을 바라보면서 인내하라고 고통당하는 수신자들을 격려 했습니다.

## 4. 믿음과 맹세에 대한 경고 - 맹세는 이기적이고, 교만에서 온다(5:12)

"12 내 형제들아 무엇보다도 맹세하지 말지니 하늘로나 땅으로나 아무 다른 것으로도 맹세하지 말고 오직 너희가 그렇다고 생각하는 것은 그렇다 하고 아니라고 생각하는 것은 아니라 하여 정죄 받음을 면하라"

12절에서 돌연히 맹세에 대해서 말씀하는 것에 대해서 성경학자들 사이에 이해를 달리하고 있는 것을 읽을 수 있습니다. 어떤 학자들은 1장 19절과 26절, 3장 1절부터 12절, 4장 11절과 13절, 그리고 5장 9절에 언급된 언어의 절제에 대한 교훈의 연장으로 보고 있습니다. 그 이유는 성도의 언어생활에 있어서 맹세가 중요한 역할을 한다고 보기 때문입니다.

다른 학자들은 고난과 고통 중에 있는 성도들이 하나님의 말씀을 순종하는 삶을 살고자 노력하는 가운데 발생하는 문제가 있는데 그것이 곧 맹세의 남용과 오용이라고 보고 있습니다. 이런 연고로 결국 성도들이 맹세의 남용과 오용으로 인한 죄를 짓지 않도록 하기 위하여 이를 금하고 있다고 보는 입장입니다. 또 다른 학자들은 4장 1절부터 5장 11절까지의 말씀을 통해 가르친 내용, 즉 세상의 벗이 된 교인들에 대해 정죄한 것과 고통당하는 성도들을 위한 사랑의 권면을 종합하여 결론으로 위의 문제들과 관계된 맹세의 잘못된 것을 지적하여 금지하고 있다고 보기도 합니다.

위의 입장 중 어떤 입장을 택하든 큰 차이는 없다고 하겠습니다. 동시에 고통과 고난을 겪고 있는 사람들에게서 볼 수 있는 특성 한 가지를 지적할 수 있습니다. 그것은 대인 관계에서나 어떤 조건에 처할 때 어려움을 모면하기 위해서 마음에 없는 말도 하게 되고 또 자기의 생각과는 전혀 다른 말을 하는 경향이 있는 것입니다. 이때에 자기의 한 말이 진심이고 진실인 것을 증명하기 위해서 맹세로 확증하는 것이 통례라고 하겠습니다. 이런 폐단으로 인해 맹세가 남용되고 이와 같이 거짓을 참인 것처럼 위장하려는 맹세로 인해 성도가 죄를 짓는 것은 예나 지금이나 별 차이가 없다고 하겠습니다.



· 온전한 믿음의 사람은 ·

특히 유대인들의 경우 성경 말씀을 따라 살기 위하여 하나님의 이름으로 맹세하면 반드시 지켜야 합니다. 만약 지키지 못하면 다음의 말씀과 같이 결국 제 3계명을 범하는 무서운 죄를 짓게 되는 것입니다.

"11 너희는 도둑질하지 말며 속이지 말며 서로 거짓말하지 말며 12 너희는 내 이름으로 거짓 맹세함으로 네 하나님의 이름을 욕되게 하지 말라 나는 여호와이니라"(레 19:11-12)

"너는 네 하나님 여호와의 이름을 망령되게 부르지 말라 여호와는 그의 이름을 망령되게 부르는 자를 죄 없다 하지 아니하리라"(출 20:7)

이런 이유 때문에 결국 하나님의 이름으로 하지 않고 구속력이 약하거나 없는 다른 방법으로 맹세하는 관습과 전통이 유대인 랍비들에 의해 형성되고 발전한 것으로 봅니다. 다른 방법으로 맹세하는 전통이란 뒤에 언급되는 마태복음 5장 33절부터 37절 말씀과 23장 16절부터 22절에서 밝히고 있는 하나님의 이름이 아닌 하늘, 땅, 예루살렘, 성전, 및 제단 등을 두고 맹세하는 유대교 지도자들이 만든 전통과 관례를 가리키고 있습니다.

따라서 유대인 사회와 초대교회 당시의 유대 그리스도인들 간에는 하나님의 이름이 아닌 유대교 지도자들이 만든 전통에 따라 맹세하는 관습이 생긴 것입니다. 이렇게 함으로 제 3계명을 범하지 않고 자기의 어려움을 모면할 수 있기 때문에 결국 맹세의 남용으로 인한 불법과 불의가 성했던 것으로 이해합니다. 이 사실을 알고 있는 야고보 장로는 잘못된 맹세로 인하여 교인들이 죄를 짓는 것을 막기 위해서 맹세하는 것을 엄하게 금하는 명령을 하신 것으로 봅니다.

동시에 야고보 장로가 맹세를 하지 말라고 엄하게 가르치는 것은 다른 한 편으로는 주님의 가르침에 기초를 두고 있음을 우리는 이해할 필요가 있습니다. 주님의 가르침에 기초를 두었다고 하는 말은 주님의 말씀을 그대로 야고보 장로가 인용했다는 뜻이 아니고 주님께서 지상 사역 시에 가르치신 것을 혹 직접 들었거나 아니면 전해들은 것을 근거로 본 절의 말씀을 하셨다는 뜻입니다.

12절 첫 머리에서 야고보 장로는 "내 형제들아" 라는 호칭으로 형제들과 자기의 깊은 관계를 밝히고 있습니다. 그리고 이어서 "무엇보다도" 라는 특이한 문구

**297**

로 본 절의 내용이 우선적으로 중요한 것을 강조하였습니다. 그리고는 "맹세하지 말지니" 라는 본래의 금지 명령을 소개하고 있습니다. 이 문구만 보면 모든 맹세를 일체 금하고 있는 것으로 오해하기 쉽습니다. 그러나 그 다음 계속되는 말씀에서 어떤 맹세를 엄히 금하는지 알 수 있습니다. 즉, "하늘로나 땅으로나 아무 다른 것으로도 맹세하지 말고" 라고 밝히고 있습니다. 우선 본 절에 사용된 "맹세하지 말라" 라는 동사가 우리 말 성경을 보면 마치 두 번 사용된 것 같이 되어있지만 실제는 문장 서두에 한번 사용되었음을 밝힙니다.

그리고 이 동사는 현재 명령형입니다. 야고보 장로가 앞에서 살펴본 것과 같이 수신자 성도들이 잘못된 맹세를 남용하고 오용하여 계속 죄를 범하는 것을 완전히 제거하기 위해서 현재 명령형으로 강하게 금한 것으로 이해합니다. 즉, 그들을 향해 계속적으로 잘못된 맹세를 하지 말라고 금하고 있습니다. 야고보 장로는 "하늘로나 땅으로나 아무 다른 것으로도 맹세하지 말라"고 말씀하였습니다. 이 말씀을 바로 이해하면 야고보 장로가 성경에서 가르치는 하나님의 이름으로 맹세하는 것을 금한 것이 아니라는 것입니다.

이와 같이 이해하는 이유는 본 절에서 "하늘로나 땅으로나 아무 다른 것으로도 맹세하지 말라"고 한 말씀이 밝히는 대로 본래 하나님의 말씀에 입각한 맹세가 아닌 다른 맹세를 일체 하지 말라고 하시는 말씀입니다. 그 이유는 앞에서 잠깐 언급했습니다마는 성경대로 하면 제 3계명을 범하여 벌 받을 것을 두려워한 나머지 유대교 장로들이 만들어 낸 구속력이 없는 맹세가 사용된 때문입니다. 이 사실은 주님께서 지상 사역 마지막 주간 성전에서 가르치실 때에 종교지도자들을 향해 정죄하실 때 하신 말씀에 잘 나타나 있습니다.

"16 화 있을진저 눈 먼 인도자여 너희가 말하되 누구든지 성전으로 맹세하면 아무 일 없거니와 성전의 금으로 맹세하면 지킬지라 하는도다 17 어리석은 맹인들이여 어느 것이 크냐 그 금이냐 그 금을 거룩하게 하는 성전이냐 18 너희가 또 이르되 누구든지 제단으로 맹세하면 아무 일 없거니와 그 위에 있는 예물로 맹세하면 지킬지라 하는도다 19 맹인들이여 어느 것이 크냐 그 예물이냐 그 예물을 거룩하게 하는 제단이냐 20 그러므로 제단으로 맹세하는 자는 제단과 그 위에 있는 모든 것


· 온전한 믿음의 사람은 ·

으로 맹세함이요 21 또 성전으로 맹세하는 자는 성전과 그 안에 계신 이로 맹세함이요"(마 23:16-22)

비슷한 가르침을 산상수훈에서도 베푸셨습니다.

"33 또 옛 사람에게 말한 바 헛 맹세를 하지 말고 네 맹세한 것을 주께 지키라 하였다는 것을 너희가 들었으나 34 나는 너희에게 이르노니 도무지 맹세하지 말지니 하늘로도 하지 말라 이는 하나님의 보좌임이요 35 땅으로도 하지 말라 이는 하나님의 발등상임이요 예루살렘으로도 하지 말라 이는 큰 임금의 성임이요 36 네 머리로도 하지 말라 이는 네가 한 터럭도 희고 검게 할 수 없음이라 37 오직 너희 말은 옳다 옳다, 아니라 아니라 하라 이에서 지나는 것은 악으로부터 나느니라"(마 5:33-37)

다음의 말씀은 예루살렘에서 온 서기관과 바리새인들을 향해 주님께서 책망하신 말씀입니다.

"4 하나님이 이르셨으되 네 부모를 공경하라 하시고 또 아버지나 어머니를 비방하는 자는 반드시 죽임을 당하리라 하셨거늘 5 너희는 이르되 누구든지 아버지에게나 어머니에게 말하기를 내가 드려 유익하게 할 것이 하나님께 드림이 되었다고 하기만 하면 6 그 부모를 공경할 것이 없다 하여 너희의 전통으로 하나님의 말씀을 폐하는도다"(마 15:4-6)

위에 인용한 주님의 말씀을 살펴보면 예수님께서 세상에 계실 때와 초대교회 때에 유대인의 생활에서 맹세와 관계된 관습을 보면 그들의 유전과 전통이 하나님의 말씀을 대신하고 있었던 것을 알 수 있습니다. 이 사실을 들어 주님께서는 유대교 지도자들의 잘못된 것을 구체적으로 지적하여 심하게 책망하시면서 그들의 위선을 밝혀 깨우쳐 주셨습니다.

이와 같은 주님의 말씀에 비추어 볼 때 본 절의 말씀은 당시 유대인 사회에서 성행하던 위선적이고 구속력이 없는 헛 맹세가 유대 그리스도인 사회에도 침투한 것을 보여주고 있습니다. 이로 인해서 야고보서 수신자들이 헛되고 거짓된 맹세를 남용하여 죄를 짓는 것을 막기 위해서 야고보 장로가 엄하게 금지령을 내린 것이라고 하겠습니다.

앞에서 언급했습니다마는 이와 같이 변명이나 책임 전가를 함으로써 고통이나 어려움을 피하고자 하는 마음에서 거짓 맹세도 하고 위선적인 맹세도 서슴지 않는 상황이었던 것으로 압니다. 사도 베드로도 위험 앞에서 맹세로 주님을 부인한 것을 알고 있습니다.

"69 베드로가 바깥 뜰에 앉았더니 한 여종이 나아와 이르되 너도 갈릴리 사람 예수와 함께 있었도다 하거늘 70 베드로가 모든 사람 앞에서 부인하여 이르되 나는 네가 무슨 말을 하는지 알지 못하겠노라 하며 71 앞문까지 나아가니 다른 여종이 그를 보고 거기 있는 사람들에게 말하되 이 사람은 나사렛 예수와 함께 있었도다 하매 72 베드로가 맹세하고 또 부인하여 이르되 나는 그 사람을 알지 못하노라 하더라 73 조금 후에 곁에 섰던 사람들이 나아와 베드로에게 이르되 너도 진실로 그 도당이라 네 말소리가 너를 표명한다 하거늘 74 그가 저주하며 맹세하여 이르되 나는 그 사람을 알지 못하노라 하니 곧 닭이 울더라 75 이에 베드로가 예수의 말씀에 닭 울기 전에 네가 세 번 나를 부인하리라 하심이 생각나서 밖에 나가서 심히 통곡하니라"(마 26:69-75)

인간의 연약함을 잘 드러내고 있는 베드로의 실수입니다. 유대 그리스도인들이 살고 있는 생활 조건, 특히 압제와 고난과 고통 중에 있음을 고려할 때 그들이 넘어지기 쉬운 것을 가히 이해할 수 있습니다. 그러나 성경에서 가르치는 그리스도인의 삶은 정직하고 진실된 삶입니다. 고난과 고통을 당하는 일이 있더라도 진실을 말하는 것이 진리 안에 거하는 성도의 삶인 것을 성경은 곳곳에서 권하며 가르치고 있습니다.

"그런즉 거짓을 버리고 각각 그 이웃과 더불어 참된 것을 말하라 이는 우리가 서로 지체가 됨이라"(엡 4:25)

"너의 자녀들 중에 우리가 아버지께 받은 계명대로 진리를 행하는 자를 내가 보니 심히 기쁘도다"(요이 1:4)

"3 형제들이 와서 네게 있는 진리를 증언하되 네가 진리 안에서 행한다 하니 내가 심히 기뻐하노라 4 내가 내 자녀들이 진리 안에서 행한다 함을 듣는 것보다 더 기쁜 일이 없도다"(요삼 1:3-4)

"18 자녀들아 우리가 말과 혀로만 사랑하지 말고 행함과 진실함으로 하자 19 이로써 우리가 진리에 속한 줄을 알고 또 우리 마음을 주 앞에서 굳세게 하리니" (요일 3:18-19)

"너희가 진리를 순종함으로 너희 영혼을 깨끗하게 하여 거짓이 없이 형제를 사랑하기에 이르렀으니 마음으로 뜨겁게 서로 사랑하라" (벧전 1:22)

"10 그리스도의 진리가 내 속에 있으니 아가야 지방에서 나의 이 자랑이 막히지 아니하리라 11 어떠한 까닭이냐 내가 너희를 사랑하지 아니함이냐 하나님이 아시느니라" (고후 11:10-11)

이와 아울러 하나님께서 거룩하심으로 성도들도 모든 행실에서 거룩한 성도가 되라고 명하십니다.

"14 너희가 순종하는 자식처럼 전에 알지 못할 때에 따르던 너희 사욕을 본받지 말고 15 오직 너희를 부르신 거룩한 이처럼 너희도 모든 행실에 거룩한 자가 되라 16 기록되었으되 내가 거룩하니 너희도 거룩할지어다 하셨느니라" (벧전 1:14-16)

지금까지 살펴본 성경말씀들을 종합할 때 결론은 어떤 고난과 고통, 어려움과 핍박을 당하더라도 하나님의 자녀이고 거룩한 교회의 지체된 성도들은 진리 안에 거하고 진리를 증거하며 살아야 합니다. 그러므로 야고보 장로는 거짓으로 또는 위선으로 헛 맹세하는 것을 엄하게 금하였습니다. 이것과 관련하여 다시 분명히 할 것은 야고보 장로가 거짓되고 위선적인 헛 맹세를 금하고 있는 것이지 본래 하나님께서 지시하신 하나님의 이름으로 맹세하는 것을 금하지는 않았다는 말씀입니다.

이제 "하나님의 이름으로 맹세하라"는 본래의 맹세에 대한 가르침을 잠시 살펴보도록 하겠습니다. 아래 말씀에서 알 수 있는 것과 같이 이런 맹세는 하나님께서 직접 지시하셨습니다. 뿐만 아니라 하나님께서 친히 하나님을 가리켜 맹세하심으로 우리에게 참된 맹세의 본을 보여주셨습니다.

"16 이르시되 여호와께서 이르시기를 내가 나를 가리켜 맹세하노니 네가 이같이 행하여 네 아들 네 독자도 아끼지 아니하였은즉 17 내가 네게 큰 복을 주고 네 씨가 크게 번성하여 하늘의 별과 같고 바닷가의 모래와 같게 하리니 네 씨가 그 대적의 성문을 차지하리라 18 또 네 씨로 말미암아 천하 만민이 복을 받으리니 이는 네가 나의 말을 준행하였음이니라 하셨다 하니라"(창 22:16-18)

"40 이는 내가 하늘을 향하여 내 손을 들고 말하기를 내가 영원히 살리라 하였노라 41 내가 내 번쩍이는 칼을 갈며 내 손이 정의를 붙들고 내 대적들에게 복수하며 나를 미워하는 자들에게 보응할 것이라"(신 32:40-41)

"24 여호와의 말씀이니라 나의 삶으로 맹세하노니 유다 왕 여호야김의 아들 고니야가 나의 오른손의 인장반지라 할지라도 내가 빼어 25 네 생명을 찾는 자의 손과 네가 두려워하는 자의 손 곧 바벨론의 왕 느부갓네살의 손과 갈대아인의 손에 줄 것이라"(렘 22:24-25)

아래의 예들은 하나님께서 하나님의 이름으로 맹세할 것을 지시하신 말씀들입니다.

"12 너는 조심하여 너를 애굽 땅 종 되었던 집에서 인도하여 내신 여호와를 잊지 말고 13 네 하나님 여호와를 경외하며 그를 섬기며 그의 이름으로 맹세할 것이니라"(신 6:12-13)

"네 하나님 여호와를 경외하여 그를 섬기며 그에게 의지하고 그의 이름으로 맹세하라"(신 10:20)

"사람이 여호와께 서원하였거나 결심하고 서약하였으면 깨뜨리지 말고 그가 입으로 말한 대로 다 이행할 것이니라"(민 30:2)

또 다음과 같이 구체적인 예를 들어 맹세를 지시하신 경우도 있습니다.

"10 사람이 나귀나 소나 양이나 다른 짐승을 이웃에게 맡겨 지키게 하였다가 죽거나 상하거나 끌려가도 본 사람이 없으면 11 두 사람 사이에 맡은 자가 이웃의 것에 손을 대지 아니하였다고 여호와께 맹세할 것이요 그 임자는 그대로 믿을 것이며 그 사람은 배상하지 아니하려니와"(출 22:10-11)

이와 같은 구체적인 지시는 유대인 사이에 이면 분쟁이나 뮤제가 발생했을 때 어느 한편의 견해나 진술의 진위를 가릴 때 맹세로 확정 짓는 것을 가르쳐 주신 말씀입니다. 히브리서 기자도 하나님이 아브라함에게 하나님 자기를 가리켜 맹세한 것을 설명하면서 동시에 맹세는 모든 다투는 일에 최후 확정이라고 말씀하셨습니다.

"13 하나님이 아브라함에게 약속하실 때에 가리켜 맹세할 자가 자기보다 더 큰 이가 없으므로 자기를 가리켜 맹세하여 14 이르시되 내가 반드시 너에게 복 주고 복 주며 너를 번성하게 하고 번성하게 하리라 하셨더니 15 그가 이같이 오래 참아 약속을 받았느니라 16 사람들은 자기보다 더 큰 자를 가리켜 맹세하나니 맹세는 그들이 다투는 모든 일의 최후 확정이니라"(히 6:13-16)

이상의 말씀들을 종합하면 하나님의 이름으로 맹세하는 것을 분명하게 지시하셨고 또 아래의 예들을 통해 이와 같은 맹세는 구약시대나 신약시대를 막론하고 행해지고 있었던 것을 알 수 있습니다. 심지어는 우리 주님께서도 가야바 법정에서 맹세하신 예가 있습니다.

"63 예수께서 침묵하시거늘 대제사장이 이르되 내가 너로 살아 계신 하나님께 맹세하게 하노니 네가 하나님의 아들 그리스도인지 우리에게 말하라 64 예수께서 이르시되 네가 말하였느니라 그러나 내가 너희에게 이르노니 이 후에 인자가 권능의 우편에 앉아 있는 것과 하늘 구름을 타고 오는 것을 너희가 보리라 하시니"(마 26:63-64)

또 바울도 맹세(서원)한 기록이 있습니다.

'바울은 더 여러 날 머물다가 형제들과 작별하고 배 타고 수리아로 떠나갈새 브리스길라와 아굴라도 함께 하더라 바울이 일찍이 서원이 있었으므로 겐그레아에서 머리를 깎았더라"(행 18:18)

"내가 내 목숨을 걸고 하나님을 불러 증언하시게 하노니 내가 다시 고린도에 가지 아니한 것은 너희를 아끼려 함이라"(고후 1:23)

"주 예수의 아버지 영원히 찬송할 하나님이 내가 거짓말 아니하는 것을 아시느니라"(고후 11:31)

"보라 내가 너희에게 쓰는 것은 하나님 앞에서 거짓말이 아니로다"(갈 1:20)

"내가 그리스도 안에서 참말을 하고 거짓말을 아니하노라"(롬 9:1)

하나님의 이름으로 하는 맹세는 범할 때 무서운 대가가 따르지만 이 맹세는 하나님께서 받으시는 것이고 지시하신 맹세입니다. 그러나 거짓 맹세는 하나님의 진노의 대상이 되고 있음을 봅니다.

303

"내가 어찌 너를 용서하겠느냐 네 자녀가 나를 버리고 신이 아닌 것들로 맹세하였으며 내가 그들을 배불리 먹인즉 그들이 간음하며 창기의 집에 허다히 모이며" (렘 5:7)

"4 내가 유다와 예루살렘의 모든 주민들 위에 손을 펴서 남아 있는 바알을 그 곳에서 멸절하며 그마림이란 이름과 및 그 제사장들을 아울러 멸절하며 5 또 지붕에서 하늘의 뭇 별에게 경배하는 자들과 경배하며 여호와께 맹세하면서 말감을 가리켜 맹세하는 자들과 6 여호와를 배반하고 따르지 아니한 자들과 여호와를 찾지도 아니하며 구하지도 아니한 자들을 멸절하리라"(습 1:4-6)

이와 같이 하나님께서 헛된 맹세를 정죄하시고 있습니다. 하나님께서 지시하시지 않은 맹세가 바로 헛되고 위선적인 맹세이며 또 성도들은 진리 안에서 행해야 하기 때문에 야고보 장로가 거짓 맹세, 위선적인 맹세 등 헛된 맹세를 금하여 죄를 짓지 말라고 하신 것입니다.

끝으로 야고보 장로는 "오직 너희가 그렇다고 생각하는 것은 그렇다 하고 아니라고 생각하는 것은 아니라 하여 정죄 받음을 면하라"고 분부하였습니다. 12절 전체를 보면 상반절에서는 헛된 또는 옳지 않은 맹세를 엄히 금하고 후반 절에서는 성도들이 마땅히 행해야 할 언행을 가르치고 있습니다. 성도들의 마땅한 언행은 항상 진실을 말하여 언제 어디서나 누구든지 성도가 예(yes)라고 한 것은 예(yes)로, 아니(no)라고 한 것은 아니(no)라고 그대로 믿도록 정직한 삶을 살아야 한다는 것을 가르치고 있습니다. 이와 같이 정직하지 않고 진실하지 않은 삶을 살아서 계속 거짓 맹세나 헛 맹세를 할 경우에는 결국 어쩔 수 없이 "정죄함"을 면하지 못하고 받는다고 경고하고 있습니다. 여기서 "정죄함을 받는다"라는 문구는 본래 심판을 받는다는 낱말의 한글 번역입니다. 이 심판이라는 단어는 헬라어로 크리시스(krisis)라는 단어입니다. 이 단어는 단순히 죄지은 것을 책망하거나 징계한다는 것을 뜻하기 보다는 최후의 심판을 뜻하고 있습니다. 그 이유는 야고보 장로가 맹세하지 말라고 한 동사가 현재 명령형이기 때문에 야고보 장로의 금지 명령을 계속 거역하는 것은 그 사람의 믿음이 참 믿음이 아닌 것을 보여주는 것입니다. 따라서 이런 사람은 결국 최후의 심판에 직면하게 된다는 말씀입니다. 성도가 한두 번


· 온전한 믿음의 사람은 ·

실수 할 수 있고 죄를 지을 수 있습니다. 그러나 계속하여 상습적으로 하나님께서 금하신 죄를 짓는다는 것은 결국 그의 믿음은 거짓 믿음이고 구원받지 못한 사람의 행위라는 뜻이 되겠습니다.

정죄함을 받는다라는 문구가 최후의 심판을 의미하는 것으로 이해하는 다른 한 가지 이유는 "정죄함을 받는다", 즉 "심판을 받는다" 라는 문구가 신약 전체를 통해 성도의 징계나 책망을 언급할 때 쓰인 적이 없습니다. 반면에 언제나 불신자에 대한 하나님의 최후의 심판을 의미하는 낱말로 쓰이고 있다는 점 때문입니다. 예를 들면 죽음 후의 심판(히 9:27), 심판 날 또는 심판과 멸망의 날(벧후 2:9, 3:7), 지옥의 판결(심판)(마 23:33), 공의로우신 심판(살후 1: 5), 심판 날(마 10:15), 심판 때(눅 10:14) 등 모두가 최후 심판을 뜻하고 있습니다.

주님께서도 앞에서 인용한 산상 수훈의 말씀 마지막에서 다음과 같이 말씀하셨습니다.

"오직 너희 말은 옳다 옳다, 아니라 아니라 하라 이에서 지나는 것은 악으로부터 나느니라"(마 5:37)

진실을 말하지 않는 것은 악으로 좇아 나는 것이라고 말씀하셨는데 여기서 악으로 좇아 난다는 말씀은 악한 자, 곧 거짓의 아비 마귀에게서 온 것이라는 말씀이고 마귀의 자식이라는 말씀이 되겠습니다.

지금까지 배운 악한 부자들의 압제와 착취로 인해 고통과 고난을 당할 때 주님의 재림을 바라보면서 인내하며 살라고 하신 말씀을 마음에 새기도록 합시다. 또 고난 중에도 성도 간에 서로 원망해서는 안 된다는 권면을 꼭 기억합시다. 그리고 헛된 맹세, 위선적인 맹세로 죄를 짓지 말고 항상 진리 안에서 행하여 정직하고 거짓이 없는 삶을 살아 기쁨으로 주님 앞에 서는 성도들이 되기를 바랍니다.

# 12장
# 형제 사랑과 서로를 위한 기도(5:13-20)

"13 너희 중에 고난 당하는 자가 있느냐 그는 기도할 것이요 즐거워하는 자가 있느냐 그는 찬송할지니라14 너희 중에 병든 자가 있느냐 그는 교회의 장로들을 청할 것이요 그들은 주의 이름으로 기름을 바르며 그를 위하여 기도할지니라15 믿음의 기도는 병든 자를 구원하리니 주께서 그를 일으키시리라 혹시 죄를 범하였을지라도 사하심을 받으리라16 그러므로 너희 죄를 서로 고백하며 병이 낫기를 위하여 서로 기도하라 의인의 간구는 역사하는 힘이 큼이니라17 엘리야는 우리와 성정이 같은 사람이로되 그가 비가 오지 않기를 간절히 기도한즉 삼 년 육 개월 동안 땅에 비가 오지 아니하고18 다시 기도하니 하늘이 비를 주고 땅이 열매를 맺었느니라19 내 형제들아 너희 중에 미혹되어 진리를 떠난 자를 누가 돌아서게 하면20 너희가 알 것은 죄인을 미혹된 길에서 돌아서게 하는 자가 그의 영혼을 사망에서 구원할 것이며 허다한 죄를 덮을 것임이라"

## 본문 강론

13절부터 20절까지의 말씀은 야고보서의 마지막 부분으로 교회 공동체 생활에 중요한 요소인 믿음과 기도, 그리고 성도간의 상호 책임에 관해 교훈하고 있습니다. 이 단원의 본문을 보면 19절과 20절을 제외하고는 매절 마다 기도가 언급되어 있습니다. 그만큼 교회 공동체 생활에 있어서 기도가 중요한 것임을 가르치고 있습니다. 그러나 다른 한 가지 특기할 것은 14절부터 16절의 가르침이 성경학자들 사이에 약간의 논란의 대상이 되고 있습니다. 즉, 이 부분에서 언급하고 있는 기도와 질병의 치유에 대해서 서로 다른 이해와 견해가 제시되고 있기 때문입니다. 이 점을 기억하면서 본문을 공부하겠습니다.

### 1. 고난과 기쁨과 질병 때에 드리는 찬양과 기도(5:13-16 상)

"13 너희 중에 고난 당하는 자가 있느냐 그는 기도할 것이요 즐거워하는 자가 있느냐 그는 찬송할지니라14 너희 중에 병든 자가 있느냐 그는 교회의 장로들을 청할 것이요 그들은 주의 이름으로 기름을 바르며 그를 위하여 기도할지니라15 믿음의 기도는 병든 자를 구원하리니 주께서 그를 일으키시리라 혹시 죄를 범하였을지라도 사하심을 받으리라16 그러므로 너희 죄를 서로 고백하며 병이 낫기를 위하여 서로 기도하라"

13절부터 16절 상까지의 말씀을 자세히 살펴보면 세 가지의 내용을 가르치고 있습니다. 첫째, 13절 말씀은 고난당하는 자는 기도할 것과 즐거운 자는 찬양할 것을 가르치고 있습니다. 둘째, 14절과 15절 말씀은 병든 자의 경우 교회의 장로들을 청할 것과 장로들은 병든 자를 위해 기도할 것과 이에 따르는 주님의 치유를 가르칩니다. 셋째, 16절 상반절 말씀은 교회 공동체의 지체간의 죄의 고백과 치유를 위한 기도를 가르칩니다.

13절의 "너희 중에 고난당하는 자가 있느냐 그는 기도할 것이요 즐거워하는 자


· 온전한 믿음의 사람은 ·

가 있느냐 그는 찬송할지니라" 첫 부분에 "너희 중에 고난당하는 자가 있느냐 그는 기도할 것이요" 라고 말씀하였습니다. 여기에 쓰인 "너희 중에" 라는 문구는 주의 몸 된 공동체 가운데라는 뜻인데 특히 참 믿음을 가진 지체인 성도들을 뜻한다고 하겠습니다. "고난당하는 자가 있느냐 그는 기도할 것이요" 라고 하신 것은 고난당할 때 성도가 우선적으로 마땅히 해야 할 일이 곧 기도라는 뜻입니다. 여기에 쓰인 "고난(kakopathe)" 이라는 낱말은 앞에서 배운 10절의 고난과 똑같은 단어입니다. 10절의 고난이 악한 자들의 혹사와 압제로 인해 겪는 고통과 괴로움을 가리키고 있습니다. 본 절의 고난도 낱말의 기본 뜻과 문맥으로 볼 때 10절의 고난과 같은 뜻입니다. 즉, 열악한 생활 조건과 유대 그리스도인을 백안 시하고 압제하는 사회적인 분위기 때문에 당하고 있는 고난이라고 하겠습니다. 참 믿음을 가진 신자는 주님을 섬기며 살 때 이와 같은 고난을 당하게 되어있음을 성경 곳곳에서 가르치고 있습니다.

"복음으로 말미암아 내가 죄인과 같이 매이는 데까지 고난을 받았으나 하나님의 말씀은 매이지 아니하니라"(딤후 2:9)

"그러나 너는 모든 일에 신중하여 고난을 받으며 전도자의 일을 하며 네 직무를 다하라"(딤후 4:5)

그리고 고난 당하는 자를 향해 "그는 기도할 것이요" 라고 권면하고 있습니다. 여기의 "그는" 이라는 호칭은 단수형입니다. 따라서 고난 당하는 당사자인 성도를 가리키고 있으며 그를 향해 기도하라고 했습니다. "기도할 것이요"는 현재 명령형입니다. 즉, 성경(살전 5:17)에서 가르치듯이 쉬지 말고 기도하라는 말씀입니다. 기도는 성도에게 있어서 호흡과 같다고 했으며 또 우리의 기도를 들으시는 선하신 하나님께서 우리에게 필요한 모든 지혜(약 1:5-8)와 힘과 위로와 도움을 주시기 때문입니다.

"3 찬송하리로다 그는 우리 주 예수 그리스도의 하나님이시요 자비의 아버지시요 모든 위로의 하나님이시며 4 우리의 모든 환난 중에서 우리를 위로하사 우리로 하여금 하나님께 받는 위로로써 모든 환난 중에 있는 자들을 능히 위로하게 하시는 이시로다"(고후 1:3-4)

"너희 염려를 다 주께 맡기라 이는 그가 너희를 돌보심이라"(벧전 5:7)

"6 아무 것도 염려하지 말고 다만 모든 일에 기도와 간구로, 너희 구할 것을 감사함으로 하나님께 아뢰라 7 그리하면 모든 지각에 뛰어난 하나님의 평강이 그리스도 예수 안에서 너희 마음과 생각을 지키시리라"(빌 4:6-7)

그리고 13절 하반절에서 "즐거워하는 자가 있느냐 그는 찬송할지니라" 라고 권하십니다. 본문의 즐거움은 일반적인 즐거움을 의미하기도 하지만 앞의 고난을 고려하면 특별히 복음을 위해서 성도들이 자랑스러운 일을 할 때 경험하는 고난 중의 즐거움으로 이해 할 수도 있습니다. 예를 들어 베드로와 다른 사도들이 핍박 당할 때 오히려 주님의 이름을 위해 능욕 받는 일에 합당한 자로 여기심을 기뻐했다고 했습니다. 또 사도 바울과 실라가 빌립보 옥중에서 찬송한 것(행 16:19-32)은 본문의 말씀이 가르치는 것이라고 하겠습니다. 곳곳에서 이와 같은 내용을 가르치고 있습니다.

"12 사랑하는 자들아 너희를 연단하려고 오는 불 시험을 이상한 일 당하는 것 같이 이상히 여기지 말고 13 오히려 너희가 그리스도의 고난에 참여하는 것으로 즐거워하라 이는 그의 영광을 나타내실 때에 너희로 즐거워하고 기뻐하게 하려 함이라"(벧전 4:12-13)

"18 술 취하지 말라 이는 방탕한 것이니 오직 성령으로 충만함을 받으라 19 시와 찬송과 신령한 노래들로 서로 화답하며 너희의 마음으로 주께 노래하며 찬송하며 20 범사에 우리 주 예수 그리스도의 이름으로 항상 아버지 하나님께 감사하며"(엡 5:18-20)

"16 그리스도의 말씀이 너희 속에 풍성히 거하여 모든 지혜로 피차 가르치며 권면하고 시와 찬송과 신령한 노래를 부르며 감사하는 마음으로 하나님을 찬양하고 17 또 무엇을 하든지 말에나 일에나 다 주 예수의 이름으로 하고 그를 힘입어 하나님 아버지께 감사하라"(골 3:16-17)

"4 또 여호와를 기뻐하라 그가 네 마음의 소원을 네게 이루어 주시리로다 5 네 길을 여호와께 맡기라 그를 의지하면 그가 이루시고 6 네 의를 빛 같이 나타내시며 네 공의를 정오의 빛 같이 하시리로다"(시 37:4-6)



· 온전한 믿음의 사람은 ·

이어서 14절과 15절에서는 교회의 지체 중 병든 자가 있을 경우 저가 교회의 장로들을 청할 것과 교회 장로들은 청함에 응하여 병든 자에게 가서 그를 위하여 주의 이름으로 기도할 것을 가르치고 있습니다.

"14 너희 중에 병든 자가 있느냐 그는 교회의 장로들을 청할 것이요 그들은 주의 이름으로 기름을 바르며 그를 위하여 기도할지니라 15 믿음의 기도는 병든 자를 구원하리니 주께서 그를 일으키시리라 혹시 죄를 범하였을지라도 사하심을 받으리라"

본문에 병든 자를 위한 장로의 기도가 언급되어 있습니다. 이 때문에 이 구절이 신유의 은사를 가진 장로가 기도로 질병을 치료하는 것을 가르치는 말씀이라고 이해하는 분이 있습니다. 그러나 본 절 자체와 본 절이 속한 단원 전체의 문맥으로 볼 때에 오히려 공동체인 교회 내의 지체를 위한 장로들의 사역을 말씀하시는 것이라고 이해함이 합당합니다.

"너희 중에"라는 문구는 한 공동체에 속한 성도들을 가리키고 있습니다. 그리고 "병든 자가 있느냐"라는 문구의 "병든 자"(astheneou)라는 단어 그 자체의 뜻을 보면 실제로 육체의 질병을 뜻하기도 하고 또 마음이 연약한 상태, 그리고 힘이 없는 상태를 뜻하기도 합니다. 우선 육체의 질병을 뜻하는 경우를 살펴보면 주로 복음서에 많이 사용되고 있습니다. "병든 자를 고치며 죽은 자를 살리며…"(마 10:8)라는 말씀에 언급된 낱말이 바로 이 단어입니다. 이와 같은 뜻으로 다음의 여러 구절에서도 사용되고 있습니다(마 25:36 막 6:56, 눅 4:40, 요 4:46, 요 11:1이하 행 9:37, 빌 2:26-27, 딤후 4:20).

두 번째로 다음의 성경 구절들을 보면 이 낱말이 힘없고 연약한 것을 가리키는 낱말로도 쓰이고 있습니다. "믿음이 약하여지지 아니하고"(롬 4:19), "율법이 육신으로 말미암아 연약하여 할 수 없는"(롬 8:3), "믿음이 연약한 자를"(롬 14:1), "누가 약하면 내가 약하지 아니하며"(고후 11:29), "내가 그리스도를 위하여 약한 것들과"(고후 12:10), "그는 너희에게 대하여 약하지 않고 도리어 너희 안에서 강하시니라"(고후 13:3), "마음이 약한 자들을 격려하고"(살전 5:14) 등입니다.

이 외에도 극히 제한된 경우지만 경제적으로 빈약한 것을 의미할 때도 같은 단어를 사용하고 있습니다. 예를 들면 다음의 말씀에서 볼 수 있습니다.

"34 여러분이 아는 바와 같이 이 손으로 나와 내 동행들이 쓰는 것을 충당하여 35 범사에 여러분에게 모본을 보여준 바와 같이 수고하여 약한 사람들을 돕고 또 주 예수께서 친히 말씀하신 바 주는 것이 받는 것보다 복이 있다 하심을 기억하여야 할지니라"(행 20:34-35)

이상으로 열거한 성경 말씀의 예들을 종합하고 또 본문의 문맥을 고려하면 결국 본 절의 "병든"이란 낱말은 "약하다, 연약하다, 힘이 없다"라는 뜻으로 이해함이 옳다고 봅니다. 한 가지 더 고려할 것은 본 절과 직결되어 있는 앞으로 배울 15절에서 언급하고 있는 "병든 자"라는 낱말은 육체의 질병보다는 피곤하고 지친 상태를 뜻하고 있다는 점입니다. 부연하면 믿음이 연약하여 힘이 빠져 병든 것처럼 약해진 성도를 가리키는 것으로 봅니다. 그 이유는 앞에서 언급한 고난과 고통을 겪고 있는 성도들 중 믿음이 연약한 자가 그 고통과 고난을 이기지 못한 나머지 지치고 힘이 다해 육체적으로 영적으로 심히 연약한 상태에 빠진 경우로 이해할 수 있기 때문입니다. 이런 성도에게 필요한 것은 무엇보다도 영적 격려와 위로를 통한 믿음과 영성의 회복이라고 하겠습니다.

그래서 야고보 장로는 이들을 향해 "교회 장로들을 청하라"고 명하고 있습니다. 또 장로들에게는 이와 같이 병든 자를 위해서 "주의 이름으로 기름을 바르며 그를 위하여 기도할지니라"고 명한 것이라고 봅니다. 본 절에서 교회의 장로들을 "청할 것이요"라고 말씀하셨는데 여기에 쓰인 "청할 것이요"라는 동사는 교회의 장로들을 반드시 부르고 또 그들로 하여금 옆에 와 있게 하라는 강한 명령입니다.

이 말씀과 함께 특별히 기억할 것은 야고보서 전체를 통해 "교회"라는 단어와 "장로"라는 단어가 본 절에서만 유일하게 사용되고 있다는 사실입니다. 성도의 모임을 가리켜 본서 2장 2절에서는 "회당"이라는 용어를 사용한 바 있습니다. 본 절에서는 "교회"라는 낱말을 사용함으로써 주의 몸 된 공동체인 교회를 강조하고 있습니다. 따라서 본 절에 언급된 "장로"도 일반적으로 유대인 회당에서 통용되는 연장자 교인을 뜻하는 것이 아니고 지역 교회 공동체의 직분자로서의 장로를 가리키고 있습니다. 즉, 성도들을 말씀과 기도로 섬기며 돌보는 직분자를 뜻합니다.

312

그 이유는 "장로" 라고 할 때 단수를 사용하지 않고 신약 다른 곳(행 14:23, 빌 1:1, 살전 5:12)에서 볼 수 있는 복수형을 쓰고 있기 때문입니다.

본문은 계속하여 청함을 받은 장로들에게는 병든 자에게 가서 그 옆에 있으면서 "주의 이름으로 기름을 바르며 그를 위하여 기도할지니라"고 명하였습니다. 이 문장 전체의 본 동사는 "기도하라"는 명령형 동사입니다. 따라서 이 말씀 중 가장 중요한 것은 "기도하라"는 명령입니다. "주의 이름으로 기름을 바르며"는 기도에 수반되는 부수적인 절차이며 행위인 것입니다. 본 절에 쓰인 "기도" 라는 낱말은 일반적으로 쓰이는 낱말로 모든 기도를 다 포함하는 넓은 뜻을 가진 단어입니다. 그리고 이 기도에 포함되는 요소들을 살펴보면 대체로 찬양과 감사, 죄의 고백, 그리고 중보의 간구들입니다. 특히 느헤미야의 기도(느 1장)와 다니엘의 기도(단 9장)는 좋은 본보기 기도라고 하겠습니다. 이처럼 하나님의 위대하심을 찬양하며 감사하면서 경배하고 또 죄를 고백하고 그리고 병 낫기를 위해서 중보 기도할 때에 "주의 이름으로 기름을 바르면서" 하라고 했습니다.

"주의 이름으로" 라는 문구는 주 예수 그리스도의 하나님 되심과 우리의 구주가 되심을 의지하는 동시에 주님께서 하신 약속을 의지하고 하나님의 뜻을 따라 기도하라는 뜻입니다.

"13 너희가 내 이름으로 무엇을 구하든지 내가 행하리니 이는 아버지로 하여금 아들로 말미암아 영광을 받으시게 하려 함이라 14 내 이름으로 무엇이든지 내게 구하면 내가 행하리라"(요 14:13-14)

이어서 주의 이름으로 "기름을 바르라"고 했는데 이 기름은 대체로 감람유를 뜻하고 있습니다. 이는 유대 땅에 사는 유대인들이 많은 경우 감람유를 약용으로 사용하는 풍습이 있기 때문입니다. 물론 다른 기름을 가리킬 수도 있겠지만 일반적으로 감람유가 가장 흔히 쓰이는 약용 기름으로 이해합니다. 본 절에 쓰인 "기름 바르다"(aleiphou) 라는 낱말의 기본 뜻은 약용으로 주로 외부에 바르는 것을 가리킵니다. 다음의 구절들에서 우리는 그 예를 찾을 수 있습니다.

"12 제자들이 나가서 회개하라 전파하고 13 많은 귀신을 쫓아내며 많은 병자에게 기름을 발라 고치더라"(막 6:12-13)

"33 어떤 사마리아 사람은 여행하는 중 거기 이르러 그를 보고 불쌍히 여겨 34 가까이 가서 기름과 포도주를 그 상처에 붓고 싸매고 자기 짐승에 태워 주막으로 데리고 가서 돌보아 주니라"(눅 10:33-34)

똑같은 어휘가 다음의 말씀에서는 종교의식이나 기념을 위한 경우에도 사용되고 있음을 봅니다.

"너는 금식할 때에 머리에 기름을 바르고 얼굴을 씻으라"(마 6:17)

"마리아는 지극히 비싼 향유 곧 순전한 나드 한 근을 가져다가 예수의 발에 붓고 자기 머리털로 그의 발을 닦으니 향유 냄새가 집에 가득하더라"(요 12:3)

"예수의 뒤로 그 발 곁에 서서 울며 눈물로 그 발을 적시고 자기 머리털로 닦고 그 발에 입맞추고 향유를 부으니"(눅 7:38)

"안식일이 지나매 막달라 마리아와 야고보의 어머니 마리아와 또 살로메가 가서 예수께 바르기 위하여 향품을 사다 두었다가"(막 16:1)

위에서 살펴본 것을 종합하면 결국 본 절에서 언급한 "기름을 바르며"는 약용으로 기름을 바르라는 뜻이라고 봅니다.

이것과 관련하여 한 가지 밝힐 것은 주님께서는 온갖 질병을 고치실 때 일체 기름을 사용하신 적도 없고 또 제자들에게 기름을 사용할 것을 명하신 적이 없다는 점입니다. 야고보 장로가 이와 같이 기름을 약처럼 사용하면서 동시에 기도하라고 한 것은 주님의 제자들이 행한 것(막 6:12-13)과 같이 당시의 관습에서 온 것으로 이해할 수 있습니다. 또 한 가지 기억할 것은 본문의 병든 자가 연약한 믿음 때문에 지치고 힘이 다해 병든 상태이거나 아니면 실제로 핍박과 압제 당할 때 신체에 어떤 상처를 입었을 경우도 생각 할 수 있습니다. 이 경우에는 감람유를 그 상처에 바르면서 기도하는 것이 병든 자에게 상처의 아픔을 덜어 주는 경우가 될 수도 있습니다.

다시 강조할 것은 기름 바르는 것이 주된 치료 절차가 아니라는 점입니다. 야고보 장로가 강조한 것은 교회 공동체 중에서 성숙하고 굳건한 믿음을 가진 장로들이 병든 자를 위해서 주의 이름으로 기도하여 병든 자를 돌보라는 것입니다. 즉, 교회의 장로들의 사역을 교훈하고 있는 것입니다. 이는 앞에서 잠깐 언급했듯이



· 온전한 믿음의 사람은 ·

연약한 믿음으로 인해 당하고 있는 고난과 고통을 이기지 못하고 지치고 기진하여 병든 성도에게는 같은 공동체 안에 있는 장로들의 영적 격려와 위로의 도움이 필요한 때문입니다. 성경 다른 곳에서도 이와 같은 교훈을 하고 있습니다.

"14 또 형제들아 너희를 권면하노니 게으른 자들을 권계하며 마음이 약한 자들을 격려하고 힘이 없는 자들을 붙들어 주며 모든 사람에게 오래 참으라 15 삼가 누가 누구에게든지 악으로 악을 갚지 말게 하고 서로 대하든지 모든 사람을 대하든지 항상 선을 따르라"(살전 5:14-15)

우리가 배운 본문이 신유의 은사를 가진 장로가 기도로 질병을 치료하는 것을 가르치는 말씀이라고 이해하는 분들의 입장에 대하여 한 가지 밝힐 것이 있습니다. 이 구절을 사도 베드로나 사도 바울이 주 예수의 이름으로 명하여 병자를 고치고, 귀신을 내어 쫓은 이적 행한 것(행 3:4-7절의 사건, 행 14:8-10절의 사건, 행 16:16-18절의 사건)과 같은 경우에 해당한다고 보는 것 같습니다. 그래서 이들은 주의 이름을 부르면서 명하여 병을 고치는 것이라고 주장할 수 있습니다. 이점에 대해서 분명히 할 것은 본 절에서 야고보 장로는 주의 이름으로 병자를 위하여 기도하라고 했지 주의 이름으로 병자를 향해 명령하라고 하지 않은 점입니다.

"기름을 바르라"고 한 말씀과 함께 참고로 본 절의 "기름을 바르다"와 비슷한 낱말을 살펴보겠습니다. 그것은 종교의식과 관계되어 사용되는 "기름 붓다(크리오-chrio)"라는 단어인데 이 단어는 주로 특별 사역을 위해 기름 붓는 경우에 쓰이고 있습니다. 다음은 "기름 붓다 또는 기름부음 받다"와 관계된 말씀들입니다.

"18 주의 성령이 내게 임하셨으니 이는 가난한 자에게 복음을 전하게 하시려고 내게 기름을 부으시고 나를 보내사 포로 된 자에게 자유를, 눈 먼 자에게 다시 보게 함을 전파하며 눌린 자를 자유롭게 하고 19 주의 은혜의 해를 전파하게 하려 하심이라 하였더라"(눅 4:18-19)

"과연 헤롯과 본디오 빌라도는 이방인과 이스라엘 백성과 합세하여 하나님께서 기름 부으신 거룩한 종 예수를 거슬러"(행 4:27)

"하나님이 나사렛 예수에게 성령과 능력을 기름 붓듯 하셨으매 그가 두루 다니시며 선한 일을 행하시고 마귀에게 눌린 모든 사람을 고치셨으니 이는 하나님이


3부. 온전한 믿음의 사람과 재림의 소망과 하나님과 그분의 교회를 향한 사랑

함께 하셨음이라"(행 10:38)

"우리를 너희와 함께 그리스도 안에서 굳건하게 하시고 우리에게 기름을 부으신 이는 하나님이시니"(고후 1:21)

위의 말씀에서 보는 것과 같이 "기름부음 받다, 기름을 붓다"로 번역된 크리오(chrio)라는 낱말과 본 절의 "기름을 바르다"와는 전적으로 다른 단어인 것을 이해하고 앞으로 하나님의 말씀을 살필 때에 혼동이 없으시기를 바랍니다.

끝으로 "기름 바르는 것"을 종교의식에 사용하는 경우를 한 가지 밝혀 잘못된 것을 지적하고자 합니다. 그것은 천주교에서 시행하는 "병자성사"라는 의식입니다. 임종 시에 신부가 임종하는 사람에게 행하는 종교의식인데 이것은 본문의 가르침과 전혀 관계가 없습니다. 뿐만 아니라 이 의식은 천주교에서 만들어낸 천주교의 의식입니다. 성경에는 이 의식에 대해 전혀 언급이 없습니다. 이 의식은 주후 852년에 제정되어 행해지고 있는 천주교 자체의 전통일 뿐입니다.

계속하여 15절에서는 장로들의 사역의 결과에 대해서 주께서 베푸시는 치유의 은혜와 죄의 용서함에 대해서 배우게 됩니다. "믿음의 기도는 병든 자를 구원하리니 주께서 그를 일으키시리라 혹시 죄를 범하였을지라도 사하심을 받으리라" 15절을 읽을 때 한 가지 바로잡을 것은 15절 첫머리에 "그리고"라는 접속사가 반드시 있어야 하는데 우리말 성경에는 그것이 생략되었습니다. 15절의 말씀은 14절의 가르침에 연이어지는 가르침이라는 뜻입니다. "믿음의 기도는 병든 자를 구원하리니 주께서 그를 일으키시리라"라는 말씀 중 첫 부분의 "믿음의 기도"라는 문구는 14절의 말씀을 이어 받은 장로들의 기도를 가리키며 그 뜻은 믿음에 기초를 이룬, 또는 믿음으로 말미암은, 믿음이 동기가 된 기도라는 말씀입니다. 여기서 믿음의 내용을 밝힌다면 하나님의 말씀 전부에 대한 믿음을 기본적으로 뜻합니다. 아울러서 구체적으로는 병든 자의 조건과 관계된 하나님의 말씀과 하나님의 뜻을 따라 주의 이름으로 치유를 구하는 기도라고 할 수 있습니다. 말하자면 요한일서 5장 14절부터 16절까지의 말씀이 가르치는 내용을 예로 들 수 있습니다.

"14 그를 향하여 우리가 가진 바 담대함이 이것이니 그의 뜻대로 무엇을 구하면 들으심이라 15 우리가 무엇이든지 구하는 바를 들으시는 줄을 안즉 우리가 그에게


· 온전한 믿음의 사람은 ·

구한 그것을 얻은 줄을 또한 아느니라 16 누구든지 형제가 사망에 이르지 아니하는 죄 범하는 것을 보거든 구하라 그리하면 사망에 이르지 아니하는 범죄자들을 위하여 그에게 생명을 주시리라 사망에 이르는 죄가 있으니 이에 관하여 나는 구하라 하지 않노라"(요일 5:14-16)

믿음의 기도를 말씀하신 후에 이와 같은 기도는 "병든 자를 구원하리니 주께서 그를 일으키시리라"고 했습니다. 이 구절의 "병든 자"(kamnou)는 14절의 병든 자를 가리킬 때 쓰인 낱말과 다른 낱말입니다. 즉, 15절의 "병든 자"는 기본적으로 피곤하고 지친 상태 또는 피곤하고 지쳐서 약해진 상태의 신자를 가리키고 있습니다. 예를 들면 동일한 낱말이 히브리서 12장 3절에서 "너희가 피곤하여 낙심하지 않기 위하여" 라는 말씀 가운데 쓰이고 있습니다.

그리고 "구원하리니" 라는 어휘는 육체의 죽음에서 구원하다(눅 6:9, 행 27:20), 영원한 죽음에서 구원하다(요 12:47, 고전 1:21), 질병에서 구원하다(질병을 치료하다)(마 9:21, 눅 17:19) 등의 뜻을 갖고 있습니다. 따라서 "병든 자를 구원하리니" 라는 말씀은 병든 자의 질병이 치유함을 얻는다는 뜻입니다.

그러므로 "믿음의 기도는 병든 자를 구원하리니" 라는 말씀은, 곧 장로들이 피곤하고 지쳐서 약해진 자를 위하여 드린 믿음의 기도가 그의 병약함을 치료하여 회복시킬 것이라는 뜻입니다. 그리고 야고보 장로는 이어서 "주께서 그를 일으키시리라"고 말씀하였습니다. 장로들의 기도로 병자가 회복될 것이라는 말씀과 주께서 저를 일으키시리라는 말씀이 각각 무엇을 의미하는지를 바로 이해할 필요가 있습니다. 이 말씀을 쉽게 설명하면 장로들이 병약한 자를 위해서 주의 이름으로 기도할 때 그 병약한 자의 건강이 회복되는데 이것은 외부로 나타난 것입니다. 실제로는 장로들이 주의 이름으로 드린 기도를 주께서 응답하셔서 주께서 친히 그 병자를 병약한 가운데서 일으켜 살게 하신다는 말씀입니다. 좀 더 분명히 이해하기 위해서 "일으키다" 라는 동사의 뜻을 살펴보겠습니다. 이 낱말(에게이로우-egeirou)은 죽은 자를 살리다(마 10:8, 요 12:1), 잠을 깨우다(마 8:25), 세우다(행 13:22), 자다가 깨다(롬 13:11) 등의 뜻을 갖고 있습니다. 따라서 본 절에서 주님께서 친히 하신 일은 병약한 자를 잠을 깨우시는 것처럼, 또는 죽은 자를 일으키시는

**317**

것처럼 병약한 자를 일으켜 세우신다는 뜻입니다. 다시 강조할 것은 장로들이 하나님의 말씀을 순종하고, 주의 뜻을 받들어 주의 이름으로 병자를 위해 기도할 때 병자의 질병이 치유되는데 이것은 주님께서 친히 그를 일으키신 것임을 확실히 알아야 되겠습니다.

이어서 야고보 장로는 "혹시 죄를 범하였을지라도 사하심을 받으리라"고 말씀합니다. 이 말씀 중 "죄를 범하였을지라도"라는 문구의 뜻은 과거의 지은 죄의 결과로 현재 괴롬을 당하고 있다는 것을 가리키고 있습니다. 그러므로 15절 전체의 말씀을 바로 이해하면 다음과 같습니다. 즉, 장로들이 병약한 성도를 위해서 기도할 때에 하나님을 찬양하면서 동시에 병든 자와 장로들 자신들의 죄를 고백하면서 중보기도했기 때문에 주님께서는 질병을 고쳐주시는 동시에 지은 죄도 모두 사하여 주셨다는 말씀입니다.

"만일 우리가 우리 죄를 자백하면 그는 미쁘시고 의로우사 우리 죄를 사하시며 우리를 모든 불의에서 깨끗하게 하실 것이요"(요일 1:9)

"내가 이르기를 내 허물을 여호와께 자복하리라 하고 주께 내 죄를 아뢰고 내 죄악을 숨기지 아니하였더니 곧 주께서 내 죄악을 사하셨나이다"(시 32:5)

"자기의 죄를 숨기는 자는 형통하지 못하나 죄를 자복하고 버리는 자는 불쌍히 여김을 받으리라"(잠 28:13)

교회의 한 지체인 성도 개인이 병약할 때 장로들을 청할 것과 장로들은 청함을 받고 가서 그를 위해서 기도합니다. 이때에 장로들은 모든 죄를 고백하고 용서를 빌면서 하나님의 위대하심을 찬양하며 병을 위한 중보기도를 드립니다. 이와 같이 할 때 주님께서는 기도를 받으시고 죄의 용서와 질병의 치유를 베풀어 주신다는 것이 14절과 15절의 가르침입니다.

따라서 14절과 15절의 말씀은 병약한 성도 자신이 먼저 개별적으로 장로들을 청하여 그들에게 기도를 부탁하여 하나님의 은혜를 구할 것을 가르치고 있습니다. 다음의 16절 상반절 말씀은 야고보 장로가 교회 공동체 전체를 향해 교회 전체가 해야 할 일을 가르치고 있습니다.

16절 말씀을 배우기 전에 질병과 죄의 관계에 대해서 간단히 생각하고자 합니다. 성경을 보면 유대인들은 일반적으로 질병이 죄의 결과라고 이해하고 있음을 봅니다. 근본적으로 인류의 모든 불행과 질병과 사망이 모두 죄의 결과인 것은 창세기 3장의 말씀이 증거하고 있습니다(롬 8:19-23). 즉, 인류의 타락과 함께 모든 질병과 재난과 불행과 사망이 인류에게 주어진 것입니다. 특히 유대인의 경우에는 모세의 율법에서 가르치고 있는 축복과 저주의 경고의 말씀 때문에 질병이나 불행을 죄와 직결시켜 이해하는 전통이 형성되었습니다(참고: 신명기 27장과 28장의 축복과 저주의 경고, 레 26장의 축복과 저주의 경고).

그러나 개별적인 경우를 두고 이해하면 질병과 죄가 반드시 일대 일의 관계가 아닌 것을 성경은 증거하고 있습니다. 대표적인 예는 요한복음 9장에 기록된 나면서 소경된 자에 대해서 주님께서 분명하게 가르치신 것입니다.

"1 예수께서 길을 가실 때에 날 때부터 맹인 된 사람을 보신지라 2 제자들이 물어 이르되 랍비여 이 사람이 맹인으로 난 것이 누구의 죄로 인함이니이까 자기니이까 그의 부모니이까 3 예수께서 대답하시되 이 사람이나 그 부모의 죄로 인한 것이 아니라 그에게서 하나님이 하시는 일을 나타내고자 하심이라"(요 9:1-3)

동시에 질병과 죄가 밀접한 관계가 있는 것 또한 성경은 가르치고 있습니다. 예를 들면 고린도교회의 성도의 경우가 질병과 육신의 죽음이 죄의 결과임을 보여주고 있습니다.

"29 주의 몸을 분별하지 못하고 먹고 마시는 자는 자기의 죄를 먹고 마시는 것이니라 30 그러므로 너희 중에 약한 자와 병든 자가 많고 잠자는 자도 적지 아니하니"(고전 11:29-30)

결론으로 이해할 것은 질병과 재난과 죄의 관계를 논할 때 우리는 일반화하는 것은 부당한 것이며 한 경우 한 경우를 자세히 살펴 이해함이 합당합니다.

14절과 15절 말씀에 이어 교회 공동체를 향한 야고보 장로의 가르침을 살펴보겠습니다. 16절 상반절 말씀입니다. "그러므로 너희 죄를 서로 고백하며 병이 낫기를 위하여 서로 기도하라"에서 "그러므로"라는 접속어는 14절과 15절 말씀을 고려하여 또는 참고하여라는 뜻을 갖고 있습니다. 즉, 장로들이 병든 자를 위해서 기도한 것과 같이 교회 공동체의 성도들도 병든 자를 위해서 기도할 때 서로 죄를 고

**319**

백하고 기도하라는 말씀입니다. 여기에 "너희"는 복수형입니다. 따라서 교회 공동체 지체인 성도 모두를 가리키는 말씀입니다. 그리고 "죄를 서로 고백하며" 라는 동사의 특징은 현재 명령형으로 계속적으로 때마다 죄를 서로 고하는 일을 하라는 말씀입니다.

이 말씀을 바로 이해하는 길은 야고보서의 수신인들이 고난과 고통 중에 살고 있는 유대 그리스도인들이라는 것을 기억하는 것입니다. 이와 같이 고난과 고통으로 차있고, 사회에서 배척당하는 생활 조건 중에 살고 있는 성도들이기 때문에 죄를 지을 수도 있고 또 육체적으로 병약하게 될 수도 있습니다. 그래서 야고보 장로는 이와 같이 교회 공동체 전체를 향해 이 말씀을 한 것입니다. 이 말씀은 그들에게만 해당되는 것이 아닙니다. 실제로는 현재를 살고 있는 성도들의 교회 공동체에도 그대로 적용되는 말씀입니다. 실제로 성경 곳곳에서 이와 비슷한 교훈을 베풀고 있습니다.

다시 강조할 것은 교회는 성도간의 죄를 서로 고하고 용서를 비는 일을 필요할 때마다 계속적으로 해야 한다는 것입니다. 또 아울러 이와 동시에 병 낫기를 위해서도 서로를 위하여 중보기도를 계속적으로 해야 한다는 가르침입니다. 이상 두 가지 중에 어느 하나라도 빠지면 죄의 용서와 병 고침을 받는 하나님의 은혜를 누릴 수 없다는 것을 늘 기억하고 살아야 합니다. 죄를 고백하여 용서 받지 않은 상태에서는 우리의 기도를 하나님께서 듣지 않으신다고 하였습니다.

"16 하나님을 두려워하는 너희들아 다 와서 들으라 하나님이 나의 영혼을 위하여 행하신 일을 내가 선포하리로다 17 내가 나의 입으로 그에게 부르짖으며 나의 혀로 높이 찬송하였도다 18 내가 나의 마음에 죄악을 품었더라면 주께서 듣지 아니하시리라 19 그러나 하나님이 실로 들으셨음이여 내 기도 소리에 귀를 기울이셨도다 20 하나님을 찬송하리로다 그가 내 기도를 물리치지 아니하시고 그의 인자하심을 내게서 거두지도 아니하셨도다" (시 66:16-20)

"악인의 제사는 여호와께서 미워하셔도 정직한 자의 기도는 그가 기뻐하시느니라" (잠 15:8)

"형제들아 사람이 만일 무슨 범죄한 일이 드러나거든 신령한 너희는 온유한 심

**320**

령으로 그러한 자를 바로잡고 너 자신을 살펴보아 너도 시험을 받을까 두려워하라"(갈 6:1)

"믿음이 연약한 자를 너희가 받되 그의 의견을 비판하지 말라"(롬 14:1)

"31 너희는 모든 악독과 노함과 분냄과 떠드는 것과 비방하는 것을 모든 악의와 함께 버리고 32 서로 친절하게 하며 불쌍히 여기며 서로 용서하기를 하나님이 그리스도 안에서 너희를 용서하심과 같이 하라"(엡 4:31-32)

"누구든지 형제가 사망에 이르지 아니하는 죄 범하는 것을 보거든 구하라 그리하면 사망에 이르지 아니하는 범죄자들을 위하여 그에게 생명을 주시리라 사망에 이르는 죄가 있으니 이에 관하여 나는 구하라 하지 않노라"(요일 5:16)

16절 하반절부터 18절의 말씀을 공부하기 전에 한 가지 꼭 집고 넘어갈 것이 있습니다. 16절 말씀을 근거로 천주교회에서는 "고해(백)성사"라는 성례를 행하고 있습니다. 천주교도가 신부에게 고백하는 성례인데 16절 말씀은 이것을 가르치고 있지 않습니다. 본 절에서는 성도 상호간의 고백을 가르치고 있지 신부를 향해 천주교도가 일방적으로 고백하는 것을 가르치고 있지 않다는 말씀입니다. 우리는 항상 성경의 가르침을 그대로 따르도록 해야 합니다. 교회의 권위나 목사의 권위 또는 그 어떤 권위로 성경의 가르침을 바꾸거나 변질시켜서는 안 됩니다. 이것은 무서운 죄입니다.

## 2. 의인의 간구의 능력과 그 실례 - 엘리야의 기도와 능력의 실례(5:16 하-18)

"16 의인의 간구는 역사하는 힘이 큼이니라 17 엘리야는 우리와 성정이 같은 사람이로되 그가 비가 오지 않기를 간절히 기도한즉 삼 년 육 개월 동안 땅에 비가 오지 아니하고 18 다시 기도하니 하늘이 비를 주고 땅이 열매를 맺었느니라"

16절 하반절부터 18절의 말씀은 의인의 간구의 역사하는 힘과 엘리야의 기도의 능력에 대해서 가르치고 있습니다. 16절 하반절에서 의인의 간구와 간구의 결과로 나타나는 역사하는 힘을 설명하고 있습니다. 17절과 18절은 엘리야의 기도와 기도의 능력을 가르치고 있습니다.

"의인의 간구는 역사하는 힘이 큼이니라" 이 말씀은 15절과 16절 상반절의 가르침을 보강하는 동시에 기도의 역사와 능력에 대한 성경적인 원칙을 가르치고 있습니다. 우선 "의인의 간구"의 문구 중 "의인"이란 경건한 사람을 뜻합니다. 즉, 하나님을 경외하고 하나님의 말씀과 뜻을 순종하여 거룩하고 의로운 삶을 사는 성도를 가리키고 있습니다.

"16 하나님을 두려워하는 너희들아 다 와서 들으라 하나님이 나의 영혼을 위하여 행하신 일을 내가 선포하리로다 17 내가 나의 입으로 그에게 부르짖으며 나의 혀로 높이 찬송하였도다 18 내가 나의 마음에 죄악을 품었더라면 주께서 듣지 아니하시리라 19 그러나 하나님이 실로 들으셨음이여 내 기도 소리에 귀를 기울이셨도다 20 하나님을 찬송하리로다 그가 내 기도를 물리치지 아니하시고 그의 인자하심을 내게서 거두지도 아니하셨도다"(시 66:16-20)

다음으로 여기에 쓰인 "간구"는 일반적인 의미의 기도가 아니고 특별하고 구체적인 소원을 아뢰는 것을 뜻합니다. 따라서 본 문구는 하나님을 경외하고 하나님의 말씀을 순종하는 거룩하고 의로운 성도가 특별한 소원을 하나님께 아뢰는 것을 뜻합니다.

이와 같은 간구는 "역사하는 힘이 큼이니라"고 했습니다. 여기에 쓰인 "역사하는"(에네르게오-eneregeou)이라는 낱말은 "작용하다, 효과가 있다, 일한다" 등의 뜻을 가진 동사의 분사입니다. 예를 들어 "지체 중에 역사하여"(롬 7:5), "사람 가운데서 이루시는 하나님은 같으니"(고전 12:6), "이 위로가 너희 속에 역사하여"(고후 1:6)와 (고후 4:12, 갈 2:8, 엡 1:11, 엡 3:20, 살전 2:13) 등에서 같은 낱말이 사용 되었습니다.

그리고 힘이 "큼이니라"(이스쿠에이-ischuei)라는 낱말은 "능히 하다, 능히 할 수 있다, 힘이 세다" 등의 뜻을 가진 동사의 현재형입니다. 예를 늘어 "눌러 이기니"(행 19:16), "네가 한 시간도 깨어 있을 수 없더냐"(막 14:37), "물고기가 많아 그 물을 들 수 없더라"(요 21:6), "우리도 능히 메지 못하던 멍에를"(행 15:10), "이기지 못하여 다시 하늘에서 그들이 있을 곳을 얻지 못한지라"(계 12:8) 등에서 같은 낱

322

말이 쓰이고 있습니다.

이렇게 살펴본 것을 근거로 조금 어색하지만 "역사하는 힘이 큼이니라"를 직역하면 "작용하여 효과를 내는 힘이 강하다." 라고 할 수 있습니다. 그러므로 16절 하반절의 뜻을 풀어 쓰면 다음과 같습니다. "경건하고 의로운 성도가 하나님께 특별한 소원을 구체적으로 아뢸 때에 아뢴 소원(간구)이 작용하여 효과를 일으키는 힘이 강하게 계속 된다." 라고 하겠습니다.

"의인의 간구는 역사하는 힘이 큼이니라" 라는 기도와 기도의 응답에 관한 성경적인 원칙을 말씀한 야고보 장로는 이 원칙의 좋은 실례로 엘리야의 기도와 그 기도의 결과로 일어난 놀라운 사건을 제시하고 있습니다. 야고보 장로가 기도의 능력과 기도의 역사의 실례로 선지자 엘리야의 사역을 택한 이유에 대해서 대체로 다음과 같이 이해하고 있습니다.

엘리야가 유대인과 유대 그리스도인들 사이에는 위대하고 선망의 대상이 되는 선지자로 알려져 있습니다. 특히 북방 이스라엘이 바알 신을 숭배하며 죄를 지었을 때 하나님의 진노를 선포하였습니다. 그리고 갈멜 산상에서 바알 선지자들을 모으고 그들 앞에서 여호와 하나님께 기도하여 불을 내려 제단의 제물을 불사르게 했습니다. 이로써 여호와 하나님이 살아 계신 참 신인 것을 증거하여 이스라엘 백성으로 하여금 여호와 하나님께로 돌아오게 한 선지자입니다. 그리고 죽음을 보지 않고 살아서 승천했던 유일한 선지자입니다. 특히 말라기 4장 5절의 말씀으로 인해 메시아의 강림을 예비하기 위해서 오는 선지자로 알려져 있기도 합니다. 그래서 야고보 장로는 엘리야를 예로 들어 일반 성도들을 격려하고 있는 것으로 이해합니다. 참고로 엘리야의 사역은 열왕기상 17장부터 19장에 그리고 그의 승천 사건은 열왕기하 2장에 기록되어 있습니다.

본문의 "17 엘리야는 우리와 성정이 같은 사람이로되 그가 비가 오지 않기를 간절히 기도한즉 삼 년 육 개월 동안 땅에 비가 오지 아니하고 18 다시 기도하니 하늘이 비를 주고 땅이 열매를 맺었느니라"는 앞에서 언급한 바와 같이 일반적으로 엘리야는 특별한 능력의 소유자로 알고 있기 때문에 야고보 장로는 일반 성도들을 격려하기 위해서 첫 머리에 "엘리야는 우리와 성정이 같은 사람이로되" 라는 말로

**323**

엘리야를 소개하고 있습니다. 이렇게 소개함으로 엘리야의 특별한 사역이 그의 개인의 능력에 있는 것이 아님을 밝히고 있습니다. 오히려 그의 간절한 기도에 대한 하나님의 응답이 큰일을 이룬 것을 강조하는 말씀이라고 하겠습니다. "우리와 성정이 같다"라는 문구의 뜻은 엘리야도 우리와 똑같이 인간의 모든 약점과 강점을 갖고 있는 사람임을 가리키는 것입니다. 엘리야도 우리와 똑같이 배고픔을 알고(왕상 17:11), 두려움에 떨기도 하고(왕상 19:3), 낙심하고 좌절감에 싸이는(왕상 19:4-14) 사람이라는 것을 강조한 말씀입니다. 엘리야가 우리와 똑같이 연약한 사람인 것을 말씀한 후에 계속하여 "그가 비가 오지 않기를 간절히 기도한즉 삼 년 육 개월 동안 땅에 비가 오지 아니하고"라고 엘리야의 간절한 기도와 그 응답에 대해서 말씀합니다. 여기에 "간절히 기도한즉"이라고 한 문구의 뜻은 기도하고 또 기도하며 집중적으로 기도했다는 말씀입니다. 야고보서 1장 6절부터 8절의 말씀처럼 조금도 의심 없이 온전히 믿음으로 기도했다고 하겠습니다. "간절히 기도한즉 삼 년 육 개월 동안 땅에 비가 오지 아니하고"라는 말씀은 결국 엘리야의 간절한 기도의 응답으로 하나님께서 삼 년 육 개월 동안 땅에 비를 내리시지 않은 것을 뜻하고 있습니다.

여기서 우리는 잠시 본 절의 역사적 배경을 살펴볼 필요가 있습니다. 이는 열왕기상·하 어느 곳에도 엘리야가 비가 오지 않기를 위해서 기도했다는 기록이 없기 때문입니다. 오직 우리가 배우고 있는 본문 5장 17절에만 엘리야가 기도한즉 비가 오지 않았다고 했습니다. 그러나 엘리야가 아합 왕에게 나타나서 수 년 동안 비가 내리지 않을 것을 경고하고 선포한 기록은 있습니다.

"길르앗에 우거하는 자 중에 디셉 사람 엘리야가 아합에게 말하되 내가 섬기는 이스라엘의 하나님 여호와께서 살아 계심을 두고 맹세하노니 내 말이 없으면 수 년 동안 비도 이슬도 있지 아니하리라 하니라"(왕상 17:1)

본 절에 언급된 삼 년 육 개월 비가 내리지 않은 사실에 대해서는 우리 주님께서 말씀하신 바 있습니다.

"내가 참으로 너희에게 이르노니 엘리야 시대에 하늘이 삼 년 육 개월간 닫히어 온 땅에 큰 흉년이 들었을 때에 이스라엘에 많은 과부가 있었으되"(눅 4:25)


· 온전한 믿음의 사람은 ·

이상의 성경 말씀과 여호와 하나님께서 이스라엘 백성들과 세우신 언약 중 축복과 저주를 선포하신 말씀들(레 26:18-19, 신 11:16-17, 신 28:23-24)을 종합하면 삼년 반 동안 비를 주시지 않은 것은 하나님의 심판인 것을 이해할 수 있습니다. 이와 함께 열왕기상 16장 29절부터 33절에 기록된 아합 왕의 극심한 죄를 고려하면 엘리야의 사역을 이해할 수 있습니다. 이해를 위해서 성경에 기록된 아합 왕의 범죄를 살펴봅시다.

"30 오므리의 아들 아합이 그의 이전의 모든 사람보다 여호와 보시기에 악을 더욱 행하여 31 느밧의 아들 여로보암의 죄를 따라 행하는 것을 오히려 가볍게 여기며 시돈 사람의 왕 엣바알의 딸 이세벨을 아내로 삼고 가서 바알을 섬겨 예배하고 32 사마리아에 건축한 바알의 신전 안에 바알을 위하여 제단을 쌓으며 33 또 아세라 상을 만들었으니 그는 그 이전의 이스라엘의 모든 왕보다 심히 이스라엘 하나님 여호와를 노하시게 하였더라"(왕상 16:30-33)

이상에 기록된 것과 같은 아합 왕의 죄를 목격한 엘리야가 레위기와 신명기에 기록된 저주에 대한 말씀을 근거로 하나님께 기도하여 하나님의 응답을 받고 열왕기상 17장 1절의 말씀대로 심판을 선포했습니다. 그리고 그 결과로 삼년 육 개월 비가 내리지 않은 것으로 이해할 수 있습니다. 하나님의 심판 예고의 말씀을 다시 인용하겠습니다.

"길르앗에 우거하는 자 중에 디셉 사람 엘리야가 아합에게 말하되 내가 섬기는 이스라엘의 하나님 여호와께서 살아 계심을 두고 맹세하노니 내 말이 없으면 수년 동안 비도 이슬도 있지 아니하리라 하니라"(왕상 17:1)

하나님의 진노로 삼년 육 개월 간 비가 내리지 않아 이스라엘 백성들이 기근으로 고통당한 후에 엘리야가 다시 기도하여 닫혔던 하늘이 비를 내리고 땅이 소출을 냈다고 야고보서 5장 18절에서 말씀하고 있습니다. "다시 기도하니 하늘이 비를 주고 땅이 열매를 맺었느니라"에서 '다시 기도하니'이라는 문구는 실제로 삼년 육 개월 간 비가 내리지 않은 후에 엘리야가 비 오기를 위해서 기도했다는 것을 가리키고 있습니다.

이때에 엘리야가 기도한 경위를 열왕기상에 기록된 것을 기초로 살펴보면 하나님께서 엘리야에게 아합을 가서 만나라고 하시면서 비를 내려 주실 것을 언급하였습니다. "많은 날이 지나고 제삼년에 여호와의 말씀이 엘리야에게 임하여 이르시되 너는 가서 아합에게 보이라 내가 비를 지면에 내리리라"(왕상 18:1) 엘리야는 하나님의 지시를 순종하여 가서 아합 왕을 만납니다(왕상 18:16-19). 그리고 엘리야는 아합 왕에게 말하여 바알의 선지자 450명과 아세라의 선지 400명을 모두 갈멜산 위로 오도록 했습니다(왕상 18:20). 이때에 엘리야는 이스라엘 백성들도 나오도록 해서 모인 후에 백성들에게 바알신을 택하든지 여호와 하나님을 택하든지 하라고 결단을 촉구했습니다. 그리고 제단 두 개를 쌓고 송아지를 제물로 단위에 놓은 후 바알의 선지자들로 바알의 이름을 불러 불을 내려 제물을 태우도록 했습니다. 그들이 아침부터 낮까지 바알의 이름을 부르면서 온갖 방법을 다 썼지만 응답이 없었습니다(왕상 18:22-29). 오정에 이르러 엘리야가 열두지파 수대로 돌을 취하여 여호와의 단을 수축하고 주위에 물을 붓고 여호와 하나님께 불로 응답해 주실 것을 기도했습니다.

"36 저녁 소제 드릴 때에 이르러 선지자 엘리야가 나아가서 말하되 아브라함과 이삭과 이스라엘의 하나님 여호와여 주께서 이스라엘 중에서 하나님이신 것과 내가 주의 종인 것과 내가 주의 말씀대로 이 모든 일을 행하는 것을 오늘 알게 하옵소서 37 여호와여 내게 응답하옵소서 내게 응답하옵소서 이 백성에게 주 여호와는 하나님이신 것과 주는 그들의 마음을 되돌이키심을 알게 하옵소서 하매 38 이에 여호와의 불이 내려서 번제물과 나무와 돌과 흙을 태우고 또 도랑의 물을 핥은지라"(왕상 18:36-38)

이와 같이 하나님께서 응답하셨습니다. 그리고 이스라엘 백성을 모두 바알신을 떠나 여호와 하나님께로 돌아오게 한 후에 하나님께 비오기를 기도합니다. 이때의 장면을 그대로 소개하겠습니다.

"39 모든 백성이 보고 엎드려 말하되 여호와 그는 하나님이시로나 여호와 그는 하나님이시로다 하니 40 엘리야가 그들에게 이르되 바알의 선지자를 잡되 그들 중 하나도 도망하지 못하게 하라 하매 곧 잡은지라 엘리야가 그들을 기손 시내로 내려다가 거기서 죽이니라 41 엘리야가 아합에게 이르되 올라가서 먹고 마시소서 큰 비 소리가 있나이다 42 아합이 먹고 마시러 올라가니라 엘리야가 갈멜 산 꼭대기로 올라가서 땅에 꿇어 엎드려 그의 얼굴을 무릎 사이에 넣고 43 그의 사환에게 이르되 올라가 바다쪽을 바라보라 그가 올라가 바라보고 말하되 아무것도 없나이다 이르되 일곱 번까지 다시 가라 44 일곱 번째 이르러서는 그가 말하되 바다에서 사람의 손 만한 작은 구름이 일어나나이다 이르되 올라가 아합에게 말하기를 비에 막히지 아니하도록 마차를 갖추고 내려가소서 하라 하니라 45 조금 후에 구름과 바람이 일어나서 하늘이 캄캄해지며 큰 비가 내리는지라 아합이 마차를 타고 이스르엘로 가니 46 여호와의 능력이 엘리야에게 임하매 그가 허리를 동이고 이스르엘로 들어가는 곳까지 아합 앞에서 달려갔더라"(왕상 18:39-46)

위의 기록된 엘리야의 기도와 하나님의 응답을 두고 본 절에서는 "다시 기도한즉 하늘이 비를 주고 땅이 열매를 내었느니라"고 가르치고 있습니다. 여기서 우리가 분명히 기억할 것은 엘리야가 이스라엘 백성으로 하여금 여호와 하나님께로 돌아오게 한 후에 비가 오기를 기도한 것입니다. 즉, 이스라엘 백성들이 하나님께로 돌아온 것을 보고 하나님께 기도하여 응답을 받은 것입니다.

"만일 우리가 우리 죄를 자백하면 그는 미쁘시고 의로우사 우리 죄를 사하시며 우리를 모든 불의에서 깨끗하게 하실 것이요"(요일 1:9)

"14 그를 향하여 우리가 가진 바 담대함이 이것이니 그의 뜻대로 무엇을 구하면 들으심이라 15 우리가 무엇이든지 구하는 바를 들으시는 줄을 안즉 우리가 그에게 구한 그것을 얻은 줄을 또한 아느니라"(요일 5:14-15)

지금까지 살펴본 엘리야의 기도와 기도의 결과로 나타난 큰 역사는 16절 하반절에서 가르친 "의인의 간구는 역사하는 힘이 많으니라" 라는 기도와 기도 응답에 관한 성경의 원칙을 실례를 통해 생생하게 보여주는 말씀입니다. 엘리야의 사역과 삶이 우리에게 주는 교훈을 다음과 같이 정리할 수 있습니다.

(1) 엘리야는 우리와 같은 사람인데 기도를 열심히 했습니다.

(2) 엘리야는 하나님의 약속과 그분의 뜻을 의지하여 나라를 위해서 기도했습니다.

(3) 하나님께서는 그분의 약속대로 엘리야의 기도를 응답하셨습니다.

이 교훈을 기억하고 우리도 하나님께서 명하신 기도를 열심히 드려 하나님을 기쁘시게 하는 성도들이 되도록 합시다.

"1 그러므로 내가 첫째로 권하노니 모든 사람을 위하여 간구와 기도와 도고와 감사를 하되 2 임금들과 높은 지위에 있는 모든 사람을 위하여 하라 이는 우리가 모든 경건과 단정함으로 고요하고 평안한 생활을 하려 함이라 3 이것이 우리 구주 하나님 앞에 선하고 받으실 만한 것이니 4 하나님은 모든 사람이 구원을 받으며 진리를 아는 데에 이르기를 원하시느니라"(딤전 2:1-4)

13절부터 18절까지의 말씀을 통해 우리는 성도가 믿음으로 살려고 할 때 기도가 매우 중요한 영적 도구인 것을 배웠습니다. 이 기도는 비단 성도 개인에게 중요할 뿐만 아니라 교회 공동체 내의 생활에 있어서도 매우 중요한 것임을 배웠습니다. 성도 개인이든 교회 공동체 전체를 보든 굳건하고 힘이 있고 온전한 믿음으로 살려고 할 때 기도는 없어서는 안 되는 매우 중요한 요소입니다.

앞에서 공동체 내의 지체들 사이에 서로를 돌보고 서로를 위해서 기도하는 신앙생활의 중요성을 배웠습니다. 아울러 엘리야가 보여준 힘있는 기도생활의 중요성도 배웠습니다. 위의 가르침은 본 장의 마지막 부분인 19절과 20절 말씀으로 연결시켜주는 역할을 하고 있습니다.

야고보 장로는 지금까지의 말씀을 통해 온전하고 참된 믿음, 즉 산 믿음을 가진 성도의 올바른 삶이 구체적으로 어떠한 것인지를 자세히 가르쳐 주었습니다. 나아가서 성도 개개인의 삶과 아울러 그리스도의 몸 된 공동체인 교회 안에서의 삶에 대해서도 가르쳐 주었습니다.

끝으로 5장 19절과 20절에서는 야고보서를 기록한 최종 목적이라고 할 수 있는 말씀을 하고 있습니다. 따라서 이 부분에서 야고보 장로는 교회 공동체의 지체로서 주님을 섬기는데 있어서 반드시 알아야 하고 행해야 하는 중요한 책임과 사명을 밝혀 가르치고 있습니다. 즉, 성도들이 세상 사람들을 향해 전도하는 것이 주님께서 명하신 대 사명인 것과 같이 교회 공동체 안에서도 죽어가는 영혼 또는 교회 공동체 안에 있지만 실제로 구원받지 못한 영혼을 구원하는 것이 성도들의 중요한 임무요 책임인 것을 가르치면서 권면하고 있습니다.

### 3. 잘못된 형제의 회복을 위해 노력할 경우 누리게 되는 축복(5:19-20)

"19 내 형제들아 너희 중에 미혹되어 진리를 떠난 자를 누가 돌아서게 하면 20 너희가 알 것은 죄인을 미혹된 길에서 돌아서게 하는 자가 그의 영혼을 사망에서 구원할 것이며 허다한 죄를 덮을 것임이라"

간절한 기도를 통해 큰 역사를 이룬 엘리야의 사역을 소개한 후에 본문을 주신 이유를 생각해 봅니다. 본문에는 언급된 것이 없지만 진리에서 떠난 죄인을 구원함에 있어서 엘리야의 기도와 같이 뜨거운 기도의 사역이 기초가 되어야 하기 때문이라고 할 수 있습니다. 제자들이 귀신들려 간질병을 앓는 병자를 고치지 못했을 때에 주님께서 귀신을 내어 쫓아 병을 고치신적이 있습니다. 이때 자기들은 왜 못 고쳤느냐고 문의하는 제자들을 향해 주님께서 "29 이르시되 기도 외에 다른 것으로는 이런 종류가 나갈 수 없느니라 하시니라"(막 9:29)고 하신 말씀에서도 기도의 중요성을 알 수 있습니다.

본문 첫 머리에 "내 형제들아"라는 사랑과 친절을 담은 호칭을 쓴 것은 우선 교회 안에 있는 참 믿음을 가진 성도들을 향한 것이라고 이해합니다. 아울러 본문에서 가르치고자 하는 내용이 중요하고 또한 간곡하게 부탁하는 마음이 있기 때문이라고 하겠습니다. 이와 같이 부른 후에 "너희 중에"라는 문구를 썼는데 계속되는 내용을 볼 때 이 문구는 넓은 의미의 교회 공동체 안에 라는 뜻으로 이해함이 합당합니다.

그리고 "너희 중에 미혹되어 진리를 떠난 자를 누가 돌아서게 하면"이라고 공동체 내에 존재하고 있는 문제를 밝히면서 이에 대한 성도들의 사역을 언급하고 있습니다. 이 말씀 중 "미혹되어 진리를 떠난 자"가 어떤 사람인지를 바로 해석하는 것이 본 절의 의미를 바로 이해하는 관건이라고 하겠습니다. 이 문구를 보면 미혹하다와 진리를 떠난 자 두 개의 동사로 이루어 진 것 같지만 원어로는 한 단어입니다. 원어로는 플래나오우(planaou)라는 낱말의 부정과거 피동형으로서 그 뜻은 "길을 잃은, 정도에서 벗어난, 잘못 인도받은, 속임 당한" 등으로 이해합니다. 문맥과 관계 지어 뜻을 설명하면 미혹을 받아 빠진 자, 스스로 빠진 자, 미혹을 받아 진리에서 벗어난 자, 거짓 신자, 말로만 믿고 실제로는 믿지 않는 자 등으로 이해할 수 있습니다.

이 낱말의 용례를 살펴보면 다음과 같습니다. "길을 잃었으면…길 잃은 양"(마 18:12), "미혹을 받지 않도록 주의하라"(눅 21:8), "속지 말라"(고전 15:33), "속이기도 하고 속기도 하나니"(딤후 3:13), "속은 자요"(딛 3:3), "마음이 미혹되어"(히 3:10), 유리하였느니라(히 11:38), 길을 잃었더니(벧전 2:25), 바른 길을 떠나 미혹되어(벧후 2:15), 만국이 미혹되었도다(계 18:23) 등의 뜻을 정리하면 결국 거의 모두가 불신앙 상태를 뜻한다고 하겠습니다.

어떤 사람들은 이 구절을 가리켜 구원받은 자가 일시적으로 죄의 길에 빠진 상태를 뜻하는 것으로 이해하고 있기도 합니다. 그러나 19절과 20절의 문맥과 내용을 볼 때 분명히 "미혹되어 진리를 떠난 자"는 교회 공동체에 몸을 담고 있지만 실제로는 참된 믿음을 갖지 않은 상태에 있거나 말로만 믿고 실제 마음이나 행동으로는 믿지 않는 자를 가리키는 말씀이라고 하겠습니다. 계속되는 "누가 돌아서게 하면"이라는 말씀이 의미하는 것과 같이 이들은 참 믿음을 가진 성도들의 사역(권면, 교훈, 가르침)의 대상이 되는 것을 알 수 있습니다.

여기에 "돌아서게 하면"이라는 낱말인 에피스트레포우(epistrephou)는 "돌아서게 하다, 회심시키다"라는 뜻입니다. 그리고 이 낱말은 부정과거 가정형입니다. 따라서 좀 더 정확히 하면 "만약 누가 돌아서게 하면"이라고 하겠습니다. 그리고 여기의 "누가"는 참 믿음을 가진 경건한 성도를 가리키는 것으로 봅니다. 이 "돌아서게 하다"라는 낱말이 쓰인 성경구절 하나를 소개하면 다음의 말씀입니다. "이스라엘 자손을 주 곧 그들의 하나님께로 많이 돌아오게 하겠음이라"(눅 1:16) 이밖에도 본 단어의 사용 예를 살피면 다음과 같습니다. "돌이켜 말씀하시되"(막 5:30), "그 평안이 너희에게 돌아올 것이니라"(마 10:13), "내가 나온 내 집으로 돌아가리라"(마 12:44), "마음으로 깨닫고 돌이켜"(요 12:40), "주께로 돌아오니라"(행 9:35), "살아 계신 하나님께로 돌아오게 함이라"(행 14:15), "하나님께로 돌아오게 하고, 회개하고 하나님께로 돌아와서"(행 26:18,20), "언제든지 주께로 돌아가면"


· 온전한 믿음의 사람은 ·

(고후 3:16), "'너희 영혼의 목자와 감독 되신 이에게 돌아왔느니라(벧전 2:25) 등의 구절들이 있습니다. 이 구절들을 보면 결국 이 낱말은 회개하고 완전히 돌아선다, 하나님께로 돌아온다는 뜻으로 쓰인 것이 분명합니다.

이로 보건대 19절은 교회 공동체에 속해 있지만 실제로는 참 믿음을 갖지 않고 있는 자를 말씀으로 권하고 깨우쳐서 회개하고 하나님께로 돌아와 주님을 믿어 구원 받게 하는 것을 가르치고 있는 말씀입니다. 즉, 참 믿음을 가진 경건한 성도가 아직 구원받지 못한 교인을 깨우치고 가르쳐서 하나님께 돌아와 주님을 믿게 하는 것을 가리키는 말씀입니다.

그러므로 20절은 19절의 말씀을 이어받아 불신자를 가르치고 깨우쳐서 믿게 하면 "너희가 알 것은 죄인을 미혹된 길에서 돌아서게 하는 자가 그의 영혼을 사망에서 구원할 것이며 허다한 죄를 덮을 것임이라" 라고 했습니다. 이 말씀은 19절의 불신자를 신자 되도록 한 사역의 중요한 의미와 결과를 설명하고 있습니다. 19절에 언급된 "진리를 떠난 자" 의 의미를 20절에서 더 분명하게 밝히고 있습니다. 즉, "죄인을 미혹된 길에서 돌아서게 하는 자" 라고 함으로써 진리를 떠난 자가 곧 죄인이며 하나님 앞으로 돌아와야 하는 구원 받지 못한 사람인 것을 분명하게 밝히고 있습니다. "죄인" 이라는 단어는 성경 곳곳에서 사용되는데 거의 대부분이 구원 받지 못한 죄인을 뜻하고 있습니다. 좀 더 확실히 하기 위해서 "죄인" 이라는 낱말의 용례를 간단히 살펴보겠습니다. "죄인을 부르러 왔노라" (마 9:13), "죄를 지은 한 여자" (눅 7:37), "죄인 한 사람이 회개하면" (눅 15:7,10), "하나님이여 불쌍히 여기소서 나는 죄인이로소이다 " (눅 18:13), "아직 죄인 되었을 때에" (롬 5:8), "경건하지 아니한 자와 죄인과" (딤전 1:9), "죄인은 어디에 서리요" (벧전 4:18), "죄를 짓는 자는 마귀에게 속하나니" (요일 3:8) 등 모두 이론의 여지없이 구원받지 못한 사람을 가리키고 있습니다.

20절은 계속하여 죄인을 하나님께로 돌아오게 하는 자는 "그의 영혼을 사망에서 구원할 것이며 허다한 죄를 덮을 것임이라" 라고 불신자를 믿음의 사람이 되도록 권하고 깨우친 사역의 결과와 보상을 설명하고 있습니다. 여기에 언급된 "사망" 은 성경에서 가르치는 영혼의 죽음인 불못의 형벌을 뜻하고 "구원" 이라는 낱

331

말도 영혼의 구원을 가리키고 있다고 보는 것이 합당합니다. 물론 육체의 죽음도 사망으로 표현한 구절도 있습니다(행 5:1-11, 요일 5:16-17, 유 22-23). 그러나 본 절에 언급된 '사망'은 문맥상으로 볼 때 불신자들의 영혼의 죽음, 곧 영원한 불못의 형벌을 뜻하는 것이 분명합니다.

끝으로 "허다한 죄를 덮을 것임이라"라는 문구는 베드로전서 4장 8절의 "무엇보다도 뜨겁게 서로 사랑할지니 사랑은 허다한 죄를 덮느니라"라는 말씀이 가르치는 것과 같은 뜻이 아닙니다. "사랑은 허다한 죄를 덮느니라"고 한 것은 성도 간에 서로 죄를 고백하여 서로 용서할 경우 용서한 죄에 대해서는 일체 불문에 부친다는 뜻입니다. 그러나 본 절에서 언급하고 있는 "허다한 죄를 덮는다"라는 문구는 죄인이 주님의 대속의 보혈로 구원받을 때에 죄인의 모든 죄가 깨끗하게 사함받는 것을 뜻한다고 보는 것이 문맥상 합당하다고 하겠습니다. 즉, "우리가 그리스도 안에서 그의 은혜의 풍성함을 따라 그의 피로 말미암아 구속 곧 죄 사함을 받았으니"(엡 1:7)라는 말씀이 가르치고 있는 것과 같은 뜻입니다.

19절과 20절 말씀의 가르침을 참 믿음을 가진 성도들은 마음에 깊이 새기고 교회 안의 식구들을 잘 돌보아야 하겠습니다. 특히 교회 안에서 진리를 떠난 자, 즉 참 믿음을 아직 소유하지 못한 사람(불신자, 말로만 믿고 실제로 믿지 않는 자)들에 대하여는 온유와 겸손으로 복음을 전하기도 하고 사랑으로 권하고 도전하여 그들을 구원하는 책임을 다 감당하여 주님께 칭찬받는 성도들이 되기를 바랍니다. 아울러 우리 자신이 과연 주님의 제자로서 책임과 의무를 다하고 있는지를 항상 점검하여 열심히 제자로서, 신자로서의 사명을 다하기를 바랍니다(자신의 점검을 위한 말씀: 딤후 3:1-5, 고후 5:17-21). 아래에 열거한 말씀들도 참고하기를 바랍니다(참고: 히 2:3-4, 히 3:12-13(7-15), 히 4:1(6-7), 히 6:9, 히 10:26-29, 갈 6:1, 겔 3:18-21, 겔 33:9, 딤전 4:16).


질병과 치유에 관해 성경의 가르침을 정리한 것을 참고로 소개합니다.

(1) 세상의 모든 질병은 원칙적으로 죄의 결과이다. 즉, 인류의 타락 이후 인생은 죄 가운데 출생하고 살게 되었다. 그리고 이 죄와 함께 질병도 온 세상에 존재하


· 온전한 믿음의 사람은 ·

게 되었다.

(2) 어떤 질병은 한 개인이 범한 죄의 직접적인 결과로 생기기도 한다. 예를 들면 고린도전서 11장 30절의 경우이다.

(3) 모든 질병이 한 개인이 지은 죄로 인해 생기는 것은 아니다. 예를 들면 요한복음 9장에 나오는 눈먼 사람의 경우와 빌립보서 2장 25절에 언급된 에바브라디도의 경우, 그리고 요한삼서의 가이우스의 경우이다.

(4) 어떤 경우의 질병은 사탄이 원인일 수도 있다. 예를 들면 욥의 경우와 누가복음 13장 10절부터 17절에 기록된 귀신들려 꼬부라져 펴지 못한 여인의 경우, 그리고 고린도후서 12장에 기록된 바울의 경우이다.

(5) 모든 질병의 치료는 근본적으로 하나님의 역사이다. 실제로 구약에서 하나님께서 자신의 이름을 치료의 하나님이라고 가르쳐 주신 바 있다. 여호와 라파(Jehovah-Rapha)는 "나는 너를 치료하는 여호와니라"" 이다(출 15:26, 23:25, 신 32:39, 시 41:3-4, 시 103:3, 시 147:3). 우리의 질병을 치료하실 때 하나님께서는 여러 가지 방법을 쓰신다. 가장 흔히 쓰시는 방법이 의술을 통해서 하시거나 신체의 자연 회복 기능을 이용하시는 경우이다. 예수님께서도 분명히 병자는 의원이 필요한 것을 말씀하셨다(마 9:12). 누가는 사도 바울의 동역자이며 의사로서 전도여행 때 동행했다(골 4:14). 바울은 디모데에게 위장을 위해서 포도주를 약간씩 쓰라고 명했다(딤전 5:23).

(6) 하나님께서 그분의 능력으로 직접 기적을 베푸셔서 질병을 치료하시기도 하신다. 복음서는 예수 그리스도께서 기적을 베푸셔서 많은 질병을 고치신 것을 소개하고 있다. 우리가 확실히 할 것은 하나님께서는 지금도 기적을 베푸셔서 질병을 치료하실 수 있다는 사실이다.

(7) 우리의 질병을 언제나 반드시 치료하시는 것이 하나님의 뜻이 아니라는 것을 성경은 증거하고 있다. 예를 들면 디모데후서 4장 20절에 기록된 드로피모의 경우와 고린도후서 12장 7절부터 10절까지에 기록된 사도 바울의 육체의 가시의 경우이다.

(8) 하나님께서 우리의 질병을 매번 고쳐주신다는 약속을 하시지 않았다. 질병

의 치유는 하나님이 주권적인 뜻에 속한 것이지 성도들을 향한 하나님의 약속된 축복에 속한 것이 아니다. 빌립보서 2장 27절의 기록을 보면 질병의 치유는 하나님께서 성도들에게 베푸시는 긍휼(자비)의 결과이지 결코 성도가 하나님께 요구할 사항이 아니다.

(9) 일반적인 의미의 치료가 속죄의 사건에 포함되어 있지만 속죄의 사건이 포함하고 있는 일체의 축복을 세상에 살고 있는 성도들에게 모두 내려 주시지 않았다. 즉, 주님께서 그분의 성도들을 위해 재림하실 때 비로소 우리는 모든 질병에서 완전히 치유함을 얻는다(롬 8:23).

(10) 우리의 믿음이 없어서 치유함을 얻지 못했다는 말은 꼭 옳은 말이 아니다.

이상은 윌리암 맥도날드의 「신자의 성경주석」에서 발췌한 것임
(MacDonald, William. Believer's Bible Commentary. Thomas Nelson, 1995. P. 2242)


· 온전한 믿음의 사람은 ·

"내가 나 된 것은 하나님의 은혜로 된 것이니 내게 주신 그의 은혜가 헛되지 아니하여"(고전 15:10 상)


지금까지 내가 주님을 섬기며 살아온 것을 하나님께 감사합니다.


1.

그날, 밤새도록 구원의 확신과 영원성의 문제로 씨름하던 날 아침,
니고데모처럼 목사님을 찾았다.
성경 말씀 두 곳을 가리키며 읽으라고 하신 때의 일
"내가 진실로 진실로 너희에게 이르노니 내 말을 듣고 또 나 보내신 이를 믿는 자는 영생을 얻었고 심판에 이르지 아니하나니 사망에서 생명으로 옮겼느니라"
(요 5:24)
"28 내가 그들에게 영생을 주노니 영원히 멸망하지 아니할 것이요 또 그들을 내 손에서 빼앗을 자가 없느니라 그들을 주신 내 아버지는 만물보다 크시매 아무도 아버지 손에서 빼앗을 수 없느니라" (요 10:28-29)

말씀을 읽는 중에 표현할 수 없는 평안이 마음속에 넘친 그때,
어려서부터 많이 읽은 말씀인데 왜 전에는 몰랐던가…
뉘우침과 함께 나만이 맛보는 기쁨과 평안, 그리고 감사로 가득한 나 자신,
이날 나는 이름만의 신자로 살아 온 것을 뼈저리게 뉘우치고 회개하면서
하나님 앞에서 새로운 삶을 다짐했다.
그리고 구원의 확신과 천국의 복된 소망을 간직한 기쁨으로
이웃들에게 그리스도를 통한 천국 복음을 전하기 시작했다.
복음의 일꾼이 되기를 원하여 주님께 헌신했을 때
내게는 더 없는 기쁨이 넘쳤다.


2.
나를 제자 삼으신 주님
제자 훈련소에 가라 하시네.


1981년 초 아직 훈련생인 나를 향해
주님의 몸 된 교회를 섬기라고 하시기에
그때부터 열여덟 해 동안 변함없는 사랑과 은혜로
일하도록 살펴주신 나의 주, 나의 하나님, 예수 그리스도
주님의 교회를 섬기며 사는 종에게
큰 은혜 베푸사
많은 신실한 형제자매들을 만나서
형제 사랑을 나누는 기쁨을 누리는 축복 받았네.


1998년 가을, 주님께서 나에게 중국으로 가라 하셨을 때
순종하며 떠나니
자비로우신 하나님 신실한 형제자매들을 동역자로 주시고
은혜의 복음 선포하게 하셨도다.


· 온전한 믿음의 사람은 ·

일부 동역자는 한국에 있는 성도들
다른 동역자는 미주에 있는 성도들
고르게 뽑으셔서 주님의 도구로 쓰신 놀라운 사랑.

중국에서 달려갈 길 6년에 마치니
2004년 가을이 저물어 가는 때
미국으로 다시 옮겨주신 주님
계속 하나님 나라와 그의 의를 구하는 삶을 원하여
하나님을 향해 도움을 구했을 때
동역자를 통해 일용할 양식 주시고
거리거리를 다니며 천국을 외치게 하시고
말씀 묵상하며 교훈 받아 선포하는 삶을 주셨네.

2008년에 한국 동역자를 통해 베풀어주신 놀라운 은혜로
골로새서 강해집 출판을 허락하신 신실하신 하나님
한국의 동역자를 또 동원하셔서
야고보서 강해집 출판을 허락하신 주권의 하나님
하나님의 하시는 일은 참으로 놀랍고 기이합니다.
영광과 권세와 찬송과 존귀를 주 하나님께서만
세세무궁토록 누리시옵소서
아멘

3.

이 자리를 빌려 저에게 일할 수 있도록 도움을 주신 믿음의 형제자매님들, 곧 주 예수 그리스도께서 사랑하시는 형제자매님들에게 감사하지 않을 수 없습니다.

한국의 토마스선교회를 이끄시는 서동일(윤미경) 형제님을 비롯하여 후원회의 운영위원 되시는 박상덕(강윤숙) 형제님, 심덕선(이수영) 형제님, 임윤묵(김민경)

형제님, 서상현(김복희) 형제님, 서재일(박선해) 형제님, 홍규식(김은경) 형제님 및 장기범(황성열) 교수님 부부께 충심으로 감사합니다. 그리고 새누리교회 이레목장의 목자 임동우(안재숙) 형제님께 그리고 목장의 형제자매님들에게도 감사의 뜻을 전합니다.

또 미주의 토마스와 친구 후원회의 이사되시는 방원곤 장로님 부부, 박구웅 집사님 부부, 변경수 집사님 부부, 박영호 집사님 부부, 유문식 집사님 부부께 감사를 표합니다.

아울러 원고를 정리하여 출판을 준비할 때 성광제 형제님과 장주영 자매님께서 바쁘신 중에도 특별히 많은 시간을 바쳐 원고를 치밀하게 검토하면서 교정하고 수정하며 보완해 주신 결과로 출판할 수 있게 되었기에 특별한 감사를 드립니다. 더불어 본서 표지도 디자인해 주신 것을 감사합니다. 추가하여 출판 준비의 마지막 부분에 있어서 손이 필요할 때, 윤미경 자매님께서 특별히 수고해 주신 것을 감사합니다.


개인적으로 우리를 사랑하여 도움을 베푼 분들이 많이 있습니다. 모두에게 감사하면서 특히 서울 동일교회의 오도용 장로님 부부와 미국에 있는 김광조 박사님 부부, 박종수(허정윤) 박사님 부부를 기억합니다. 그리고 이재창 목사님 부부, 문남두(홍성혜) 형제님과 송우주(정설희) 형제님 및 최영훈 장로님 부부를 하나님 앞에서 기억합니다.

이상에 기록된 분들을 생각할 때면 주님의 작은 일꾼을 도와준 신실한 성도들이 훗날 받을 칭찬과 상에 대해서 주님께서 하신 말씀을 기억합니다.


"또 누구든지 제자의 이름으로 이 작은 자 중 하나에게 냉수 한 그릇이라도 주는 자는 내가 진실로 너희에게 이르노니 그 사람이 결단코 상을 잃지 아니하리라 하시니라"(마 10:42)

"임금이 대답하여 이르시되 내가 진실로 너희에게 이르노니 너희가 여기 내 형제 중에 지극히 작은 자 하나에게 한 것이 곧 내게 한 것이니라 하시고"(마 25:40)


· 온전한 믿음의 사람은 ·

끝으로 저와 함께 동고동락하면서 인내 중에 힘이 되어준 저의 사랑하는 아내 문시옥 자매에게 또 저를 항상 격려해 주시고 위해서 기도해 주신 가형되시는 원호택 장로님과 박점옥 권사님에게 감사의 뜻을 표합니다.

이번에도 본서의 출판을 허락해 주신 솔라피데출판사 대표되시는 이원우 형제님께 감사를 표합니다.

후원 성도님들 모두를 위하여 다음의 말씀으로 하나님께 기원합니다.

"평강의 하나님이 친히 너희를 온전히 거룩하게 하시고 또 너희의 온 영과 혼과 몸이 우리 주 예수 그리스도께서 강림하실 때에 흠 없게 보전되기를 원하노라 너희를 부르시는 이는 미쁘시니 그가 또한 이루시리라"(살전 5:23-24)

우리의 모든 행사를 통하여 오직 성부 성자 성령 하나님께서만 영광과 찬송을 세세무궁토록 받으시기를 기원합니다.

달라스에서 작은 일꾼
원 호 식

## 온전한 믿음의 사람은

저자 : 원 호 식

발행처 : 솔라피데출판사

전화 : (031)992-8692 / 팩스 : (031)992-8700

공급처 : 미스바출판유통

전화 : (031)992-8691 / 팩스 : (031)955-4433

**값 12,000원**